ERFAHRUNGEN MIT DEM ENNEAGRAMM

Sich selbst und Gott begegnen

Herausgegeben von
Andreas Ebert
und Marion Küstenmacher

Claudius

Die Deutsche Bibliothek – CIP-Einheitsaufnahme

Erfahrungen mit dem Enneagramm : sich selbst und Gott begegnen
Hrsg. von Andreas Ebert und Marion Küstenmacher.
München : Claudius Verlag, 1991
ISBN 3-532-62110-X
NE: Ebert, Andreas [Hrsg.]

2. Auflage 1992

Umschlaggestaltung: Werner Richter
Gesamtherstellung: gwd Hans Venus GmbH, München

ISBN 3-532-62110-X

ERFAHRUNGEN
MIT DEM ENNEAGRAMM

INHALT

VORWORT DER HERAUSGEBER

Gut zwei Jahre ist es her, seit unser Buch „Das Enneagramm – Die neun Gesichter der Seele“ erschienen ist. Niemand hätte erwartet, daß das bis dahin im deutschsprachigen Raum nur wenigen bekannte Enneagramm derartig „einschlägt“. Zwölf Auflagen in zwei Jahren; eine nicht endenwollende Briefflut an den *Ökumenischen Arbeitskreis Enneagramm* mit Bitten um Exerzitienangebote, Briefseelsorge, Vermittlung von Referentinnen und Referenten zum Thema; stets ausgebuchte Workshops und Seminare zum Thema. Menschen, die der Kirche fernstehen, aber auf einer psychologisch-spirituellen Suche sind, haben uns ebenso geschrieben, wie kirchlich orientierte Personen aus dem katholischen, protestantischen oder freikirchlichen Raum. All das war zuletzt fast nicht mehr zu bewältigen, da der Arbeitskreis bisher noch keine hauptamtliche Kraft einstellen konnte. Wir hoffen, daß die wachsende Zahl der Mitglieder und der Reinerlös dieses Buches, der dem Arbeitskreis zukommen soll, eine bessere Koordination und ein erweitertes Angebot an Veranstaltungen möglich machen werden.

Viele Briefe bezeugen, daß das Enneagramm Menschen geholfen hat, sich selbst deutlicher zu sehen und mit den Verhaltensmustern ihrer Mitmenschen besser zurechtzukommen. Über das Interesse an psychologischer Selbsterkenntnis hinaus suchen viele nach geistlich-spiritueller Vertiefung. Daß die Frage nach der Selbsterkenntnis mit der Gottesfrage untrennbar verbunden ist und besonders in der zweiten Hälfte unseres Lebens ansteht, hat schon C. G. Jung festgehalten. Der Untertitel dieses Buches greift diesen Zusammenhang auf und will noch einmal daran erinnern, daß das Enneagramm eine spirituelle Typologie, einen geistlichen Reifeprozeß vermittelt. Das dokumentiert sich zu unserer Freude auch in der starken Nachfrage nach Seelsorge, Einkehrtagen und Exerzitien mit dem Enneagramm. Auch in vielen bewegenden Briefen, die zum Teil in dieses Buch aufgenommen wurden, schrieben Leserinnen und Leser, daß die Auseinandersetzung mit dem Enneagramm eine neue Gottesbeziehung möglich gemacht habe. Die vielen persönlichen Gespräche und die Gottesdienste bei Enneagramm-Veranstaltungen haben uns gezeigt, wie viele ernsthafte Gottessucher unter uns leben und wie geistliche Gemeinschaft uns zugleich bereichert und herausfordert.

Neben den über 1000 ausnahmslos positiven Zuschriften, die uns bisher erreicht haben, wurde in zwei Fällen auch Kritik geübt am christlichen Umgang mit dem Enneagramm. Leider wurde sie uns in keinem Falle direkt mitgeteilt, sondern erreichte uns auf Umwegen. Sie kam aus zwei völlig entgegengesetzten Lagern:

In manchen evangelikal-fundamentalistischen Kreisen wird das Enneagramm aufgrund seiner unklaren Herkunft verdächtigt. Der evangelikale Publizist Ulrich Skambracks, der unter anderem die UNO als Vorreiter des antichristlichen Friedensreiches betrachtet, wirft in einem Artikel über die Endzeit dem Enneagramm vor, daß darin „heidnisches Gedankengut ... christlich eingefärbt und von brillant auftretenden Verführern angepriesen" wird. „Darin werden gute christliche Inhalte mit Erkenntnissen aus der islamischen Mystik verquirlt, die dann als Mischung von zentralen biblischen Inhalten wegführen." Das Enneagramm ist wie der Krieg am Golf, die Erdbeben und die UNO ein Zeichen, „daß sich das Ende der Weltzeit nähert" und daß „unter dem Dach des New Age ein weltweiter Abfall vom Glauben organisiert wird" (Ideaspektrum 5/91, S. 17).

Rainer Lange, ein Enneagramm-Kenner aus der New-Age-Szene wirft in der Zeitschrift „esotera" dem Buch von Rohr/Ebert vor, daß hier illegitimerweise das „Sünde- und Bestrafungskonzept der kirchlichen Ideologie" über das Enneagramm gestülpt werde. Er hegt auch den Verdacht, daß die „gebeutelte Kirche hier ein psychologisches System entdeckt zu haben glaubt, durch dessen Adaption sie sich fast so etwas wie ein neues Herrschaftswissen verspricht ... Das Enneagramm bedarf keiner kirchlichen Interpretation, Verbiegung oder gar Vergewaltigung." Mit anderen Worten: Fundamentalistischen Christen ist unsere Enneagramm-Deutung zu esoterisch, fundamentalistischen Esoterikern ist sie zu christlich. Zwischen diesen beiden Stühlen fühlen wir uns ganz wohl.

Der hier vorliegende Band ist eine Art Zwischenbilanz und der Versuch, auf viele berechtigte und auf Vertiefung drängende Anfragen einzugehen. Wir haben bewußt die Form eines Sammelbandes gewählt, um – im Sinne des Enneagramms – die Vielfalt und prozeßhafte Seite der Arbeit mit dem Enneagramm zur Sprache kommen zu lassen. Am Anfang steht ein Vortrag mit einer Kurzfassung der neun Typenbeschreibungen, den Richard Rohr bei einem Enneagramm-Seminar im März 1990 in Würzburg gehalten hat. Diese Hinführung verdeutlicht nochmals das Grundverständnis, aus dem heraus der *Ökumenische Arbeitskreis Enneagramm* im deutschsprachigen Raum mit dem Enneagramm arbeitet. Markus Becker, Klaus Renn und Hans Neidhardt, drei Psychologen/Therapeuten mit christlichem Hintergrund, stellen Verbindungen her zwischen dem Enneagramm und unterschiedlichen psychologischen Ansätzen und therapeutischen Wegen (Testpsychologie, Biospiritualität und Focusing). Ein weiterer Teil des Buches beschreibt spirituelle, seelsorgerliche und kirchliche Aspekte der Enneagramm-Arbeit. Besonders für den Bereich der Gemeindeanalyse und des Gemeindeaufbaus kann die Arbeit mit dem Enneagramm unseres Erachtens zahlreiche zukunftsweisende Impulse geben. Im letzten Teil des Buches kommen persönliche Zeugnisse zu Wort. Menschen erzählen, was sie mit dem und durch das Enneagramm entdeckt haben.

Am Ende steht der Enneagramm-Typen-Test, den Markus Becker in Zusammenhang mit seiner Psychologie-Diplomarbeit entwickelt hat. Ein Wort zum Test, um keine falschen Hoffnungen zu erwecken: Ein Test kann nur eines von mehreren Hilfsmitteln bei der Suche nach dem eigenen Enneagramm-Typ sein. Der Test verlangt am Ende wiederum, daß man in der Lage ist, das „Enneagramm-Profil" zu deuten. Die richtige Interpretation, die ehrliche Auseinandersetzung mit dem „Profil" wird also das Ziel sein, nicht die „blinde" Einordnung in eine Typologie.

Wenn ich noch keine Selbsteinschätzung mitbringe und womöglich bei mehreren Typen eine gleich hohe Wertung habe, besteht die Gefahr, daß ich mich irritiert abwende, weil keine eindeutige Zuordnung vorliegt. Dann kann ich z. B. einen anderen bitten, den Test im Hinblick auf mich zu machen, um zu einer Fremdeinschätzung zu kommen und beide miteinander vergleichen zu können. Ich kann auch die hohen Werte danach abfragen, ob sich hinter einem davon mein Streßpunkt verbergen könnte. Bei den niedrigen (ungelebten? unterentwickelten?) Werten kann ich nachlesen, was die Gaben des entsprechenden Typs sind.

Am Anfang halten wir vielleicht nur das erste Stückchen roten Faden in der Hand, der uns ins Labyrinth unserer Seele führt, wenn wir beharrlich und ohne Selbst-Bild (so bin ich, nicht anders) dieser Spur folgen. Kein Test kann uns diese Suche ersetzen. Es ist übrigens gar nicht so wichtig, sich sofort richtig einzuschätzen. Auch Fehleinschätzungen haben ihren Sinn, auch wenn man das oft erst hinterher erkennt. Wenn sich zum Beispiel eine

VIER eine Zeitlang für eine NEUN hält, kann es sein, daß sie vielleicht durch ihre Erziehung soviel „NEUNer-Energie“ in sich trägt, daß sie sich erst einmal „durch das NEUNer-Thema arbeiten“ muß, um dann zu merken: Das bin ich eigentlich gar nicht. Faustregel bleibt: Der wirkliche eigene Typ läßt sich nicht „abarbeiten“, sondern führt uns immer weiter in die Tiefe unseres eigenen Selbst. Aber bis wir ihn finden, ist es durchaus möglich, daß wir erst einmal einige „Probebohrungen“ machen müssen.

Wer seinen Typ schon sicher kennt, wird interessante Verschiebungen feststellen, wenn er den Test in regelmäßigen Abständen wiederholt. Durch solche Momentaufnahmen werden aktuelle und langfristige Themen, aber auch Entwicklungen sichtbar. So kann zum Beispiel eine EINS bei einem hohen VIERer-Wert (Streßpunkt) und einem niedrigen NEUNer-Wert (Flügel: Ruhe, Gelassenheit) überlegen, welche Lebensumstände zu Streß und mangelnder Gelassenheit geführt haben. Der Test kann auch zeigen, in welchem Verhältnis unsere Flügel zu unserem Hauptthema stehen usw.

Eine Bemerkung zum Thema Enneagramm und Frauen: Bei Enneagramm-Seminaren sind Frauen meist in der Mehrzahl, in diesem Buch nicht. Einige US-Autorinnen haben wichtige Bücher zum Enneagramm geschrieben (Helen Palmer, Maria Beesing, Margaret Frings Keyes, Barbara Metz). Ruth Creighton in Chicago gibt den Enneagram Educator heraus. Hildegard Ehrtmann in Augsburg hat Basisarbeit in Deutschland geleistet. Wir wünschen uns, daß auch im deutschsprachigen Raum Frauen ihre spezifischen Erfahrungen mit dem Enneagramm nicht nur in Kursen mitteilen, sondern auch in Büchern zum Enneagramm einbringen.

Und eine letzte Bitte: Der Verein ist aus obengenannten Gründen nicht mehr in der Lage, den vielen Bitten um Briefseelsorge nachzukommen. Er informiert Sie aber gerne über Tagungs- und Exerzitienangebote und berichtet zweimal im Jahr mit einem Rundbrief über Neues und Wissenswertes aus der Enneagrammarbeit. Der Mitgliedsbeitrag beträgt DM 40,– pro Jahr. Mitglieder erhalten regelmäßig Informationen, können im Rahmen der Vereinsarbeit zu multiplikatorischer Arbeit aus- und fortgebildet werden und können an allen Veranstaltungen des Vereins zu ermäßigter Gebühr teilnehmen. Die Anschrift: *Ökumenischer Arbeitskreis Enneagramm e.V.*, Berlinstraße 5, W-3100 Celle.

Allen Autorinnen und Autoren, die an diesem Band mitgeschrieben haben, möchten wir herzlich danken. Die Vielfalt der Themen entspricht der Vielfalt der Enneagramm-Typen, von denen übrigens alle bis auf die DREI unter den hier versammelten AutorInnen vertreten sind. Daß diese

Energie fehlte, haben wir während der langen und manchmal mühsamen Entstehungsphase dieses Buches gespürt. Daß beim Lesen und beim Er-Leben des Enneagramms alle neun Typen sichtbar werden und so unsere Individualität und unser Bezogensein zum Ausdruck kommen, wünschen wir unseren Leserinnen und Lesern von Herzen.

Andreas Ebert und Marion Küstenmacher

GRUNDLAGEN

RICHARD ROHR

Das Enneagramm – Gemeinschaft der Verwundbarkeit

Eingangsvortrag beim Enneagramm-Workshop der Evangelischen Akademie Tutzing im Rudolf-Alexander-Schröder-Haus Würzburg am 23. März 1990

Liebender Gott, wir danken dir für diesen Abend und wir danken dir für all die Sehnsucht und Hoffnung in diesem Raum. Wir suchen nach Weisheit, Herr. Wir suchen dich und wir suchen uns selbst. Wir bitten dich, unser Lehrer und Führer zu sein und uns zu zeigen, was wir sehen sollen und was wir nicht zu sehen brauchen, was wir hören sollen und was wir nicht zu hören brauchen. Wir danken dir für deine Geduld. Denn alles hat seine Zeit. Du bekehrst uns langsam. Und du rufst uns langsam, aber sicher zu dir. Hilf uns, mit uns selbst und miteinander ebenso geduldig zu sein. Wir stellen dir dieses Wochenende und uns selbst zur Verfügung – im Namen Jesu. Amen.

Dies ist mein letzter Auftritt nach fünf Wochen unterwegs. Ich hoffe, daß meine Müdigkeit nicht dem im Weg steht, was ich tun will und was Sie verdienen. Es scheint mir allerdings so zu sein, daß Enneagramm-Wochenenden ohnehin für sich selbst sorgen. Es gibt offenkundig bei Menschen, die zu solchen Veranstaltungen kommen, eine Art interne Sehnsucht oder eine innere Suchbewegung, die ich nur ein wenig strukturieren muß. Ich bin sicher, daß in den Gesprächen, die Sie miteinander führen, und in den Austauschgruppen mindestens ebensoviel geschieht wie bei meinen Vorträgen.

Ich möchte betonen, daß die Verbreitung des Enneagramms nicht meine Haupttätigkeit ist. Aber ich tue es immer wieder gern, weil ich sehe, daß es so viel Frucht bringt. Ich möchte ferner betonen, daß das Enneagramm nicht heilsnotwendig ist. Jeder Mensch, der offen ist und wächst, kommt möglicherweise ganz von selbst zu einem Großteil dieser Erkenntnis. Ich hoffe, ich kann zumindest dazu beitragen, Erfahrungen, die wir alle machen, zu benennen und einen Prozeß in Gang zu bringen.

Das Enneagramm erlaubt uns gleichsam, unsere „Dämonen“ zu benennen, und zwar auf eine Weise, wie wir sie uns normalerweise gegenseitig nicht zugestehen. Enneagramm-Tagungen sind die einzige Art von Exerzitien, wo ich den Leuten das Herz aus dem Leib reißen darf – und sie lachen. Oder den Kopf oder den Bauch. Das sagt mir, daß hier eine ganz bestimmte spirituelle Weisheit am Werk ist. Ich bin seit vielen Jahren Seelsorger und geistlicher Begleiter vieler Menschen. Normalerweise würde man in der Seelsorge acht Monate brauchen, um genügend Vertrauen aufzubauen, damit man einem Menschen das auf den Kopf zusagen kann, was man mit dem Enneagramm bereits beim ersten Mal sagen kann. Aus irgendeinem Grund scheint das Enneagramm die persönliche Konfrontation wegzunehmen, so daß wir uns als Teil eines Musters sehen können.

Ich möchte von Anfang nachdrücklich unterstreichen, daß das Enneagramm in seinem ursprünglichen Sinn ein Werkzeug der Umkehr und Bekehrung ist. Es ist mehr als nur noch eine psychologische Kuriosität zur Selbsterkenntnis. Wenn wir es auf diese Weise benutzen, verfehlen wir seine wahre Stärke. Denn dann mißbrauchen wir es dazu, unser Ego weiterhin zu päppeln, anstatt es loszulassen und hinzugeben. Das Enneagramm hat kein falsches Mitleid mit dem Ego. Es will vielmehr um jeden Preis das Spiel unseres Egos aufdecken.

Auf den ersten Blick ist die Intention des Enneagramms ganz und gar negativ. Deswegen kommen in der Regel so wenige SIEBENer zu Enneagramm-Workshops, weil es für sie sehr schwer ist, sich mit dem Negativen auseinanderzusetzen. Darum beglückwünsche ich alle anwesenden SIEBENer. Dagegen gibt es bei solchen Seminaren normalerweise eine Masse EINSer – wie mich selbst. Denn wir sind begeistert, wenn wir eine neue Methode finden, um uns selbst zu kritisieren und niederzumachen.

Ich weiß, daß in unserem Buch steht, daß das Enneagramm von den Sufis, einer charismatischen Bewegung im Islam, stammt. Aber in letzter Zeit stellt sich immer deutlicher heraus, daß das nicht beweisbar ist. Einige amerikanische Spezialisten bestreiten mittlerweile ganz und gar, daß es von den Sufis stammt. Deswegen ist es wohl am ehrlichsten, wenn wir sagen: Wir wissen nicht, woher es stammt. Wir können einige Spuren zurückverfolgen, aber wir gelangen nie zum Ausgangspunkt.

Als ich es 1971 erstmals kennenlernte, sagte man mir, ich sollte es ausschließlich als persönliches geistliches Werkzeug für die Seelsorge nutzen und niemandem sagen, daß ich es kenne. Es war ein Geheiminstrument für geistliche Begleiterinnen und Begleiter, um in den Seelen der

Menschen lesen zu können. Es handelte sich um eine mündliche Weisheitstradition, die nur von einem spirituellen Führer zum anderen weitergegeben wurde. Aber wie Sie wissen, haben die Amerikaner die mündliche Tradition durchbrochen, was typisch ist für DREIer. Denn wir wollen aus allem ein Massenprodukt machen. Und ich habe keinen Zweifel daran, daß durch Aufschreiben und öffentliche Publikation Wesentliches verlorengegangen ist. Unser Buch basiert auf der Nachschrift eines mündlich gehaltenen Workshops. Ich sage das nicht, um uns für das Buch zu entschuldigen, sondern um zu betonen: Ein Buch ist das zweitbeste. Es hat etwas für sich, wenn dir das Enneagramm *persönlich* vermittelt wird, so daß du ein Gespür für die Energien bekommst, um die es geht. Ich hoffe, dieses Wochenende wird in dieser Hinsicht allen eine Hilfe sein.

Noch etwas ganz Wichtiges: die Tiefe der Weisheit stellt sich erst im Laufe der Zeit ein. Es dauert eine Weile, bis man über erste Eindrücke und äußere Symptome eines bestimmten Typs hinauskommt und die Energien unterscheiden kann. Dabei lernen wir, wie unsere Energien gegenseitig aufeinander reagieren, wie sie sich gegenseitig anziehen oder abstoßen. Wir alle wissen: Zwei Leute können genau dieselben Worte aussprechen. Aber von der einen Person werden wir angezogen und die andere stößt uns ab.

In diesem Sinne könnten wir das Enneagramm ein Werkzeug zur „Unterscheidung der Geister“ nennen, um eine Formulierung von Paulus aufzugreifen. Wenn Sie viele Jahre mit dem Enneagramm umgegangen sind, werden Sie feststellen, wie Sie diese Energien aus der Gestik, Mimik und Körpersprache anderer Menschen ablesen können. Der Körper lügt nicht. Der Körper ist ein Fenster der Seele. Aber da müssen wir nicht beginnen. Ich möchte Sie nur um Geduld bitten und Ihnen versichern: Je länger sie mit dem Enneagramm arbeiten, desto mehr werden sich Ihre Erkenntnisse vertiefen. Nachdem ich mich schon 19 Jahre lang mit dem Enneagramm befasse, muß ich ehrlich zugeben, daß ich noch immer neue Seiten an mir entdecke, die darauf hinweisen, daß ich eine EINS bin. Manchmal entmutigt mich das – bisweilen so sehr, daß ich kotzen könnte! Und ich möchte dazu beitragen, daß auch Sie am liebsten kotzen würden. Vielleicht ist es genau das, was die Heiligen meinten, wenn sie ihre „Sünden beweinten“. Es geht dabei keineswegs um masochistische Selbstzerfleischung oder Selbstbestrafung. Es handelt sich vielmehr um eine Erkenntnis, die dich aufrüttelt und dich erkennen läßt: „Ich muß noch immer umkehren. Ich sitze noch immer in der Falle. Ich kann der Wahrheit noch immer nicht ins Gesicht sehen. Ich sehe noch immer alles durch meine selbstgemachten Scheuklappen oder durch eine rosarote Brille". Das Enneagramm hilft uns, die Farbe unserer Brille zu erkennen.

Das Enneagramm hat gar nichts Esoterisches, sondern eher etwas ganz Traditionelles. Es will genau das, wozu ein guter Seelsorger anderen schon immer verhelfen wollte. Man redet heute von der Entwicklung des „dritten Auges". Damit ist eine Instanz gemeint, die das Selbst gleichsam objektiv beobachten kann – nicht beurteilen oder verurteilen, sondern einfach beobachten! Für diejenigen von uns, die religiös erzogen wurden, ist das sehr schwierig. Die Religion lehrt uns zu urteilen, bevor wir gesehen haben. An diesem Wochenende geht es nicht um Urteile, sondern um Beobachtung. Ich hoffe, Sie können alles, was wir sagen, in diesem Kontext sehen. Jesus sagt: „Richtet nicht!" Attackieren Sie sich nicht selbst! Sondern versuchen Sie, einfach zu *sehen* und zu *unterscheiden*, was echt ist in Ihrem Leben und was unecht, was ehrlich ist und was unehrlich, was – wie Jesus sagen würde – „auf Fels gebaut" ist und was „auf Sand". Das wird letztlich nicht dazu führen, daß Sie sich selbst hassen und verachten, sondern daß Sie sich wirklich lieben können – ohne auch nur einen Augenblick lang die eigene dunkle Seite zu leugnen. Das ist ein weiteres Indiz für eine authentische Spiritualität. Denn im Endeffekt ist das nicht negativ, sondern überaus befreiend.

Es geht um folgendes: Das Böse und die Finsternis hat nur eine einzige Möglichkeit, sich in unserem Leben einzunisten und es unter Kontrolle zu bringen. Es muß sich verkleiden. Und die bestmögliche Verkleidung ist selbstverständlich Tugendhaftigkeit. Thomas von Aquin sagt, wir alle wählen etwas, was gut zu sein *scheint*. In unserer internen Logik rechtfertigen wir alles damit, daß es gute Gründe dafür gibt. Das Enneagramm zerbricht unsere selbstzentrierte Logik. Du bist nicht frei, bevor du nicht frei von dir selbst bist. Und die erste Aufgabe der Spiritualität besteht darin, die Abhängigkeit von uns selbst zu durchbrechen. Traditionelle Spiritualität hätte das den „Weg der Läuterung" genannt oder auch die „via negativa". Zunächst muß die Lüge aufgedeckt und zurückgenommen werden, bevor wir auf die Wahrheit bauen können.

Wir leben seit vielen Jahren in einer Wohlstandsgesellschaft mit einem kapitalistischen Vorurteil. Wir lesen das Evangelium schon jahrhundertelang von diesem kapitalistischen Vorurteil aus, das besagt, Spiritualität hätte etwas mit „Haben" oder „Bekommen" zu tun: daß wir Gnadenerweise erlangen, das Heil erlangen, geistliche Weisheit erlangen. In diesem Zusammenhang zitiere ich gerne Ihren deutschen Mystiker Meister Eckart, der sagt, das geistliche Leben hat viel mehr mit Subtraktion (Weniger werden) als mit Addition (Mehr werden) zu tun. Aber seit Jahrhunderten leben wir schon mit einer Spiritualität der Addition, während die viel ältere Tradition ganz offenkundig von Subtraktion handelt. Das Enneagramm ist der Weg der Subtraktion.

Aber ich kann mich selbst nicht heilig machen. Ich kann auch nicht „würdig werden“. Ich kann die Leiter zu Gott nicht erklimmen. Das einzige, was ich tun kann, ist: Ich kann die eigenen Illusionen loslassen. Ich kann mein falsches Selbst loslassen – und das wahre Selbst kommt zum Vorschein. Die Spiritualität aller großen Weltreligionen handelt vom Loslassen. Aus irgendeinem unglaublichen Grund haben wir es geschafft, das auf den Kopf zu stellen. Ich glaube, diese fundamentale Egozentrik ist das geistliche Hauptproblem des Westens. Wir alle nehmen unendliche Mühen und Lasten auf uns, damit sich unser privates Selbst wohlfühlt. Wir alle nehmen unendliche Lasten auf uns, um dieses Selbst zu bestrafen, weil es böse ist. Wir müssen die Illusion des isolierten Selbst hinter uns lassen.

Die ersten Stadien der Beschäftigung mit dem Enneagramm sehen ja so aus, als ginge es dabei genau um dieses isolierte Selbst. Aber wer weiterwächst, wird immer mehr sehen, wieviel von diesem Privat-Selbst eine Illusion ist. Das private Selbst nimmt die eigenen Gedanken viel zu ernst; das private Selbst nimmt die eigenen Gefühle viel zu ernst – als ob diese Gedanken und Gefühle ein objektiver Zugang zur Realität wären. In Wirklichkeit sind sie nur dazu da, um uns zu schützen. In der Regel sind sie ein Charakterpanzer, der uns von der Wirklichkeit abschotten soll. Das Enneagramm hilft uns zu sehen, daß wir keinen Charakterpanzer brauchen. Es befreit uns dazu, die Masken loszulassen. Sie sind noch da, aber wir nehmen sie nicht mehr so ernst. Wir glauben nicht mehr an sie. Wir lernen, über uns selber zu lachen. Das ist übrigens das erste Indiz dafür, daß du auf dem Weg in die Freiheit bist. Wer nicht über sich selbst lachen kann, ist nicht frei. Und wer nicht zulassen kann, daß andere über ihn oder sie lachen, ist sicherlich nicht frei, sondern nimmt sich bei weitem zu ernst und ist in sich selbst gefangen, als ob sie oder er die objektive Wahrheit besitzen würde. Das Enneagramm sagt: Du bist bestenfalls ein Neuntel der Wahrheit. Und außerdem gibt es tausend verschiedene Weisen eine NEUN oder irgendein anderer Typ zu sein. Wir alle sind nur ein kleiner Teil der Wahrheit.

Jeder Gesichtspunkt ist, wie der Name sagt, die Sicht von einem ganz bestimmten Punkt aus. Wir wollen versuchen herauszufinden, was unser spezifischer Punkt ist. Auf welchem Boden stehen wir? Sobald wir wissen, daß es sich nur um ein kleines Stück des gesamten Bodens handelt, müssen wir nicht den Rest des Lebens damit verbringen, dieses Stück zu verteidigen. Das würde wirkliche Liebe, Gemeinschaft und Wahrheit unmöglich machen.

Wir alle haben miterlebt, wie die traditionellen Welterklärungen gescheitert sind. Ich möchte nur ein Beispiel aus der jüngsten katholischen Vergangenheit herausgreifen. Ich selbst wurde nach dem Zweiten Vatikanischen Konzil ausgebildet. Ich habe zur Zeit des Vietnamkrieges und zur Zeit von Martin Luther King studiert. Damals meinten wir: Wenn alle so denken würden wie wir, würde die Welt in zwanzig Jahren ganz anders aussehen. Wir waren 68er Hippies. Wir dachten, alle Menschen auf der Welt müßten bloß so progressiv denken wie wir. In den späten 70er Jahren begannen wir, immer desillusionierter zu werden. Und als Ronald Reagan kam, wurden wir noch desillusionierter. Wir begriffen, daß ein progressiv besetztes Ego genauso schlimm ist wie ein konservativ besetztes Ego. Das eigentliche Thema lautet nicht „progressiv" oder „konservativ", sondern Freiheit von sich selbst!

Ich habe in einer ganzen Reihe von religiösen Institutionen und Orden und Diözesen gearbeitet. Da merkt man nach einer gewissen Zeit, daß es manchmal überhaupt nicht darauf ankommt, welche Theologie die Leute haben. Ich habe Leute getroffen, die nach meinem Urteil eine entsetzliche Theologie haben, aber ihr Herz ist frei. Sie sind nicht abgeschottet. Man findet Zugang zu ihnen. Und sie können sich öffnen und dir begegnen. Das ist die beste Theologie. Und ich habe mit vielen Theologen in unserem Land geredet, die eine perfekte Theologie haben und wundervolle Gottesdienste feiern. Dann sitze ich da und rede mit ihnen und merke: Sie können sich als Menschen nicht zu erkennen geben und nicht aus sich herausgehen, und sie lassen mich nicht in sich hinein. Sie sind nicht frei von sich selbst. Vielleicht ist ihre Falle, daß sie um jeden Preis rechthaben müssen. Oder vielleicht sind sie mehr in ihre Theologie oder in ihre Position verliebt als in Gott.

Deshalb überzeugt mich das Enneagramm. Das Enneagramm ist ein überaus radikales Werkzeug. Radikal kommt vom lateinischen Wort „radix", was „Wurzel" bedeutet. Das Enneagramm ist radikal, weil es sich nicht mit Symptomen beschäftigt, sondern mit den Wurzeln. Es legt die

Ursachen frei. Wir könnten sagen: Das Enneagramm entlarvt unser Spiel. Denn jede und jeder von uns spielt ein Spiel. Das war von Kindesbeinen an unsere Möglichkeit zu überleben. Viele Mütter haben mir sogar erzählt, sie sind überzeugt davon, daß ihr Baby seine Zahl schon hatte, als es noch im Bauch war. Ich weiß nicht, ob das stimmt. Aber sie behaupten, ACHTer strampeln und stoßen mehr. Ich war bei der Geburt eines kleinen Mädchens dabei, das heute mit zwölf Jahren alle Verhaltensmuster der EINS zeigt. Als sie aus dem Bauch kam, hatte sie schon die Faust geballt und den Zeigefinger erhoben. Ich weiß nicht wirklich, wo es herkommt. Aber ich weiß: Es handelt sich um eine Überlebenstaktik. Diese Taktik üben wir viele Jahre lang ein. Wenn wir 30 sind, sind wir Experten. Jedes Atom unseres Körpers ist so sehr davon geprägt, daß wir selbst es nicht sehen können. Alle anderen sehen es, nur wir selber nicht.

Deshalb müssen wir das „dritte Auge" entwickeln, beziehungsweise die Fähigkeit, uns selbst gegenüberzustehen, um uns so zu sehen, wie andere uns sehen und wie Gott uns sieht. Deswegen müßte unser Gebet am Anfang des Weges dahin gehen, daß wir die Wahrheit ersehnen und lieben, was immer das kosten mag. Sonst macht man aus dem Enneagramm ein neues Spielzeug, aber kein geistliches Werkzeug der Umkehr. Ich glaube, der Geist ist diejenige Gabe, die uns erlaubt, mit allem, was ist, Verbindung und Beziehung aufzunehmen. Deshalb ist ein geistlicher Mensch jemand, die oder der die Freiheit hat, die Wirklichkeit an sich heranzulassen. Ein ungeistlicher Mensch verteidigt die eigene Privat-Wirklichkeit und läßt die ganze Wirklichkeit nicht zu.

Die großen spirituellen Traditionen aller großen Religionen geben uns Werkzeuge an die Hand, die uns helfen können, unser falsches Selbst aus dem Weg zu räumen. Beispielsweise haben die meisten großen Weltreligionen die drei selben Übungen entdeckt: Fasten, Almosengeben und Gebet. Alle drei sind Wege des Loslassens. Alle drei sind Wege der Subtraktion, nicht der Addition. Fasten bedeutet, das loszulassen, wovon ich meine, mein Körper bräuchte es unbedingt. Almosengeben bedeutet, das loszulassen, was mein Sicherheitsbedürfnis zu brauchen meint. Und wirkliches Gebet bedeutet meines Erachtens, das loszulassen, was mein Verstand und meine Emotionen zu brauchen meinen. Man braucht Zeit, um das einzuüben. Denn auch aus dem Gebet hat man eine Spiritualität der Addition gemacht anstatt eine Spiritualität der Subtraktion. Gott braucht unsere Wörter nicht. Jesus sagt: „Wenn ihr betet, sollt ihr nicht plappern wie die Heiden!" Gott braucht auch unsere Gedanken nicht und auch nicht die warmen Gefühle, die wir für ihn (oder sie) hegen. Wir brauchen vielmehr einen Weg, um uns schließlich von den eigenen Ideen und Gefühlen zu lösen.

Vor 28 Jahren, als ich Novize bei den Franziskanern war, hörten wir viel über die „Tugend des Sich-Lösens“. In den letzten 20 Jahren hat kaum noch einer über Loslassen geredet. Bis das Enneagramm daher kam. Weil wir die Kunst des Loslassens verlernt haben, produzieren wir am Ende die abhängigste und süchtigste Gesellschaft, die die Welt je gekannt hat. Wer nicht versteht, sich zu lösen, wird übermäßig gebunden sein. Wer nicht loslassen kann, wird übermäßig festgehalten werden. Das kann so weit gehen, daß man nicht weiß, wer man ist – abgesehen von der eigenen Gebundenheit. Man weiß nicht, wer man ist – abgesehen von den eigenen Gedanken und Gefühlen. Ich möchte in diesem Seminar klarstellen, daß wir mehr sind als unsere Gedanken und Gefühle. Auf dieser Reise wollen wir versuchen, gleichsam zurückzukriechen zum „reinen Ort der Seele“, sofern das möglich ist. Ich glaube nicht, daß das völlig geht. Aber zumindest können wir versuchen, über die eigenen Illusionen zu lachen.

Die zweite Erfahrung neben der, über sich selbst zu lachen, wird normalerweise die Erfahrung einer Demütigung des Selbst sein. Fürchten Sie sich bitte nicht davor! Das ist vielmehr ein gutes Indiz dafür, daß Sie die richtige Nummer gefunden haben – und daß Sie den Abgrund der Sünde dieser Nummer gesehen haben. Wenn Sie total begeistert darüber sind, eine VIER zu sein, sind Sie entweder keine VIER – oder Sie sehen nicht, wie dämlich das VIERersein ist. Es gibt eine grundlegende Erfahrung der Demütigung. Einige von Ihnen werden das niemandem mitteilen wollen – vor allem die FÜNFer nicht. Aber vielleicht können wir es zulassen, bei diesem Workshop eine Gemeinschaft der Verwundbarkeit zu werden.

Spiritualität ist weniger ein Inhalt oder eine Ansammlung von Informationen als ein Prozeß. Wenn wir Spiritualität in erster Linie als eine Menge von ganz bestimmten Inhalten verstehen, geraten wir unweigerlich in die Falle des Konfessionalismus. Echte Spiritualität hat universellen Charakter. Das bedeutet in keiner Weise, daß die zentrale Bedeutung Christi geschmälert wird. Aber es trägt hoffentlich dazu bei, daß Christinnen und Christen die ganze Weite und Tiefe Christi sehen.

Unsere Sünde und unsere Gabe sind zwei Seiten derselben Medaille. Um das eine zu sehen, müssen wir zugleich das andere sehen. Um das eine zu schmecken, müssen wir auch das andere schmecken. Wir können unsere Gabe nicht in ihrer ganzen Tiefe erleben, ohne zugleich die dunkle und potentiell destruktive Seite unserer Gabe zu entdecken. Und wenn unsere

Sünde umgewandelt und erlöst wird, wird daraus unsere größte Gabe. Die meisten Leute gehen kaputt, weil sie sich mit ihrer Gabe übermäßig identifizieren. Zuviel des Guten ist schlecht und die Verderbnis des Besten führt zum Schlimmsten.

Ich benutze willkürlich gewählte Zahlen zur Illustration: Sagen wir einmal, 70 Prozent dessen, was wir sind, ist unsere Gabe. Im Alter zwischen 14 und 25 ist es normal und geradezu notwendig und muß deshalb zugelassen und erlaubt werden, daß ein junger Mensch sich mit seiner Gabe übermäßig identifiziert. Deswegen ist es ja so anstrengend, mit Jugendlichen unter einem Dach zu leben. Denn sie leben ihren Antrieb voll aus, und wir müssen ihnen das zugestehen. Aber wir, die wir älter sind, müssen das hinter uns lassen und erwachsen werden. Denn wenn wir uns auf Dauer mit diesen 70 Prozent übermäßig identifizieren, verfault unsere Gabe gleichsam an uns. In der Regel bemerkt man das Einsetzen der Fäulnis erstmals irgendwann zwischen dem 30. und dem 35. Lebensjahr – wenn man sich in einem Wachstumsprozeß befindet und empfänglich ist. Wenn man mit 50 oder 55 immer noch in dieser Weise selbst-süchtig ist, wird eine Bekehrung sehr schwer. Ich fordere die Leute immer auf, sich jung zu bekehren. Denn je älter man ist, desto schwieriger wird es, weil man immer abhängiger von sich selbst wird. Die ideale Zeit für eine Umkehr liegt zwischen dem 25. und dem 40. Lebensjahr. Man beachte das Alter, in dem Jesus gewirkt hat! Er hat es nicht gewagt, vor dem 30. Lebensjahr an die Öffentlichkeit zu treten. Ich glaube, man ist rein von den psychischen Voraussetzungen her nicht fähig, das Kreuz zu verstehen, bevor man mindestens 30 Jahre alt ist. Aber wenn du das Kreuz dann nicht bald „auf dich nimmst“, wie Jesus sagt, baust du dein gesamtes Leben um eine Lüge auf. Dann läßt du nur solche Freunde zu, die ebenso engstirnig und voller Vorurteile sind wie du selbst, Menschen, die dir nicht die Wahrheit sagen, sondern dir erlauben, deine Illusionen zu kultivieren. Spirituell betrachtet sind das keine Freunde, sondern Feinde. Wir brauchen spirituelle Freunde. Das Enneagramm weist einen Weg, der spirituelle Freundschaft möglich macht. Wenn wir uns also mit unserer Gabe überidentifizieren, wird gerade sie es sein, die uns zerstört.

Als junge Menschen werden wir in der Regel für den Zwang belohnt, unter dem wir stehen. Ich beispielsweise habe es geschafft, das gesamte franziskanische Priesterseminar zu absolvieren, ohne auch nur ein einziges Mal in Frage gestellt zu werden. Denn ich war eine gute EINS. Ich war immer pünktlich, habe meine schriftlichen Arbeiten rechtzeitig abgeliefert und war sehr gehorsam. Ich war ein guter Junge. Und das Seminar liebt gute Jungs. Aber ich war aus den falschen Motiven gut: nicht aus Liebe zu Gott, sondern weil ich in meine eigene Vollkommenheit verliebt war. Sie haben mich für meine Sünde belohnt. Und das ging nicht nur mir so, sondern Ihnen allen! Wir werden regelmäßig für unsere Sünde belohnt.

In manchen Ländern gilt das mehr als woanders. In den USA denkt jeder junge Mann, er müßte idealerweise eine DREI sein. Aber die meisten sind das natürlich nicht. Deshalb durchleben sie ihre Jugendjahre und meinen ständig, mit ihnen stimmt was nicht. Und sie versuchen, etwas zu sein, was sie nicht sind. Kein Wunder, daß sie Drogen nehmen und sich selbst hassen. Man darf niemandem einreden, etwas zu sein, was sie oder er nicht ist. Und die Gesellschaft macht ganz gewiß den Versuch, das zu tun. Und gewiß hat auch die Kirche das immer wieder versucht. Jesus erlaubt uns, Gott sei Dank, zu wachsen und die Person zu sein, die wir sind. Und wir müssen einander dieselbe Freiheit zugestehen.

Ich weiß, daß ich seinerzeit, als ich das Enneagramm kennenlernte, zunächst Angst hatte, es könnte mich noch kritischer und verurteilender machen. Ich war ohnehin bereits eine EINS und brauchte nicht noch mehr Mittel an der Hand, um Urteile fällen zu können. Aber ich bitte Sie ernsthaft: Haben Sie davor keine Angst! Wenn Sie wirklich „dranbleiben", wird am Ende genau das Gegenteil passieren.

Zunächst einmal dient das Enneagramm *meiner eigenen* Bekehrung und nicht dazu, *dich* in eine Schublade zu stecken, festzulegen und zu erklären. Und sobald ich gelernt habe, mit mir selbst barmherzig zu sein und mit den tausend verschiedenen Möglichkeiten, eine EINS zu sein, dann lerne ich, Dir dieselbe Freiheit zuzugestehen. Ich bin heute sehr viel weniger richtend und verurteilend wie vor 20 Jahren. Und ich glaube, das Enneagramm war eine der Gaben und Mittel, die mir dabei geholfen haben.

Wenn man das Enneagramm kennenlernt, ist man natürlich davon besessen, jede und jeden einzuordnen. Ehrlich gesagt ist das die einzige Möglichkeit, es zu erlernen. Allerdings wird man anfangs gravierende Fehler dabei machen, vor allem im Blick auf die Menschen, die einem besonders nahestehen. Man tut sich anfangs sehr schwer, die eigenen Eltern oder Kinder einzuschätzen. Wenn man das Enneagramm länger kennt, bewegt es sich allmählich aus dem Vorderhirn in den Hinterkopf. Dort ist es dann vorhanden als stiller Berater, der uns hilft, Einschätzungen vorzunehmen, Beziehungen einzugehen oder Zusammenhänge herzustellen. Es wirkt viel mehr als eine Art Intuition aus dem Unbewußten und nicht so sehr als eine bewußte Methode, um andere Menschen in Schubladen zu stecken und unter Kontrolle zu halten. Ich kann Sie nur bitten, mir diesbezüglich zu vertrauen und am Ball zu bleiben.

Fragen und Antworten

Ich habe mich selbst an einer bestimmten Stelle im Enneagramm gefunden, bis jemand kam und mich ganz anders eingeordnet hat. Jetzt bin ich sehr verunsichert. Kann ich mich auf mich selbst verlassen oder sollte ich lieber der Objektivität anderer trauen?

Letztlich beides! Aber ich würde Ihnen zunächst empfehlen, sich selbst zu vertrauen. Sie müssen schließlich und endlich selbst erkennen und selbst entscheiden. Es handelt sich dabei in der Regel um ein echtes Aha-Erlebnis, das aus Ihnen selbst kommt. Sonst werden Sie nie die Tiefe Ihrer Gebundenheit sehen. Natürlich können Sie gute und intelligente Freundinnen oder Freunde um Hilfe bitten. Aber Sie können deren Einschätzung nicht übernehmen, bevor Sie nicht selbst wirklich wissen, daß sie stimmt. Eigentlich können andere nur das bestätigen, was Sie selber schon sehen.

Auch wenn ich nicht mehr zu dieser Generation gehöre, die noch große Chancen hat, habe ich doch eine Frage: Auch ich hatte zunächst ziemlich große Sicherheit, meinen Typ gefunden zu haben. Später hat dann ein anderer einen ganz anderen Typ genannt. Ich habe nachgelesen und bin zu dem Schluß gekommen: Der andere hat recht. Kann es nicht auch eine Form des Loslassens sein, wenn man sagt: Vielleicht sind es ja die anderen, die es besser sehen?

Sie haben es hervorragend ausgedrückt! Bei der Auseinandersetzung mit dem Enneagramm geht es um unser Selbstbild und unsere Fixierung auf dieses Bild. Es ist eine sehr demütigende Erfahrung zu bemerken, daß wir uns auf ein ganz bestimmtes Bild von uns festgelegt hatten und sich herausstellt, daß das gar nicht das wahre Bild ist. Tatsächlich ist es manchmal so, daß gute Freunde das wahrere Bild von uns haben. Und bitte nehmen Sie das, was ich über das Alter gesagt habe, nicht allzu ernst. Gott kann uns immer und zu jeder Zeit bekehren.

Was heißt „mit dem Enneagramm umgehen" praktisch im Alltag? Wie bewerkstelligt man, daß das Enneagramm in den Hinterkopf wandert? Wie kann man Tag für Tag damit leben?

Sie müssen tatsächlich das Risiko eingehen, es eine Zeitlang zu übertreiben. In dieser Zeit werden Sie zum Schrecken Ihrer Freunde und Ihrer Familie werden. Aber es muß sich schließlich aus dem Kopf hinausverlagern, so daß es zu einer Intuition wird und zu einem Unterscheidungsvermögen. Anfangs werden Sie zu sehr auf äußere Charakterzüge achten und viele Fehler machen. Aber auch diese Fehler muß man machen, um es zu lernen. Nach und nach werden Sie die unterschiedlichen Energien auseinanderhalten können. Es ist eine Sache der Übung und der Zeit. Bitte denken Sie immer daran, daß es in allererster Linie ein Werkzeug für Ihre eigene Umkehr und für Ihr eigenes Wachstum ist! Und wenn Sie meinen, Sie hätten Ihre eigene Nummer richtig herausgefunden, dann beschäftigen Sie sich bitte zunächst nicht allzusehr damit, auch die anderen Nummern in den Griff zu kriegen. Erst einmal müssen Sie die ganze Sünde Ihrer eigenen Nummer kosten!

Ich habe für mich gemerkt, daß ich als erstes einmal sehr weit weg von der Nummer gegangen bin, die ich bin. Und die, um die ich einen Bogen gemacht habe, weil ich sie am wenigsten mochte, die mußte ich mir am Ende doch genauer anschauen.

Ich kann nur sagen, daß das eine sehr häufige Erfahrung ist. Das zeigt, welche Haken das Ego schlägt, um sich nicht ins Auge zu sehen. Ich bin froh, daß Sie das erwähnen, weil es vielen anderen helfen wird.

Sie haben gesagt, daß die beste Zeit für Umkehr zwischen 25 und 30 liegt. Ich bin erst 21.

Dann sündige tapfer! Das hat bekanntlich Martin Luther gesagt. Ich möchte aber folgendes sagen, weil einige Leute versuchen, das Enneagramm jungen Leuten beizubringen: Junge Leute finden es in der Regel ganz interessant und unterhaltsam, aber es geschieht keine echte Umkehr. Denn sie haben noch nicht geschmeckt, wie sehr ihre Sünde andere Menschen verletzt. Ich möchte alle Eltern bitten: Bitte versuchen Sie nicht, das Enneagramm Ihren Kindern unterzujubeln. Sonst wird es auch bloß wieder zum pädagogischen Mittel, um Ihre Kinder zu ändern, was katastrophal wäre. Ein kleines Kind, das eine FÜNF ist, muß es erlaubt bekommen, eine FÜNF zu sein. Man kann Kinder nicht in den „erlösten Zustand“ zerren. Das muß seine eigenen Bahnen finden. Ich freue mich aber, daß Sie als 21jähriger da sind. Hören Sie zu und nehmen Sie mit, was Sie davon mitnehmen können. Ich wette aber, daß es für Sie eines Tages, wenn Sie so alt sind wie ich, noch viel mehr bedeuten wird.

Sie haben mehrmals vom „privaten Selbst" geredet. Gibt es auch ein nicht-privates Selbst oder ein gemeinsames Selbst?

Ich glaube, jede wahre Religion bewirkt letztlich dasselbe: Sie hilft uns, die Illusion zu überwinden, daß wir isoliert sind. Paulus nennt das die Lehre vom Leib Christi[1]. Johannes spricht vom Weinstock und den Reben. Oder wir reden traditionellerweise vom Mysterium der Kirche. Dahinter steht die zutiefst geistliche Erfahrung, daß uns mehr verbindet als uns trennt. Wenn wir nur um unser privates abgespaltetes Ego kreisen, verwässern wir das Evangelium und verlieren damit einen Großteil seiner Kraft. Dann sind wir fortwährend damit besetzt, unsere privaten Schuldgefühle zu pflegen und nach unserem privaten Seelenheil zu streben. Dieser Ansatz hat die westliche Zivilisation ins Aus geführt. Ich möchte das ganz betont in diesem Kontext sagen, wo wir uns mit dem Enneagramm befassen. Denn das Enneagramm sieht ja anfangs wirklich so aus, als würde es dabei bloß um das individuelle Selbst gehen. Deswegen möchte ich von Anfang an das individuelle Selbst relativieren und uns in den Kontext des mystischen Leibes Christi stellen. Ich hoffe, im Laufe des Wochenendes wird deutlicher werden, was das beinhaltet.

Kann man davon ausgehen, daß man – wenn man den Weg des Enneagramms geht – in sich den Teil findet, der ein Teil Gottes oder Jesu ist?

Ich denke, genau das ist es, was Sie finden werden. Sie werden schließlich an eine Stelle kommen, von der Sie wissen, daß das ein Ort großer Würde und Stärke ist. Und doch handelt es sich um keinen selbstgemachten Wert und keine selbsterzeugte Kraft. Es hat nichts mit Ihrem moralischen Wohlverhalten zu tun. Es wird sich anfühlen wie eine Begegnung mit dem Objektiven, mit einer Art objektiver Güte – allen Anzeichen des Gegenteils zum Trotz. Ich glaube, das ist zumindest *eine* Möglichkeit, um die Erfahrung Gottes in uns zu beschreiben. Und dennoch werden Sie gleichzeitig wissen, daß Sie nur ein Teil sind und daß Ihre Brüder und Schwestern andere Aspekte Gottes widerspiegeln. Das bereitet uns wiederum auf die Lehre vom Leib Christi vor.

Mein Freund und ich haben beide dieselbe Erfahrung gemacht: Wir finden beide jeweils zwei typische Muster in uns, die nichts miteinander zu tun zu haben scheinen. Ich kann mich nicht entscheiden, ob ich eine EINS bin oder eine FÜNF. In Eurem Buch wird aber betont, daß man ein und nur ein Typ ist.

Es gibt eine Reihe von Möglichkeiten. Erstens sind Sie noch jung und kennen sich selbst möglicherweise nicht sehr gut. Zweitens – und das gilt für alle von uns – kann es geschehen, daß viele von uns, die von einem sehr starken Elternteil erzogen worden sind, herausfinden, daß die eigene Persönlichkeit von der Persönlichkeitsdynamik dieser Elterngestalt überlagert ist. Dann denken wir entweder, wir sind derselbe Typ wie unser Vater oder unsere Mutter, oder wir denken, wir *sollten* diese Nummer sein. Das erleben manche Menschen so stark, daß sie sich gar nicht vorstellen können, eine andere Nummer zu sein als diejenige, als die ihre Mutter sie haben will. Die dritte Möglichkeit ist, daß Sie eine Verbindung herstellen, die wir „die Pfeile" (Trost- und Streßpunkt) nennen. In Ihrem Fall kann das nicht zutreffen. Die Verwechslung zwischen EINS und FÜNF ist häufig. Ich habe auch eine Zeitlang gedacht, ich könnte eine FÜNF sein, zum Beispiel, weil ich unheimlich gern lese. Aber die Frage ist nicht, *ob* ich gern lese, sondern *weshalb* ich gern lese. Ich lese, um mich zu vervollkommnen, um mehr Informationen darüber zu bekommen, wie ich „gut" sein kann. Ich lese nicht zweckfrei. Ich lese zum Beispiel Romane und suche in ihnen nach dem verborgenen Christusbild. Ich suche ständig nach dem tieferen Sinn. Eine FÜNF hingegen wird einzig und allein um der Erfahrung willen lesen, Informationen zu sammeln. Ich führe dieses Beispiel nur an, um zu zeigen, wie es zwischen verschiedenen Nummern auf den ersten Blick eine Verbindung zu geben scheint. Vielleicht sollte ich es noch einmal umgekehrt zeigen: FÜNFer halten sich manchmal für EINSer. Denn beide Typen haben einen starken Hang zu Ausgewogenheit. Vielleicht genügt diese Andeutung.

Ich kann mir nicht vorstellen, daß ich allein und ohne Anleitung auf dem Weg des Enneagramms wachsen kann. Brauche ich dazu eine Gruppe oder eine geistliche Begleitperson? Oder ist es tatsächlich möglich, das alles mit Hilfe eines Buches selbst zu machen?

Eine sehr berechtigte Frage. Ich denke, Sie brauchen entweder eine geistliche Begleitung oder eine Gruppe – das eine oder das andere. Das meinen wir, wenn wir sagen, das Enneagramm ist eine „mündliche Tradition". Es handelt sich um etwas, was man durchsprechen muß. Man muß andere SECHSer hören, wie sie über diese Energie reden – oder Außenseiter, die die dunkle Seite der SECHS erkennen können. Man muß das Pferd im vollen Galopp erwischen. Das kann zum Beispiel heißen, daß wir einem Freund oder einer Freundin erlauben uns zu sagen: „Mach mich aufmerksam, wenn ich das wieder tue!“ Wenn sie der Aufforderung nachkommen und sagen: „Guck mal! Schon wieder machst du’s. Jetzt in diesem Augenblick machst du’s!“ werden wir natürlich oft sauer auf sie sein. Denn im Grunde müßte man es uns alle drei Minuten sagen. Das heißt nicht, daß Sie bis an Ihr Lebensende diese Gruppe oder diese Person brauchen. Aber für eine gewisse Zeit könnte das zur Schärfung der eigenen Wahrnehmung sehr hilfreich sein. Nach einer Enneagramm-Tagung in München haben sich dort vier oder fünf Selbsthilfegruppen gebildet: „Anonyme NEUNer“, „Anonyme ZWEIer“, „Anonyme EINSer“ und so weiter. In solch einer Gruppe, wo Leute desselben Schlags zusammensitzen, wird man viel schneller ehrlich und kann sich gerade deshalb helfen. Bei den Anonymen Alkoholikern sind alle Beteiligten Alkoholiker. Das schafft Solidarität. Selbsthilfe in der Gruppe ist auch deshalb hilfreich, weil sie von Anfang an die Autonomie der Einzelperson achtet und kein Guru da ist, der alles besser weiß und selber unverletztlich ist.

Ist es hilfreich, wenn mein Seelsorger dieselbe Enneagramm-Zahl hat wie ich? Muß er das Enneagramm kennen? Oder muß ich es ihm erst beibringen, bevor er mich begleiten kann?

Unterschiedliche Seelsorger haben in unterschiedlichen Lebensphasen unterschiedliche Vorteile. Ich glaube nicht, daß wir lebenslänglich in Verbindung mit ein und derselben Begleitperson sein müssen. Eine Person, die dieselbe Nummer mit uns teilt und sie versteht, wird uns viel zu geben haben. In anderer Hinsicht könnte sie aber auch nicht so gut sein. Aufs Ganze des Lebens gesehen würde ich eher empfehlen, sich an eine Person zu wenden, die Sie objektiver sehen kann – es sei denn, die Begleitperson desselben Typs ist sehr weise und objektiv. Normalerweise zieht es uns ohnehin nicht allzusehr zu einer Person desselben Typs. Uns ist zum Beispiel kaum eine Ehe bekannt, wo beide Partner demselben Typus angehören – außer Ronald Reagan und Nancy. Die sind beide DREIer. Insgesamt möchte ich Ihnen raten: Nehmen Sie die Sache nicht allzu fieberhaft und tierisch ernst in Angriff. Das Ganze wird viel mehr aus Ihrem Unterbewußtsein heraus arbeiten als aus dem Bewußtsein.

RICHARD ROHR

Kurze Zusammenfassung der neun Typen[1]

Typ EINS

Es ist für mich als EINS am leichtesten, meine eigene Sünde zu beschreiben. Irgendwann in unserem frühen Leben haben wir die Überzeugung gewonnen, daß nur Vollkommenes liebenswert ist. Man muß das Recht, geliebt zu werden, verdienen. Es ist für EINSer schwer sich vorzustellen, daß Unvollkommenes und Gebrochenes Liebe verdient. Aber genau diese Erfahrung ist es, die uns zum Durchbruch verhilft: bedingungslose Liebe. Das können wir nicht glauben. Man kann sehen, wie sich Paulus und Martin Luther damit rumschlagen, weil sie beide EINSer sind. Ich habe mir kürzlich meine ersten Vorträge angehört, die 1973 auf Band mitgeschnitten wurden. Schon damals habe ich ständig die bedingungslose Liebe gepredigt. Denn man predigt immer zuerst sich selbst.

Die EINS ist fortwährend von der Realität enttäuscht, weil sie immer hofft: Jetzt kommt endlich mal was Vollkommenes! Aber bei näherem Hinsehen stellt sich heraus: Auch das ist es nicht. Diese Enttäuschung verdichtet sich zu Wut. Es ist nicht die Wut auf irgend etwas Bestimmtes, sondern ein gestaltloser, universeller Ärger, der Ärger über die Unvollkommenheit der Welt.

Dieser Zorn versorgt uns natürlich mit einer Menge Energie für unseren Versuch, die Welt zu verbessern. Aber es ist aggressive Energie. Ich wurde beispielsweise Exerzitienmeister, um zu versuchen, Menschen besser zu machen. Wir alle tun oft das Richtige aus den falschen Motiven. Das zu entdecken, ist sehr demütigend! Denn ich habe einst gedacht, ich mache das alles aus Liebe zu Gott. Die war vielleicht auch ein bißchen dabei. Aber ich habe es auch gemacht, weil ich Richard Rohr bin. Gott benutzt unsere Sünden für Gottes Ziele. Deswegen kann sich „kein Fleisch vor Gott rühmen“, wie Paulus sagt.

Die Wut der EINS sieht nicht aus wie Wut. Auf den ersten Blick wirkt sie wie Idealismus oder Eifer. Sie wirkt wie eine Tugend. Und diese Wut ist nicht nur für andere verborgen, sondern auch für die EINS selbst. EINSer sind immer ganz überrascht, wenn sie herausfinden, daß ihre Sünde der Zorn ist. Andere sehen es in der Regel eher als wir selbst. Wir sind überzeugt, daß wir hohe Ideale und edle Ziele verfolgen. Es ist für uns sehr schwer zuzugeben, daß das nur *meine* hohen Ideale sind und nicht unbedingt *objektiv* edle Ziele. Das müssen wir zunächst einmal erkennen, wenn wir barmherzig werden wollen.

Tief in der EINS befindet sich ein tiefer Strom von Ärger, den sie nicht erkennt oder zugibt. Dieser Strom führt dazu, daß EINSer schnelle Urteile fällen. Das geht so schnell, daß sie selbst nicht merken, daß sie schon wieder ein Urteil gefällt haben. Diese schnellen Urteile werden schließlich zu einem Dauerzustand von Groll. Das läuft blitzschnell ab: *Ärger – Urteil – Groll. Ärger – Urteil – Groll.* Deshalb müssen wir im ersten Moment zupacken, wenn der Ärger auftaucht. Nur so können wir den Teufelskreis durchbrechen. Wir müssen erkennen, wie tief und konstant diese Wut ist. Und wir müssen aufhören, sie anders zu nennen, wie zum Beispiel „Wahrheit" oder „Gerechtigkeit". Wir müssen einfach zugeben, daß wir verdammt wütend sind. Das fällt uns sehr schwer, weil Musterkinder nicht wütend sind.

Das Selbstbild, von dem die EINS abhängig ist, lautet: „Ich bin ein braves Kind!" Denn wir mußten Musterkinder sein, um entweder die Liebe unserer Eltern zu bekommen oder um sie nicht zu verlieren. Ich war der Liebling meiner Mutter. Um diese Position zu behalten, mußte ich „gut" sein. Deswegen habe ich mir zum Beispiel nie zugestanden, egoistisch zu sein. Deswegen muß sich mein Egoismus verkleiden. Ich habe mir nicht erlaubt, meine eigenen Gefühle wahrzunehmen. Ich fühlte, was ich fühlen sollte. Deswegen sind meine Gefühle versteckt – sogar für mich selbst.

Eine EINS muß ihre wahren Gefühle und ihre eigene Sicht der Wirklichkeit erst entdecken. Das ist sehr schwer, weil das alles ständig von Geboten und Verboten überlagert und unterdrückt wird. Die EINS muß aufhören, Urteile zu fällen, vor allem moralische Urteile. Wir sind besessen von moralischen Urteilen. Alles muß gut oder böse sein, verdienstlich oder sündig. Wenn wir es lernen, Dinge einfach sein zu lassen, wie sie sind, wenn wir lernen, zu sehen, bevor wir urteilen – dann gelangen wir zu einer wunderbaren heiteren Gelassenheit.

Wenn es gut geht, gelingt es uns am Ende besser als allen anderen, Zorn zu überwinden und zu verwandeln. Irgendwann sind wir von unserer Wut und unserem angestrengten Ernst derart müde, daß unser innerer Friede unsere größte Gabe werden kann. Die erlöste EINS hat einen ausgesprochenen Sinn für Harmonie und Ausgewogenheit.

Normalerweise hält man uns für sehr vernünftige Leute. Denn unsere Urteile erlauben uns, jeweils beide Seiten zu sehen. Aber wir müssen aufhören, ständig zu urteilen. Wir müssen aufhören, der eigenen Wut zu glauben. Wir müssen aufhören zu meinen, daß unsere Urteile wirklich auf die Wahrheit zielen. Anstelle von „alles oder nichts" müssen wir „sowohl als auch" zulassen. Das ist erlösend für eine EINS.

Typ ZWEI

Die ZWEI hat irgendwann geglaubt, sie würde geliebt, wenn sie selbst liebt: „Wenn ich dir dienen kann, wirst du mich immer lieben!" Deshalb suchen ZWEIer Sicherheit in der Welt der Liebe. Sie gehen durchs Leben und kaufen Liebe. Sie sorgen dafür, daß du sie lieben mußt. Sie schmeicheln sich ein: „Ich werde dich auf eine Weise lieben, daß du mich nicht *nicht* lieben kannst! Und wenn du mich nicht liebst, wirst du dich schuldig fühlen!" Dabei merken sie selbst nicht, wieviel Druck und Schuldgefühle sie vermitteln. Aber alle, die zur Umgebung einer ZWEI gehören, spüren diese ständige stumme Erwartung. Wir wissen immer, daß dieser Mensch mehr Zuwendung erwartet und auf mehr Reaktion aus ist.

ZWEIer sind die Liebenden, die Diener und Helferinnen der Welt. Diese Liebe nimmt viele verschiedene Gestalten an. ZWEIer sind auch die Ko-Abhängigen dieser Welt. Wenn man von einem Ko-Abhängigen geliebt wird, muß man eines Tages dafür bezahlen. Denn da gibt es immer eine Hinterabsicht, die sogar der ZWEI selbst verborgen ist. An dieser Liebe ist ein Angelhaken befestigt und ein Bindfaden. Wenn die ZWEI diesen ihren Angelhaken und diese Schnur erkennt, beginnt sie, frei zu werden.

Die ZWEI trägt in sich ein tiefes Schamgefühl. Schon früh entdecken ZWEIer, wie bedürftig sie sind und wollen um keinen Preis, daß irgend jemand erfährt, wie tief diese Bedürftigkeit ist und wie sehr sie andere brauchen. Deshalb operieren sie indirekt. Sie erfüllen sich ihre Bedürfnisse oft im geheimen. Darin werden sie Meister. Sie geben wirklich viel. Aber heimlich führen sie Buch darüber. Sie verschicken 500 Weihnachtskarten und führen eine innere Liste, wer *ihnen* eine schickt.

Wenn sie es eines Tages satt haben, daß andere sie nicht so zurücklieben, wie sie selbst andere lieben, beschließen sie: „Ich verdiene eine Belohnung!“ Sie belohnen sich selbst auf sehr reale, wenn auch oft heimliche Art. Oft sind sie Schokoholiker. Sie müssen sich Süßes holen, nachdem sie soviel Süßes weggegeben haben. Aber manchmal schämen sie sich dafür und verstecken die Schokolade unter dem Bett. Oft gehen sie in ein Geschäft und kaufen sich etwas, was sie eigentlich gar nicht brauchen. Aber sie schämen sich dieser Bedürfnisse.

Es ist wichtig, daß ZWEIer der Tatsache ins Auge sehen, wie tief ihre Bedürftigkeit und ihre Scham ist, damit ihre Liebe mehr ans Licht kommt und ehrlicher wird. Sie müssen lernen, über ihre übertriebene Bedürftigkeit zu lachen. Wenn sie erkennen, daß ein Großteil ihrer Liebe unehrlich gewesen ist, ist das eine zutiefst demütigende Erfahrung. Ich habe bei ZWEIern mehr als bei allen anderen erlebt, wie sie hemmungslos geweint haben, als ihnen ihr Muster klar wurde. Denn ihr Selbstbild ist immer gewesen: „Ich bin die Liebe in Person!“ Wenn ihnen dieses Bild plötzlich genommen wird, zerreißt sie das fast.

Hier sieht man, was es mit ihrer Sünde, dem Stolz, auf sich hat und was für sie die Reise in die Demut bedeutet. Sie müssen an den ernüchternden Punkt kommen, wo sie begreifen: „Ich bin gar nicht liebesfähig. Ich muß mich zurücknehmen und zulassen, daß Gott durch mich liebt.“ Wenn sie das lernen, werden sie sehr demütige Werkzeuge der Liebe. Aber zunächst müssen sie die eigenen Angelhaken erkennen und loslassen. Das ist eine heroische Bekehrung für eine ZWEI. Deshalb benutzen wir Mutter Teresa als Symbol. Das Motto für ihre Schwestern lautet: „Frag nicht nach den Kosten!“ Wenn eine ZWEI aufhört aufzurechnen, ist sie frei.

Die Gabe der Herzlichkeit ist zugleich die Falle der ZWEI. Es dauert sehr lange, bis das Herz geläutert ist. Am einfachsten läßt sich der Erlösungsweg einer ZWEI vielleicht so beschreiben: Es geht um die Läuterung der Gefühls- und Beziehungswelt. Wenn eine ZWEI diesen Weg geht, wird sie überaus liebesfähig. Solche Menschen sind wunderbare Freunde.

Aber auch wir anderen müssen darauf achten, daß wir die ZWEIer nicht unsererseits manipulieren. Sie sind nicht nur manipulativ, sondern auch sehr manipulierbar. Wir alle wissen das und nutzen es weidlich aus. Wir wissen, daß wir zu einer ZWEI nur sagen müssen: „Ich brauche dich!“ – und schon wird sie springen. ZWEIer wissen sogar, daß sie das tun. Deshalb hassen sie sich anschließend dafür. Und *dich* hassen sie auch, weil sie wissen, daß du sie ausnutzt. Auch wir müssen also in der Beziehung zur ZWEI bekehrt werden, denn es handelt sich um eine Ko-Abhängigkeit. Wir profitieren von den ZWEIern und wollen gern, daß sie so bleiben wie sie sind. Deswegen müssen wir uns ebenfalls aus diesem Spiel verabschieden. Vor allem in Ehen ist es oft der Partner der ZWEI, der das nicht will. Denn es ist ja auch bequem, daß dich dieser Mensch von hinten und vorne bedient.

Typ DREI

Die DREI ist irgendwann der Lüge aufgesessen: „Ich werde von dir nur geliebt, wenn ich für dich ein Produkt abliefere. Du wirst mich lieben, wenn ich erfolgreich bin.“ Vielleicht haben sie erlebt, daß sie nach Hause gekommen sind und Mama gesagt hat: „Du bist gut, weil du eine Eins geschrieben hast.“ DREIer haben erlebt, daß ihre Leistungen anerkannt wurden, nicht aber sie selbst um ihrer selbst willen. Deshalb versucht die DREI ein Leben lang, Einsen nach Hause zu bringen und dir ihr Zeugnis vorzuzeigen: „Siehst du, wie gut ich bin!? Liebst du mich jetzt?“

Ich erinnere Sie: ZWEIer, DREIer und VIERer spielen alle das Spiel der Liebe. Deshalb nennen wir sie die Herztypen. Sie bekommen ihre Energie durch *deine Reaktion* auf sie. Wenn man ihnen die Reaktionen anderer wegnimmt, verlieren ZWEIer, DREIer und VIERer ihre Energie.

DREIer müssen irgendwo Erfolgserlebnisse haben. Ihre Erfolge geben ihnen die Gewißheit: „Ich bin wertvoll und gut!“ Sehr schwer hingegen fällt es ihnen, Versagen oder Scheitern zu erleben. Selbst wenn sie objektiv versagen, müssen sie das gescheiterte Projekt noch immer in einen Erfolg ummünzen.

Wie Sie wissen, benutze ich gerne Ronald Reagan als Bild einer DREI. Sein Vater war Alkoholiker. Ronald Reagan hat darüber nie geredet. Er hat nie den Schmerz dieses Kindheitserlebnisses zugelassen. Sogar Nancy hat bestätigt, daß er niemals darüber redet. Hätte er diesen Schmerz und diesen Makel einmal wirklich durchleben können, hätte er womöglich das unerlöste DREIer-Muster durchbrechen können. Aber er hat statt dessen einen typischen DREIer-Beruf ergriffen: Er ist Schauspieler geworden. Der Schauspieler muß ständig Erfolgsbilder produzieren, anstatt das gewöhnliche Leben samt Scheitern und Versagen zu erfahren.

Das DREIer-Spiel stellt eine große Versuchung dar in einer Wohlstandsgesellschaft und in einer Kultur, die von der Werbung und von Bildern beherrscht wird. Es ist die Versuchung, mehr zu scheinen als zu sein. Deswegen muß sich die DREI um Tiefgang bemühen. DREIer können Tiefe zugunsten von schnellen Erfolgserlebnissen vermeiden. Man muß sie ermutigen, nach innen und in die Stille zu gehen, wo es kein Feedback gibt und wo sie einfach das sind, was sie sind. Ansonsten steht eine DREI in großer Gefahr, einer Ich-Inflation zu verfallen. In ihrem schlimmsten Stadium könnte man sie als hohl oder oberflächlich bezeichnen. In der Regel verändert sich eine DREI nur im Zusammenhang mit einer Krankheit oder einem Zusammenbruch, der nicht mehr schönzureden ist.

Es ist erstaunlich, wie viele DREIer attraktiv und gut aussehend sind. Sie haben schnell gemerkt, daß sie auf andere anziehend wirken. Deshalb verkaufen sie dir als erstes sich selbst – und das können sie. Das beeindruckt. Man kann gar nicht anders, als davon beeindruckt zu sein. Es ist nicht ihre Schuld, daß sie gemerkt haben: „Das funktioniert! So läuft das Spiel!“ Und sie wissen, daß du in dem Augenblick, wo du sie gekauft hast, auch ihr Produkt kaufen wirst. Sie sind also nicht nur Schauspieler, sondern auch Verkäufer. Sie umgarnen uns. Sie leisten normalerweise dreimal soviel wie wir anderen – und wahrscheinlich sechsmal soviel wie eine NEUN.

Ohne DREIer würde auch viel Gutes nicht passieren. Und viele gute Sachen würden zumindest nicht gut gemacht werden. Wenn man möchte, daß eine Sache professionell erledigt wird, muß man eine DREI beauftragen. Das ist eine Gabe. Sogar Paulus zählt als eine der Charismen oder Geistesgaben die Gabe der „Administration“ oder „Verwaltung“ auf. Heute würde er es wahrscheinlich „gutes Management“ nennen.

Die DREI und die SECHS repräsentieren diejenigen Kapitalsünden, die in den klassischen christlich-abendländischen Katalogen fehlen. Das ist meine Begründung dafür, daß sie sich derart ungehemmt entfalten können und wir nicht in der Lage sind, mit ihnen umzugehen. Wir konnten kein Handwerkszeug entwickeln, um sie zu knacken. Wenn der Dämon verkleidet bleibt und nicht benannt wird, haben wir keine Vollmacht über ihn. Wir haben die dunkle Seite der DREI lange Zeit nicht erkannt.

Das gilt vor allem für die USA. Denn das DREIer-Muster ist so eindrucksvoll. In meinem Land tun sich die DREIer von allen Typen am schwersten mit der Umkehr. Es gibt für sie keinen Anreiz, sich zu verändern. Es gibt keinerlei sozialen Druck zur Veränderung. Im Gegenteil: Man wird dafür belohnt, eine DREI zu sein. Und alle jungen Leute meinen, sie müßten eigentlich eine DREI sein. Das ist der Grund, warum wir bei der Enttarnung der DREI so harte Bandagen anlegen müssen. Dasselbe wird auch für die SECHS gelten.

Zum Schluß noch etwas Gutes über die DREI: Wenn DREIer ihren Selbstbetrug sehen, lernen sie mehr als alle anderen, Wahrheit und Integrität zu lieben. Dann suchen sie diese Aufrichtigkeit von ganzem Herzen. Dann bemühen sie sich mit der ganzen zielstrebigen Energie einer DREI um Ehrlichkeit. Sie wissen, daß ihre Versuchung der *Schein* ist; deshalb sehnen sie sich danach, wirklich zu *sein*.

Typ VIER

Die VIER ist von einer tiefen Sehnsucht gekennzeichnet, von einer Sehnsucht nach etwas, das schöner ist als das, was gerade ist. Die Gegenwart ist immer irgendwie häßlich. VIERer haben früh im Leben gelernt, sich dorthin zu begeben, wo es schöner ist. Sie haben eine unglaublich blühende Phantasie entwickelt. Wenn die Außenwelt häßlich wird, wissen sie, wohin sie ausweichen können. Dort schaffen sie Dramen und Gedichte und Musik und empfinden tiefe Gefühle.

Das Gefühl, das ihnen am meisten Energie vermittelt, ist das Gefühl von Sehnsucht oder schwermütiger Traurigkeit. Die Sehnsucht nach einer schönen Welt verschafft ihnen irgendwie die Fähigkeit, eine schöne Welt zu kreieren. Wir Außenstehenden verstehen diese Dynamik nicht. Auf uns wirken VIERer depressiv oder unausgeglichen oder zumindest sehr egozentrisch. Und solange sie jung sind, sind sie tatsächlich sehr selbstbezogen. Denn sie müssen in ihre eigene Phantasiewelt einkehren, um Energie zu haben. Und wenn wir nicht in diese Welt hineinpassen, sind wir für sie langweilig.

Eltern sagen mir, daß es sehr schwierig ist, VIERer-Kinder zu erziehen, weil sie sich ständig in ihre schönere Innenwelt zurückziehen und weil sie fortwährend mit den eigenen Stimmungen spielen. Manchmal wirken sie manisch-depressiv. Denn sie probieren jede Emotion aus. Sie versuchen zu erleben, wie sich Traurigkeit anfühlt und wie sich Ekstase anfühlt. Und wenn sie das ausprobieren, ist das jeweilige Gefühl für sie sehr real.

Für die VIER ist das Ritual identisch mit der Realität. Das Symbol ist identisch mit dem Inhalt. Das Symbol und das Gleichnis sind aufregender als die Wirklichkeit. Wir übrigen denken nicht so. Dadurch werden VIERer etwas ganz Besonderes. Und das wissen sie! Das gefällt ihnen und sie kosten es weidlich aus. Denn sie genießen es, etwas Besonderes zu sein. In Amerika kann man die VIERer gewöhnlich am leichtesten von allen Typen an äußeren Merkmalen erkennen: Sie tragen gern schwarz – und wenn möglich einen lila Schal.

Der Weg der VIERer zur Erlösung beginnt, wenn sie aufhören, von der eigenen Andersartigkeit fasziniert zu sein und es lernen, ihre Kreativität zu nutzen, um das Besondere in anderen Menschen zu sehen und herauszulocken. Wir nennen solche Leute „Animatoren“ oder „Bevollmächtiger“, Leute, die das Potential anderer entdecken und benennen und fördern. Der Schritt, andere Leute wichtig zu machen, erlöst sie aus der Selbstzentriertheit.

Die wundervollen alten Kirchen in Europa zeigen mir, daß die Kirche in früheren Jahrhunderten den Gaben der VIER eine große Wertschätzung entgegengebracht haben muß. Damals, als Uniformität und Rationalismus weniger gefordert waren, müssen sich VIERer in der Kirche sehr glücklich gefühlt haben. Heutzutage fühlen sich VIERer in der Kirche nicht zu Hause – es sei denn, man erlaubt ihnen, schöne Gottesdienste zu gestalten. VIERer haben einen natürlichen Zugang zum Sakramentalen, weil für sie – wie gesagt – das Symbol wichtiger ist als die Substanz.

Die erlöste VIER ist in der Lage, die große Bandbreite ihrer Emotionen zu konzentrieren, um mit einigen wenigen Gefühlen in die Tiefe zu gehen. Das macht zum Beispiel den Unterschied zwischen einem Möchtegern-Künstler und einem großen Künstler aus. Erlöste VIERer hören auf, mit Gefühlen herumzuspielen und fangen an, wirklich zu fühlen. In diesem Stadium haben sie uns eine Menge mitzuteilen. Denn sie haben eine Sensibilität, die uns anderen abgeht. Aber sie müssen aufhören, in die eigene Empfindsamkeit verliebt zu sein. Das heißt: Sie müssen an *einem* Punkt in die Tiefe gehen. Sie müssen ein Gefühl durch alle Stadien hindurch fühlen, anstatt immer mehr Agonie und Ekstase anzusammeln.

Typ FÜNF

Kennzeichen der FÜNF ist ein tiefes Erlebnis von Leere, ein bodenloser Abgrund, der gefüllt werden möchte. Die FÜNF möchte sich auf dem Weg über den Verstand füllen. Sie findet Sicherheit durch Verstehen und durch Erklärungen. FÜNFer wollen alles verstehen und fahren auf Erklärungsmodelle ab.

Oft wissen sie während eines Ereignisses nicht, welche Gefühle sie dabei haben. Die Gefühle kommen erst ein paar Tage später. Denn zunächst nehmen sie die Situation mit dem Kopf auf, wo sie eine Weile verbleibt. Erst nach einer Weile können sie es tiefer sinken lassen und fühlen. Die symbolische Pflanze der FÜNF ist der grüne Salat. Er hat das Herz im Kopf.

Freilich gibt es auch FÜNFer, die es niemals ins Herz lassen, sondern immer im Kopf bleiben. Diese FÜNFer sitzen am tiefsten in der Falle. Für sie wird der Verstand zur Zensurbehörde oder zum Kontrollzentrum, das nur diejenigen Informationen zuläßt, die in ihre vorhandene Logik passen. Solche FÜNFer können sehr rigide, engstirnig und – im schlechten Sinne – konservativ sein. Denn wenn ihre Logik sehr eng und auf reine Selbstverteidigung angelegt ist, schaffen sie niemals den Durchbruch zu echter *Weisheit*, sondern bleiben in irgendwelchen *Meinungen* stecken, mit denen sie sich übermäßig identifizieren.

Aber wenn sie echter Weisheit erlauben, Kopf, Herz und Bauch zu integrieren, haben sie uns wirklich viel zu lehren – und zwar gerade deshalb, weil sie nicht an den eigenen Vorstellungen kleben, sondern sich von ihnen lösen können.

Bei der FÜNF benutzen wir manchmal dasselbe Wort, um ihre Sünde und ihre Gabe zu benennen: *Abstand.* Sie halten Abstand, was dazu führen kann, daß sie manchmal den Kontakt zur Wirklichkeit verlieren können. Aber dieselbe Distanziertheit kann ihnen im guten Sinne Objektivität vermitteln, eine Objektivität, die wir anderen, die wir zu sehr gebunden sind, nicht haben.

Wenn ihre Logik Weite und ein gutes Fundament hat, können sie in der Tat sehr ausgewogene und weise Menschen werden. Eine FÜNF braucht deshalb unbedingt gute Lehrer. Das beste Symbol für die erlöste FÜNF ist der Buddha. Der Buddhismus leuchtet einer FÜNF von Haus aus viel unmittelbarer ein als das Christentum. Denn Jesus ist zu blutig, zu engagiert, zu irdisch und zu konkret. Der Buddhismus dagegen betont mehr die Distanz zur Welt und ist viel gelassener. Dennoch hat die klassische Buddhastatue eine Hand nach oben hin geöffnet, und die andere Hand berührt die Erde. Das ist der SECHSer-Flügel der FÜNF. Sie müssen die Hand auf dem konkreten Boden haben, mit beiden Beinen auf der Erde stehen, der „Welt treu bleiben“, wie *Dietrich Bonhoeffer*, auch eine FÜNF, gesagt hat.

Ein anderes Symbol für die FÜNF ist der „ungläubige“ Apostel Thomas, den Jesus auffordert: „Rühr mich an! Lege deine Hand in meine Wunde, in meinen Schmerz hinein!“ Die FÜNF möchte lieber im Kopf bleiben und eine Definition des Schmerzes abliefern. FÜNFer müssen lernen, die Inkarnation anzunehmen, die Fleischwerdung. Dann bleiben sie realistisch und ausgeglichen.

Die FÜNF sammelt ihre Energie durch die Augen. Oft tragen FÜNFer schon früh eine Brille, weil ihre Augen so schnell verschleißen. Denn sie müssen ständig beobachten. Sie nehmen das Leben durch die Augen auf –

aber man kann nicht sicher sein, was sie dann damit machen. Manchmal machen sie gar nichts aus ihrem Leben – außer noch mehr Informationen zu sammeln. Deshalb nennen wir ihre Sünde *Hab-Sucht*: das Sammeln von Informationen um des Sammelns willen. Wenn sie nicht aus sich herausgehen, um mit all ihrem Wissen etwas zu *tun*, können solche Leute sehr krank und sehr verschroben werden. Und wir anderen nehmen sie nicht mehr ernst. Sie werden Spinner und „spinnen Luftgespinste“. Natürlich waren auch viele große Denker und Philosophen FÜNFer.

Typ SECHS

Bitte erinnern Sie sich, daß wir uns mittlerweilen im Kopf-Raum befinden. Das Zentrum des Kopf-Raumes ist Typ SECHS. Es ist wichtig zu erkennen, daß die Basis der Furcht im Kopf liegt. Die meisten von uns denken wahrscheinlich, daß Furcht etwas Emotionales ist. Aber Angst-Typen werden von endlosen apokalyptischen *Denkmustern* regiert, was alles schiefgehen könnte.

Ihre Sünde läßt sich am besten als Ängstlichkeit beschreiben. In ihrem Kopf befindet sich ein endloser Strom von Ängstlichkeit. Jemand hat ihnen früh in ihrem Leben gesagt, sie dürften sich nicht selbst vertrauen. Deshalb sind sie im Blick auf gesundes Selbstvertrauen sehr unsicher. Sie haben das Gefühl: Ich sollte jemandem vertrauen, der gescheiter ist als ich. Und deshalb suchen sie nach einer Autorität, der sie vertrauen können. Sie sind Denktypen, die lieber denken lassen als selbst zu denken. Aber wir müssen ihnen immer wieder sagen, daß sie sich selbst vertrauen dürfen und müssen. Man muß das einer SECHS jeden Tag sagen.

Leider haben die Kirchen bis heute auf die Energie der SECHS gesetzt und gebaut, ebenso wie Politiker und das Militär. Man schätzt, daß in den USA vielleicht die Hälfte der Bevölkerung SECHSer sind. Dieser Typ nimmt viele Formen und Gestalten an. Und es ist kein Zufall, daß ein Satz häufiger in der Bibel steht als alle anderen: „Fürchte dich nicht! Fürchtet euch nicht!“ Trotzdem haben wir in der Kirche den Menschen Angst gemacht und ihnen gesagt: „Fürchtet euch!“ In der katholischen Kirche haben wir gesagt: „Trau dir nicht selbst, trau dem Papst!“ Die Protestanten haben gesagt: „Trau dir nicht selbst, lies die Bibel!“

Auf diese Weise haben wir beide auf unsere jeweilige Weise Fundamentalismus produziert, der ganz und gar im Kopf angesiedelt ist und reine unerlöste SECHSer-Energie spiegelt. Dazu gehört eine Ansammlung von kleinen stehenden Redewendungen, die die Wirklichkeit *erklären*, um der Wirklichkeit nicht *begegnen* zu müssen. Die SECHS hat ein übertriebenes Sicherheitsbedürfnis.

Dennoch würde ich SECHSer auch gerne den „Klebstoff" der Welt nennen. Sie sind die arbeitenden Massen der Welt. Sie haben keinen Ehrgeiz, und es reicht ihnen, Handlanger zu sein. Das, woran sie glauben – was immer es ist – werden sie unter allen Umständen schützen und stützen. Sie sind loyale Dienerinnen und Diener der Sache, an die sie glauben. Sie fordern auch keine besondere Anerkennung. Sie haben keine Ambitionen. SECHSer halten alle Institutionen dieser Welt zusammen. Sie sind die stillen und beflissenen Diener, die tun, was man ihnen sagt.

Und genauso, wie wir alle die ZWEIer ausnützen, nützen wir ebenso die SECHSer aus. Wir bauen auf ihre Angst, weil wir wissen, daß sie das Bedürfnis haben, uns zu gehorchen. Deshalb müssen auch wir uns aus der Ko-Abhängigkeit von den SECHSern lösen, obwohl sich gerade Politiker, die Kirche und das Militär gerne dieser Energie bedienen. Ich komme gerade von einem Besuch bei der amerikanischen Armee. Bei der Vorstellung nennen einem die Leute dort als erstes ihren Rang und welchen Platz in der militärischen Hierarchie sie einnehmen. SECHSer wollen wissen, wo sie hingehören: „Sag mir, wo mein Platz ist, und da bleibe ich!"

Oliver North, der Mann, der das Geld der amerikanischen Regierung umgeleitet hat, um die *Contras* in Nicaragua zu finanzieren, sagte bei seinem Prozeß: „Wenn mein Vorgesetzter sagt, ich soll einen Kopfstand machen, dann mache ich einen Kopfstand." Es handelt sich um falsche Loyalität, um falschen Mut.

In der erlösten SECHS hingegen begegnet uns ein Mensch, der im besten Sinne des Wortes mutig und zuverlässig ist. Deswegen ist es wichtig, daß die SECHS etwas findet, was Treue und Loyalität verdient.

Wir beschreiben Deutschland als SECHSer-Land. Das bedeutet natürlich nicht, daß alle Deutschen SECHSer sind. Aber es bedeutet, daß die SECHSer-Energie in diesem Land und in seiner Geschichte wertgeschätzt und unterstützt worden ist. Und vielleicht wird man in Deutschland noch immer belohnt und als gute Deutsche oder guter Deutscher angesehen, wenn man eine SECHS ist. Deshalb ist es wahrscheinlich für *alle* Deutschen sehr wichtig, sich die Energie der SECHS ganz gründlich anzusehen.

Ich bin froh, daß viele in diesem Kreis sind, die bereits erkannt haben und zugeben konnten, daß sie SECHSer sind. Denn es ist sehr wichtig, die Züge der erlösten SECHS zu entdecken. Wir müssen Menschen sehen, die die erlöste Seite der SECHS leben, damit wir erkennen können, was mit dem unerlösten Teil nicht stimmt. Eine erlöste SECHS ist der zuverlässigste und vertrauenswürdigste Freund. Und solche Menschen kann die Welt weiß Gott brauchen! Vielleicht ist das sogar der Grund, weshalb Gott so viele SECHSer geschaffen hat. Wir anderen würden alle immer nur unsere eigenen Interessen verfolgen. Ich nenne die SECHSer den Klebstoff, weil sie das Ganze zusammenhalten.

Typ SIEBEN

Auch der Raum der SIEBEN ist der Kopf, aber auch sie sieht auf den ersten Blick ganz und gar nicht verkopft aus. Die Verkleidung ist perfekt. Aber alle SIEBENer werden zugeben, daß sie Kopfmenschen sind. Wir nennen sie auch „Planer". Sie planen den ganzen Tag, und sie planen ihre gesamte Zukunft – und zwar so, daß dabei die Freude möglichst maximiert und der Schmerz minimiert wird.

Das Selbstbild der SIEBEN ist: „Ich bin ein glücklicher und fröhlicher Mensch!" Aber sie erkennen dabei nicht, daß ihr tieferer Antrieb ihre Angst vor Schmerz ist. Das gilt für seelischen Schmerz ebenso wie für körperlichen Schmerz. Sie haben Angst vor der dunklen und schmerzlichen Seite der Wirklichkeit. Oft hatten sie bereits als Kinder Angst vor der Dunkelheit, und oft lieben sie zeitlebens das, was leicht und farbenfroh ist.

Sobald man anfängt, über ernste Dinge zu reden, ändern sie das Gesprächsthema. Und selbst wenn sie weinen müssen, lachen sie noch durch die Tränen hindurch. Sie erlauben sich nicht, wirklich den Schmerz zu fühlen.

SIEBENer sind fasziniert vom Himmel. Sie schauen gerne nach oben, denn „über den Wolken muß die Freiheit grenzenlos sein". In Albuquerque habe ich mit drei Franziskanern zusammengewohnt, die alle SIEBENer waren. Eines Tages komme ich nach Haus und sie lassen alle drei Drachen steigen! Sie winken und rufen mir zu: „Komm, Richard, mach doch mit!" Und ich als strenge EINS frage: „Wozu soll das gut sein?" Eigentlich sind SIEBENer sehr gut für EINSer, denn sie halten uns davon ab, alles ewig so tierisch ernst zu nehmen.

SIEBENer sehen oft jünger aus als sie sind. Denn sie betrachten das Leben mit Kinderaugen. In gewisser Weise werden sie nie erwachsen. Peter Pan ist ihr Patron. In Amerika sind das die ewigen Jugendleiter, die „Berufsjugendlichen". Es gibt in unserer Kirche 60jährige, die immer noch mit

Jugendlichen arbeiten. Denn im Grunde fühlen sie sich unter Jugendlichen wohler als unter Erwachsenen. Es ist sicher ein großes Geschenk für die Menschheit, daß es solche Menschen gibt.

Aber die SIEBEN muß auch den Schmerz schmecken. SIEBENer müssen auch der dunklen Seite des Lebens ins Auge sehen. Und ich prophezeie Ihnen, daß SIEBENer alles Menschenmögliche tun werden, um das zu vermeiden. Normalerweise stellen sie sich dem Dunkel niemals freiwillig, sondern nur, wenn ihnen nichts anderes mehr übrigbleibt. Denn sie können sich immer in ihre grauen Zellen zurückziehen und eine Erklärung finden, weshalb sie das nicht zu tun brauchen. Aber diese Erklärung dient immer nur den eigenen Zwecken und dem Selbstschutz.

Erinnern Sie sich bitte, daß wir die FÜNFer, SECHSer und SIEBENer auch die „selbsterhaltenden" Typen genannt haben! Ihre erste Reaktion ist immer der Rückzug von der Wirklichkeit, der Versuch, sich die Realität vom Leibe zu halten: Die FÜNF geht in ihren Kopf, die SECHS geht in ihre Angst, die SIEBEN geht in ihre falsche Freude. Die Freude, die uns das Evangelium verspricht, ist Osterfreude. Das ist die Freude auf der Rückseite des Schmerzes. Die SIEBEN möchte Freude auf der Vorderseite des Schmerzes, Freude ohne Schmerz. Das ist eine falsche und oberflächliche Freude. Wir anderen merken das sofort und reden dann zum Beispiel von „nervösem Lachen".

Man erkennt sofort den Unterschied zwischen einer tiefgegründeten SIEBEN und einer oberflächlichen SIEBEN. Die Freude einer „tiefen SIEBEN" steckt an und macht auch uns froh. Deshalb nenne ich den Heiligen *Franz von Assisi* den Patron der erlösten SIEBEN. Sein Leben ist die Suche nach der vollkommenen Freude. Aber er findet zu dieser Freude, indem er dem Schmerz ins Auge sieht und den Aussätzigen küßt, anstatt ihm aus dem Weg zu gehen.

Typ ACHT

ACHTer sind häufig auf den ersten Blick zu erkennen, denn sie sind überlebensgroß. Sie machen ihren Einfluß geltend und sich überall bemerkbar. Sie kommen dröhnend ins Zimmer und man weiß, daß sie da sind. Sie sind oft lauter und stärker als der Rest von uns. Das wissen sie auch und das gefällt ihnen. Sie holen sich ihre Energie dadurch, daß sie ihre Kraft erleben. Sie sind Energiebündel. Die Achter-Energie spiegelt sich in ihren Gesten, in ihrem Gesicht – und sie strengt uns an.

Wenn man eine halbe Stunde mit einer ACHT zusammen war, möchte man am liebsten abhauen. Es ist zuviel, es ist einfach zuviel! Das meinen wir, wenn wir von der „Wollust" der ACHT sprechen. Alles, was sie tun, übertreiben sie. Und sie machen es auf eine Weise, die wir anderen „negativ" nennen würden.

Sie begegnen der Wirklichkeit konfrontativ. Für diese „konfrontative Intimität" haben wir anderen keinen Sensus. Ihre Annäherungsversuche bestehen darin, daß sie mit dir Streit anfangen. Und wir anderen denken, dieser Mensch kann uns nicht leiden. In Wirklichkeit versucht die ACHT, uns auf diese Weise nahezukommen. Und sie wundert sich, warum wir uns von ihr zurückziehen. Im Innersten sind ACHTer oft sehr traurig und fragen sich: „Warum kann mich keiner leiden?" Trotzdem verändern sie ihre Spielregeln nicht. Sie versuchen immer dieselbe „Anmache".

EINSer sind Musterkinder. Aber ACHTer sind die bösen Kinder. Ihr Selbstbild ist: „Ich bin schlimm!" Und es gefällt ihnen auch noch, „schlimm" zu sein! Können Sie sich vorstellen, wieviel Schwierigkeiten diese Leute mit der Kirche haben? Wo einem immer gesagt wird: „Sei lieb und brav und gut und fromm!" Das leuchtet einer ACHT nicht ein. Die Braven sind für ACHTer nichts als Waschlappen oder Schlappschwänze.

Ich kenne eine tolle Frau, die eine ACHT ist. Sie hat mir erzählt, sie hätte 40 Jahre gebraucht, um zu Jesus Vertrauen zu fassen. denn so, wie Jesus ihr dargestellt wurde – als blonder, blauäugiger Softi, der süßlich auf die Kinderchen herablächelt – hat er ihr nichts gesagt. Dieser Jesus war ihrer Liebe nicht wert. ACHTer wollen jemanden, der sich engagiert mit ihnen auseinandersetzt.

ACHTer haben von Haus aus einen Blick für Gerechtigkeit. Sie sehen die Dummheit und Ungerechtigkeit der Welt und lieben es, ihr die Maske vom Gesicht zu reißen. Sie wollen das Unrecht niedermachen. Ohne ACHTer würde sich in der Welt nie etwas ändern. Wir würden uns mit den blödsinnigsten Systemen abfinden.

Meine Mutter ist eine ACHT. Ich weiß, daß ich ihre Leidenschaftlichkeit geerbt habe. Jetzt sehe ich, daß das die Gabe ist, die sie mir mitgegeben hat. Wenn die ganze Familie friedlich und harmonisch beim Weihnachtsessen beisammensitzt, und wenn wir alle gerade über lauter schöne Sachen reden, schmeißt sie plötzlich eine Handgranate mitten auf den Tisch. Als wir Kinder waren, pflegten wir zu sagen: „Oh nein, Mama! Nicht schon wieder!" Sie bringt plötzlich ein Thema aufs Tapet, das mit Ungerechtigkeit zu tun hat oder mit Politik. Das ist ihre Weise, sich einzubringen. Oder wenn wir irgendwo in der Öffentlichkeit zusammen sind, zeigt sie plötzlich mit dem Finger auf irgend jemand und fängt an, laute Kommentare von sich zu geben. Und ich mache: „Pssst!“ Aber wenn man ACHTer bekämpft, kriegen sie bloß noch mehr Energie.

Versucht bitte nie, euch auf einen Kampf mit einer ACHT einzulassen! Ihr verschwendet eure Zeit! Wenn man die Stimme erhebt, erhebt die ACHT die Stimme noch lauter. Sie lieben den Kampf und werden sich um keinen Preis zurückziehen oder geschlagen geben.

Der Schlüssel zur ACHT besteht darin, daß man das kleine Mädchen oder den kleinen Jungen sieht, die in der ACHT stecken. Ich verspreche Ihnen: Dieses kleine Kind ist immer da. Kein Zweifel! Man sieht es nicht, aber es ist immer da. Normalerweise zeigen sie es im Laufe ihres Lebens nur zwei oder drei anderen. Aber jetzt ist das Geheimnis gelüftet! Sie alle wissen jetzt, daß es so ist. Wenn ACHTer sich benehmen wie die Wilden und herumbrüllen und wenn man am liebsten den Schwanz einziehen und davonlaufen will, empfehle ich Ihnen, einfach das kleine Mädchen anzusprechen. Gehen Sie davon aus, daß da ein kleiner Junge ist.

ACHTer versuchen unaufhörlich, die kleinen Mädchen und die kleinen Jungen dieser Welt zu beschützen, all das, was zart und verwundbar ist. In der Dritten Welt begegnen mir viele Missionare, die ACHTer sind. Sie sind bereit, sich auf unendliche Widerwärtigkeiten einzulassen. Sie nehmen die größten Entbehrungen auf sich und schlafen auf dem nackten Boden – nur um einem kleinen armen Menschenkind zu helfen. Ihre Liebe zu den Kleinen und Schwachen ist grenzenlos.

Wenn man allerdings versucht, sich aufzublasen und selbst den starken Max zu markieren, dann pieken sie mit der Stecknadel in deinen Luftballon. Aber wenn man wirklich schwach und verwundbar zu ihnen kommt, werden sie sich mit endloser Leidenschaft um dich kümmern. Deswegen haßt bitte die ACHTer nicht! Am Ende ihres Lebens schleppen sie gewöhnlich eine schwere Bürde mit sich herum, daß so viele Leute sie nicht leiden können und daß sie selbst so viele andere verletzt haben. Und das stimmt ja auch. Sie trampeln oft tatsächlich auf anderen herum und treten sie mit Füßen. Ihre Leidenschaft ist zugleich ihre Sünde und ihre Gabe. Das heißt für sie: Sie müssen ihre zerstörerische Leidenschaft durchbrechen, um zu einer lebensschaffenden Leidenschaft zu gelangen.

Meine Mutter beispielsweise ist dem Tode nah. Sie wollte erst nicht, daß ich fünf Wochen nach Europa reise. Aber als sie wußte, ich würde die Reise doch machen müssen, hat sie gesagt: „Ich werde nicht sterben, bis du wieder da bist!“ Und das wird sie auch nicht tun. Sie ist 75. Und jetzt, am Ende ihres Lebens, ist sie sehr nah an ihrem kleinen Mädchen dran. Sie ist jetzt weicher als die meisten Menschen. Aber sie hat ein ganzes Leben gebraucht, bis sie an diesen Punkt gekommen ist.

Typ NEUN

Die NEUN steht am „Gipfel“ des Kreises, und zwar deshalb, weil es sich bei der NEUN in gewisser Weise um das ursprünglichste menschliche Wesen handelt, um Adam und Eva. NEUNer sind so, wie wir alle waren, bevor wir kompliziert wurden. Ich denke, da ist der Grund, weshalb so viele von uns die NEUNer mögen und beneiden. Wir sehnen uns nach ihrer Einfachheit und Geradlinigkeit, obwohl es uns auf die Palme treibt und auf die Nerven geht, was sie alles *nicht* machen.

NEUNern fällt es sehr schwer, ein klares Ziel zu finden und zu verfolgen. Sie sind überall und nirgends. Sie machen Elefanten zu Mücken: Selbst wirklich große Sachen können sie ganz klein machen. Nichts ist wirklich wahnsinnig wichtig. Und selbst wenn objektiv ein Problem vorliegt, weigern sie sich, es zu sehen. Das meinen wir, wenn wir von ihrer „Trägheit“ reden. NEUNer wissen einfach nicht, wie sie Energie bündeln können.

NEUNer sind oft überaus aktiv bei einer Reihe von Hobbys und Tätigkeiten. Aber wenn man genau hinsieht, merkt man, daß viele dieser Aktivitäten ziemlich bedeutungslos sind und daß sie in keine dieser Sachen übermäßig viel Energie stecken. NEUNer füllen die Fußballstadien Europas – auf den Zuschauerrängen. Und sie können in die Luft springen und jubeln und sich begeistern – für nichts.

NEUNer sind besonders suchtgefährdet. In der Regel sind es eher kleinere Abhängigkeiten wie Nikotin oder Koffein. Aber sie brauchen immer irgendeine Stimulanz, die ihnen hilft, den eigenen Saft zu fühlen. Andreas Ebert und ich, wir haben beide Freunde, die NEUNer sind und Motorrad fahren oder Lastwagen. Es ist, als hätten sie keinen Motor in sich selbst und müßten sich deshalb einen Motor unter den Hintern klemmen. Dabei ist es nicht besonders wichtig, wohin die Fahrt eigentlich geht.

Wir EINSer begeben uns auf dem kürzesten Wege von hier nach da. Eine NEUN weicht hier und da vom Weg ab, macht Umwege und Kurven, bleibt stehen, kehrt um . . . NEUNer sind nicht so sicher, daß sie da überhaupt hin wollen. Sie sind nicht sicher, ob sie überhaupt irgendwohin wollen. Deshalb können sie für andere so nervend sein. Manchmal will man sie schütteln und fragen: „Wer bist du und was willst du überhaupt?“ Sie wissen nicht nur nicht, was sie wollen – es ist ihnen auch egal. Das meinen wir, wenn wir von „Trägheit“ reden.

Die meisten von uns mögen NEUNer. Das hängt damit zusammen, daß sie unseren Impulsen und unserer Energie folgen, wie immer die aussehen. Wenn du eine DREI bist, machen sie bei deiner „Dreierei“ mit – wenn auch nicht im selben Tempo! Sie lassen sich auf das ein, was gerade gespielt wird. Deshalb sind sie „pflegeleicht“ und quasi von Natur aus Freunde.

Wir nennen NEUNer auch „passiv-aggressive“ Menschen. Vergessen Sie bitte nicht, daß wir uns im Bauch-Zentrum befinden! Wir EINSer wollen die Wirklichkeit reformieren. ACHTer rebellieren gegen die Wirklichkeit. Aber NEUNer sitzen einfach da und sagen: „Das ist doch alles so ein Quatsch. Es lohnt doch überhaupt nicht, sich mit dem allen abzugeben!“ Wenn man eine NEUN näher kennenlernt, wird man merken, daß das immer vorhanden ist. Es ist eine Art zynisch-passive Aggressivität im Blick auf die Welt.

Das heißt aber auch, daß NEUNer sehr viel bewirken können, wenn sie es schaffen, ihre Energie zu bündeln. Denn sie feuern niemals direkt. Die Person als solche ist nett und friedfertig, aber man beachte ihre beiden Flügel, EINS und ACHT! In beiden Flügeln steckt ein intensives Wertempfinden und viel Emotionalität. Und so kann es manchmal passieren, daß sie mitten in einem Gespräch, das so dahinplätschert, plötzlich etwas sagen, was eine ganz große Wahrheit enthält und zutiefst überzeugt. Und weil sie so nett und vertrauenswürdig sind, und weil man im Gespräch mit ihnen die Verteidigungsanlagen abgebaut hat, können NEUNer einen auf diese Weise plötzlich mitten ins Herz treffen.

Der Mann, bei dem ich gerade bei der amerikanischen Armee zu Gast war, ist eine NEUN. Letzte Woche ist er zu seinem Vorgesetzten gegangen und hat ihm in aller Ruhe erklärt, daß das amerikanische Militär korrupt ist, und daß er deshalb kündigen will, um in die USA zurückzukehren. Und er hat zu mir gesagt: „Ich war selber überrascht, daß ich so geredet habe.“ Sein Vorgesetzter hat den eigenen Ohren nicht getraut. Das ist die „entschlossene Aktion“ einer NEUN.

NEUNer sind unkompliziert. Sie sind sehr einfach, und ihre Absichten sind ganz klar und durchschaubar. Urplötzlich gelangen sie zu einem Punkt, wo alles glasklar ist. Dann fällen sie eine Entscheidung, und zu dieser Entscheidung stehen sie, was immer es kostet. Man kann den Esel als Symboltier der NEUN nehmen. NEUNer können stur sein. Wenn sie einmal die Hinterfüße in den Boden gerammt haben, dann bleiben sie stehen, wo sie sind und sind keinen Millimeter zu bewegen.

Die Faustregel lautet: Was man bei einer NEUN sieht, das kriegt man auch. Es gibt keine versteckten Absichten. Das ist ein weiterer Grund, weshalb NEUNer so beliebt sind. Denn wir wissen, daß sie uns ihr wahres Gesicht zeigen – auch wenn nicht viel Energie da ist. Aber wenn man ihnen helfen kann, ihre Energie zu bündeln, machen sie in der Regel ein oder zwei Sachen in ihrem Leben wirklich gut. Und wahrscheinlich erwartet Gott von keinem und keiner von uns mehr als das.

Probleme, den richtigen Typ zu finden? Unser Karikaturist Werner Tiki Küstenmacher (eine SIEBEN, klar) hilft mit einem exklusiven & phänomenalen Schnellkurs

ENNEAGRAMM EXTRA EINFACH

Die 9 schönsten Vorurteile

EINSER erkennt man an der typischen Handbewegung: dem erhobenen Zeigefinger.

ZWEIER sind vollschlank und vor lauter Geben meist krank.

DREIER braucht man nur selber fragen: Sie sind super, erzählen, daß sie super sind und finden sich einfach immer super.

VIERER sind leicht am Schal zu erkennen (bei jedem Wetter) und an der schwarzen Garderobe.

FÜNFER haben eine Brille und, sofern männlich, einen Bart.

SECHSER haben einen unverkennbaren mißtrauischen, unsicheren Blick.

SIEBENER machen, wenn es mal wirklich ernst wird, Witze.

ACHTER hört und sieht man schon von weitem.

NEUNER schlafen auch während der spannendsten Enneagramm-Arbeitsgruppe entspannt ein.

SODALA! Jetzt sind alle Nachbarn, Freunde und Feinde durchschaut. Aber man selber...?!

MARKUS BECKER

Empirische Untersuchungen zum Enneagramm – Grundlagen und Vergleiche

1. Die Geschichte des Enneagramms

1.1. Die mündliche Tradition

„Eines der Hauptprobleme bei der Beschäftigung mit dem Enneagramm besteht darin, daß seine Ursprünge sich im Dunkel der Geschichte verlieren. Niemand weiß wirklich genau, wer es entdeckte oder woher es kommt.“[1] Diese Bemerkung stellt Riso seinen ausführlichen Recherchen und Überlegungen über Herkunft und Geschichte dieser Typologie voran, und sie sollte davor warnen, sich allzusehr in Spekulationen zu verlieren.

Dem Bereich der Mythenbildung lassen sich die Datierungen, die die Ursprünge des Enneagramms im Mesopotamien des 5./4. Jahrtausends vor Christi (!) annehmen, zuordnen.

Schon greifbarer erscheinen Überlegungen, die die Herkunft des Enneagramms bei einigen Bruderschaften der Sufis, einer mystischen Sekte des Islam, suchen. Ob es ihnen allerdings schon ähnlich der heutigen Form vorlag, oder eher als abstraktes Modell, das sich aus Zahlenspekulationen arabischer Mathematiker ergab, bleibt unklar.

Allein die formale Struktur weist auf einen alten außereuropäischen Ursprung dieses Systems hin!

Das Verdienst das Enneagramm in den Westen gebracht zu haben, kommt nach Riso „George Ivanovitsch Gurdjieff (etwa 1877–1940) zu, einem Abenteurer, spirituellen Lehrer und einem Sucher nach dem, was man ein praktisches und geheimes Wissen über die menschliche Natur nennen könnte“.[2] Allerdings bleibt die Quelle seiner Lehre genauso rätselhaft, wie die Biographie dieses Mannes.

In diesem Zusammenhang findet sich aber auch der Hinweis auf die arabischen Wurzeln des Systems wieder: „Das Hauptsymbol der Lehre Gurdjieffs, das Enneagramm, ist zweifellos sufischen Ursprungs . . .“[3]

Zweifellos scheint aber vielmehr nur zu sein, daß Gurdjieff die Herkunft seines Wissens verschwieg und sein Schülerkreis diese Lücke füllte.

Sicher wissen wir nur, daß Gurdjieff ein System gelehrt hat, das dem des Enneagramms *formal* ähnlich ist. Dabei ging er offensichtlich von bestimmten metaphysischen Spekulationen aus, bei denen eine Verbindung von kosmischen Gesetzen (dem Gesetz der Drei und dem Gesetz der Sieben) bildlich in einem Diagramm dargestellt wurde, und das in Gurdjieffs Lehre eine zentrale Stelle einnahm: dem Enneagramm. Allerdings wurde es nicht genuin als Persönlichkeitsmodell gebraucht, sondern als universales Symbol! Es „kann bei der Erforschung aller Prozesse benutzt werden, da es notwendigerweise in allen Ereignissequenzen enthalten ist. Beispielsweise können die Wochentage auf der Kreislinie angeordnet werden . . .“[4]

Die Punkte 3, 6 und 9 gelten auch hier als zentral, ebenso die Vorstellung, daß der Mensch wie eine *Maschine* reagiert und von *drei Funktionen/Zentren* bestimmt wird: „dem Denk-, Fühl- und Bewegungszentrum“.[5]

Das sind Inhalte, die dem Enneagramm in der uns vorliegenden Form sehr ähnlich sind, aber sie entwickeln sich bei Gurdjieff weiter und werden dort in seinem Sinne modifiziert.

Es bleibt daher festzuhalten, daß man in den Kreisen um Gurdjieff wohl formale Züge eines rudimentären oder ursprünglichen „Enneagramms“ kannte, und auch die angewandten Methoden und Grundsätze, wie etwa die Vorstellung vom Menschen als einer *Maschine*, die Übung der Selbst-Beobachtung[6] und anderes mehr, erinnern stark an Inhalte und Formulierungen des uns vorliegenden Enneagramms, ohne aber eine direkte Ableitung wahrscheinlich machen zu können.

Eine andere Traditionslinie als die Gurdjieffs ist für die vorliegende Enneagramm-Form bedeutender. Sie geht auf Oscar Ichazo, den Leiter des Arica Instituts in Chile, zurück. Sein Wissen über die Herkunft der Typologie hüllt er aber, ebenso wie Gurdjieff, in einen Mantel des Geheimnisvollen. Angeblich lernte er das System kennen, als er an der Universität von La Paz arbeitete, „und dort einen Mann traf, dessen Identität er geheimzuhalten versprach . . .“.[7]

Ichazo begann eine rege Reisetätigkeit, befaßte sich mit Esoterik und östlichen Religionen und verband im Enneagramm diese Erfahrungen mit psychologischen Traditionen zu einem umfassenden Persönlichkeitsmodell. Dieses System ist, in Form und Inhalt, schon deutlich als Vorläufer der in neuerer Zeit publizierten Versionen des Enneagramms zu erkennen.

In den frühen siebziger Jahren lernte eine Gruppe von Amerikanern das

Enneagramm von Ichazo und verbreitete es über die neu gegründeten *Arica-Institute* in New York, Los Angeles und San Franzisco in den USA.[8]

Ein wichtiges Bindeglied in dieser Traditionskette ist Claudio Naranjo, ein chilenischer Psychiater, der am *Esalen Institute,* Kalifornien, an der Weiterentwicklung neuartiger Therapieformen arbeitete und durch seine Forschungen über die Möglichkeiten einer pharmakologisch unterstützten Kurzzeit-Psychotherapie bekannt wurde.

Er gründete überall in den USA kleine Gruppen, und durch ihn gelangte das Enneagramm auch über Reverend Robert Ox in jesuitische Kreise.

Es sind Jesuiten, die diese Tradition des Enneagramms seither am lebendigsten fortführen, indem sie es bei der Seelsorge, Beratung und ihren geistlichen Übungen, den „Exerzitien", weitergeben und benutzen.

Daß sich die Anfänge und Überlieferungswege so sehr im Dunkel der Vergangenheit verlieren, liegt auch in der Natur des Enneagramms selbst, das bis in die neueste Zeit hinein als „geheimes Wissen" *mündlich* tradiert wurde. Deshalb beginnt mit den ersten schriftlichen Aufzeichnungen, die Anfang der siebziger Jahre in Form von Manuskripten auftauchten, ein ganz neues Kapitel.

1.2. Die schriftliche Tradition

Die schriftlichen Berichte, Untersuchungen und Beschreibungen des Enneagramms lassen sich jeweils auf eine der drei Traditionslinien zurückführen: Gurdjieff, Ichazo oder die Jesuiten.

J. G. Bennetts „The Enneagram" (1914), beziehungsweise die revidierte Ausgabe „Enneagram Studies"[9], ist die erste nachweisbare, explizite Veröffentlichung über das Enneagramm, der auch die ausführlichen und weitreichenden Spekulationen über dessen Ursprungsgeschichte entstammen.

1978 erschien „The Enneagramma of the Man of Unity" von I. B. Popoff, die ebenso wie Bennett zum Schülerkreis Gurdjieffs gehört und dessen Verständnis übernimmt.

In dem von Charles Tart herausgegebenen Werk „Transpersonale Psychologie" finden sich sowohl ein Kapitel über die Arbeit Gurdjieffs mit einzelnen Elementen des Enneagramms als auch Ausführungen über die Arbeitsweise am Arica Institut, also die Ichazo-Tradition. Diese hat das Enneagramm, anders als Gurdjieff und dessen Schüler, in ein eher psychologisch orientiertes System transformiert.

Auf diese Tradition beruft sich schließlich auch Jaxon-Bear, dessen Buch

„Die neun Zahlen des Lebens“ eines der drei bisher erschienenen deutschsprachigen Enneagramm-Bücher ist.

Das erste aus jesuitischer Tradition und mit christlichem Selbstverständnis geschriebene Buch „The Enneagram a Journey of Self Discovery“ (1984) wurde von einer Gruppe von Ordensleuten verfaßt: M. Beesing, R. J. Nogosek und P. H. O’Leary, einem Jesuiten.

Dieser Tradition enstammt auch Richard Riso, der selbst Jesuit war oder ist. In „Die neun Typen der Persönlichkeit“ entwickelt er aus den skizzenhaften Aufzeichnungen des „jesuitischen Materials“[10] seine konsequent weiterentwickelte psychologische Betrachtungsweise des Enneagramms.

Ebenfalls auf den Jesuiten Robert Ochs (oder Ox) bezieht sich Margaret Frings Keyes, die in „Emotions and the Enneagramm“ (1990) diese Typologie im Lichte der Jungschen Psychologie untersucht. Von der gleichen Autorin stammt auch das amüsante „The Enneagram Cats of Muir Beach“ (1990), in dem sie die neun Persönlichkeitstypen in allegorischen Geschichten über neun Katzen und deren Charaktere darstellt.

Über Umwege ist auch „Das Enneagramm“ (1989) von Richard Rohr/Andreas Ebert vornehmlich aus den gleichen Quellen gespeist. Der Franziskaner Rohr und der Lutheraner Ebert entwickeln hier eine christlich-ökumenische Perspektive, unter der das Enneagramm als ein Werkzeug verstanden wird, das Menschen auf ihrem Weg zu geistlichem und seelischem Wachstum eine Hilfe sein soll.

In den Vereinigten Staaten liegen inzwischen eine Reihe wissenschaftlicher Abhandlungen über das Enneagramm vor. Im deutschsprachigen Raum ist im Sommer 1991 eine empirische Untersuchung abgeschlossen worden, in der der Autor versucht, den *psychologischen* Gehalt des Enneagramms herauszuarbeiten und zu überprüfen. Die Ergebnisse werden mit den Erkenntnissen moderner Persönlichkeitspsychologie in Verbindung gesetzt. Der Test am Ende dieses Buches ist *ein* Ergebnis dieser Arbeit.

Man kann also zusammenfassend sagen, daß jeder Autor oder Lehrer einen eigenen Zugang zum Enneagramm entwickelt und es in seinem Sinne ergänzt hat. Gurdjieffs Interesse war esoterischer und spiritueller Natur, während Ichazo und Naranjo versuchten, eher therapeutische und psychiatrische Komponenten zu entwickeln.

Alle Darstellungen des Enneagramms sind in irgendeiner Form eine Mischung dieser Grundtendenzen.

Im Überblick lassen sich die Traditionslinien in etwa folgendermaßen darstellen:

Die Geschichte des Enneagramms

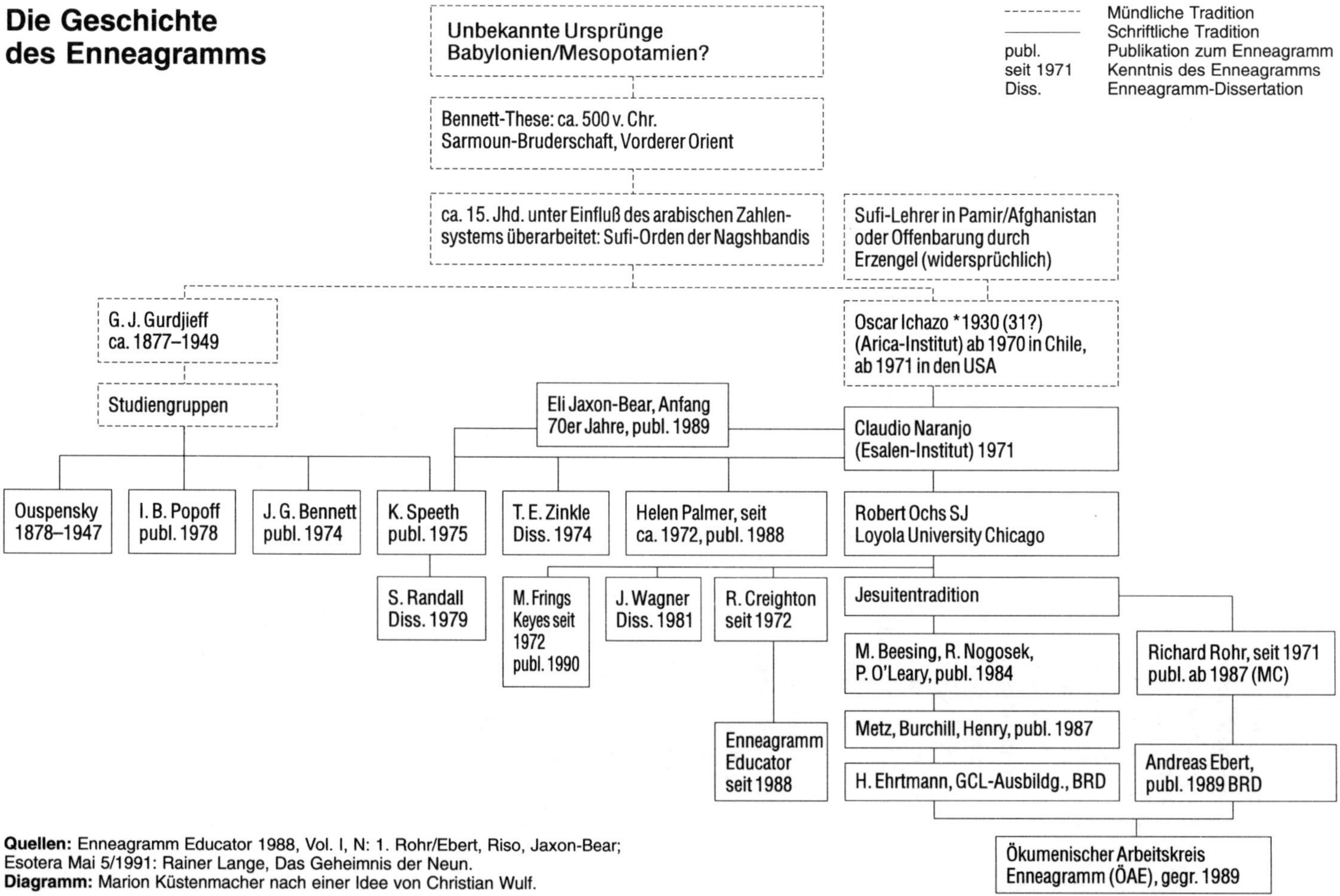

Quellen: Enneagramm Educator 1988, Vol. I, N: 1. Rohr/Ebert, Riso, Jaxon-Bear; Esotera Mai 5/1991: Rainer Lange, Das Geheimnis der Neun.
Diagramm: Marion Küstenmacher nach einer Idee von Christian Wulf.

2. Die Triaden

2.1. Drei Autoren, drei Modelle:

Gemeinsam ist allen Beschreibungen des Enneagramms, daß sie von drei *„Grund-Typen"* ausgehen, aus denen sich wiederum die weiter oben beschriebenen neun Typen der Persönlichkeit ableiten. Allerdings ist auch hier die Terminologie der einzelnen Autoren recht unterschiedlich und bisweilen ungenau oder sogar verwirrend.

Zunächst sollen darum die Zuordnungen und der Sprachgebrauch der drei untersuchten Autoren, nämlich Richard Riso, Eli Jaxon-Bear und Richard Rohr/Andreas Ebert getrennt skizziert werden.

2.1.1.

Nach Riso gibt es eine *Gefühls-*, eine *Handlungs-* und eine *Beziehungstriade,* in der jeweils drei Typen zusammengefaßt sind. „In jeder Triade wird einer der Typen die charakteristische Eigenschaft der Triade überentwikkeln, einer hat sie unterentwickelt, und der dritte hat den Bezug zu ihr verloren."[11] Etwas verwirrend ist anfangs die Tatsache, daß der jeweils *„primäre Persönlichkeitstyp"* – das sind die DREI, die SECHS und die NEUN – die Eigenschaften einer Triade *nicht* oder am wenigsten entwickelt hat.

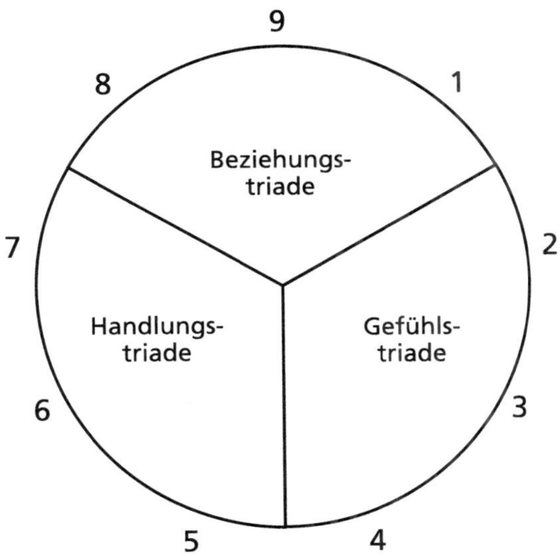

Abbildung 1: Die Triaden nach Riso

So ergibt sich nach Riso für die neun Typen folgende Charakterisierung:

In der Beziehungstriade ist die Beziehungsfähigkeit, der unmittelbare Kontakt, das Bezogensein auf die Realität und die Auseinandersetzung mit der Welt

bei der ACHT *überentwickelt,*

bei der NEUN *verloren,*

bei der EINS *unterentwickelt/ambivalent.*

In der Gefühlstriade ist das Gefühlsleben, im Sinne des unmittelbaren Zugangs zur eigenen emotionalen Realität,

bei der ZWEI *überentwickelt,*

bei der DREI *verloren,*

bei der VIER *unterentwickelt/ambivalent.*

In der Handlungstriade ist die Handlungsfähigkeit, verstanden als direktes Umsetzen von inneren Impulsen in die Tat

bei der SIEBEN *überentwickelt,*

bei der SECHS *verloren,*

bei der FÜNF *unterentwickelt/ambivalent.*

„Alle drei Fähigkeiten sind in einem immer wechselnden Gleichgewicht wirksam und bilden so eine Persönlichkeit.“[12] Aber es gibt in jedem Menschen eine *Grundtendenz,* der er folgt und die seine Einschränkungen und Möglichkeiten ausmacht.

2.1.2.

Jaxon-Bear nennt als die drei Hauptgruppen die *Zorn-, Image-* und *Angstpunkte,* aber auch er leitet aus ihnen die neun Einzeltypen ab. „Es gibt jeweils einen zentralen Punkt und zwei Variationen davon, die innerliche und die äußerliche Version.“[13]

In der Zorn-Triade sind Wut und Aggression das zentrale Thema, wobei diese verschieden gelebt und verarbeitet werden:

bei der ACHT *äußerlich,*

bei der NEUN *gar nicht,*

bei der EINS *innerlich.*

In der Image-Triade ist das Ansehen, die Rolle, die die Gesellschaft zu spielen verlangt, wichtig. Das führt zu einer Verunsicherung der eigenen Identität. Jeder Typ erfährt sein Selbstgefühl anders:

die ZWEI *äußerlich,*

die DREI *gar nicht,*

die VIER *innerlich.*

In der Angst-Triade ist der Umgang mit Furcht und Angst das zentrale Problem, das sich für jeden Typ anders lokalisieren läßt:
bei der SIEBEN *äußerlich,*
bei der SECHS *gar nicht,*
bei der FÜNF *innerlich.*

Diese manifestiert sich in einem der „drei Körper" – dem physischen, dem emotionalen oder dem mentalen, den jeder ensprechend seinem Typ übermäßig gebraucht.

Eine ähnliche Einteilung liegt dem dritten System zugrunde.

2.1.3.

Rohr/Ebert beschreiben ebenfalls drei Zentren, aus deren *Energie* die neun Typen jeweils vornehmlich leben. Dies sind *Kopf, Herz* und *Bauch.* „Das Enneagramm geht davon aus, daß jeder Mensch von *einem* der drei Grundtriebe dominiert wird. Dadurch entstehen bei jedem der neun Typen

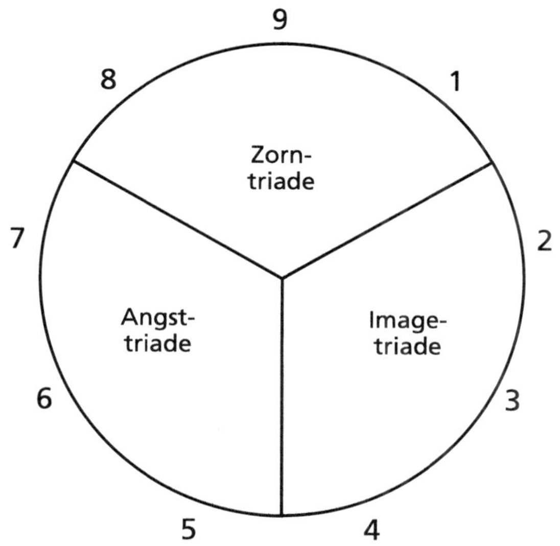

Abbildung 2: Die Triaden nach Jaxon-Bear

Auch Jaxon Bear geht davon aus, daß jeder Mensch *alle* diese Probleme irgendwie kennt, aber wenn er dann in eine Streß-Situation gerät, handelt er meist doch impulsiv aus seiner Fixierung heraus . . .

drei Untertypen"[14], wobei die jeweilige Lebenssituation wesentlich mitbestimmt, welchen Aspekt seiner Persönlichkeit ein Typ gerade auslebt.

Bei Rohr/Ebert hat diese Dreiteilung allerdings eine *doppelte Funktion:* Sie faßt einerseits die neun Persönlichkeitstypen zu drei Gruppen zusammen *und* differenziert andererseits zugleich jeden Typ in drei *Untertypen:* Selbsterhaltende, Soziale und Sexuelle.

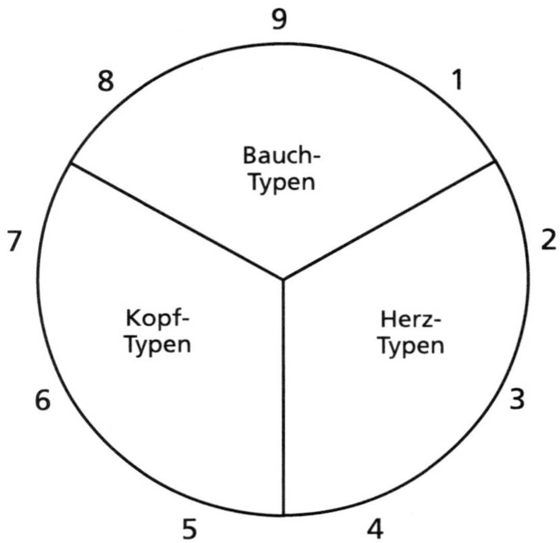

Abbildung 3: Die Triaden nach Rohr/Ebert

Der *Kopfbereich* deckt sich ungefähr mit der Handlungs/Angst-Triade,
der *Herzbereich* ähnelt der Gefühls/Image-Triade und
der *Bauchbereich* entspricht in etwa der Beziehungs/Zorn-Triade.

Auch hier läßt sich, analog zu den Systemen Jaxon-Bears und Risos eine gewisse Systematik entdecken:

Die Bauchtypen leben aus einer elementaren physischen Energie, einer „sexuellen" Kraft, die in fremde Bereiche eindringt, erobert, etwas in Gang setzt und *kreativ* verändert, von anderen aber oft als feindselig empfunden wird.

Diese Energie lebt die ACHT *exzessiv* aus,
lebt die NEUN überhaupt *nicht,*
lebt die EINS *ambivalent.*

Die Herztypen werden von einer sozialen Energie bestimmt, die sich anderen zuwendet und am Erhalt der Gemeinschaft und am Fluß der Kommunikation interessiert ist.
Diese Energie lebt die ZWEI exzessiv aus,
lebt die DREI überhaupt nicht,
lebt die VIER ambivalent.

Für die Kopftypen ist die selbsterhaltende Energie vorrangig. Sie haben die Tendenz, sich zu schützen und ängstlich zurückzuziehen.
Diese Energie lebt die FÜNF exzessiv aus,
lebt die SIEBEN überhaupt nicht,
lebt die SECHS ambivalent.

Bei dieser nachträglich formulierten Systematik, die sich aber inhaltlich eng an die Ausführungen der Autoren hält, fällt auf, daß für den *Kopfbereich* eigentlich die SIEBEN der zentrale Punkt wäre, weil sie – wie die NEUN und die DREI in ihren Triaden – die entsprechende Energie überhaupt nicht lebt.

Dies steht aber in deutlicher Spannung zur Theorie des Enneagramms, das die neun Typen in genau festgeschriebener Weise auf dem Enneagramm-Kreis anordnet und die NEUN, die DREI und die *SECHS* für die zentralen Punkte hält!

2.1.4. (Vergleich):

Folgende Begriffe sind bei den Autoren für die Triaden konstitutiv:

	Jaxon Bear	**Riso**	**Rohr/Ebert**
Typ 8, 9, 1	Zorn	Beziehung	Bauch, sexuell
Typ 2, 3, 4	Image	Gefühl	Herz, sozial
Typ 5, 6, 7	Angst	Handlung	Kopf, selbsterhaltend

Die einzelnen Typen werden in den Triaden jeweils unter diesem bestimmten *Aspekt* beschrieben, sei es, weil es ihr Hauptproblem ist (Jaxon-Bear), oder am besten ihr Verhalten (Riso), beziehungsweise ihre primäre *Energie* (Rohr/Ebert) beschreibt.

2.2. Die Beziehungstriade (Typ ACHT, NEUN und EINS):

Was das Enneagramm hier *„Beziehung"* nennt und als für diese Triade maßgeblich beschreibt, meint *nicht* den „kommunikativen Prozeß", sondern die Art und Weise, wie sich die drei Typen (ACHT, NEUN, EINS) ganz allgemein auf ihre Umwelt beziehen, sich als Person zu ihr *in Beziehung* setzen: „Typus ACHT, indem er sie dominieren will, Typus NEUN, indem er sich mit ihr zu vereinen sucht und Typus EINS, indem er versucht, sie zu vervollkommnen."[15]

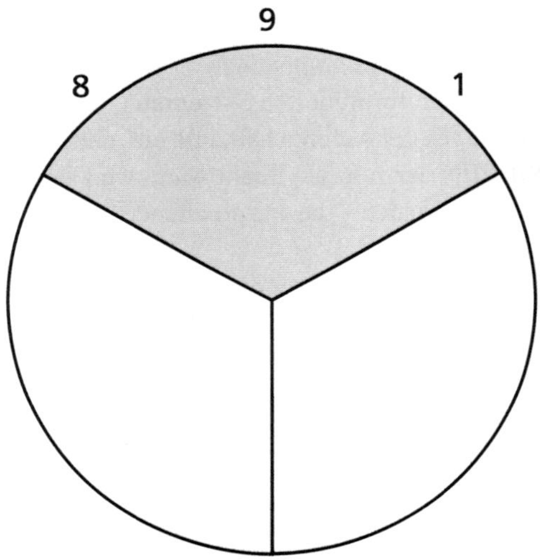

Abbildung 4: Die Beziehungstriade

Typ ACHT setzt sich *direkt* mit der Welt auseinander, indem er sie dominiert.

Typ NEUN setzt sich *nicht* mit der Welt auseinander, sondern identifiziert und vereinigt sich mit ihr.

Typ EINS setzt sich *indirekt* mit der Welt auseinander, indem er einer Abstraktion (Ideal) folgt und versucht, diese zu verwirklichen.

Daraus ergibt sich für diese Triade auch ein spezifisches Problemfeld: Das zentrale Problem dieser Triade ist der Zorn und die Art und Weise, wie Wut und Aggressionen gelebt werden.

Bei den NEUNern scheinen Aggressionen zu fehlen, sie werden nur sichtbar, wenn sich die unterdrückte Wut einmal explosionsartig Luft macht. Sie richten ihren Zorn eher gegen sich selbst oder „sie distanzieren sich vom Körper – eine Strategie, mit der sie versuchen, das Gefühl von Zorn zu vermeiden“[16].

Schon normales Durchsetzungsvermögen empfinden sie als aggressiv, und es paßt nicht zu ihrem Selbstbild des lieben und zufriedenen Menschen, wenn sie um etwas kämpfen oder sich gegen den Widerstand anderer etwas nehmen wollten.

Ganz anders die ACHTer. Sie berichten oft, sie seien schon als Kinder die „bösen“ Jungen oder „frechen“ Mädchen gewesen, die sich kämpferisch, wild und entschlossen mit der Welt auseinandersetzten.

„I'm *bad*“, wie es in dem Pop-Song von Michael Jackson heißt, bedeutet in der Kultur der schwarzen Slums soviel wie *„gut“*, weil hier Stärke, Durchsetzungsvermögen und rücksichtslose Entschlossenheit lebenswichtige Attribute sind. Das drückt etwas Wesentliches von der Grundhaltung der ACHT aus.

Bei der EINS dagegen ist das Verhältnis zur Aggression zwiespältig: Sie „wird wütend und gibt sich dann selbst die Schuld. Sie weiß mit dem Zorn nicht angemessen umzugehen.“[17] Sie spürt also deutlich die eigene Aggressivität, meint aber zugleich, diese rechtfertigen zu müssen. Das kann sich in einem rigorosen Moralismus äußern und sich bis hin zu einer generellen Haltung der „Rechtschaffenheit“ und „Rechthaberei“ verfestigen, die ihre Prinzipien erbarmungslos durchsetzt. Darin kommt die latente Aggressivität zum Ausdruck.

Die große Angst dieses Typs vor Kontrollverlust hängt mit dem Zwiespalt zusammen, auf der einen Seite den Zorn zu spüren, ihn auf der anderen Seite aber nicht zulassen zu können. Doch gerade so wird er zur bestimmenden Kraft. Er dringt ihnen sozusagen aus allen Poren und jeder kann in ihren sarkastischen Bemerkungen spüren, wie sehr es ihnen „stinkt“. Der unterdrückte Zorn läßt die EINS überkritisch, aber auch selbstkritisch werden.

Die *Bauchmenschen*, wie Rohr/Ebert die Typen dieser Triade nennen, werden folgendermaßen charakterisiert: „Ihr Gravitationszentrum liegt im Unterleib, wo das ‚Rohmaterial‘ unserer Existenz angesiedelt ist: der Machtinstinkt, unsere Sexualität, die Triebe. In diesem Sinne spricht man auch von der Gruppe der *sexuellen Typen.* Sie reagieren unmittelbar und spontan auf das, was ihnen begegnet und filtern die Wirklichkeit nicht erst durchs Hirn.“[18] Zur Introspektion haben sie daher weniger Zugang, ebensowenig wie zu ihrer Angst.

2.3. Die Gefühlstriade (Typ ZWEI, DREI und VIER):

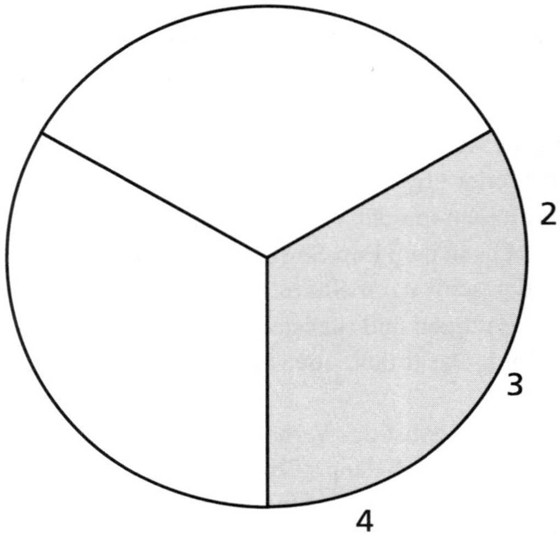

Abbildung 5: Die Gefühlstriade

„Diese drei Persönlichkeitstypen verbinden gemeinsame Eigenschaften und Neigungen, die mit ihrem Gefühlsleben zu tun haben. Sind die Vertreter dieses Typus gesund, macht ihr Gefühlsleben das Zentrum dessen aus, was an ihrer Persönlichkeit anziehend ist, und sie werden für ihre Fähigkeiten im zwischenmenschlichen Umgang geschätzt.“[19]

Wie sie mit ihrem *inneren Terrain,* ihrer Gefühlswelt, ihren Stimmungen und emotionalen Kräften leben, unterscheidet sie grundlegend voneinander:

Typ ZWEI lebt seine Gefühle *direkt*, indem er sie in seinen Beziehungen zum Ausdruck bringt.

Typ DREI hat den Zugang zu seiner Gefühlswelt weitgehend verloren.

Typ VIER setzt sich mit seinen Emotionen oft *indirekt* auseinander, indem er sich *künstlerisch* ausdrückt. Sein Verhältnis zu den irrationalen Seiten seiner Person ist aber auch *ambivalent,* weil sie ihn besonders verunsichern.

Daraus ergeben sich für diese Triade spezifische Problemfelder:

Aus der Grunderfahrung oder dem tiefen Gefühl heraus, nicht um ihrer selbst willen geliebt werden zu können, entwickeln die Menschen dieser

Triade ganz verschiedene Strategien, sich die Liebe der Mitmenschen zu verdienen oder mit dem Mangel irgendwie zurechtzukommen. „Diese Menschen haben ihr eigentliches Wesen aufgegeben, um dem Bild zu entsprechen, das die Gesellschaft zu verlangen scheint. Oft sind sie die schönsten Menschen im Enneagramm, sie haben sich selbst in dem Image erschaffen, von dem sie gelernt haben, daß wir es lieben."[20]

Darum heißt diese Triade auch *Image*-Triade und ihr zentrales Problem ist das der Identität.

Bei der DREI, dem zentralen *Image*-Punkt, ist der Kontakt zur eigenen Gefühlswelt weitgehend verlorengegangen, weil sie ihre ganze Energie darauf richten, ihre gesellschaftliche Position, ihr *Image* aufzubauen. Ihre Angst vor tiefen Emotionen resultiert aus einem Mißtrauen der eigenen Person gegenüber und der Überzeugung, nur liebenswert zu sein, wenn sie sich den *Erwartungen* entsprechend verhalten, etwas leisten oder produzieren. Sie gewinnen ihr ganzes Selbstwertgefühl, ihre Daseins-Berechtigung aus unablässiger Produktivität. Darum sind sie ständig am basteln, reparieren, produzieren, sind echte *Workoholics*[21], deren vornehmlicher Lebensbereich die *Arbeit* ist.

Für das Bild, das sie ihrer Umwelt von sich vermitteln und für das sie geliebt werden wollen, sind sie bereit einen Großteil ihres Wesens, ihrer inneren Identität zu opfern.

Ganz anders verhält sich die ZWEI. Ihr bevorzugtes Wirkungsfeld ist der häusliche Bereich, ihre Beziehungen, ihr Freundeskreis, kurz alles, wo sie ihre Emotionalität und Fürsorglichkeit zum Ausdruck bringen kann. „Die ZWEI möchte von dir geliebt werden, weil sie so gut für dich sorgt."[22]

Den Mangel an Selbstwertgefühl versucht dieser Typ aber dadurch auszugleichen, daß er seine positiven Gefühle einsetzt, sich für *andere* unentbehrlich macht, die Rolle des *Helfers* einnimmt und sich so die Zuwendung sichert, die er wegen seines inneren Mangels so nötig braucht.

Die Gefahr, die eigene Identität zu verlieren, entsteht dann, wenn die ZWEI *nur* noch für die *anderen* lebt und meint, ausschließlich ihre „lieben" Seiten zeigen zu dürfen, und dabei nicht lernt, für ihre eigenen Bedürfnisse zu sorgen.

VIERer stehen in einem unmittelbaren Kontakt mit ihrer Gefühlswelt, aber ihr tiefer Mangel an Selbst*wert*gefühl verunsichert sie, was ihre gesellschaftliche Rolle und ihre Beziehungen betrifft. Sie wollen *echt* sein, ihre tiefe Emotionalität ausleben und stürzen dabei sich selbst, vor allem aber ihre Umwelt, in ein Wechselbad der Gefühle.

Enttäuschungen sind dadurch vorprogrammiert, was die Selbstwertproblematik weiter verstärkt und den Aufbau eines *Images,* einer auch gesellschaftlich akzeptierten Identität erschwert.

Diese drei Typen werden auch als Herzmenschen bezeichnet. Für sie ist der Umgang mit ihren subjektiven Gefühlen entscheidend, und ihr Thema ist, wie sie ihre zwischenmenschlichen Beziehungen gestalten, auch wenn das beispielsweise bei der DREI auf den ersten Blick vielleicht gar nicht so aussieht. Sie sind meist zugewandt, auf die Nähe, Verständnis oder Anerkennung ihrer Mitmenschen bedacht, leben also primär aus einer *sozialen* Energie. „Nach außen wirken sie oft selbstsicher, fröhlich und harmonisch, innerlich erleben sie sich aber oft als leer, unfähig, traurig und beschämt."[23] Die Art und Weise, wie sie mit der Spannung zwischen *innen und außen*, zwischen den eigenen Gefühlsstrebungen und den Erwartungen der Umwelt umgehen, bestimmt wie sie das Problem der Identität für sich lösen.

2.4. Die Handlungstriade (Typ FÜNF, SECHS und SIEBEN):

Die Typen dieser Triade lassen sich in bezug auf ihre Handlungsmotivation und -fähigkeit, ihre Möglichkeit Impulse und Ideen direkt in die Tat umzusetzen, unterscheiden. Gemeinsam ist ihnen, daß sie „in einer starken Polarität zwischen Denken und Tun"[24] leben.

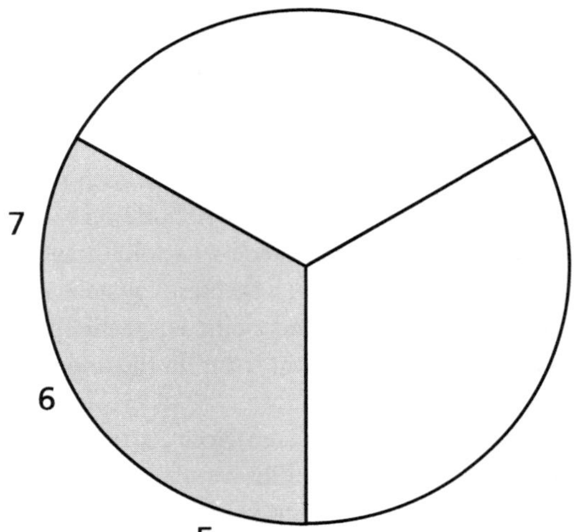

Abbildung 6: Die Handlungstriade

Typ FÜNF analysiert seine Umwelt gerne abstrakt. Das heißt, er *denkt* lieber anstatt zu *handeln* und ist mit den „praktischen Dingen des Lebens“ oft nicht sehr vertraut. Seine Fähigkeit, die eigenen Impulse in die Tat umzusetzen ist *unter*entwickelt.

Typ SECHS „hat die geringste Beziehung zu der Fähigkeit, Entscheidungen zu treffen und selbständig zu handeln, ohne sich auf jemand anderen, vor allem eine Autoritätsfigur in Form einer Person, einer Institution oder eines Glaubenssystems zu beziehen.“[25] Im Extrem kann er die selbständige Handlungsfähigkeit *verlieren.*

Typ SIEBEN ist vor allem an der äußeren Realität orientiert, deren Anregungen er für seine Stimulation braucht. Hyperaktiv sucht er nach neuen Reizen, so daß seine Aktivität *überentwickelt* erscheint.

Daraus ergeben sich für diese Triade spezifische Problemfelder:

Das bestimmende Motiv dieser Menschen ist die Angst. „Bei den Angst-Punkten kristallisiert sich die Fixierung im mentalen Körper. Der Verstand wird hier benutzt, um sich vor einer bedrohlichen Welt zu schützen.“[26] Um den vorgestellten oder realen Gefahren zu entgehen, entwickeln sie verschiedene Strategien dieser Angst nicht ausgesetzt zu sein.

Die SECHS versucht sich vor allem abzusichern, indem sie sich in ihren Gedanken die Zukunft ausmalt, Möglichkeiten hin und her überlegt und zu diesem Zweck endlose Selbstgespräche führt. Oder sie orientiert sich nach außen, sucht Schutz und Halt bei Autoritäten, Institutionen, im „Schoß der Familie“ oder auch bei festen, dogmatischen Überzeugungen.

Die SECHS versteckt sich hinter ihren Glaubenssätzen und „allgemeinen Richtlinien“, um sich nicht mit ihren Ur-Instinkten, vor allem den triebhaften Impulsen, auseinandersetzen zu müssen. Dadurch gerät sie aber in die Gefahr, den unmittelbaren Kontakt mit dieser vitalen Seite des Lebens zu verlieren. Die Folge sind Zweifel und zaghaftes Verhalten. Die Angst, selbständige Entscheidungen zu treffen und dann auch in die Tat umzusetzen, wird durch die Orientierung nach außen schließlich immer noch größer.

Die FÜNF schützt sich vor der Angst, indem sie Information und Wissen ansammelt und sich in ihre geistige Welt *zurückzieht.* Dort fühlt sie sich sicher, denn *gedanklich* lassen sich alle Probleme leichter auf ein handhabbares Format bringen und das vermittelt ihnen das beruhigende Gefühl sie zu beherrschen. Sie lieben es, ihre Umwelt aus einer sicheren Position heraus zu beobachten, und „gehören zu den sensibelsten Menschen des Enneagramms. Ihr Problem liegt darin, daß sie wenig nach außen gerichtete Abwehr besitzen. Sie ziehen sich in ein reiches inneres Traumleben zurück und hinterlassen der Welt ein fast unsichtbares Erscheinungsbild. Ihre Haut neigt oft zu Sonnenbrand und Ausschlag. Darin liegt eine Metapher für ihre zarte Sensibilität, die vor einer rauhen Welt geschützt werden muß."[27] Aber durch den Rückzug können fatalerweise nur wenig positive Erfahrungen dafür gesammelt werden, daß sich Probleme auch *in der Tat* bewältigen lassen. So wachsen Angst und Unsicherheit.

Die SIEBEN vermeidet Angst durch Aktivität. Schmerz und aufsteigende Beunruhigung werden durch einen ständigen Nachschub an faszinierenden Ideen, reizvollen Eindrücken und interessanten Neuigkeiten zurückgedrängt.

Diese Menschen gehen mit der Angst um, indem sie einfach optimistisch sind, lieber mit einer verheißungsvollen Zukunft als mit einer problematischen Gegenwart rechnen und immer an das Gute in der Welt glauben. Doch eine ernsthafte Auseinandersetzung mit der Angst wird betriebsam vermieden.

Diese drei Typen werden als Kopfmenschen bezeichnet, deren Energie auf *Selbsterhaltung* ausgerichtet ist. Das bedeutet, daß sie eine Tendenz haben, sich in jeder neuen oder bedrohlichen Situation erst einmal zurückzuziehen, um die Sache in Ruhe, sachlich und objektiv zu *betrachten.* Alle Informationen werden erst gründlich „im Kopf" überprüft und ausgewertet und, wenn alles „seine *Ordnung*" hat, fühlen sie sich vielleicht sicher genug, um zu handeln. Auf ihre Umgebung wirken sie zwar oft überzeugend, klug und selbstsicher, aber das ist häufig nur ein Schutz, weil sie sich in ihrem Inneren viel eher verwirrt, unsicher und isoliert fühlen.

Ihr leidenschaftliches Bedürfnis nach Unabhängigkeit entspringt der Angst, zu sehr, zu direkt in der Welt involviert zu sein. Weil dort das Zentrum ihrer Lebensenergie ist, haben diese Menschen panische Angst davor, irgendwie „den Kopf zu verlieren".

2.5. Kritik

Gerade an den Beschreibungen der Triaden wird deutlich, daß das Enneagramm nicht systematisch entwickelt wurde und eine klare Abgrenzung zwischen den Typen, aber auch zwischen den Triaden, nur schwer möglich ist. Von Vertretern des Enneagramms wird an dieser Stelle oft der Begriff der *„Dynamik"* ins Spiel gebracht. Das Enneagramm sei lebendig, heißt es dann, als spräche man von einem Wesen; dies wird sicherlich der Tatsache gerecht, daß ein Persönlichkeitsmodell *dynamisch* sein muß, wenn es dem Menschen in seiner Komplexität, Vielschichtigkeit und den dynamisch aufeinander bezogenen Charaktereigenschaften möglichst umfassend beschreiben will.

Aber die Dynamik wird nur allzuoft ins Spiel gebracht, wo Klarheit und kritische Prüfung angezeigt wären. Denn sonst werden Mißverständnisse und einfach in den Raum gestellte Behauptungen bedenkenlos verbreitet.

Es ehrt die Autoren, wenn sie ihre eigenen Beobachtungen relativieren: „Diese Beispiele entsprechen zum Teil der subjektiven Einschätzung der Autoren und beanspruchen keinerlei Verbindlichkeit."[28] Allerdings ist das ein Allgemeinplatz, der für jedes psychologische oder weltanschauliche Modell gilt . . .

Ärgerlich sind allerdings Unklarheiten in der Terminologie, weil sie den, der sich in die Gedankenwelt des Enneagramms einarbeiten will, verwirren.[29]

Während sich Zorn-, Image- und Angst-Triade noch gut decken mit Bauch-, Herz- und Kopf-Triade, passen Beziehungs-, Gefühls- und Handlungstriade nicht immer so ganz in dieses Schema.

Jaxon-Bear schreibt beispielsweise bei den Typen ZWEI, DREI und VIER: „Man nennt diese Gruppe auch die Gruppe der *Beziehungen*"[30] – zur „Beziehungstriade" gehören aber nach Riso die ACHT, NEUN und die EINS!

Überhaupt wird nicht deutlich, *warum* die Triaden gerade nach diesen Kriterien eingeteilt werden.

Genausogut könnte man die Gefühlstriade auch Beziehungstriade nennen:

Die Beziehungsfähigkeit ist – bei der ZWEI überentwickelt,
bei der DREI verloren,
bei der VIER unterentwickelt.

Auch bei den Beschreibungen der Einzel-Typen geht es bei den Typen ZWEI, DREI und VIER vielmehr um „Beziehungen" als bei der ACHT, NEUN und EINS, der eigentlichen Beziehungs-Triade.

Das zeigt, daß diese Begriffe zum Teil austauschbar sind! Dies gilt vor allem für die Terminologie bei Riso.

Aber auch Jaxon-Bears Systematik hinkt an einigen Stellen. DREI, SECHS und NEUN gelten als die zentralen Punkte, die paradoxerweise die Eigenschaft ihrer Triade am *wenigsten* repräsentieren. Das stimmt aber nur bei der Zorn-Triade!

Zorn-Triade: Die NEUN lebt die Aggression *nicht*. (ACHT außen, EINS innen/ambivalent)

Image-Triade: Die DREI kultiviert ihr Image extrem. (ZWEI außen-orientiert, VIER innen-orientiert/ambivalent)

Angst-Triade: Die SECHS geht mit ihrer Angst ambivalent (phobisch/kontraphobisch) um, hat jedenfalls nicht „keine Angst". (FÜNF flieht nach innen, SIEBEN flieht nach außen.)

Rohr/Ebert lassen die Systematik schon per Terminologie außen vor. *Kopf, Herz* und *Bauch* sind keine Begriffe, die differenzielle Kompetenz beanspruchen. Aber auch hier werden Spannungen deutlich:

Laut Enneagramm-Theorie sollen Typ DREI, SECHS und NEUN „zentral" sein, also das Thema ihrer Triade *nicht* entwickelt haben oder ausleben.

Das stimmt auch in zwei Fällen:

Im Bauchbereich lebt die NEUN die sexuelle, feindselige Energie nicht.

Im Herzbereich lebt die DREI die soziale, zugewandte Energie nicht.

Im Kopfbereich aber lebt die SECHS die selbsterhaltende, zurückgezogene Energie *nicht* nicht! Das trifft laut Typenbeschreibung viel eher auf Typ SIEBEN zu.

Das dürfte aber laut Enneagramm-Theorie nicht sein – man kann fast den Eindruck gewinnen, es seien zwei Typen auf dem Kreis in der Reihenfolge versehentlich vertauscht worden . . .

3. Typologien

3.1. Einleitung:

Das Enneagramm spricht von neun Persönlichkeits*typen*, greift also in seinem Persönlichkeitsmodell auf den Begriff der „Typologie" zurück. Darum soll zunächst ein kurzer historischer Rückblick exemplarisch einige Typologien vorstellen. Diese sollen dann in den Kontext der heutigen Psychologie eingeordnet werden. Auf diesem Hintergrund können dann die formalen und inhaltlichen Aspekte erörtert und ein klares Bild von dem gezeichnet werden, was mit „Typ" überhaupt gemeint ist.

3.2. Geschichte:

Schon immer haben Menschen versucht, die Vielfalt der individuellen Differenzen zu beschreiben, zu ordnen, und wenn möglich zu erklären.

„Typologien" sind ein früher Ausdruck dieser Bemühung und finden sich beispielsweise schon in der griechischen Antike.

So unterscheidet Hippokrates (um 460–377 v. Chr.) in seinen medizinischen Schriften vier menschliche Charaktere, je nach dem Vorherrschen einer der vier Körpersäfte (Blut, Schleim, gelbe und schwarze Galle), und nennt sie *Sanguiniker, Phlegmatiker, Choleriker* und *Melancholiker*.[31] Jedem Typ werden bestimmte Eigenschaften zugeordnet, die dann die vier Temperamente charakterisieren, so daß man vom leichtblütigen Sanguiniker, dem schwerblütigen Melancholiker, dem warmblütigen Choleriker und dem kaltblütigen Phlegmatiker sprechen kann.

Schon früh hat man auch versucht, verschiedene Systeme und Kategorien einander zuzuordnen, wie etwa die vier Temperamente des Hippokrates zu den vier Elementen: *Luft, Wasser, Feuer, Erde.*

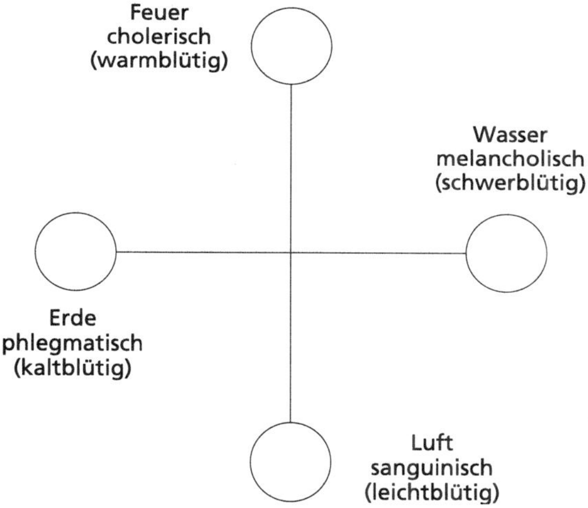

Abbildung 7: Die vier Elemente nach Hippokrates[32]

Eine andere bekannte Typologie neueren Datums ist die *Konstitutionstypologie* Kretschmers. Sie kann „als ein alle Bereiche der Persönlichkeit und körperlichen Erscheinung umfassendes System einer *Totaltypologie* bezeichnet werden“[33] – im Unterschied zu einer *Partialtypologie*, die nur einzelne Aspekte des Menschen zu beschreiben versucht. (So ist jemand, der mit ruckender Kupplung den Motor seines Autos „abwürgt“, vielleicht in diesem Bereich ein *typischer Anfänger,* er kann aber zugleich in einem anderen Bereich sehr kompetent sein, ein *typischer Könner.)*

Kretschmer geht von Beschreibungen des Körperbaus aus und unterscheidet den *leptosomen (asthenischen), den athletischen* und *den pykni-*

schen Typ. Interessant ist aber vor allem die Verbindung, die er zwischen diesen Körperbau-Typen und der psychiatrischen Diagnose seiner Patienten feststellte: nämlich, „daß Pykniker überzufällig häufig an manisch-depressivem Irresein, Leptosome eher an Schizophrenie erkranken. Die Athletiker als dritte Kategorie sollten vor allem das Erscheinungsbild der Epilepsie aufweisen."[34]

Entscheidend dabei ist also, daß hier Typen nicht nur *beschrieben* werden, sondern die Zugehörigkeit zu einem Typ auch Voraussagen über die Wahrscheinlichkeit bestimmter Erkrankungen bei diesen Menschen ermöglicht.

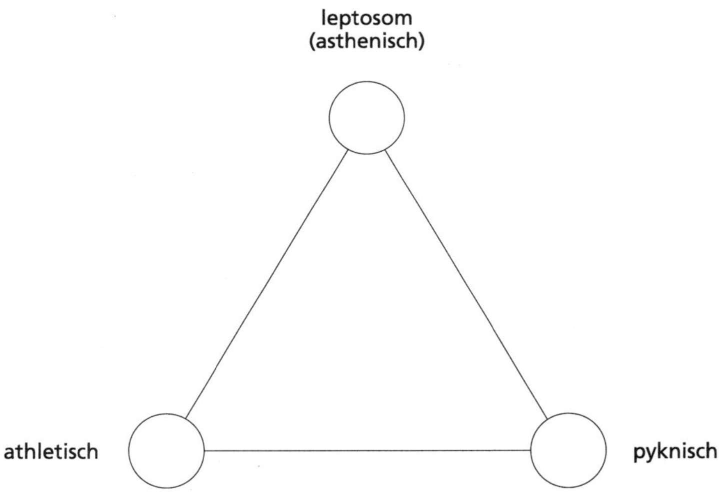

Abbildung 8: Die Typologie Kretschmers

Wieder einen anderen Weg schlägt C. G. Jung ein, der seine Typologie nicht an einem körperlichen Erscheinungsbild festmacht, sondern an den Grundfunktionen der Psyche: Zu diesen zählt er *Denken* und *Intuieren,* beziehungsweise *Fühlen* und *Empfinden,* hinzu kommt eine spezifische Tendenz zu reagieren.

Der Typus wird bei Jung also durch zwei Momente gekennzeichnet: Einmal dadurch, daß eine Funktion die ihr jeweils entgegengesetzte überlagert und dominiert; zum Beispiel ist das *Denken* stärker ausgeprägt als die *Intuition,* oder das *Fühlen* stärker als das *Empfinden.* Zum anderen aber auch durch die jeweils vorherrschende *Reaktions*tendenz des Individuums auf äußere oder innere Anlässe. Das letztere bestimmt den Reaktionstypus, den Jung in den Extravertierten und Introvertierten einteilt.

Für Jung sind die Typen also keine Extrempole, sondern durch das Überwiegen der einen oder anderen Funktion bestimmt.

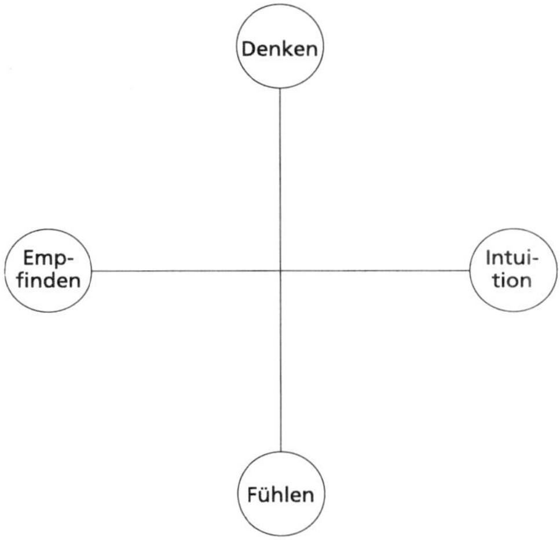

Abbildung 9: Die Typologie C. G. Jungs

In gewisser Weise sind auch manche *religiöse* Beschreibungen des Menschen Typologien. So gibt es beispielsweise in der Sprache des Alten Testaments „den Gottlosen" oder „Frevler" und „den Gerechten", jeweils Typen, die durch ganz spezifische Verhaltensmuster, Haltungen und Motive gekennzeichnet sind. Oft werden sie sogar als Stereotypen gleich auf ganze Völker oder Gruppen angewandt.

Diese Typologie hält primär die religiöse Einstellung des Menschen für den alles verursachenden Faktor und versucht, über die Erklärung hinaus, auch *Voraussagen* zu machen, wenn es beispielsweise heißt:

„Denn Jahwe behütet den Weg der Gerechten, doch der Weg der Frevler führt in den Abgrund."[35]

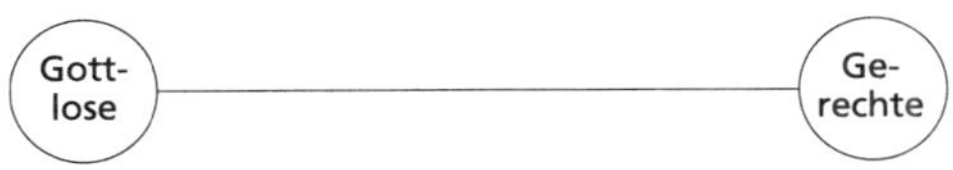

Abbildung 10: Beispiel einer religiösen Typologie

Einer geisteswissenschaftlich orientierten Typologie wie sie E. Spranger (1882–1964) in der Schule Diltheys entwickelte, geht es darum, die geistigen Phänomene etwa in Philosophie, Psychologie, Pädagogik, Geschichte und Dichtung zu „verstehen“. Kurz gesagt, das zu erfassen, was „Kultur“ ausmacht. „Diesen Teilbereichen der Kultur ordnet Spranger Interessentypen zu. Einzelne Aspekte der Kultur scheinen individuell unterschiedlich gewertet zu werden, und die Spranger'sche Typologie ergibt sich aus dieser subjektiven Wertung der Einzelbereiche. Spranger unterscheidet sechs Idealtypen von Persönlichkeiten:

– den ästhetischen Menschen (Kunst)
– den theoretischen Menschen (Wissenschaft)
– den religiösen Menschen (Religion)
– den sozialen Menschen
– den Machtmenschen (Politik)
– den ökonomischen Menschen (Ökonomie).“[36]

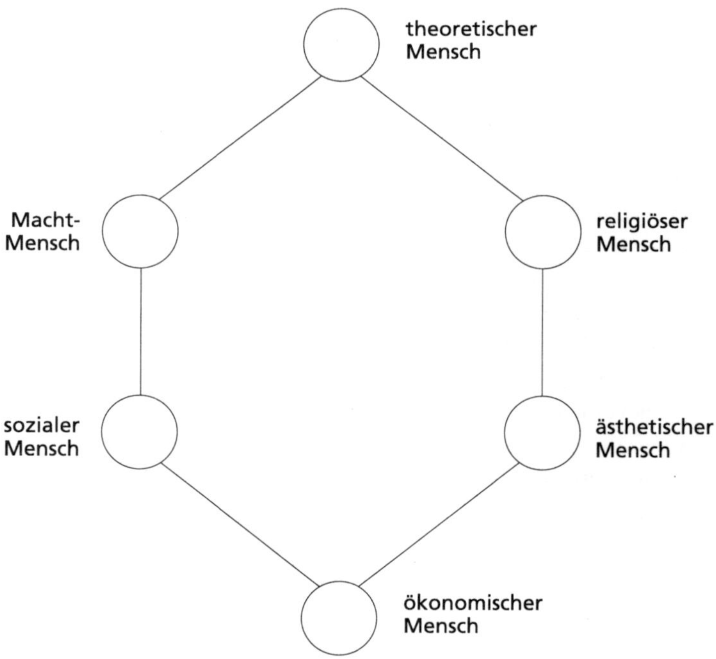

Abbildung 11: Die Typologie Sprangers

Die Liste der Typologien ließe sich beliebig fortsetzen, denn jede neue Betrachtungsweise des Menschen schafft sich andere, neue Beschreibungskategorien. Sieht man den Menschen primär unter dem körperlichen Aspekt, liegen Typologien wie die des Hippokrates nahe. Beschäftigt man sich mit psychiatrischen Phänomenen, wird man eine Typologie, wie beispielsweise Kraepelin sie entwickelt hat, als hilfreich empfinden. Sieht man die psychische Dynamik und die unbewußten Vorgänge als die wesentlichen Determinanten der menschlichen Persönlichkeit, wird einem vielleicht eine tiefenpsychologische Typologie wie die C. G. Jungs einleuchten.

Religiöse Menschen greifen immer wieder auf biblische oder andere alte Typologien zurück, und wer den Menschen als „kulturelles" Wesen erforscht, wird gut mit dem System Sprangers arbeiten können.

Entscheidend für jede Typologie ist sowohl das Interesse, das sie leitet, als auch ihr „Hintergrund" und nicht zuletzt die Betrachtungsweise, also die Methode, mit der sie sich ihr Material beschafft.

Das ist beim Enneagramm nicht anders. Die Geschichte dieser Neuner-Typologie (siehe dort) zeigt nur allzu deutlich, daß sie, je nachdem, welche Tradition sie für sich reklamiert, ganz andere Aspekte der Welt-*Erklärung* und *Beschreibung* beinhaltet. Gleich bleiben sich über die Länge der Zeit

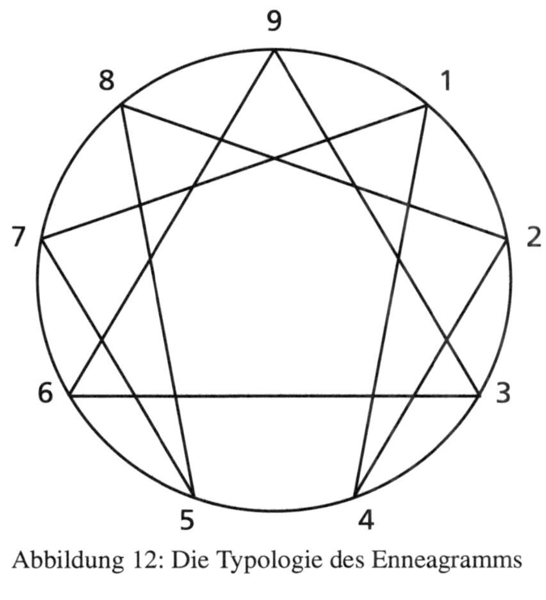

Abbildung 12: Die Typologie des Enneagramms

eigentlich nur gewisse formale Elemente – wie die auf einem Kreis angeordneten neun Punkte, die in einer gewissen Weise miteinander in Verbindung stehen.

In der Esoterik formt sich daraus eine Typologie des unerleuchteten Menschen, die christliche Tradition erkennt auf dieser „Schablone" die „neun Wurzelsünden" des Menschen, die Ausdruck seiner Entfremdung von sich und Gott sind. Die Psychologie schließlich entwickelt daraus eine Persönlichkeitstypologie, die sie mit anderen Erkenntnissen ihrer Wissenschaft in Verbindung zu bringen versucht.

Das Besondere am Enneagramm selbst ist dabei nur, daß es offensichtlich als Strukturelement für die Typologien so unterschiedlicher Disziplinen und über einen so langen Zeitraum zu gebrauchen zu sein scheint.

3.3. Begriff und formale Elemente der Typologie:

Der Begriff „Typ" wird sowohl im alltagssprachlichen als auch im wissenschaftlichen Bereich gebraucht. Inhaltlich definiert wird er „im allgemeinen entweder als ‚eine durch einen bestimmten Merkmalskomplex charakterisierte Gruppe‘ von Individuen oder als ‚ein Mensch, der alle Merkmale seiner Gruppe in besonders ausgeprägter Weise besitzt‘."[37]

Gerade sein doppelter Gebrauch im Alltags- und Wissenschaftsbereich verleiht diesem Begriff einige Eigenheiten, die seine Verwendung problematisch machen. Trotzdem hat man, wie gezeigt, im Laufe der Geschichte immer wieder auf ihn zurückgegriffen, wenn es darum ging, die menschliche Persönlichkeit zu beschreiben. Es scheint eine Stärke der Typologie zu sein, Aspekte des Menschen zu erfassen, die gerade auch für den psychologischen Laien das „Wesen" der Persönlichkeit ausmachen: Das sind gewöhnlich Faktoren, die das Temperament und die Motivation, die emotionalen und sozialen Komponenten des Verhaltens betreffen – jedenfalls weniger die „meßbaren", „objektiven" Daten als vielmehr die *Art und Weise,* in der all dies geschieht.

Zieht man ein Wörterbuch zu Rate, heißt TYPO-LOGIE, in seiner griechischen Urbedeutung, soviel wie die Rede vom „sichtbaren Abbild", „der Form" oder „dem Modell". Gedacht ist dabei an das Abbild einer Person, das auf einer Münze eingeprägt ist oder an ein Modell, nach dem bei einer technischen Herstellung gearbeitet wird.

Typologien sind also in diesem Sinne immer, in gewisser Hinsicht, subjektive Darstellungen, die sich in meist vereinfachender Weise der (menschlichen) Wirklichkeit annehmen. Historisch ist die Ableitung des Begriffes aus dem Zusammenhang der Münzprägung auch deshalb interessant, weil diese einen Übergang

vom Tauschhandel zum Geld-System darstellt, also eine Form ökonomischer Abstraktion, eine Kulturleistung. Typologien erfordern, ähnlich wie die Geldwirtschaft, ebenfalls die Fähigkeit zu Abstraktion, man sieht von den unmittelbaren Eindrücken und Gegebenheiten ab und nimmt sie zugunsten einer abstrakten Ordnung wahr.
Außerdem müssen sich sowohl Geldwirtschaft als auch Typologien immer wieder auf ihren Wert, beziehungsweise ihren Wahrheits- und Wirklichkeitsgehalt, kurz ihre „Gültigkeit", überprüfen lassen . . .

Eine weitere wichtige Annahme der Typologien ist, daß menschliches Verhalten und Einstellungen, über verschiedene Situationen hinweg, relativ konsistent sind. Erst ein zeitlich und situativ stabiles Konstrukt macht die Beschreibung von Typen möglich.

In der wissenschaftlichen Psychologie fallen Typologien in das Gebiet der „differentiellen Psychologie", die versucht, die individuellen Differenzen in Systemen zu ordnen, sie zu beschreiben und womöglich auch ihr Zustandekommen zu erklären. Nichts anderes haben aber auch schon, wenn auch mit anderen Methoden, die vorwissenschaftlichen Typologien versucht: In die Vielfalt und das Gewirr der menschlichen Erscheinungs- und Ausdrucksformen eine Ordnung zu bringen, indem man sie zu einfachen und überschaubaren Kategorien zusammenfaßte.

Die einfachst denkbare Ordnungsstruktur ist natürlich die *Zweiheit,* wie etwa in dem erwähnten Beispiel vom „Gottlosen" und „Gerechten". Eine der in der modernen Persönlichkeitspsychologie gebräuchlichsten Einteilungen besteht ebenfalls aus einem solchen Gegensatzpaar: Der Extra- und introvertierte Typ.

Aber es gibt auch häufig *Dreier*-Typologien, wie beispielsweise die Kretschmers (leptosomer, athletischer und pyknischer Typ) oder die von Karen Horney, einer Freud-Schülerin. In ihren späten Publikationen hat sie die ursprünglich gefundenen vier Formen neurotischer Angstabwehr schließlich auf drei Typen reduziert, was auch zeigt, daß jede dieser Einteilungen relativ und in einem gewissen Rahmen willkürlich ist . . .

Die verbreitetste Ordnungszahl ist sicherlich die *Vier,* und so trifft man auch bei vielen bedeutenden Typologien auf vier Temperamente (Hippokrates), vier psychische Funktionen (C. G. Jung) oder vier Angst-Charaktere (Riemann).

Steigt die Anzahl der Kategorien oder Typen in einem Modell weiter an, droht es wieder unübersichtlich zu werden und damit der ursprünglichen Intention, nämlich die verwirrende Vielfalt zu vereinfachen, entgegenzulaufen. Sprangers sechs „Lebensformen" oder „Grund-Interessen" liegen schon in diesem Bereich und man ist intuitiv versucht, einige Kategorien zusammenzufassen, das System also wieder auf eine handhabbare, leicht merkbare Größe zu reduzieren.

So gesehen ist das Enneagramm eine ungewöhnlich komplexe Typologie, deren Benutzung langer Gewöhnung und großer Übung bedarf. Aber im Grunde läßt sich dieses System auch wieder auf eine *Dreier*-Ordnung zurückführen: Darin repräsentieren die neun Typen jeweils unterschiedliche Daseinsformen der Kopf-, Herz- und Bauch-Typen.

Typologien sind meist zunächst intuitive Systeme, die vielleicht „unmittelbar einleuchten“, aber logisch rational oft schwer zu begründen sind. Warum soll es beispielsweise nicht fünf Temperamente geben, oder warum spricht man gerade von zwei anstatt von drei Reaktionstypen? Je näher man eine einfacheTypologie empirisch überprüft, desto offensichtlicher wird ihre „Ungenauigkeit“. So hat es sich auch als äußerst schwierig erwiesen, Befunde über Zusammenhänge, wie etwa zwischen körperlichen Merkmalen und charakterlichen Eigenschaften empirisch nachzuweisen.

Man stellt fest, daß es die „reinen“ Typen nur sehr selten gibt und die postulierten Merkmale, die den Typ definieren, bei einer Person oft nur zum Teil, oder nicht in der erwarteten Ausprägung vorhanden sind. Zugleich ist der Mensch aber scheinbar nicht in der Lage, so komplexe Einheiten wie das System „Mensch“ ohne vereinfachende Modelle wahrzunehmen oder zu beschreiben. Das logisch-rationale Denken stößt hier an seine Grenzen.

„Deshalb werden Typen häufig ‚geschaut‘, das heißt intuitiv erfaßt unter Einbezug einer begleitenden analytischen Kontrolle anhand einzelner Indikatoren.“[38]

Diese Methode oder Erkenntnisform, die im wissenschaftlichen Kontext dann oft erst nachträglich systematisiert und expliziert wird, nennt man *Phänomenologie*. „Sie ist die Denkmethode vieler Philosophen, unter anderem der Existenzialisten, aber auch mancher Psychologen. Phänomenologie ist die intuitive Kunst, in äußeren Gegebenheiten das Wesen zu schauen. Dabei muß man von der äußeren Gestalt, dem Phänomen abstrahieren und gewissermaßen eine Reihe von Filtern anlegen, um das Wesentliche zu erfassen.“[39]

Damit wird deutlich, daß sich auch das Enneagramm erkenntnistheoretisch im Spannungsfeld zwischen Intuition und Empirie bewegt.

Wenn sich schon der Inhalt der Typologie so sehr einer rationalen Betrachtungsweise entzieht, ist es sinnvoll, wenigstens einige der formalen Elemente genauer zu definieren.

Man kann die „Typologie“ im Rahmen der Persönlichkeitspsychologie als eine Sonderform der *dimensionalen* Ansätze bezeichnen. Diese versuchen die Verschiedenartigkeit der Person in einem Raster von Merkmalen einzuordnen, während man in Typologien eher versucht, die individuellen Differenzen an charakteristischen, markanten, eben „typischen“ Persönlichkeiten festzumachen. Diese Typen bilden sozusagen die „Eckpfeiler“ des Systems, in dem man die Menschen möglichst unterzubringen versucht.

Diese unterschiedliche Vorgehensweise spiegelt sich auch in der Form der „Verteilung“ der Individuen in dem „Merkmalsraum“, der sie definiert.

Anders als der dimensionale Ansatz geht die Typologie in ihrer Beschreibung von *extremen* Verteilungen aus, also von überwahrscheinlichen Häufungen an den Polen der Merkmalsdimensionen. Die folgenden Abbildungen sollen dies verdeutlichen:

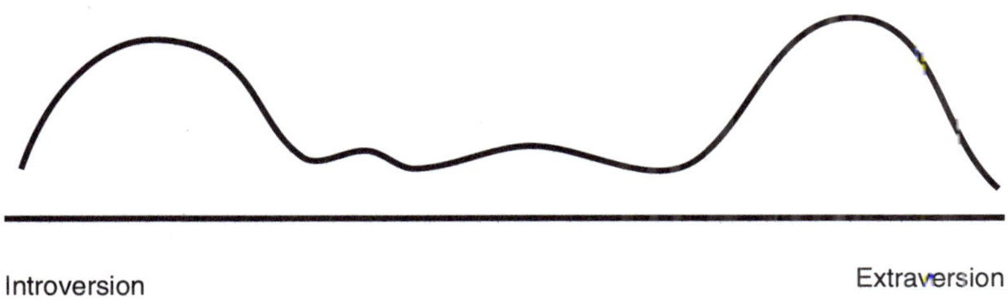

Abbildung 13: Typologische Verteilungsform

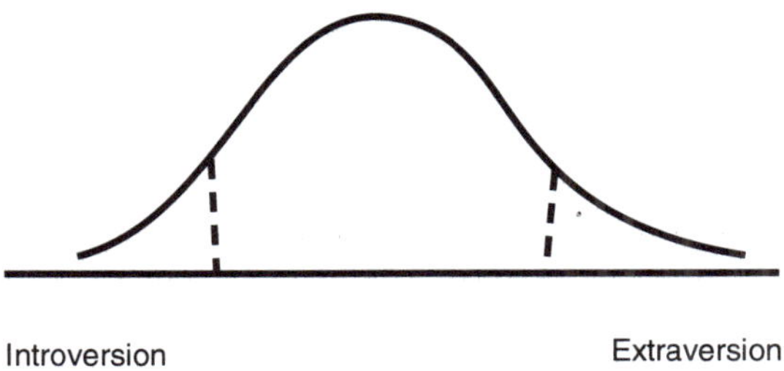

Abbildung 14: Dimensionale Verteilungsform

Die Theorie einer bi-modalen Verteilung (Abb. 13) konnte nicht aufrechterhalten werden; dagegen spricht die durch statistische Verfahren erhärtete

Erkenntnis, daß die meisten Persönlichkeitsmerkmale uni-modal (Abb. 14), also im Sinne einer „Normalverteilung" auf einem Kontinuum angeordnet sind.

Die Typen erscheinen danach als Extremausprägungen einer sich ansonsten in der Mitte häufenden Verteilung.

Die Typologien gehen deshalb in der Praxis auch nicht von sich gegenseitig ausschließenden Kategorien aus, sondern nehmen an, daß jede Persönlichkeit in gewisser Weise eine „Mischung" darstellt, selbst wenn die zugrundeliegende Dimension polar konstruiert ist (zum Beispiel Introversion – Extraversion). Es kann zeitweise zu Schwankungen zwischen den beiden Polen kommen, wobei aber oft eine der beiden Ausprägungen dominiert und damit für dieses Individuum „typisch" ist.

Sich an den *Extremen* eines Merkmals zu orientieren, scheint für das intuitive Erfassen einer Person aber leichter zu sein, auch wenn in der Realität diese „reinen" Typen äußerst selten sind. Man behilft sich deshalb mit der Unterscheidung von *„real-Typen"* und *„ideal-Typen"*. Erstere sind bedeutend häufiger, zeigen aber die ihnen zugeschriebenen Merkmale nur in mehr oder weniger ausgeprägter Form, so daß man von der idealtypischen Beschreibung immer Abstriche machen muß. Letztere dagegen sind eher Abstraktionen, die ein Persönlichkeitsmodell zwar in reiner Form darstellen, aber für die meisten Individuen realiter nur in modifizierter Form zutreffen.

Das ist die Crux eines jeden Persönlichkeitsmodells als einer allgemein beschreibenden oder erklärenden Abstraktion, aber für die Typologie gilt sie im besonderen Maße: Um einer Einordnung willen nimmt man Ungenauigkeiten in Kauf, denn man stellt bei einer eingehenden Untersuchung von Individuen zwangsläufig fest: Je näher man den Einzelfall betrachtet, desto differenzierter müßte man ihn eigentlich beschreiben.

Auf der einen Seite besteht also die Gefahr, der Einfachheit die Realitätsnähe zu opfern, auf der anderen Seite, sich in der Überfülle der Einzelheiten zu verlieren. Im ersten Fall gerät man in die Spekulation, im zweiten Fall bleibt das Verständnis auf der Strecke.

Hellpach hat dieses Dilemma in seiner „Typenschau-Regel" formuliert: „Lebewesengruppen gehen für unsere Wahrnehmung desto mehr in einem Typus auf, je ferner sie uns stehen oder je fremder sie uns sind – und lösen sich für unsere Wahrnehmung desto mehr in Individuen auf, je näher sie uns stehen oder je vertrauter sie uns sind."[40]

Trotzdem muß sich jede Typologie Rechenschaft darüber ablegen, welches die „essentiellen“, unverzichtbaren Merkmale ihrer „Typen“ sind, um nicht der Beliebigkeit Tür und Tor zu öffnen. Wie es mehr oder weniger typische Vertreter eines „Typs“ gibt, so gibt es auch mehr oder weniger zentrale, diskriminative Merkmale, die dem Typ sein „Profil“ geben.

So kann man beispielsweise den extravertierten Typ als gesellig, lebhaft, tonangebend und aktiv, aber auch als reizbar und impulsiv beschreiben. Läßt sich aber noch von einem solchen Typ sprechen, wenn einige dieser Merkmale fehlen, er also zwar aktiv und lebhaft, aber nicht gesellig und tonangebend ist? Weiterhin muß definiert werden, in welchem *Grad* der Ausprägung die bestimmenden Merkmale vorhanden sein müssen, um von Typen sprechen zu können.

Da es aber keine objektiven Normen gibt, bleiben die „Grenzen“ der Typologien immer fließend. Das kann auf der einen Seite als dem menschlichen Wesen adäquat interpretiert werden, schafft aber unter wissenschaftlich-empirischem Aspekt immer neue Aporien.

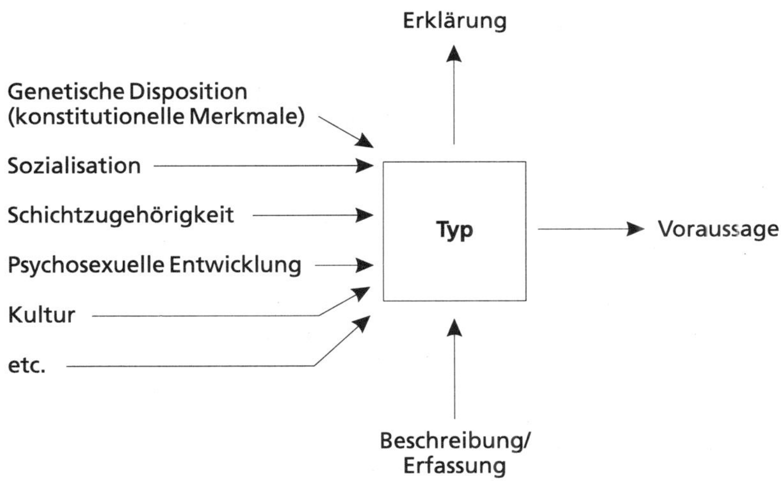

Abbildung 15: Typologien als Erklärungs- und Beschreibungsmodelle

Schließlich lassen sich für die Formulierung und den Gebrauch einer Typologie grundsätzlich zwei Hauptmotive ausmachen: Im Menschen gibt es offensichtlich ein Bedürfnis, die allzu verwirrende Vielfalt der Phänomene zu reduzieren und in einem einfachen, interpretierbaren System unterzubringen, dies erlaubt ihm sowohl eine klare *Erfassung* als auch eine plausible *Erklärung* (vgl. Abb. 15).

Erstens hat der Mensch also offenbar den Hang, sich *Ordnung* und *Übersicht* zu verschaffen, zu strukturieren und zu schematisieren – letztlich wohl um seiner Unsicherheit Herr zu werden. Die ganze Forschung, sei sie nun geistes- oder naturwissenschaftlich, läßt sich als eine unter vielen Verhaltensweisen verstehen, die aus diesem Antrieb oder Zwang motiviert sind. Während die Wissenschaft genau definierte Methoden wie etwa Tests zur Erfassung von Verhalten, Einstellungen, Selbstbild oder bestimmten Eigenschaften hat, ist Intuition eher ein im Alltagsbereich beheimateter Weg, Typen zu erfassen.

Zweitens nehmen Typologien meist implizit für sich in Anspruch *Erklärungen* zu geben, indem sie die reine Beschreibungsebene verlassen und Spekulationen über die zugrundeliegenden und verursachenden Faktoren anstellen.

Dieses zweite Motiv der Typologien zielt ganz praktisch darauf, beispielsweise in der Medizin, oder der Seelsorge und Psychotherapie, Hypothesen zu gewinnen, die als Grundlage für eine therapeutische Intervention dienen können.

Aber gerade die Gültigkeit solcher Wirkzusammenhänge ist meist auch der umstrittenste und spekulativste Teil vieler Typologien.

3.4. Typologien und moderne Methoden der Persönlichkeitsforschung:

> „Von der Psychologie wird oft mit Bedauern festgestellt, daß es sich um eine so wenig handfeste Wissenschaft, ja eigentlich um gar keine richtige Wissenschaft im Sinne der Naturwissenschaft handelt. Das drückt sich darin aus, daß Begriffe und Sachverhalte oft umgangssprachlich formuliert werden, Theorien widersprüchliche Aussagen zulassen und eigentlich oft gar nicht gesagt werden kann, ob sich zwei Aussagen widersprechen oder miteinander vereinbar sind. Diese mangelnde Griffigkeit psychologischer Theorien – und Persönlichkeitstheorien sind hier besonders gefährdet – hat verschiedene Gründe. Ein Grund ist die mangelnde Operationalisierung von Konstrukten und die vorschnelle Abstraktion auf zu hohe Ebenen. Der Behaviorismus versucht diesen Fehler zu vermeiden – Skinner (1954) handelt sich dabei offensichtlich den Vorwurf der Primitivität ein. Die Psychoanalyse dagegen imponiert durch spekulativ stark angereicherte hypothetische Konstrukte auf hohem Abstraktionsniveau, stagniert jedoch mangels empirischen Gehalts in der theoretischen Weiterentwicklung.“[41]

In der Persönlichkeitspsychologie hat sich aus den oben genannten Gründen ein Wandel vollzogen, der auch vor den Typologien nicht Halt gemacht hat. Von der traditionell eher *qualitativen* Betrachtungsweise der frühen Systeme abgehend, versucht man heute stärker, durch eine *quantitative* Typologie die zwangsläufig auftauchenden Aporien zu vermeiden. Individuelle Differenzen werden zahlenmäßig, mit Hilfe von Tests erhoben und „objektiviert".

Erst die modernen computerunterstützten Methoden der Psychometrie machen es möglich, die Fülle der Daten, die das menschliche Gehirn „intuitiv" erfassen kann, nun auch – wenigstens annähernd – zahlenmäßig zu erheben – und noch wichtiger: zu ordnen, zu gruppieren und auf zugrundeliegende Strukturen zu untersuchen. Damit scheint eine Annäherung von Phänomenologie und Empirie, qualitativer und quantitativer Methode in den Bereich des Möglichen zu rücken.

Beide Sichtweisen haben Schwächen, aber eben auch Stärken, die es gilt füreinander fruchtbar zu machen, ohne beide Betrachtungsweisen gegenseitig auflösen zu wollen oder zu können.

Für die Typologie des Enneagramms im speziellen kann das bedeuten, daß eine kritische Überprüfung der von den verschiedenen Autoren sehr unterschiedlich definierten Merkmalsbereiche möglich wird. Das könnte zu einer größeren Einheitlichkeit und Validität des Systems führen, was schon unter den Autoren zu großen Mißstimmigkeiten geführt hat. So äußert sich beispielsweise Riso ungewöhnlich kritisch über ein neu erschienenes Enneagramm-Buch Helen Palmers: „Ich halte es für sowohl verwirrt, als auch verwirrend. Ich glaube, es ist zutiefst mangelhaft und voll von allen möglichen Fehlern."[42]

Eine empirische Arbeit über die Typologie des Enneagramms kann helfen, solche Unklarheiten wenigstens zu verringern.

Auf der anderen Seite können so vielleicht die Möglichkeiten einer intuitiven Sichtweise auch für den wissenschaftlichen oder klinisch-therapeutischen Bereich nutzbar gemacht werden, die sich bei einer großen Zahl von Menschen immerhin auf eine „Augenscheinvalidität" berufen kann – was, schaut man über den Horizont der empirischen Forschung und Hypothesenprüfung hinaus, auch psychologisch sehr viel ist!

Die Entwicklungen und Fortschritte der „quantitativen" Methoden, aber auch die Kritik an ihnen ausführlicher darzustellen, fehlt hier der Platz. Dennoch soll ein Forschungszweig erwähnt werden, der für die Enwicklung der psychometrischen Methoden exemplarisch und für die vom Autor durchgeführte empirische Untersuchung von besonderer Bedeutung ist: Die Faktorenanalyse.

„Ein vorrangiges Ziel der empirischen Persönlichkeitsforschung besteht darin, die Persönlichkeit nicht nur in all ihren Schattierungen und Verhaltensbereichen erfassen zu wollen, sondern darüber hinaus die Struktur und wechselseitige Abhängigkeit der Beschreibungsdimensionen aufzuzeigen.“[43] Diesem Anliegen versucht man mit faktorenanalytischen Methoden gerecht zu werden, denen zunächst keine nennenswerten theoretischen Vorstellungen, wie sie etwa die Psychoanalyse mitbringt, zugrunde liegen. Für diesen Forschungsansatz stehen heute vor allem die Namen von J. P. Guilford, H. J. Eysenck und R. B. Cattell, die aber in der Folge auch bemüht waren, die Persönlichkeit nicht nur faktorenanalytisch zu erfassen, sondern daraus auch Modelle zu generieren, die die Persönlichkeit in ihrer Gesamtheit adäquat beschreiben.

Ziel der ursprünglich von Ch. Spearman entwickelten Faktorenanalyse ist es, eine große Anzahl von Variablen, die auf irgendeine Weise miteinander in Beziehung stehen, auf eine kleinere Zahl von „Faktoren“ zurückzuführen, aus denen sich die Variablen zusammensetzen und die diese Variablen in gewisser Weise „erklären“.

Gesucht wird hier also nach einer den Daten zugrundeliegenden Ordnungsstruktur, die die Datenvielfalt reduziert und eventuell mit theoretischen Konzepten in Verbindung gebracht werden kann.

Die Datenerhebung geschieht durch Tests. Dabei werden speziell für die Faktorenanalyse einige wichtige Voraussetzungen gemacht – wie Intervallskalenniveau, oder die Annahme linearer Beziehungen – die methodisch oft anfechtbar sind. Aber auch Fragebögen selbst sind als Meßinstrument Quellen möglicher Fehler. Diese Verzerrungen und Artefakte versucht man durch ein ausgeklügeltes Design, gut überprüfbare Einzelschritte und die Beachtung der „Test-Gütekriterien“ wenigstens zu kontrollieren.

Ein Hauptproblem der quantitativen Erhebungsmethoden – und das gilt für die Faktorenanalyse in besonderem Maße – ist die Interpretierbarkeit. Man vergißt über der teilweise beeindruckenden mathematischen Komplexität allzu leicht die mangelnde Relevanz und Aussagekraft der Ergebnisse. Nur wenige Konstrukte, wie etwa die Dimension Introversion – Extraversion haben sich Laufe der Zeit über die verschiedenen Autoren hinweg als stabil, replizierbar und vor allem interpretierbar erwiesen.

An solchen weiterreichenden Überlegungen müssen sich die, zweifellos exakteren, quantitativen Methoden immer wieder messen lassen. Dies führt wiederum zur qualitativen, insbesondere typologischen Betrachtungsweise zurück, deren Anliegen es ja ist, die Vielfalt der Daten in einem dem

Menschen interpretierbaren und intuitiv zu erfassenden Modell zu ordnen, zu beschreiben und zu erklären.

4. Das Enneagramm und andere psychologische Modelle

4.1. Einleitung

Riso unternimmt in seinem Buch[44] den interessanten Versuch, das Enneagramm in den Kontext psychologischer, vor allem psychoanalytischer Wissenschaft und Lehre einzuordnen. Damit ist *ein* Weg für weitere Untersuchungen gewiesen. Ein Weg freilich, der sich wiederum nicht an der Empirie messen oder auch korrigieren läßt und in einem hohen Maße spekulative Elemente beinhaltet.

Risos Beispiele regen zwar zu weiteren Untersuchungen und Überlegungen an, aber gerade deshalb soll in einer kurzen abschließenden Kritik auf einige Schwachpunkte und Untiefen der Darstellung hingewiesen werden.

4.2. Freud und das Enneagramm

Den drei Stadien psychosexueller Entwicklung in den ersten Kindheitsjahren, der *oralen, analen* und *phallischen* Phase, werden hier jeweils ein

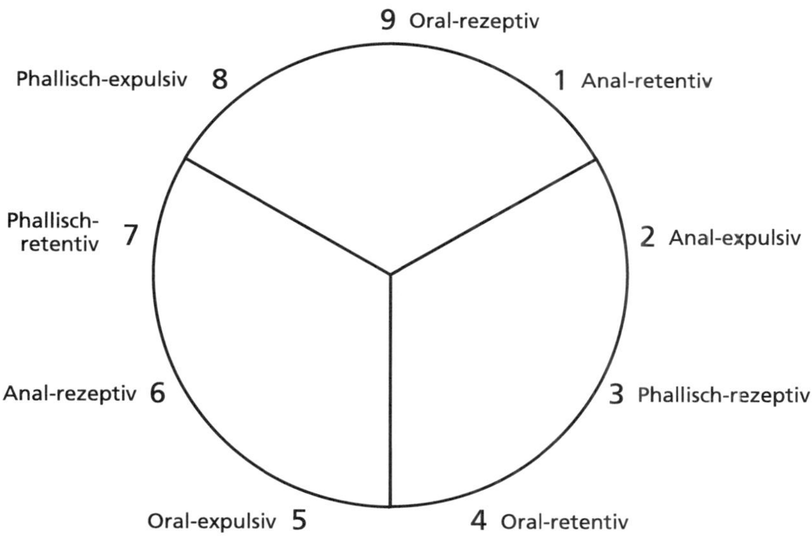

Abbildung 16: Das Enneagramm und die psychosexuellen Entwicklungsstadien

Vertreter der drei Triaden zugeordnet. Danach repräsentiert jeder Typ einer Triade eine Form der psychosexuellen Fixierung.

In Anlehnung an neo-freudianische Terminologie erweitert Riso das Modell um drei allgemeine Dispositionen der psychischen Energie, die jedes der drei libidinösen Stadien noch einmal differenziert: *rezeptiv, retentiv* und *expulsiv*. Risos Zuordnung stellt sich demnach wie in Abbildung 16 zu sehen dar[45].

Über den Vergleich mit der psychoanalytischen Theorie der Charakterbildung hinaus, setzt der Autor die *strukturellen* Begriffe der Freudschen Psychologie mit den Typen des Enneagramms in Beziehung.

Nach Freud gibt es drei „Instanzen", die die Struktur des Seelenlebens bestimmen: Das *ES*, dem vor allem die biologischen Antriebe entstammen, das *Über-Ich*, in dem die Normen der Eltern und der Gesellschaft internalisiert sind und das *Ich*, das sozusagen dazwischen steht und in der Rolle eines Vermittlers zwischen Triebimpulsen und dem *Realitätsprinzip* seine Fähigkeiten entwickelt. Das Abbild dieser psychischen Struktur läßt sich im weitesten Sinne als „Charakter" beschreiben.

Nach Risos Zuordnung ergibt sich die nachfolgend dargestellte Konstellation[46]:

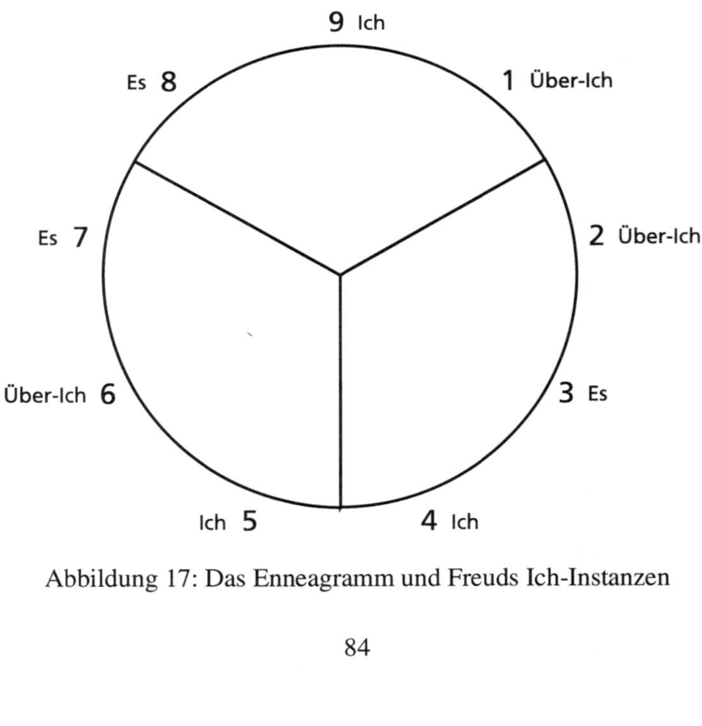

Abbildung 17: Das Enneagramm und Freuds Ich-Instanzen

4.3. C. G. Jung und das Enneagramm

Jungs Persönlichkeitsmodell baut auf drei Dimensionen auf. Neben der vorherrschenden Einstellung auf der Skala *Introversion – Extraversion* prägen vier weitere psychische Funktionen, nämlich *Denken – Fühlen* und *Intuition – Empfindung* die Persönlichkeit.

Daraus ergeben sich acht mögliche Kombinationen, wenn man wie Jung annimmt, daß jeweils eine Funktion der zusammengehörigen Funktionspaare ein Übergewicht hat (in Klammern die dazugehörigen Enneagramm-Typen):

extravertierter Denktyp (Typ EINS)
extravertierter Fühltyp (Typ ZWEI)
extravertierter Intuitionstyp (Typ ACHT)
extravertierter Empfindungstyp (Typ SIEBEN)
introvertierter Denktyp (Typ FÜNF)
introvertierter Fühltyp (Typ SECHS)
introvertierter Intuitionstyp (Typ VIER)
introvertierter Empfindungstyp (Typ NEUN)

Ein Problem bei der Zuordnung der beiden Systeme ergibt sich natürlich schon daraus, daß den acht Typen Jungs neun Enneagramm-Typen gegenüberstehen. Riso hat allerdings gleich eine Erklärung parat: „Es liegt aber auch eine gewisse bildhafte Stimmigkeit darin, daß Typus drei, dessen Persönlichkeit so wenig fest umrissen und wechselhaft ist, keinem der Jungschen Typen entspricht. Da er so anpassungsfähig ist, fließt Typus drei in die verschiedenen Jungschen Typen ein, ohne eine eigene Kategorie für sich zu beanspruchen."[47]

J. Wagner untersucht in seiner Dissertation den Zusammenhang der Enneagramm-Typen mit denen der Jungschen Typologie, indem er die durch einen Enneagramm-Test erhobenen Rohwerte mit denen des Meyers-Briggs-Tests (einem Jung-Typen-Test) vergleicht. Er kommt zu dem Ergebnis, daß es einen hoch signifikanten Unterschied zwischen den neun Enneagramm-Typen und ihren Werten auf der Meyers-Briggs-Rohwertskala gibt.[48]

Außerdem fand er noch einige konkrete Zusammenhänge zwischen den Enneagramm-Triaden und den Jungschen Typen:
Herztypen sind eher extravertierte Empfindungs- und Fühltypen,
Kopftypen sind eher introvertierte, intuitive Denktypen,
Bauchtypen sind generell eher intuitive Typen.[49]

4.4. Karen Horney und das Enneagramm

Die Psychoanalytikerin Karen Horney (1885–1952) kam aufgrund ihrer klinisch-therapeutischen Beobachtungen zu dem Ergebnis, daß der Mensch in jeder Situation grundsätzlich drei Möglichkeiten hat zu reagieren: Er kann sich von den Menschen wegbewegen (die *zurück*haltenden Typen), sich gegen die Menschen wenden (die *aggressiven* Typen) und sich auf die Menschen zubewegen (die *angepaßten* Typen).

Diese drei grundsätzlichen Bewegungsrichtungen oder Verhaltensweisen setzt Riso in Beziehung zu den neun Typen des Enneagramms, dabei gibt es in jeder Triade einen der von Horney beschriebenen Typen[50]:

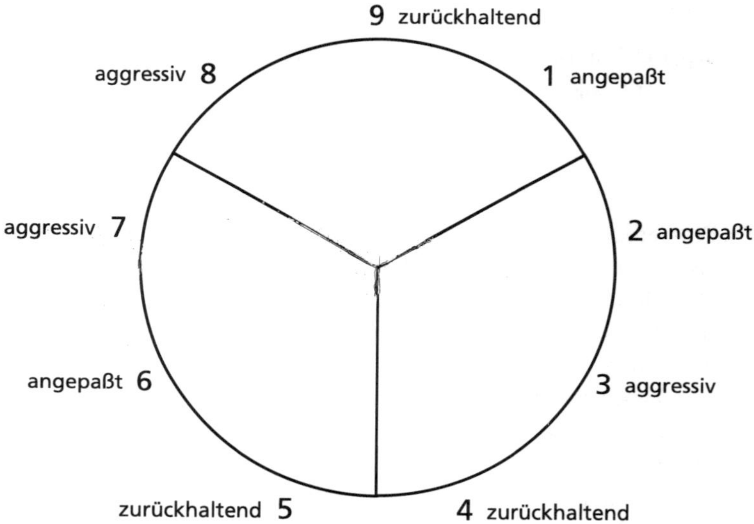

Abbildung 18: Das Enneagramm und K. Horneys Typologie

4.5. Das DSM III und das Enneagramm

Eine Zuordnung der Enneagramm-Typen zu den psychiatrischen Kategorien des DSM III (Diagnostic and Statistical Manual of Mental Disorders, III) schließt die vergleichenden Studien Risos ab. (Das DSM III ist ein Manual, das versucht auf rein deskriptiver Ebene alle psychischen Erkrankungen zu beschreiben und zu klassifizieren.)

Die unten aufgeführte Zuordnung versteht Riso selbst als Arbeitshypothese und betont, sie solle „nur als grobe Annäherung betrachtet werden, da viele Unterscheidungen zu machen sind, um die Entsprechungen exakt zu differenzieren."[51]

Typ EINS – zwanghafte Persönlichkeitsstörung
Typ ZWEI – hystrionische Persönlichkeitsstörung
Typ DREI – narzißtische Persönlichkeitsstörung
Typ VIER – phobische Persönlichkeitsstörung
Typ FÜNF – paranoid-schizophrene Persönlichkeitsstörung
Typ SECHS – passiv-aggressive, passiv-abhängige Persönlichkeitsstörung
Typ SIEBEN – manisch-depressive, hystrionische Persönlichkeitsstörung
Typ ACHT – anti-soziale Persönlichkeitsstörung
Typ NEUN – passiv-abhängige, passiv-aggressive Persönlichkeitsstörung

Bei dieser Zuordnung ist auf der Seite der Enneagramm-Typen jeweils an deren *neurotische* Entwicklungstendenzen, den Zustand der Desintegration gedacht. Ihre psychiatrische Manifestation würde sich also erwartungsgemäß in der oben beschriebenen Art und Weise zeigen.

4.6. Kritik:

Anlaß zur Kritik gibt zum einen der mehr als freie Umgang Risos mit den von ihm zitierten Autoren. In einem Gemisch aus Zitat, Interpretation und Unterstellung verfolgt er eine doppelte Strategie. Danach werden die zitierten Modelle zum einen zur Stützung der Validität des Enneagramms herangezogen, zum anderen dann aber von der Position des Enneagramms aus kritisiert und „korrigiert". Letzteres in dem Sinne, daß entweder Ergänzungen, beispielsweise neo-freudianischer Literatur, willkürlich herangezogen werden, die das Modell passender machen oder, daß Mutmaßungen an die Stelle fehlender Übereinstimmung treten.

Sicherlich muß man zugestehen, daß Risos Veröffentlichung nicht den Platz für eine erschöpfende Diskussion bereithält, aber diese legere Art mit anderen Persönlichkeitsmodellen umzugehen, muß sich die Frage gefallen lassen, ob ihre Art des Umgangs denn der Sache adäquat ist. Einige Beispiele sollen das kurz verdeutlichen:

Riso findet auf der einen Seite bei Horney Bestätigung für neun Typen, ergänzt dann aber die fehlenden oder widersprüchlichen Tatsachen durch die Vermutung, daß ihre klinischen Beobachtungen sie beinahe zu demselben Ergebnis geführt hätten! Das gipfelt in der gewagten Überzeugung, „daß Karen Horney auf dem Weg war, eine Dreimal-drei-Persönlichkeiten-Typologie zu entdecken".[52]

Freud: Riso tut so, als gäbe es bei Freud nur *drei* Phasen psychosexueller Entwicklung, wohl weil das zahlenmäßig besser zum Enneagramm paßt. Latenz- und genitale Phase werden gar nicht erst erwähnt, so daß auch hier der Verdacht aufkommt, Riso mache sich ein fremdes Persönlichkeitsmodell erst „passend", um es dann als „Beweis" für die Richtigkeit des eigenen Modells zu präsentieren.

Wenn er nur *Teile* des Freudschen Modells benutzt, was ja durchaus legitim ist, sollte das in irgendeiner Weise kenntlich gemacht werden.

Auch mit C. G. Jung geht Riso sehr freizügig um. Seine Diskussion des Problems, die *acht* Typen Jungs in die *neun* Typen des Enneagramms konvertieren zu müssen, gipfelt in der Feststellung: „Während Jung also keine einzelne Kategorie für Typus drei festgelegt hat, muß er diesem Persönlichkeitstypus dennoch in seiner klinischen und persönlichen Erfahrung begegnet sein. So hat er Elemente des Typus drei beschrieben, ohne ihn als fest umrissene psychologische Einheit zu betrachten, da das ja die Symmetrie seines theoretischen Rahmens von zwei mal vier Typen gesprengt hätte."[53] Dies ist natürlich zunächst einmal eine Unterstellung und eine fragwürdige Argumentation dazu, wenn divergente Informationen den eigenen „theoretischen Rahmen" – nämlich einer drei-mal-drei-Typologie – zu sprengen drohten.

Am deutlichsten wird diese „Argumentation" nach dem Muster „Angriff ist die beste Verteidigung" bei Risos Zuordnung des Enneagramms zum DSM III, die doch ursprünglich die Validität (Gültigkeit) der Typologie belegen sollte! Trotz einiger einschränkender Bemerkungen kritisiert er die Autoren des psychiatrischen Manuals, daß sie „irrtümlich, wenn auch verständlicherweise, Charakterzüge der verschiedenen Persönlichkeitstypen miteinander vermischen, was zur Folge hat, daß die kurzen, schematischen Beschreibungen, die sie anbieten, manchmal recht verwirrend wirken."[54] Solcherlei Argumentation ist allerdings leider nicht dazu angetan, zur Gültigkeit und Vergleichbarkeit des Enneagramms beizutragen.

5. Ergebnisse einer empirischen Untersuchung des Enneagramms

Im Sommer 1991 hat der Autor eine empirische Untersuchung zur Typologie des Enneagramms im Rahmen seiner Diplomarbeit an der Universität Tübingen abgeschlossen.

Ein Ergebnis ist der *Enneagramm-Typen-Test* am Ende dieses Buches. Die Entwicklung des Testinventars war aber nur ein erster Schritt, um die innere Struktur des Enneagramms und seine Aussagen zu untersuchen. Dazu wurden neben den angewandten komplexen mathematischen Verfahren – wie Faktoren – und Clusteranalysen – auch einfache statistische Kennwerte erhoben, die Aufschluß über Verteilung und Häufigkeit der einzelnen Typen geben sollten.

Einige der Ergebnisse sind auf den nächsten Seiten in aller Kürze dargestellt.

5.1. Die Häufigkeitsverteilungen

Interessant ist zunächst einmal ein Vergleich der „Häufigkeitsverteilungen" bei den Typen, also die Frage, ob bestimmte Typen vielleicht häufiger vorkommen als andere.

Generell macht das Enneagramm hier keine Angaben, aber es gibt doch Überlegungen, ob sich etwa in bestimmten Berufsgruppen Typen häufen, weil die Anforderungen oder Eigenarten bestimmter Tätigkeiten den charakteristischen Merkmalen dieser Typen entgegenkommen. So wird beispielsweise ein solcher Zusammenhang für den Typ ZWEI und die sogenannten „helfenden Berufe" vermutet, dies konnte aber aus den Untersuchungsergebnissen *nicht* bestätigt werden.

Ein anderer Zusammenhang betrifft Typ SECHS, von dem behauptet wird, er sei (zumindest in Deutschland) besonders oft vertreten.

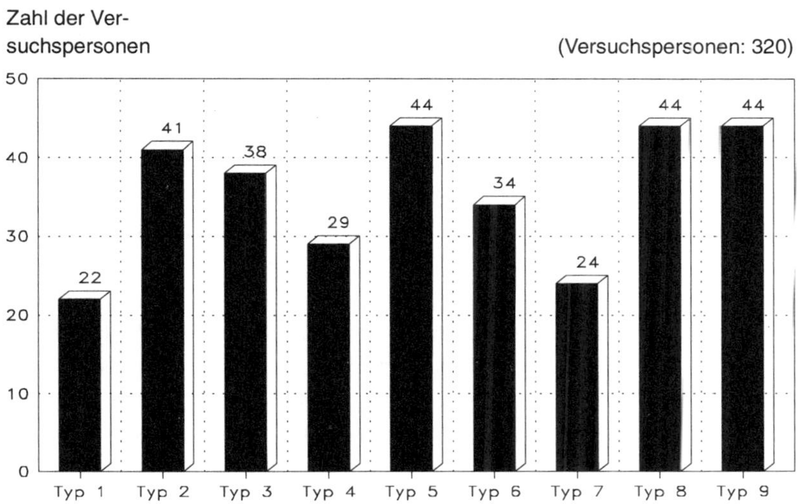

Abbildung 19: Häufigkeitsverteilung der Typen

Abbildung 19 zeigt die durch den Enneagramm-Typen-Test ermittelte Häufigkeitsverteilung aller Typen – Typ SECHS fällt keinesfalls aus dem Rahmen, liegt sogar von allen Typen (bei theoretisch angenommener Gleichverteilung) am dichtesten am Erwartungswert.

5.1.1.

Deutlicher werden die Ergebnisse, wenn man die Typen-Verteilungen nach dem *Geschlecht* differenziert:

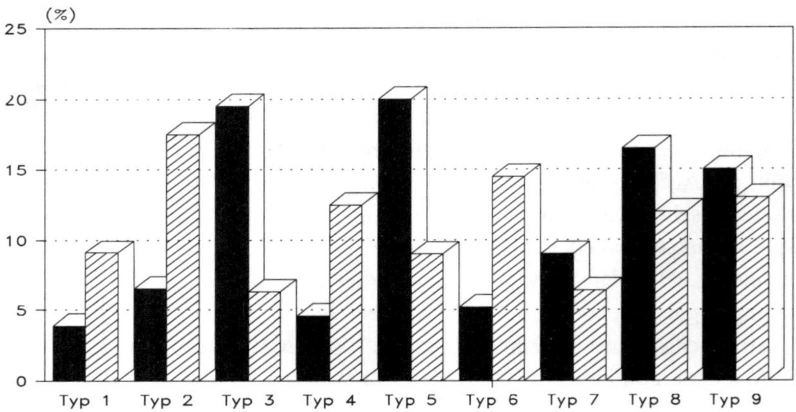

Abbildung 20: Häufigkeitsverteilungen der Typen bei Männern ▬ und Frauen ////

Zunächst fällt auf, daß die Verteilung bei den *Frauen* „ausgeglichener" ist. Allein bei Typ ZWEI ist der Anteil der Frauen deutlich erhöht, am zweithäufigsten sind die SECHSer.

Bei den *Männern* dagegen gibt es in der Verteilung deutlichere Sprünge – so ragen die Häufigkeiten von Typ DREI, Typ FÜNF und Typ ACHT deutlich heraus.

Diese Effekte entsprechen durchaus der Erwartung. Typ ZWEI wird als sozial und altruistisch beschrieben. Typ SECHS als gemeinschaftsbezogen und anlehnungsbedürftig, das deckt sich mit Rollenerwartungen, die man eher Frauen zuschreiben würde. Es stellt sich also die Frage, ob die genannten Typen ganz besonders weibliche Rollenstereotypien beinhalten.

Deutlicher sind die Effekte allerdings noch bei den Männern. So wird Typ DREI als sach- und erfolgsorientiert beschrieben, als ein Mensch, dem es ganz besonders um das Erreichen gesellschaftlich anerkannter Positionen geht.

Typ FÜNF ist vor allem durch rationale und distanzierte Verhaltensweisen gekennzeichnet und Typ ACHT durch aggressives Durchsetzungsvermögen.

Im Gegensatz dazu zeichnet Typ SECHS, wie gesagt, Unsicherheit und Anlehnungsbedürfnis, Typ ZWEI soziales Engagement und Typ VIER der besondere Zugang zu den irrationalen Seiten des Menschseins aus.

Die zuerst genannten Eigenschaften lassen sich ohne Schwierigkeit als typisch „männliche" Attribute identifizieren, während die zuletzt genannten Typen ein Rollenverhalten repräsentieren, das gemeinhin bei Männern nicht gefördert wird.

So liegt die Überlegung nahe, die Verteilungseffekte können durch geschlechtsspezifische Rollen-Stereotype überlagert oder zumindest erklärbar sein. (Allein die Ergebnisse bei Typ EINS sind schwer zu interpretieren, möglicherweise verzerrt die relativ geringere Gesamtzahl bei diesem Typ das Ergebnis.)

5.1.2.

Weiterhin ist ein Vergleich der Typen-Häufigkeitsverteilung zwischen verschiedenen *Altersgruppen* aussagekräftig. Praktisch wurde dabei nur in zwei Gruppen differenziert, um einmal die Anzahl der Personen je Untergruppe nicht zu klein werden zu lassen und zum anderen aus inhaltlichen Gründen:

In der Enneagramm-Literatur spielt die „Lebensmitte" eine besondere Rolle, man lebt den eigenen Typ, so wird behauptet, in jungen Jahren eindeutiger, weil im Laufe des Älterwerdens neue Bereiche in die Persönlichkeit integriert werden. Das zeigt sich auch darin, daß in der ersten Lebenshälfte oft nur einer der beiden „Flügel" ausgebildet wird. „Eine der Lebensaufgaben der zweiten Lebenshälfte besteht darin, sich dem bisher unterentwickelten zweiten Flügel zuzuwenden. Auch Menschen, die das Enneagramm nicht kennen, tun das oft unbewußt."[55]

Natürlich ist „die Lebensmitte" ein individuell stark streuender Zeitpunkt und auch unter „entwicklungspsychologischen" Gesichtspunkten nur schwer zu bestimmen.

So wurde ganz pragmatisch nach drei Gesichtspunkten entschieden: Die älteste Versuchsperson war 81 Jahre, so daß die „Lebensmitte" rein rechnerisch bei ca. 40 Jahren liegt. Außerdem ergeben sich aus der Teilung bei diesem Kriterium (genau bei 39,50 Jahren) zwei fast gleich große Untergruppen, nämlich 170 Personen älter und 150 Personen jünger als 40 Jahre. Zuletzt ist dieses Alter als „Lebensmitte“ auch intuitiv eine plausible Größe.

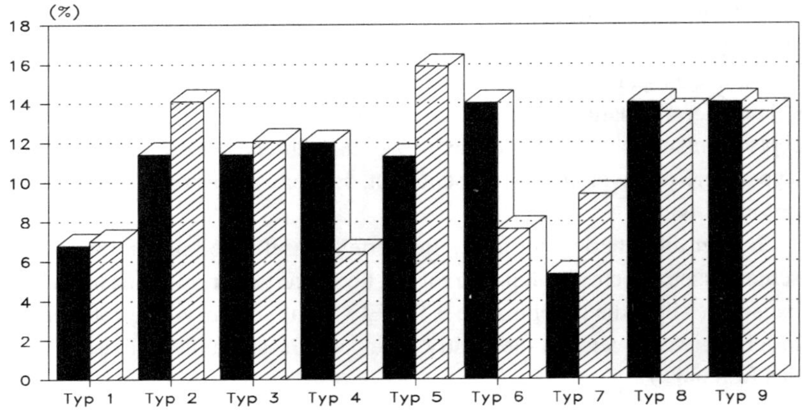

Abbildung 21: Häufigkeitsverteilungen nach dem Alter
jünger als 35 Jahre   älter als 35 Jahre

Die deutlichsten prozentualen Differenzen bestehen bei Typ VIER (6,47 % : 12,00 %), Typ SECHS (7,64 % : 14,00 %) und etwas geringer, bei Typ FÜNF (15,88 % : 11,33 %) und Typ SIEBEN (5,33 % : 9,41 %).

Dieser Effekt läßt sich folgendermaßen erklären: Typ VIER wird als unangepaßt, in sozialen Kontakten unsicher und auf der Suche nach Identität beschrieben. Dies alles paßt tatsächlich besser zum Rollenverständnis von Jugendlichen, als von älteren Menschen.

Typ FÜNF zeichnet sich durch überlegtes, reflektiertes Handeln aus – eine Eigenschaft, die eine größere Häufigkeit in der älteren Gruppe vermuten läßt.

Typ SECHS ist durch Angst vor Selbständigkeit, starkes Gruppenzugehörigkeitsgefühl und phobische/kontraphobische Angstvermeidung gekennzeichnet. Hier fällt eine Zuordnung zu altersspezifischen Rollenstereotypen schwer.

Zuletzt wird Typ SIEBEN als materialistisch, unbeschwert und belastungsfähig beschrieben. Möglicherweise drückt sich in dem geringeren Vorkommen der jüngeren Altersgruppe die Tatsache aus, daß jüngere Menschen gerade was ihre gesellschaftliche Rolle betrifft noch unsicher, auf der Suche und folglich weniger „stabil“ sind.

5.2. Die Typen und ihre Zuordnung zu Ländern und Tieren

Bei den verschiedenen Enneagramm-Autoren gibt es eine Reihe von „Zuordnungen“ der Typen etwa zu „Ländern“, „Tieren“ oder „Farben“. (Eine Übersicht, die auch einige interessante und hilfreiche Zuordnungen enthält, bieten vor allem Rohr/Ebert im Anhang ihres Buches.)

Aussagen wie „VIERer sind frankophil“[56] sind zwar sehr einprägsam und werden gerne weiterverbreitet, es fragt sich aber, ob das nicht eher Einzel-Beobachtungen sind, die einen sehr begrenzten Zusammenhang beschreiben, als tatsächlich einen Sachverhalt, der für „die VIERer“ zutrifft. Jedenfalls wurde auch untersucht, ob sich diese Zuordnungen würden bestätigen lassen.

Statistisch war die Gültigkeit dieser Aussagen nur vereinzelt nachzuweisen. So kann man beispielsweise sagen, daß Menschen, die zum Typ SECHS gehören, bevorzugt „Deutschland“ als „ihr Land“ nennen, während sich aber die bekannte Zuordnung für Typ VIER nicht bestätigen ließ.

Abgesehen davon, daß man sehr große Versuchspersonenzahlen bräuchte, um überhaupt einen deutlichen Effekt nachzuweisen, gibt es vor allem auch inhaltliche Schwierigkeiten: Die Identifikation bestimmter Typen beispielsweise mit Tieren zielt auf die Übereinstimmung von Typen-Eigenschaften mit Wesenszügen oder Eigenarten, die man diesen Tieren gemeinhin zuschreibt. Das bringt wiederum ein doppeltes Problem mit sich:

Die Zuordnung dessen, was man für das Tier für charakteristisch hält, variiert nach Kultur, Erfahrung und individueller Präferenz.

So ist der „Elephant“ für den einen der „Elephant im Porzellanladen“, für den anderen Inbegriff für „gutes Gedächtnis“ und für den dritten ein Symbol für „Stärke und innere Ruhe“.

Auf der anderen Seite ist die Frage, auf welche Merkmalsdimension des jeweiligen Typs der Vergleich zielt. Ist das „Nashorn“ ein Bild für die Aggressivität des ACHTers oder soll es seinen „Beschützerinstinkt“ veranschaulichen?

Oder wenn beispielsweise das „Chamäleon“ sehr bildhaft die Anpassungsfähigkeit des DREIers an seine Umwelt versinnbildlicht, so ist die Trägheit dieses Tieres für denselben Typ ganz „untypisch“.

Solche Tier-Identifikationen betreffen also immer nur einen *Bereich* des sehr komplexen Konstrukts, das ein „Typ“ insgesamt beschreibt.

Man bewegt sich hier also auf einem sehr subjektiven und assoziativen Feld, einem Feld, das schwer zu systematisieren ist. Dem einen wird ein Bild einleuchten, dem andern nicht – statistisch sind diese Zuordnungen, wie gesagt, kaum zu sichern.

Was hier für den Zusammemhang zwischen Typen und „Tieren" gesagt wurde, gilt ebenso für die Zuordnung der „Länder" und der „Farben".

Trotzdem sollen einige interessante Einzelbeobachtungen nicht unerwähnt bleiben.

5.2.1. Die Enneagramm-Typen und „ihr Tier"

Auffällige Häufungen zeigen sich bei Typ DREI und ACHT, die vom Enneagramm als besonders durchsetzungsstark, „zupackend" und aggressiv beschrieben werden. Diese Typen nennen bei der entsprechenden Frage überzufällig die verschiedensten *„Raubtiere"* – vom „Löwen" bis zum „Adler". Die charakteristischen Typen-Eigenschaften scheinen hier also in der Tier-Identifikation eine augenfällige Entsprechung zu finden.

5.2.2. Enneagramm-Typen und „ihr Land"

Im Sinne der Voraussage ist lediglich belegt, daß Typ SECHS die meisten Nennungen bei „Deutschland" (absolut) aufweist.

Viel interessanter ist aber die Beobachtung, daß bestimmte Typen bestimmte Länder *nicht* wählen.

So ließ sich beispielsweise die Aussage „VIERer sind frankophil"[57] statistisch nicht bestätigen, aber nach dem Ergebnis des Enneagramm-Typen-Tests ließe sich formulieren: Personen, die bei Typ VIER die meisten Punkte erreichen, identifizieren sich *nicht* mit „Deutschland" – VIERer sind also, um den Sprachgebrauch beizubehalten, tendenziell „germanophob"! Typ EINS dagegen hat offensichtlich wenig Sinn für die „französische" Lebensart. Diese Beobachtungen passen durchaus gut zu den den Typen/Ländern zugeschriebenen Charaktereigenschaften. Ebenso wie die Tatsache, daß Typ FÜNF zwar auffällig viele nord- und mitteleuropäische Länder nennt, dagegen aber nicht einmal „Italien" oder ein anderes südeuropäisches Land. Das läßt sich so verstehen, daß sich Personen, die hohe Werte bei Typ FÜNF aufweisen – der vornehmlich durch „Nüchternheit" und „Distanziertheit" beschrieben wird –, sich ungern mit südeuropäischen, dagegen eher mit nord- und mitteleuropäischen Ländern identifizieren. Diese werden ja bekanntlich ebenfalls eher mit „kühler Distanziertheit" als mit „feurigem Temperament" assoziiert.

Aber auch bei diesen Zuordnungen ist daran zu erinnern, daß unklar bleibt, ob beispielsweise die Mentalität, die Landschaft oder die Sprache des jeweiligen Landes den Ausschlag für die Identifikation gibt.

Außerdem spielt bei der Zuordnung sicherlich eine Rolle, daß die Enneagramm-Autoren überwiegend aus dem anglo-amerikanischen Kulturraum stammen. So ist beispielsweise die „Siesta Mexikana" in den USA wahrscheinlich ein geläufiges Bild, das die „Trägheit" des NEUNers gut zu illustrieren vermag. Dem durchschnittlichen Mitteleuropäer dagegen wird die mexikanische Kultur in der Regel eher unbekannt sein und der Vergleich daher für ihn entsprechend wenig aussagekräftig.

5.3. Die Faktorenanalyse

Die Ergebnisse der Faktorenanalyse lassen sich wesentlich schwerer kurz und leicht verständlich darstellen, weil schon die Methode an sich sehr komplex ist. Deshalb soll hier nur ein Beispiel die vielfältigen Ordnungs- und Interpretationsmöglichkeiten verdeutlichen:

Ganz allgemein kann man sagen, daß die neun Typen, wie sie das Enneagramm beschreibt, keine „unabhängigen" Größen sind, sondern durch eine Vielzahl von wechselseitigen Beziehungen miteinander verbunden.

Das heißt praktisch: Eigenschaften, die bei dem einen Typ eine Rolle spielen, können ebenso auch zu den wesentlichen Charakteristika eines anderen Typen gehören. Beispielsweise zeichnet Typ ACHT ein hohes Maß an „aggressivem Durchsetzungsvermögen" aus – gleiches gilt aber auch für Typ DREI.

Das Enneagramm versucht, dieser Komplexität etwa durch die Rede von „Flügeln" oder „Streß- und Trostpunkten" Rechnung zu tragen. Ob dieser Versuch allerdings ganz glücklich ist, erscheint zweifelhaft . . .

Eine der Faktorenanalysen (Hauptachsenanalyse mit 4-Faktorenlösung und Varimax-Rotation) ergab folgende 4 Faktoren:

Faktor 1 (34,39 % extrahierte Varianz): Selbstzweifel, Selbstkritik Probleme

Faktor 2 (21,09 % extrahierte Varianz): Interessierte Offenheit für Menschen, Ideen und neue Erfahrungen

Faktor 3 (19,54 % extrahierte Varianz): Leistungs- und erfolgsorientiert, angespannt

Faktor 4 (24,98 % extrahierte Varianz): Konfliktbereitschaft, Durchsetzungsfähigkeit

Vereinfacht kann man sagen, daß diese „Faktoren“ Dimensionen sind, die die Typen-Charakteristika in einem bestimmten Umfang „erklären“.

Die einzelnen Typen stehen also in einem unterschiedlich starken „Zusammenhang“ (Ladung) mit diesen Faktoren.

Typ EINS:	mit Faktor 3 und 1
Typ ZWEI:	mit Faktor 2
Typ DREI:	mit Faktor 3 (Faktor 2 und negativ mit Faktor 4)
Typ VIER:	mit Faktor 1 (tendenziell negativ mit Faktor 4)
Typ FÜNF:	mit Faktor 1 (tendenziell negativ mit Faktor 4)
Typ SECHS:	mit Faktor 1 (tendenziell positiv mit Faktor 4)
Typ SIEBEN:	mit Faktor 2 (tendenziell negativ mit Faktor 1)
Typ ACHT:	mit Faktor 4 negativ (tendenziell mit Faktor 3)
Typ NEUN:	mit Faktor 4 (tendenziell mit Faktor 1)

Auf Faktor 1 „laden“ am höchsten: Typ VIER, FÜNF und SECHS
Auf Faktor 2 „laden“ am höchsten: Typ ZWEI, DREI und SIEBEN
Auf Faktor 3 „laden“ am höchsten: Typ EINS, DREI und ACHT
Auf Faktor 4 „laden“ am höchsten: Typ ACHT und NEUN

So wird also *Typ EINS* vor allem bestimmt durch Anspannung, Leistungs- und Erfolgsorientierung, hohe Arbeitsmotivation und andererseits durch Selbstkritik und Gewissensbisse.

Diese spielen für *Typ ZWEI* keine Rolle, ihn prägt vornehmlich interessierte Offenheit, vor allem Menschen gegenüber.

Typ DREI kann wie Typ EINS nur schwer abschalten, denn er ist arbeitssüchtig und höchst erfolgsorientiert. Mit Typ ZWEI verbindet ihn sein Interesse, das allersdings eher *sach*orientiert ist. Seine fast durchgängig negativen Werte auf Fakor 4 zeigen, daß er genügend Durchsetzungsvermögen und Bewältigungsstrategien besitzt.

Typ VIER und *FÜNF* und *SECHS* sind vornehmlich von Selbstzweifel und Unsicherheit geprägt. Typ VIER ist sich vor allem unsicher über seine Rolle und Identität, Typ FÜNF ist in seiner sozialen Kontaktfähigkeit eingeschränkt, Typ SECHS dagegen ist stark auf seine soziale Umgebung bezogen, scheut aber die Auseinandersetzung.

Typ SIEBEN ist begeisterungsfähig, vielfältig interessiert und offen für neue Erfahrungen; Selbstzweifel und Ängstlichkeit fehlen hier.

Typ ACHT und *NEUN* sind die Antipoden auf der Dimension Konfliktscheu versus Durchsetzungsvermögen.

Es stellt sich – als ein weiteres Ergebnis der Faktorenanalyse – die Frage, ob die „Typen“ weniger neutrale Verhaltens- und Merkmalsdimensionen beschreiben als vielmehr „klinisch“ relevante Größen, wie „aggressive Hemmungen“, „soziale Kompetenz“, „Aufbau von Bewältigungs-Strategien“ oder „Ängstlichkeit“.

5.4. Die Clusteranalyse

Mit der Clusteranalyse läßt sich, vereinfacht ausgedrückt, die „Nähe“ der einzelnen Typen zueinander beschreiben.

Auch hier gibt es – je nach Methode – verschiedene Ergebnisse und Interpretationsmöglichkeiten, aber einige Beobachtungen sind doch relativ konstant. So weisen zum Beispiel Typ EINS und SECHS eine größere „Ähnlichkeit“ auf als beispielsweise Typ EINS und NEUN!

Wichtiger aber ist eine generelle Beobachtung: Faßt man die Typen in „Cluster“ zusammen – das sind Gruppen, die nach dem Kriterium der „Ähnlichkeit“ gebildet werden –, finden sich die gleichen Typen *nicht* unbedingt in gleichen Clustern wieder.

Das heißt, daß gleiche Typen sich unter Umständen *weniger* ähnlich sind als Menschen verschiedener Typen! Ein ZWEIer kann also einem FÜNFer durchaus ähnlicher sein als einem anderen ZWEIer!

Dieses Ergebnis stellt natürlich das Selbstverständnis und die Aussagekraft der Enneagramm-Typologie etwas in Fage, die davon ausgeht, eine Person mit der Zuordnung zu *ihrem* Typ ausreichend und vollständig zu beschreiben.

Auf jeden Fall läßt sich feststellen, daß die Typen nicht so „feste“ Größen sind, wie man vielleicht angenommen hat.

6. Der Enneagramm-Typen-Test

Der EnneagrammTypen-Test (siehe auch Seite 335) ist ein empirisch-wissenschaftlich konstruierter Persönlichkeitstest, dessen „Gütekriterien“ für einen Fragebogen dieser Art recht befriedigend sind.

Eine Re-Test-Untersuchung nach sechs Wochen ergab einen „Stabilitätsindex“ (Reliabilität) von über 0,8. Das bedeutet, daß der Test einmal ausreichend genau mißt und außerdem relativ „stabile“ Merkmale erfaßt – also *nicht* kurzzeitige Stimmungen, sondern tatsächlich die überdauernden, „typischen“ Eigenschaften einer Person.

Der Vergleich mit einem anderen Persönlichkeitstest, der weit verbreitet und allgemein anerkannt ist, dem „Freiburger Persönlichkeitsinventar“

(FPI-R), zeigt, daß der Enneagramm-Typen-Test sehr genau die Eigenschaften erfaßt, mit denen die Typen beschrieben werden (Validität).

Das klingt vielleicht trivial, ist aber ein Kriterium, dem viele sogenannte „Tests“ nicht standhalten.

Bezeichnend dafür ist die Beobachtung, daß die Testergebnisse um so genauer mit den Selbsteinschätzungen (zum Beispiel „Ich bin ein NEUNer . . .“) übereinstimmen, je besser jemand das Enneagramm kennt.

Dies sind einige „Schlaglichter“ der sehr umfangreich ausgefallenen Untersuchung, die zur Diskussion, zum Gespräch und zum Erfahrungsaustausch führen sollen.

Beispielsweise erscheint es notwendig, die „Flügel-Theorie“ kritisch zu reflektieren. Stimmt die Annahme von einem „Haupttyp“ und seinen „Flügeln“ (einem oder zwei „Flügeln“ – je nach Autor . . .) überhaupt mit unseren Beobachtungen und Erfahrungen überein?

Stehen „Streß- und Trostpunkte“ tatsächlich in einem engeren Zusammenhang mit dem jeweiligen Typ als andere Punkte des Enneagramms?

Verstehen wir die Typen als „statische“ Größen („Ich bin ein VIERer und nichts anderes . . .“) oder als „dynamische“ Beschreibungsdimensionen – womit die Selbstidentifikation mit einem Typ der Anfang und nicht das Ende eines Weges wäre?

Dies sind keine akademischen Fragen, sondern notwendige Reflexionen, wenn man verantwortungsvoll mit dem Enneagramm umgehen will und vor allem, wenn man Menschen mit Hilfe dieses Modells in der seelsorgerlich-therapeutischen Arbeit begleitet.

PSYCHOLOGISCHE ASPEKTE

HANS NEIDHARDT

Enneagramm und Focusing – eine „Landkarte" und ein „Weg" für persönliche Veränderung

Biographisches und Aktuelles: mein eigener Bezug zum Enneagramm

Ich möchte diesen kleinen Aufsatz über den Versuch, das Enneagramm und die mir vertraute (psychologische) „Focusing"-Prozeßarbeit zu verbinden, mit einer kleinen Regelverletzung beginnen: „Man" beginnt einen solchen Aufsatz eigentlich nicht mit „ich"...

Weil es mir aber schon immer außerordentlich recht ist, wenn ich vom Verfasser einer Abhandlung oder eines Buches auch ein paar persönliche Details erfahre, damit ich ungefähr weiß, „wes Geistes Kind" dieser Mensch ist, möchte ich zunächst von mir erzählen.

Ich bin Diplompsychologe und Psychotherapeut in eigener Praxis, vorher habe ich neun Jahre lang als „Hauptamtlicher" in der Leitung einer Telefonseelsorgestelle mit vielen Ehrenamtlichen gearbeitet. Meine fachlichen Wurzeln habe ich in der personzentrierten Psychologie und Philosophie von Carl Rogers. „Focusing" ist eine konsequente leib- und erlebensnahe Weiterentwicklung des personzentrierten Ansatzes von Rogers, und in diesem Bereich der Humanistischen Psychologie bin ich inzwischen (nach einigen Lehr- und Wanderjahren) am meisten zu Hause .

Meine spirituellen Wurzeln reichen weiter zurück, zum Teil bis in meine Herkunftsfamilie, vor allem aber in meine Jugendzeit als ich – wie andere auch – fasziniert war von den neuen evangelischen Orden und Kommunitäten, später mitgerissen wurde von den Aufbrüchen der charismatischen Bewegung und schließlich aktiv am Aufbau einer ökumenischen Basisgemeinde mitarbeitete. Daß diese vielfältigen spirituellen Grundlagen in den Beruf des Psychotherapeuten mündeten und nicht zum Beispiel in den Pfarrerberuf, das liegt sicher zu einem guten Teil in meiner Charakterfixierung begründet: Hauptsächlich war ich eigentlich schon immer daran interessiert, was „in" den Menschen vor sich geht (und vor allem natürlich „in" mir selber).

Seit jeher war es für mich ein Anliegen, meine spirituellen und meine fachlichen „Wurzeln“ zu einem „Gewächs“ zusammenwachsen zu lassen. Meine Arbeit mit dem Bibliodrama ist für mich ein Ergebnis dieses Zusammenwachsens. Die Enneagramm-Arbeit ein anderes, neueres.

Als ich 1989 anläßlich der Craheimer Tagung zum erstenmal mit dem Enneagramm in Berührung kam, war ich zunächst außerordentlich skeptisch. Nicht nur, daß die personzentrierte Ideologie ohnehin tendenziell diagnosefeindlich ist. Die neun Kategorien des Enneagramms paßten zum Teil nicht gut zu dem, was ich über Charaktertheorien schon wußte, andere Kategorien schienen mit anderen Worten das zu sagen, was anderswo auch schon systematisiert war. Und das Herumjonglieren mit den neun Zahlen fand ich ausgesprochen albern.

Inzwischen bin ich sehr davon überzeugt, daß wir mit dem Enneagramm nicht nur eine recht präzise „Landkarte der Seele“ zur Verfügung haben, sondern daß dieses alte System auch als „Spiegel der Seele“ die Kraft hat, persönliches und spirituelles Wachstum anzuregen.

Dieser Wandel in meiner Haltung dem Enneagramm gegenüber beruh auf den persönlichen Erfahrungen, die ich mit mir und anderen mache, se ich meine Charakterfixierung im Spiegel des Enneagramms „entdeckte“ Mir gingen serienweise Lichter auf, und es war, als hätte ich plötzlich den unbewußten roten Faden meiner Biographie gefunden. Viele positive und beglückende, aber auch schmerzliche und verletzende Erfahrungen ergaben plötzlich einen gemeinsamen Sinn. Ich denke, solche „Evidenz-Erlebnisse“ teile ich mit vielen, die sich intensiv auf dieses System eingelassen haben.

So ist mir das Enneagramm für meine „Arbeit“ mit mir selbst zu einer wertvollen Hilfe geworden. Skeptisch bin ich nach wie vor all denen gegenüber, die meinen, sie müßten anderen Menschen diesen „Spiegel“ vor die Nase halten, und die meinen, sich und andere voreilig in eine von neun Schubladen stecken zu können. Mal abgesehen davon, daß man sich da sehr leicht fürchterlich irren kann – „Schublade auf – Schublade zu“ . . . ja, und dann?

Mit diesem Aufsatz möchte ich versuchen, einen Weg der Enneagramm-Arbeit darzustellen, der ohne Schubladen auskommt. Ich beschreibe erste Gehversuche, und ich habe gezögert, ob es nicht vielleicht zu früh ist, darüber etwas zu veröffentlichen. Schließlich habe ich doch den Eindruck gewonnen, daß es gut sein könnte, in diesem Band auch das Vorläufige und Unfertige über „Enneagramm und Focusing“ zur Diskussion zu stellen.

Für eine allererste Orientierung greife ich das Bild von der „Landkarte“ noch einmal auf.

Es ist gut, eine gute Landkarte zu haben, will man eine Reise unternehmen - zur Klärung des Standpunkts vor und während der Reise, auch zur Nachbetrachtung, wenn man wieder zu Hause ist. Eine noch so gute Landkarte freilich kann niemals die Reise selbst ersetzen. Vielleicht ist ein allzuhäufiges Starren auf die Landkarte während der Reise auch etwas hinderlich.

„Focusing“ ist eine (von vielen) Methoden der modernen Psychologie, die uns dabei unterstützen können, die „Reise in die Landschaft der Seele“ tatsächlich zu machen.

Focusing

Eine erste Annäherung

Wer Focusing einigermaßen zutreffend beschreiben möchte, hat zunächst mit der Schwierigkeit zu kämpfen, daß wir im Deutschen keine gute grammatikalische Entsprechung der englischen Verlaufsform („-ing“) haben, die immer einen Vorgang in seinem Ablauf beschreibt. Die für meinen Geschmack beste Veranschaulichung für das Wort „Focusing“ stammt von Johannes Wiltschko:

„Das Wort ‚Focusing‘ kommt vom lateinischen Wort ‚focus‘ und bedeutet ‚Brennpunkt‘. Der Brennpunkt – Sie kennen dieses Wort sicher vom Fotografieren – ist der Punkt, an dem etwas scharf und deutlich sichtbar wird. Wenn Sie selber fotografieren, wissen Sie, daß Sie mehrere Schritte in der richtigen Reihenfolge unternehmen müssen, bis Sie das fertige Bild in Händen halten können. Sie wählen zunächst ein Motiv aus, Sie machen die Kamera bereit, wählen die richtige Einstellung und den gewünschten Bildausschnitt. Sie bestimmen dann die richtige Brennweite, indem Sie so lange an dem entsprechenden Ring des Objektivs hin- und herdrehen, bis Sie das Bild deutlich im Sucher sehen. Erst dann können Sie das Bild fotografisch festhalten und später entwickeln.

Diesen Weg vom Aufmerksamwerden auf ein Motiv bis hin zum fertigen Bild können wir einen Prozeß nennen, der sich aus verschiedenen Schritten zusammensetzt. Nichts anderes tun wir im Focusing. Nur richtet sich dabei die Aufmerksamkeit nicht nach außen, sondern nach innen, in den Körper und das Erleben, das sich im Körper abspielt. Focusing heißt, meine innere Aufmerksamkeit auf etwas zu richten, das in mir, in meinem Inneren geschieht und meine Aufmerksamkeit darauf nach und nach scharf einzustellen – so lange, bis ich ein deutliches inneres Bild, deutliche Körperempfindungen, Gefühle oder Worte wahrnehme. Focusing zeigt uns, worauf wir innerlich achten sollen und wie (in welcher inneren Haltung) wir darauf achten sollen, damit wir uns besser verstehen lernen und unsere Probleme selbständig, autonom bewältigen können."[1]

So meint Focusing
- zum einen eine ganz bestimmte, klar beschreibbare innere Haltung, aus der heraus wir uns zu unserem Erleben in Beziehung setzen (Focusinghaltung);
- zum anderen diejenige innere Erfahrung, die sich (prozeßhaft) entwickelt, wenn wir die Focusinghaltung realisieren (Focusingprozeß).

Focusing wurde in den letzten 25 Jahren von dem aus Wien stammenden Psychotherapeuten Eugene Gendlin erforscht, beschrieben und theoretisch wie methodisch entwickelt. Gendlin, früherer Mitarbeiter von Carl Rogers, lehrt Psychologie und Philosophie an der Universität von Chicago. So ist Focusing in der Tradition der personzentrierten Psychotherapie und Philosophie von Carl Rogers beheimatet.

Für die Entwicklung von Focusing war die Frage ausschlaggebend, wovon es abhängt, daß manche Personen von Psychotherapie profitieren und andere nicht. Durch das minutiöse Studium zahlreicher Tonbandaufzeichnungen von Psychotherapien der verschiedensten Schulrichtungen fand Gendlin heraus, daß weder die Behandlungstechnik des Therapeuten noch die Themen des Klienten für den Erfolg einer Psychotherapie verantwortlich sind, sondern daß es (unter anderem) ganz entscheidend darauf ankommt, *wie* der Klient mit dem eigenen Erleben in Beziehung steht. Die Art und Weise, wie eine Person zu ihrem Erleben Beziehung aufnimmt, wenn sie sich konstruktiv verändert, hat Gendlin Focusing genannt und genau beschrieben, unter welchen Bedingungen und in welchen Schritten dieser Veränderungsprozeß abläuft.

Focusing ist aber keineswegs auf das Gebiet der Psychotherapie beschränkt, sondern eine allgemeine Theorie (und Praxis) der menschlichen Veränderung.

Die Focusinghaltung

Die Focusinghaltung läßt sich klar beschreiben (und einüben); sie kann durch drei Merkmale charakterisiert werden:

Innere Achtsamkeit

Wir lenken unsere Wahrnehmung nach innen („schauen", „horchen", „spüren" in den inneren Erlebensraum hinein). Vielleicht mag es uns zunächst so vorkommen, als sei da „nichts" oder nur etwas sehr Vages, undeutlich Wahrnehmbares, dem wir „normalerweise" keine Aufmerksamkeit schenken würden. Wenn wir aber geduldig innerlich achtsam bleiben, werden wir allmählich mehr von dem entdecken, was scheinbar unmerklich in jedem Moment in uns abläuft (so, wie wir uns „normalerweise" unserer Atmung und unseres Herzschlags nicht bewußt sind) – so etwas wie eine innere „Landschaft" tut sich auf. Da ist ein leichter Druck auf der Brust, hier ein Bewegungsimpuls in der Hand, es entsteht spontan ein inneres Bild, da sind Worte und Sätze, die uns „durch den Kopf gehen". All dem können wir in der Focusinghaltung achtsam nachspüren, zuschauen, zuhören: „Innerlich achtsam sein heißt, teilnahmsvoller Beobachter meiner inneren Welt zu sein."[2]

Damit diese spezielle Aufmerksamkeitsqualität für das innere Erleben sich einstellen kann, braucht es bestimmte äußere Bedingungen. Ich kann nur innerlich achtsam werden, wenn ich mich in meiner momentanen äußeren Umgebung einigermaßen sicher fühle.

„Richtiger" Abstand zum Erleben

Focusing heißt: Sich in Beziehung setzen zu dem, was gegenwärtig in meinem Inneren geschieht.

Als „Faustregel" gilt: Etwas inneren Abstand zum Erleben halten – also mich weder völlig hineinstürzen, noch mich innerlich so weit distanzieren, daß ich überhaupt nichts mehr wahrnehmen kann. Zu meiner Innenwelt eine Beziehung herstellen, die akzeptierend und verstehensbereit, interessiert und vielleicht auch etwas neugierig ist.

Diese innere Beziehung entspricht in etwa dem, was Carl Rogers als die veränderungsrelevanten Merkmale der zwischenmenschlichen Beziehung in der Psychotherapie beschrieben hat und die übrigens für „gute" zwischenmenschliche Beziehungen überhaupt gelten: Nicht zu nah („Clinch", übermäßige Verantwortung für den anderen usw.), nicht zu weit entfernt (Kontaktabbruch, keine Verstehensbrücken mehr), kongruent-wertschätzende Empathie also.

Den „richtigen" (sprich: momentan stimmigen) inneren Abstand zum gegenwärtigen Erleben immer wieder neu einstellen ist eine der wichtigsten „Aktivitäten" im Focusing.

Absichtslosigkeit

In der Focusinghaltung versuchen wir, von unserem Erleben nichts Bestimmtes zu wollen. Focusing ist (aktives) Geschehenlassen: Wir beobachten innerlich achtsam, was ist, und ... warten und beobachten, was als nächstes geschieht.

Innere Achtsamkeit – richtiger Abstand – Absichtslosigkeit: Vielleicht läßt sich das in einem von Gendlin gern gebrauchten „Landschaftsbild" gut veranschaulichen. Ich stelle mir vor, ich sitze an einem sicheren Platz am Ufer eines großen Flusses und beobachte unangestrengt, was da alles an mir vorüberzieht ...

Der Focusingprozeß

Inzwischen ist recht gut wissenschaftlich erforscht, was im Inneren einer Person geschieht, die sich in Focusinghaltung ihrem gegenwärtigen Erleben zuwendet und welchen „Gesetzmäßigkeiten" der spontan ablaufende Focusingprozeß folgt:

Ich „nehme" ein Thema (eine Frage, ein Problem, einen Traum, eine bestimmte Person oder ähnliches), richte meine Aufmerksamkeit nach innen und warte, welche körperliche Resonanz sich als zunächst vage, noch nicht formulierbare innere Qualität zu diesem Thema bildet. Diese innere Resonanz nennt die Focusing-Sprache „felt sense" (etwa: „gefühlter Sinn") oder das „Implizite". Implizit deswegen, weil die erlebte körperliche Resonanz auf das Thema ihre Bedeutung zwar schon in sich trägt, diese Bedeutung aber noch nicht entfaltet (explizit) ist. Aus dem vagen, körperlich fühlbaren Ganzen (felt sense) heraus entstehen spontan innere Bilder, klare Emotionen, Körperimpulse, Gedanken (das Explizite), die ich immer wieder in Beziehung setzen kann zu ihrer impliziten „Quelle" – bis sich die Bedeutung in einer Art „Aha-Erlebnis" spontan erschließt.

Der Focusingprozeß ist ein natürlicher Prozeß, den wir eigentlich nicht „lernen" müssen, sondern nur „entdecken" brauchen. Jeder von uns hat diesen Veränderungsprozeß in seinem Erleben im Alltag (mehr oder weniger „zufällig") schon erfahren, etwa dann, wenn er bei der Beschäftigung mit einem „Problem" zu einer kreativen Lösung gekommen ist, die von körperlicher Entspannung, Aufatmen und einem klaren inneren „Gefühl" begleitet war: Das ist es, das ist die Lösung, so will ich das machen ...

Es ist das Verdienst von Eugene Gendlin, daß er diesen natürlichen Prozeß genau untersucht und damit lehr- und „lernbar" gemacht hat.

Zusammenfassung: Was ist Focusing?[3]

Focusing

- beschreibt den grundlegenden Prozeß der persönlichen *Entwicklung* des Menschen, den Prozeß der *Veränderung* seines Erlebens und seines Handelns
- erlaubt uns *Erfahrungen* zu machen, die uns bisher höchstens ahnbar waren, und *handlungsfähig* zu werden in Bereichen, die uns bisher unzugänglich waren
- bringt uns in Berührung mit dem, was wir hinter unseren vorprogrammierten Konzepten und Strategien *eigentlich* fühlen, denken und meinen
- hilft uns, unklare Gefühle und Gedanken zu *klären* und zu *konkretisieren* und aus dem *Reichtum* unserer inneren Erfahrungswelt *Neues kreativ* entstehen zu lassen
- zeigt uns neben dem Erfahren und Erkennen unseres Gewordenseins den Zugang zu den *transpersonalen* Obertönen unseres Lebens
- gibt uns ganzheitliche Unterstützung bei person- und sachbezogenen *Entscheidungskonflikten*
- läßt uns andere Menschen umfassender *verstehen* und uns mit ihnen auf *tiefere* Weise in *Beziehung* setzen
- lehrt uns *präziseres* Wahrnehmen von Situationen und *vielfältigeres* und angemesseneres Reagieren auf sie
- *verbindet* Erleben und Handeln, Denken, Fühlen und Phantasie zu einer *ganzheitlichen* im Körpererleben gegründeten Methode, die uns ermöglicht, im Alltag und in der Berufswelt Konflikte und Krisen kreativ und effektiv zu bewältigen

Enneagramm und Focusing: Grundsatzüberlegungen

Focusing ist ein psychologischer Weg, Zugang zu finden zu dem spontanen Entwicklungs- und Veränderungsprozeß im Erleben, der immer dann stattfindet, wenn eine Person sich in eine konstruktive Richtung bewegt.

Das Enneagramm ist ein System, das neun Charakterfixierungen beschreibt, befaßt sich also mit den (scheinbar) festgelegten, zeitlich überdauernden Strukturen der Person. Es stammt aus einer völlig anderen geistesgeschichtlichen Tradition als Focusing.

Ich möchte darstellen, wie dieser *Weg* persönlicher Veränderung und diese *Landkarte der Seele* sich in der Arbeit mit Menschen gegenseitig ergänzen und korrigieren können.

Diesen eher grundsätzlich-theoretischen Abschnitt beginne ich mit einem kleinen Glossar. Denn ich kann Christian Wulf nur zustimmen, wenn er betont, wie notwendig eine saubere Klärung des im Zusammenhang mit dem Enneagramm verwendeten psychologischen Vokabulars ist[4]. Begriffe wie *Ich*, *Charakter*, *Persönlichkeit*, *Selbst* usw. werden zum Teil synonym, zum Teil uneinheitlich in ganz unterschiedlichen Bedeutungen benutzt. Daher möchte ich zumindest hier angeben, wie ich diese Begriffe verstehe und verwende.

Glossar: Klärung von Begriffen

Person: Damit meine ich die körperlich-psychisch-geistige Gesamtheit eines Menschen in ihren bewußten und unbewußten Aspekten. *Person* ist also eine Art Sammelbegriff für alles, was einen konkreten Menschen ausmacht (die „ganze Landschaft").

Ich: So nenne ich denjenigen Teilaspekt der Person, der bewußt ist: *Ich* denke dieses und jenes. *Ich* lese im Moment diesen Aufsatz. *Ich* empfinde dabei . . . (das, was ich von der „Landschaft" bewußt wahrnehme).

Charakter: Ist in meiner Definition ein komplexes inneres System von Grundannahmen über die eigene Person und die Welt, resultierend aus bestimmten Grunderfahrungen. „Normalerweise" ist dieses System unbewußt (und gerade deshalb sehr wirkungsvoll). Erkennbar ist der *Charakter* daran, wie ein Mensch seine äußeren und inneren Erfahrungen organisiert, welche persönliche Bedeutung seine Erfahrungen für ihn haben und mit welchen „Strategien" (Denk-, Fühl- und Verhaltensgewohnheiten) er regelmäßig und wie „automatisch" auf Situationen seines Lebens reagiert. Der *Charakter* ist also eine Art inneres Organisationsmuster der Person, das wegen seiner Regelmäßigkeit Orientierung und Sicherheit ermöglicht, andererseits auch behindert und stört, weil es bestimmte (innere und äußere) Reaktionsweisen bevorzugt, andere ausschließt oder zumindest erschwert. Das Enneagramm beschreibt neun solcher Organisationsmuster und behauptet, daß jeder von uns in einem dieser Muster „fixiert" ist (Charakterfixierung). Eli Jaxon-Bear: „Jeder von uns besitzt alle Muster; demzufolge wirst du in jeder Fixierung einen kleinen Teil von dir entdecken. Es gibt jedoch einen Punkt, der dein Fixierungsmuster am genauesten beschreibt. Wir wechseln die Fixierung nicht."[5]

(Im Bildvergleich: Der *Charakter* ist derjenige Ort in der „Landschaft", der mein „Zuhause" ist und von dem aus ich auswähle, welche Bereiche der Landschaft ich vermeide, welche ich bevorzugt aufsuche.)

Persönlichkeit: So nenne ich die äußerlich sichtbaren Manifestationen des Charakters, also das, was dem *Ich* (und anderen *Ichs*) zugänglich ist – der „Phänotyp" sozusagen –, die an der „Oberfläche" beobachtbaren Verhaltensweisen, Eigenschaften usw.

Wer zum Beispiel ein Enneagrammbuch liest, wird sicher zunächst versuchen, sich mit Hilfe der dort beschriebenen Eigenschaften einer der neun Fixierungen zuzuordnen. Weil er sich aber auf der Ebene der *Persönlichkeit* bewegt, kann das schiefgehen: Ein und dieselbe Charakterfixierung kann sich auf die unterschiedlichsten Weisen manifestieren. Oder ähnliche Persönlichkeitsmerkmale können zu ganz verschiedenen Charakterfixierungen gehören (die offensichtlichen, mir und anderen gut sichtbaren Merkmale meines „Zuhauses" in der „Landschaft").

Selbst: Darunter verstehe ich die „Tiefendimension" der Person (etwa so, wie C. G. Jung diesen Begriff gebraucht) – also derjenige innerste Bereich unserer Person, der unseren *Wesenskern* ausmacht; da, wo wir uns öffnen für transpersonale Erfahrungen. „Trans-personal" im doppelten Wortsinn: einmal die Erfahrung von Einheit und Verbundenheit mit (allen) anderen Menschen, der Natur und dem Kosmos. Und: der „innere Ort" unserer Beziehung zu Gott, als „Ebenbild Gottes" (Gen. 1,26). (Im Bild: der „tragende Grund", auf dem die ganze Landschaft ruht.)

„Charakterfixierung" als System unbewußter Grundannahmen

Besonders die klare Unterscheidung von *Charakterfixierung* (unbewußtes System von Grundannahmen) und *Persönlichkeit* (die „Außenseite" des Charakters, das an der Oberfläche Sichtbare) liegt mir am Herzen, weil nach meiner Beobachtung in der Gleichsetzung der beiden Begriffe die Quelle vieler Mißverständnisse um das Enneagramm zu liegen scheint.

Ein (sehr vereinfachtes) Beispiel zur Erläuterung:

Wenn wir versuchen, uns ein Neugeborenes vorzustellen, dessen Eltern sehr unsicher sind, ob sie dieses Kind überhaupt wollen, und die auch in ihrer Art, das Kind zu halten, zu tragen und zu pflegen unsicher sind (zu grob, zu nachlässig), dann wird dieses Kind „irgendwie" spüren: Da stimmt etwas nicht. Bin ich willkommen hier? Gehöre ich dazu? Die Frage der Zugehörigkeit wird zu einem unbewußten Lebensthema, und es bildet sich eine Grundannahme aus, etwa so: Die Welt ist feindselig, ich muß mich zurückziehen, um mich zu schützen. Ich bin hier irgendwie verkehrt, ich sollte dahin zurück, wo ich herkomme.

Ein Mensch, der im Lauf seiner frühen Lebensjahre eine solche unbewußte Grundüberzeugung ausbildet, wird sich später im Leben immer wieder so verhalten „müssen", als ob seine Umgebung kalt und feindselig ist, das wird tatsächlich oft dazu führen, daß andere Menschen ihn ablehnen, womit die Grundannahme wieder bestätigt wird . . .

Die Charakterfixierung (in diesem fiktiven Beispiel: FÜNF) bildet sich nicht durch einseitige Prägung, sondern aus der Wechselbeziehung zwischen dem Kind und seiner Umgebung. Letztlich entscheidend ist, wie das kleine Kind seine Umgebung *erlebt.*

Eins meiner eigenen Kinder, von uns durchaus freudig erwartet und begrüßt, hat uns wegen seiner extrem niedrigen Reizschwelle und hohen Irritierbarkeit manche Rätsel aufgegeben. Er zeigt als inzwischen Zehnjähriger gelegentlich recht deutliche FÜNFer- Züge. Und ich denke, vor allem deswegen, weil uns seine spezielle Eigenart (sehr im Unterschied zu seinem älteren Bruder, der ein sattes und zufriedenes Baby war) immer wieder überforderte.

Die mir bekannte Enneagramm-Literatur ist nun allerdings äußerst dürftig, was Aussagen über die Entstehungsbedingungen der einzelnen Fixierungen angeht. Lineare Erklärungsmodelle, die Ursache-Wirkungs-Zusammenhänge behaupten (nach dem Motto: Wenn dieses psychische Trauma . . . dann diese Charakterfixierung), passen für den psychischen Bereich ohnehin nicht. Am plausibelsten ist mir die Vorstellung, daß die vielfältigen Erfahrungen eines Kindes in der Interaktion mit seiner Umgebung allmählich eine Art innere Matrix bilden, aus der sich die Charakterfixierung konstelliert. So gesehen, ist der Charakter immer eine „kreative Leistung" des Gesamtorganismus, um in belastend, bedrohlich oder sonstwie schwierig erlebten Situationen den subjektiv bestmöglichen Weg zu finden. „Jeder Charakter ist auf die ihm eigene Weise ein ‚Held'."[6] Von daher finde ich, man sollte sich davor hüten, die Charakterfixierungen einseitig diagnostisch durch die „psychopathologische Brille" zu betrachten.

Daß wir aus dem Enneagramm über die Entstehungsbedingungen der Fixierungen so wenig erfahren, mag den psychologischen Fachmann wie den interessierten Laien in ihrem Erkenntnisdrang unbefriedigt lassen – für die unmittelbare „Arbeit" ist das weniger wichtig, geht es doch entscheidend um das Herausspüren der unbewußten Grundannahmen. Erklären können, warum das so ist, das bringt erfahrungsgemäß ohnehin relativ wenig für die persönliche Entwicklung.

Einen in psychologischer Hinsicht interessanten theoretischen Ansatz verfolgt Margret Frings Keyes[7]. Sie versucht unter anderem die „Skript"-Theorie der Transaktionsanalyse mit den Enneagramm-Mustern in Verbindung zu bringen[8].

Nicht -Identifikation mit dem Charaktermuster

Die „Reflexivität" des Bewußtseins

Es gehört zu den Spezialitäten des menschlichen Bewußtseins, daß es „rückbezüglich" (reflexiv) ist. Wir können über unser Denken nachdenken, unsere Gefühle wahrnehmen und eine Meinung darüber haben, unser Verhalten beobachten und Gedanken und Gefühle über unser Verhalten haben, usw.

In der Sprache ist diese Besonderheit des menschlichen Bewußtseins auch zu entdecken – in den sogenannten „reflexiven Verben": sich ärgern, sich trauen, sich verlieben, sich aufmuntern, sich den Kopf zerbrechen . . . diese Sprachform setzt, bildlich gesprochen, im „Inneren" der Person immer mindestens zwei „Teilbereiche" voraus, beim „Sich-ärgern" also zum Beispiel einen Teilbereich, der ärgert, und einen, der geärgert wird.

In Mode gekommen ist die reflexive Sprachfigur „ich frage mich gerade, ob . . .", die allerdings oft entweder eine rhetorische Frage ist oder eine indirekt doch an den Gesprächspartner gerichtete Frage. Daß echtes „Sich-fragen" auch ein „Sich-antworten" im inneren Dialog nach sich ziehen kann, wie das zum Beispiel im Focusingprozeß ständig geschieht, das hat man bei der modischen Verwendung dieser Sprachfigur kaum im Blick . . .

Ohne die Fähigkeit unseres Bewußtseins zur Rückbezüglichkeit auf sich selbst gäbe es wohl keine Entwicklung unserer menschlichen Möglichkeiten. Wir würden, gesteuert von unbewußten Verhaltenscodes, einfach funktionieren wie gut programmierte Denk-, Fühl- und Verhaltensmaschinen. Genau das behauptet das Enneagramm.

Kritische Selbstbeobachtung

Wenn wir das Enneagramm kennenlernen, dann ist natürlich die erste und subjektiv wichtigste Frage, an welchem der neun Punkte denn die eigene Fixierung „sitzt". Wir erforschen die Fixierung, lesen Enneagrammbücher, besuchen Workshops, sprechen mit Freunden und Partnern, sind (man möchte meinen: je nach Art der Fixierung) mehr oder weniger verunsichert, ärgerlich, traurig, erleichtert oder begeistert über die neuen Entdeckungen.

Die Beschäftigung mit dem Enneagramm scheint eine Art kritische Beobachtungsinstanz im Inneren der Person zu etablieren, die für mehr Bewußtheit über das eigene gewohnheitsmäßige Denken, Fühlen und Verhalten sorgt. Und das ist gewiß gut so.

Das ist allerdings keineswegs eine Besonderheit des Enneagramms. Als ich als junger Student Riemanns „Grundformen der Angst" gelesen hatte, beobachtete ich an mir (und anderen) kritisch alles, was „hysterisch", „depressiv", „zwanghaft" oder „schizoid" war. Und fand mich nach einiger Zeit in einer Situation vor, die ähnlich vielen Medizinstudenten nachgesagt wird: Sie entdecken alle Krankheitszeichen, die sie gerade studieren, an sich selbst.

Nun kann die kritische Selbstbeobachtung tatsächlich dazu führen, daß man sich in eine hypochondrische Sackgasse verrennt, die Selbstbeobachtung auf die Registrierung der „Symptome" der Charakterfixierung einschränkt und letztlich die „Instanz" des „inneren Beobachters" unbemerkt mit der „Energie" der Fixierung auflädt. (Die EINS, die zornig ist über ihren verdammten Perfektionismus, wäre ein Beispiel. Die chronisch „selbstverliebte" VIER, für die die Erforschung ihrer subjektiven Innenwelt zum Selbstzweck wird, ein anderes.)

Selbst-Etikettierung als Sackgasse

Darum halte ich die Aussage „Ich bin eine . . . (EINS, ZWEI usw.)" für nicht ungefährlich. Und setze dem entgegen: „Das *bist* du nicht! Das ist dein Muster, dein Denk-, Fühl- und Verhaltensprogramm, dein Lebensdrama. Und du bist üblicherweise geneigt, dir einzubilden, daß du das *bist*. Denn du beziehst normalerweise dein Identitätsgefühl aus diesem Muster."

Ich glaube nicht daran, daß der Zweck des Enneagramms darin besteht, uns mit neuen und präziseren Diagnose-Etiketten zu versorgen und uns dann in der Selbstdiagnose erneut zu „fixieren"[9].

Ich denke gerade an einen meiner Klienten, der vor nun gut 15 Jahren in einem psychiatrischen Gutachten die Diagnose „schizoide Persönlichkeit" erhalten hat. Wir untersuchen im Moment die Wirkung dieses „Etiketts" auf seine Art und Weise, mit sich selbst und seinem Erleben im Alltag umzugehen, und er beginnt zu entdecken, wie sehr diese („richtige") damalige Diagnose seine Selbst- und Fremdwahrnehmung einschränkte und einfärbte („alles" schizoid!).

Wenn ich sage: Ich „bin" eine SECHS (statt zum Beispiel „mein zentrales Charaktermuster ist die SECHS"), laufe ich vielleicht Gefahr, mich nicht mehr anders wahrnehmen zu können als durch die „Brille" des Enneagramms, und das wäre eine Einschränkung der Selbstwahrnehmung, die fatal sein könnte.

Eli Jaxon-Bear bemerkt dazu ganz richtig: „Die große Gefahr bei diesem System liegt darin, daß es eine Rechtfertigung dafür werden kann, noch tiefer einzuschlafen. Das geschieht, wenn wir das Erkennen eines Musters benutzen, um dieses Muster weiter in uns zu behalten. Auf diese Weise rechtfertigen wir das Steckenbleiben im Melodrama unseres Lebens."[10]

Achtsame Selbsterforschung

Wenn wir nicht diagnostizierend und etikettierend mit dem Enneagramm arbeiten wollen, dann fragen wir anders, etwa so: Mit Hilfe welcher unbewußten Grundüberzeugungen organisiere ich meine Erfahrungen so, daß ich zum Beispiel in immer wieder denselben Situationen „nervös" werde oder „aggressiv" oder „traurig"; daß ich immer wieder dieselben „dummen Fehler" mache; daß ich auf charakteristische Weise in Beziehungen immer wieder verletzt werde? Und welche „Motive" liefern die „Energie" für diese automatisch ablaufenden Muster?

Ein solcher (prozeßhafter und Veränderung anbietender) Zugang zu den unbewußten Grundüberzeugungen nun scheint dem Alltagsbewußtsein unseres „Ichs" nicht oder nur schwer möglich zu sein. Denn die Charakterfixierung stammt entwicklungspsychologisch aus einer Zeit, in der das kleine Kind in einem anderen Bewußtseinszustand lebte (diffuse Stimmungsqualitäten, magisches Denken usw.) und das „erwachsene" Ich-Bewußtsein nur sehr rudimentär ausgebildet war.

Daher braucht die Enneagramm-Arbeit nach meiner Überzeugung die Ergänzung und Erweiterung durch Focusing oder andere Methoden, die nicht mit dem Alltagsbewußtsein, sondern mit „innerer Achtsamkeit" arbeiten (katathymes Bilderleben, konzentrative Bewegungstherapie, Hakomi, oder ähnliches).

Focusing scheint mir besonders gut geeignet, denn die Focusing-Haltung hilft, sich aus der Identifikation mit dem Charaktermuster zu lösen und gleichzeitig das „Funktionieren" des Musters zu beobachten, die zugrundeliegenden frühen „Überzeugungen" zu verstehen und in all dem zu erleben, daß die Charakterfixierung kein „Schicksal" ist – nach dem Motto: Ich „habe" dieses Charaktermuster, aber ich „bin's" nicht.

Der bekannte Psychotherapeut Martin Siems schreibt in seinem Focusingbuch dazu:

„Es ist so, als ob wir von der Bühne unseres Lebens hinab in den Zuschauerraum steigen, um einmal von dort aus unserem Spiel zuzuschauen. Vielleicht erschrecken wir ein wenig, vielleicht werden wir ein bißchen traurig, vielleicht müssen wir auch schmunzeln, aber dieser Blick aus der Distanz gibt uns auch die Möglichkeit, bewußt und klar wahrzunehmen, was wir da eigentlich immer wieder tun. Und vom Zuschauerraum aus lassen sich auch leichter neue Regieanweisungen entwickeln, falls wir unser Spiel verändern oder verbessern wollen. Durch diese neue Wahrnehmung identifizieren wir uns also nicht so sehr mit uns als Spieler auf der Bühne, sondern vielmehr mit uns als Regisseur des ganzen Stückes."[11]

In der Focusinghaltung kann ich beginnen, meine automatischen, charakteristischen Reaktionsgewohnheiten und die ihnen zugrundeliegenden Anschauungen in aller Ruhe zu beobachten und verstehen zu lernen. Im Focusingprozeß kann ich neue „Optionen" erproben, dem „Neuen", das wachsen will, eine Chance geben. Ähnlich äußert sich auch Ron Kurtz, der Begründer der körperzentrierten Psychotherapie (Hakomi):

„Ohne Achtsamkeit ist man nicht in Kontakt mit seinen Anschauungen und Dispositionen. Ohne Achtsamkeit und Gewahrsein handelst du aus den Gewohnheiten heraus, alle Reaktionen sind automatisches Verhalten. Du kannst dich vielleicht bewegen, du kannst Dinge schaffen, aber du kannst nicht lernen, dich zu verändern, zu wachsen und freier zu werden. Nur wenn du klar weißt, was deine inneren Anschauungen sind, kannst du sie angehen. Bis du verstanden hast, wie dich eine solche Anschauung am Laufen hält, kannst du nicht wissen, wie man stoppt ... Innere Achtsamkeit ist die Methode, die Klarheit bringt ... Um deine Absichten aufgeben zu können, mußt du erst erkennen, daß du sie hast und was sie wollen."[12]

Darüber hinaus aber gibt uns der Focusing-Prozeß innere Erfahrungen „neben" und „unter" unseren Charakterfixierungen; einen inneren Bezug zu all dem, was sich „neu" und „frisch" in der Person/im Organismus regt, läßt die „Landschaft" bunter und überraschender werden (was nicht immer lustvoll, manchmal auch beängstigend oder schmerzlich sein kann), öffnet uns den Zugang zu unserem Potential jenseits der eingefahrenen Geleise der Charakterfixierung, kann uns in Kontakt bringen mit dem *Selbst*.

Der Beziehungsaspekt – eine wesentliche Erweiterung

Der Einfachheit halber (denn der Sachverhalt ist kompliziert genug) habe ich bisher – in guter Übereinstimmung mit der abendländischen geistesgeschichtlichen Tradition, die das *Individuum* hochstilisiert – so getan, als sei die *Person* mit ihrer *Charakterfixierung* und den in ihrem *Inneren* ablaufenden Erlebensprozessen ein in sich abgeschlossenes Ganzes.

Eine solche Vorstellung ist zwar für viele Zwecke außerordentlich praktikabel, sie verleugnet aber die grundlegende Tatsache, daß wir Menschen (wie alle Organismen) Beziehungswesen sind. Die Idee der *Person* als einer von einem Hautsack begrenzten (oder gehören die Kleider noch dazu?), in sich abgeschlossenen Ganzheit erweist sich bei näherer Betrachtung als Illusion: Auf der körperlich-physiologischen Ebene machen zum Beispiel Lunge und Blutkreislauf ohne den Sauerstoff der uns umgebenden Luft absolut keinen Sinn, ebensowenig der ganze Verdauungsapparat ohne die Nahrung, die wir einkaufen, zubereiten und verzehren. Was für solch grundlegende Lebensfunktionen gilt, gilt natürlich erst recht für die sogenannte „Seelenlandschaft": „Wir sind beziehungsgezeugt, beziehungsgeboren, beziehungsentwickelt. Das, was wir Seele nennen, besteht im Wesentlichen aus den gelebten Beziehungen, die wir verinnerlichten."[13]

Eine solche „ökologische" Sicht („Ökologie" ist in der allgemeinsten Definition die „Lehre von den Wechselbeziehungen") verändert den Blickwinkel entscheidend:

So können wir zum Beispiel sehen, daß der Focusingprozeß nicht einfach im Inneren eines „Individuums" stattfindet, sondern immer in einem Beziehungsfeld, das vom Focusing-Begleiter mit konstelliert wird. Und auch wenn ich für mich allein über eine Frage oder ein Thema fokussiere, macht es einen großen Unterschied, ob ich mich an meinen meist ziemlich unordentlichen Schreibtisch setze oder mir vorher im Zimmer eine angenehme Atmosphäre geschaffen habe.

Und: Die achtsame Selbsterforschung meiner Charaktermuster wird erweitert durch das aufmerksame Beobachten dessen, was zwischenmenschlich geschieht, sprich: wie „meine Fixierung" in der Wechselwirkung mit anderen Menschen „anspringt" und „heißläuft". Aber auch, welch verschiedene Facetten meiner *Person* positiv belebt werden, je nachdem, mit wem ich gerade in Kontakt bin.

Die Psychoanalyse hat diese Vorgänge mit den Begriffen *Übertragung/Gegenübertragung* ausführlich beforscht und beschrieben.

Mit Hilfe des Enneagramms können wir gut orten, was jeweils passiert, wenn wir dem individualistischen Irrtum verfallen und – vor allem wohl in der sogenannten „unerlösten" oder der „normalen" Haltung – so tun, als ob unsere subjektive Sicht der jeweiligen (Beziehungs-)Wirklichkeit, wie die

Charakterfixierung sie uns nahelegt, das „Maß aller Dinge“ wäre. Dann nämlich konstellieren wir in unseren Beziehungen genau diejenigen Erfahrungen, die unsere unbewußten Grundannahmen immer wieder bestätigen.

So könnte das Enneagramm auch zu einer Art „Landkarte“ unserer Beziehungswelt werden und uns die typischen Verwicklungen (und Entwicklungsmöglichkeiten) in unseren Beziehungen zu anderen Menschen verstehen helfen.

„Wenn wir entdecken, daß jeder von uns ein bißchen anders verdrahtet ist, und daß jeder beim Erfüllen derselben Aufgabe einen anderen Prozeß durchläuft, dann wird Verzeihen möglich. Wir können beginnen, uns selbst zu verzeihen, unseren Partnern, Eltern und Kindern. Wir können aufhören, von den Menschen in unserem Leben zu verlangen, sie sollten anders sein als sie sind. Wir können aufhören, Äpfel von einem Birnbaum zu erwarten.“[14]

In dieser „ökologischen“ Sichtweise erkennen wir letztlich, daß es so etwas wie „persönliche Entwicklung“ oder „Selbst-Verwirklichung“ ohne Beziehungsentwicklung gar nicht geben kann.

Modell-Skizze eines Workshops „Enneagramm und Focusing“

Bis jetzt habe ich versucht, meine Gedanken über die Verbindung von Focusing-Prozeßarbeit mit dem Enneagramm zu erörtern und meine persönliche Einstellung zur Arbeit mit Charakterfixierungen darzulegen. Knapp und plakativ läßt sich diese Einstellung mit dem Slogan „Dein Charakter, das bist du nicht!“ beschreiben.

Damit diese zum Teil recht allgemein und grundsätzlich gehaltenen Ausführungen noch etwas konkreter und plastischer werden können, habe ich mir überlegt, eine Art Modell-Skizze für einen Workshop zu entwerfen.

Natürlich läuft eine Gruppe real nie nach so einem starren Schema ab. Die Skizze soll lediglich einen Einblick in die Art und Weise erlauben, wie Focusing und Enneagramm-Arbeit in der Praxis miteinander verbunden werden können. Am allerwenigsten sind die folgenden Seiten als Rezeptbuch geeignet. Erfahrungs- und prozeßorientierte Arbeit mit dem Enneagramm sollte wirklich nur von entsprechend qualifizierten Gruppenleitern angeboten werden. Der „Ökumenische Arbeitskreis Enneagramm e.V.“ wird sicher in den nächsten Jahren durch entsprechende Fortbildungsangebote für Multiplikatoren dafür sorgen, daß das gewährleistet wird.

Diese Modell-Skizze bezieht sich zum Teil auf einen Workshop, den

Klaus Renn und ich im Dezember 1990 im Focusing-Zentrum München geleitet haben, zum Teil auf Gruppen, die ich allein durchgeführt habe.

Zu den Rahmenbedingungen: Die Gruppe sollte nicht größer sein als 16 TeilnehmerInnen (TN), damit genügend Gelegenheit ist, sich persönlich aufeinander zu beziehen, damit Kleingruppen- und Paar-Arbeit (vor allem bei Focusing-Experimenten) gut möglich ist. Ein genügend großer Raum mit Teppichboden und ohne Stühle (für Übungen im Stehen, Gehen und Liegen) ist erforderlich. Als Zeitrahmen ist bei dieser Gruppengröße ein Block von fünf Tagen günstig (oder zwei Wochenenden in nicht zu großem zeitlichen Abstand). Vorteilhaft ist es, wenn die Teilnehmer sich vorher schon mit dem Enneagramm vertraut gemacht haben.

(1) Der Anfang

Ziel: „Ankommen". Erste Erfahrung mit der Focusinghaltung und der Beobachtung von Charaktermustern.

Beschreibung: Die Gruppe beginnt mit einer längeren Phase bewußter Stille. Ich fordere die Teilnehmer auf, mit ihren Augen zunächst den Raum zu erkunden (Größe, Helligkeit, Farben, Details), dann die Aufmerksamkeit auf die im Raum anwesenden Personen zu richten und auf die Gruppe als „Ganzes". Nach einer Weile bitte ich die Teilnehmer, die Augen zu schließen, die Richtung ihrer Aufmerksamkeit umzukehren und nach innen zu gehen (wem das lieber ist, kann das auch mit offenen Augen tun) und die ersten Eindrücke von Raum und Gruppe mit nach „innen" zu nehmen. Ich sage dazu etwa Folgendes:

Wenn Sie Ihre Aufmerksamkeit nun nach innen richten und etwas warten, vielleicht können Sie in Ihrem Brust-Bauch-Bereich so etwas erahnen von ihrer ganz persönlichen inneren Befindlichkeit jetzt in diesem Moment . . . Sie können Sie zum Beispiel fragen: Welche Gedanken denke ich jetzt? Und Sie können diesen Gedanken für eine Weile innerlich zuhören . . . Und wenn Sie sich vorstellen, Sie übertreiben diese Gedanken ein wenig . . . und noch etwas mehr . . . wohin führt Sie das dann? . . . Verabschieden Sie sich nun mit ein paar bewußten Atemzügen von diesen übertriebenen Gedanken, nehmen Sie Kontakt auf mit dem Fußboden und Ihrem Körper . . . Und richten Sie Ihre Aufmerksamkeit nun zu ihren Gefühlen hin. Fragen Sie sich nach den Gefühlen, die Sie im Moment empfinden . . . Und wenn Sie sich vorstellen, Sie könnten diese Gefühle intensivieren . . . und noch etwas intensivieren . . . wohin führt Sie das? . . . (Pause, Atemzüge, Bodenkontakt) . . . Und welche körperlichen Impulse sind Ihnen im Moment gegenwärtig, was würden Sie jetzt am liebsten tun? . . . Und wenn Sie sich vorstellen, auch diese Bewegungsimpulse zu verstärken . . . und noch etwas mehr . . . wohin führt Sie das dann? . . . (Pause) . . . Versuchen Sie nun, innerlich etwas Abstand herzustellen zu all dem, was Sie soeben von sich erlebt haben. Und fragen Sie sich: Was von dem allen „schmeckt" neu und frisch? . . . Und was daran ist was Altbekanntes, so nach dem Motto „Wenn ich neu bin in einer Gruppe von Menschen, dann passiert bei mir üblicherweise . . ."

Nehmen Sie sich etwas Zeit, das Gewohnheitsmäßige, Altbekannte zu erforschen . . . Und vielleicht findet sich ja auch eine Art Überschrift dafür, ein Wort, ein Satz. Oder es entsteht vor Ihrem inneren Auge ein Bild für das alles . . . Mit dieser Überschrift oder diesem Bild werden Sie sich dann gleich den anderen in der Gruppe vorstellen.

Danach Austausch in der Gruppe, eine erste Kennenlernrunde nach dem Motto: „Wenn ich neu bin in einer Gruppe, dann ist das üblicherweise bei mir so . . ."

Kommentar: Diese Art Einstiegsübung verwende ich aus zwei Gründen besonders gern: Zum einen vermittelt sie gleich einen deutlichen ersten Geschmack von der Focusinghaltung. Zum anderen zeigen sich gerade in neuen, ungewohnten Situationen die Denk-, Fühl- und Verhaltensgewohnheiten der Charakterfixierung besonders deutlich. Weil man kaum jemanden kennt, die „Spielregeln" noch nicht klar sind usw., greift man „automatisch" auf das zurück, was Sicherheit verspricht und das sind die eigenen Muster – eine Erfahrungstatsache, die sich zum Beispiel auch die angewandte Gruppendynamik im unstrukturierten gruppendynamischen Laboratorium (zum Zweck des „unfreezing") zunutze macht.

(2) Freund und Feind

Ziel: Vertieftes gegenseitiges Kennenlernen

Beschreibung: Jeder Teilnehmer erhält einen Bogen Papier und einen Stift und wird aufgefordert, sich in die Rolle eines (imaginären) „besten Freundes/einer besten Freundin" zu versetzen. Was würde dieser Freund/diese Freundin hier über mich sagen, wenn er/sie die Aufgabe hätte, mich in der Gruppe den anderen vorzustellen? (5 Minuten Stillarbeit mit Notizen.)

Danach: PartnerIn wählen und ihn/sie bitten, diesen imaginären „Freund"/diese „Freundin" zu spielen.

Dasselbe Experiment anschließend noch einmal mit der Frage: Was würde ein/e „Feind"/„Feindin" von mir sagen, wenn er/sie mich hier vorstellen müßte? Neue Paare und Vorstellungsrunde durch die „Feind-Innen". Auswertungsgespräch: Wie leicht/schwer war es für mich, günstige/ungünstige Aussagen über mich zu formulieren? Was habe ich erlebt, als mein „Freund"/mein „Feind" mich in der Gruppe darstellte? Wie habe ich mich in der Rolle des „Freundes", des „Feindes" gefühlt?

Kommentar: Diese Kennenlern-Übung kann leicht und spielerisch gestaltet werden. Wenn sie sehr achtsam durchgeführt wird, können elementare Fragen aktiviert werden (Selbstwert-Gefühl, Beziehung zu sich selbst, Stärken und Schwächen, Schattenseiten), die ein individuelles Eingehen auf einzelne Teilnehmer erforderlich machen können. Eine integrierende Fortführung dieser Übung kann zum Beispiel sein, daß jeder Teilnehmer Gelegenheit bekommt, ein Bild zu malen, auf dem die angesprochenen Aspekte symbolisch Platz finden können. Ich persönlich schätze dabei sehr die Ausdrucksform des *Mandala-Malens*: Auf einem A3-Bogen ist ein großer leerer Kreis vorgezeichnet, und die Aufgabe ist es, die verschiedenen Aspekte der eigenen Persönlichkeit, die durch die vorhergehende Übung verdeutlicht wurden, innerhalb des Kreises mit Farben symbolisch zu gestalten. Bei Teilnehmern mit Vorerfahrung in Focusing kann sich daran zum Beispiel eine Prozeßarbeit in Dyaden (Zweiergruppen) zu diesem Bild anschließen.

(3) Focusinghaltung

Ziel: Vertrautwerden mit der Focusinghaltung.

Beschreibung: Zur Einübung der Focusinghaltung und der Basisfertigkeiten des Prozeßbegleitens verwende ich zum Beispiel folgende „Experimente":

„Der Erlebensstrom": Die Gruppe teilt sich in Paare, die Paare sprechen ab, wer A und wer B ist.

Instruktion für A:

Setz oder leg Dich bequem hin, laß die Augen zufallen und stell Dir vor,

Dein inneres Erleben ist wie ein breiter Strom, an dessen Rand Du sitzt. Gedanken, Gefühle, Stimmungen, Bilder, körperliche Regungen und Impulse fließen wie in einem breiten Strom an Dir vorüber. Und Du sitzt einfach am Rand und beobachtest, was gerade jetzt passiert. Was auch immer jetzt Deine Aufmerksamkeit beansprucht, benenne es mit einem Satz, der mit „jetzt" beginnt, laß es weiterziehen und warte, was als nächstes auftaucht. Formuliere einen neuen Satz mit „jetzt" usw.

Instruktion für B:

Kläre mit Deinem/r PartnerIn, wie nah er/sie Dich bei sich haben mag, was eine günstige Position für euch ist . . . Deine Aufgabe ist es, das, was Deine PartnerIn äußert, wörtlich zurückzusagen und auch den Tonfall so gut wie möglich dabei wiederzugeben. Nach ungefähr 10 Minuten werde ich das Zeichen zum Aufhören geben. Macht dann eine kleine Pause ohne zu sprechen und wechselt die Rollen.

Freiraum schaffen: Die Teilnehmer sitzen oder liegen entspannt, nehmen Kontakt auf mit ihrer Atmung und mit dem Boden, spüren mit sanft gelenkter Aufmerksamkeit in einer Art „Reise durch den Körper" ihre momentane leibliche Befindlichkeit in ihren vielfältigen Aspekten, suchen im Körper nach einem „guten inneren Ort", an dem sie mit ihrer Aufmerksamkeit für einige Zeit verweilen möchten (was Weiches, Warmes, Lebendiges, Kräftiges oder ähnliches).

Instruktion:

Während Deine Aufmerksamkeit da an diesem „guten inneren Ort" ist . . . vielleicht mag dazu so etwas wie ein Bild entstehen . . . ja, das ist ungefähr so, wie . . . (welche Farben, Formen, Bewegungen, Geräusche, Gerüche?) . . . und dann nimm wieder Kontakt auf zu dem Körpergefühl, aus dem heraus dieses Bild von diesem guten inneren Ort entstanden ist.

Genauern: Die Teilnehmer bilden wieder Paare. A beschreibt nun B mit geschlossenen Augen sein Bild von dem „guten inneren Ort", B hat die Aufgabe, A behilflich zu sein, das Bild sich weiter ausfalten und ausdifferenzieren zu lassen, in dem er/sie sich wohlwollend-neugierig genau erkundigt, zum Beispiel: „Ist da eher hell oder eher dunkel?" „Sind Wolken am Himmel?" usw. Es ist günstig, das vorher in der Gruppe zu demonstrieren.

Kommentar: Diese oder andere Experimente zu den Grundlagen von Focusing-Arbeit dienen vor allem dem Zweck, die Focusinghaltung allmählich zu etablieren. Vor allem die Paar-Experimente sind so angelegt, daß der begleitende Partner (B) denjenigen inneren Bewußtseinsbereich von A unterstützt und stärkt, der als „innerer Beobachter" die Focusinghaltung verwirklicht.

Diese Experimente nehme ich gern als Ausgangspunkt für eine Theorie-Einheit über Focusing, in der ich auch ein Schaubild verwende, das die Beziehung zwischen dem „Impliziten", dem „Expliziten" und der „Charakterfixierung" verdeutlicht.

(4) Die drei Grundenergien

Ziel: Erste erfahrungsorientierte Einführung ins Enneagramm – Kennenlernen des inneren Aufbaus des Enneagramms.

Beschreibung: Die Teilnehmer sitzen entspannt und aufrecht, beziehungsweise knien auf Meditationsbänkchen. Die Aufmerksamkeit zentriert im Hara-Punkt (im Zen: der imaginäre Punkt etwas unterhalb des Nabels) in der Leibmitte. Welche Gefühle, Impulse und Gedanken „steigen von dort aus auf"? Dasselbe Wahrnehmungsexperiment mit dem imaginären Zentrum in der Brust, dann noch einmal Konzentration auf den imaginären Punkt knapp oberhalb der Nasenwurzel. Abschluß mit einer Atemübung, die die Zwerchfellatmung betont.

Anschließend ausreichend Zeit zum Austausch, eventuell in Kleingruppen. Danach: Stilles, achtsames Gehen im Raum, Körperwahrnehmung beim Gehen (Bodenkontakt, bewußte Schritte usw.). Konzentration auf die Leibmitte (Hara): Wie ist das „Beziehungsgefühl" zu den anderen, wenn meine Aufmerksamkeit in der Leibmitte gesammelt ist? (entsprechend mit Herz- und Kopf-Zentrum).

Ausführlicher Austausch der verschiedenen Wahrnehmungen. Danach erläutere ich an einem Schaubild die Struktur und den Aufbau des Enneagramms (die „Zentren" und ihre „Variationen" – ohne „Pfeile").

Kommentar: Bei der Arbeit mit den drei Grundenergien gehe ich sehr langsam vor – die beiden kurz skizzierten Aufmerksamkeitsexperimente, die nur dann Sinn machen, wenn die Focusinghaltung gut etabliert ist, dauern jeweils 15 bis 20 Minuten mit den erforderlichen „Erholungsphasen" (Atmung, Bodenkontakt) dazwischen. Bei der Auswertung der Experimente äußern sich Teilnehmer, die sich mit dem Enneagramm schon

„diagnostiziert" haben, verwirrt, wenn sie Erfahrungen machen, die sie in ihrer Selbst-Diagnose nicht unterbringen. Eine solche Verwirrung kann aber in doppelter Hinsicht produktiv sein: Sie könnte darauf hinweisen, daß die Selbst-Etikettierung etwas voreilig war und die „Fixierung" woanders liegt. Auf jeden Fall aber geben diese Übungen eine Ahnung davon, daß das Enneagramm letztlich ein Symbol für das ganze Spektrum der menschlichen Möglichkeiten ist und wir unter bestimmten Voraussetzungen prinzipiell alle diese Aspekte erfahren können. Eine Weiterführung der Übungen zu den drei Grundenergien können zum Beispiel Experimente zu den daraus abgeleiteten „Instinkten" und ihren zentralen existentiellen Themen sein.

Ich halte mich imVerlauf des Workshops gern lang bei den drei Grundenergien auf, wie das Enneagramm sie beschreibt. Denn die „Ableitung" der Fixierungen gelingt erfahrungsgemäß besser, wenn die „Grundenergien" der drei Zentren erlebt und verstanden sind.

(5) Die neun Fixierungen

Ziel: Die 9 Charakterfixierungen „von innen her" verstehen. Die eigene Fixierung und ihre Wirkungen erforschen.

Beschreibung: Nachdem die Gruppe genügend vertraut ist mit der Focusinghaltung und mit der Struktur des Enneagramms als „Landkarte", machen wir eine „Reise durch das Enneagramm". Die Teilnehmer sind aufgefordert, an jedem der neun Punkte innezuhalten und die spezifischen Qualitäten dieses Enneagrammpunkts wahrzunehmen; Bilder, Erinnerungen, Gefühle, Gedankenassoziationen dazu aufsteigen zu lassen – nach dem Motto: Nicht mit dem „Kopf", sondern mit dem inneren Erleben suchen . . .

Die Struktur dieser Reise durch das Enneagramm sieht ungefähr so aus:
- Körperübung zur spezifischen „Energie" dieses Enneagramm-Punkts
- Phantasieübung zur „existentiellen Position" (kleiner als die Welt, größer als der Welt gegenüber / offensiv, defensiv, passiv)
- die Leidenschaft
- das heimliche Leitmotiv (unbewußte Grundannahme)
- die Falle

Als Zusammenfassung ein kurzer Text. Anschließend Einzelarbeit mit Teilnehmern und/oder *Panels* (Tiefeninterviews mit Teilnehmern, die in dieser Fixierung zu Hause sind.

Kommentar: Diesen Hauptteil des Workshops (ca. 2 Tage) in allen Einzelheiten darzustellen, würde den Rahmen dieses Aufsatzes sprengen. Der Ablauf muß sich ohnehin sehr an den einzelnen Teilnehmern und der Situation der Gruppe orientieren, so daß ich nur einen groben Überblick geben kann.

Ich schließe die Arbeit mit den Fixierungen gern mit einem satirischen Improvisationstheater (zum Beispiel „Alle Neune im Feinschmecker-Restaurant“ oder „Alle Neune auf dem Rummelplatz“).

(6) Focusing-Experimente zu den „Tugenden“

Ziel: Die neun „Tugenden“ im inneren Erleben gestalten und spielerisch mit ihnen experimentieren.

Beschreibung: Die Teilnehmer stehen entspannt mit geschlossenen Augen. Eventuell geeignete Musik.

Instruktion: Ich werde Euch jetzt eine Beschreibung der neun Tugenden vorlesen. Damit wollen wir diesen Workshop abschließen. Ich werde zweimal langsam lesen, und ich möchte Euch bitten, beim Zuhören nicht eigens auf jedes Wort zu achten, versucht einfach meine Stimme eher wie eine Art Geräuschkulisse aufzufassen, ähnlich wie die Musik im Hintergrund. Bleibt mit der Aufmerksamkeit im Innenraum, in Brust und Bauch, und wartet, auf welches der Wörter ihr innerlich ansprecht, welches der Wörter irgendwie „hängenbleibt“ . . .

Nimm nun das Wort, das Du gefunden hast . . . Beobachte die körperliche Resonanz, die es in Dir hervorruft . . . Und wenn Du Deinem Körper erlaubst, dieses Wort in einer Geste auszudrücken – welche Bewegung möchte Dein Körper machen? Laß diese Geste jetzt in Deiner Vorstellung entstehen. Du kannst auch Deine Hände, Deinen Körper langsam bewegen und etwas experimentieren bis es für Dich stimmt . . . Erfühle die innere Atmosphäre, die Stimmung, die jetzt in Dir entstanden ist . . .

Dann mach die Augen auf, schau Dich um und bewege Dich langsam mit Deiner Ausdrucksgeste auf die anderen zu . . . Bleibe in Deiner Haltung und in Deiner Atmosphäre. Wenn Du magst, sag Dein Wort, wenn Du jemanden triffst.

Kommentar: Diese Bibliodrama-Technik[15], durch Focusing vertieft und verwesentlicht, ist sehr gut geeignet, Texte mit dem inneren Erleben in

Beziehung zu bringen. Wenn die Gruppe sehr langsam und achtsam damit umgeht, werden die „Energien“ der „Tugenden“ in der Gesamtatmosphäre spürbar. Normalerweie werte ich diese Übung nicht aus, sondern lasse ihre Wirkung im persönlichen Erleben (stille Viertelstunde: Jeder geht mit seinem inneren Erleben schweigend draußen spazieren, schreibt, malt oder ähnliches).

Eventuell schließe ich mit einer Meditation der neun *Mudras* (meditative Körperhaltungen) zu den Tugenden. Die subjektiven Ausdrucksgesten werden so ergänzt durch vorgegebene Haltungen aus der spirituellen Tradition.

Focusing, Enneagramm und . . .

Ich habe mich bei der Darstellung meiner Überlegungen zu „Enneagramm und Focusing“ von dem Grundsatz leiten lassen: So einfach und konkret wie möglich. In Absprache mit Klaus Renn (siehe den nachfolgenden Artikel von ihm) habe ich versucht, die theoretischen und praktischen Grundlagen dieses Arbeitsansatzes aufzuzeigen und bin daher weitgehend auf der psychologischen Ebene geblieben.

Von Spiritualität war kaum die Rede.

Oder doch?

Daß sich „bei einem authentischen inneren Weg psychische und spirituelle Entwicklung nicht trennen lassen, sondern einander bedingen und unterstützen“[16], darin kann ich Andreas Ebert nur zustimmen. Auch nach meiner Auffassung sind persönliche und spirituelle Entwicklung „zwei Seiten derselben Medaille“, ähnlich wie schon die Kirchenväter des Konzils von Calcedon das Verhältnis der göttlichen und der menschlichen Natur des Jesus von Nazareth mit der paradoxen Formel „ungetrennt und unvermischt“ beschrieben haben.

Focusingarbeit und das Enneagramm sind Werkzeuge, die unter Umständen tiefgreifende persönliche Erfahrungen ermöglichen. Wie wir diese Erfahrungen deuten (psychologisch/geistlich), das schreiben diese Werkzeuge nicht zwingend vor.

Um so mehr muß sich jeder „Anwender“ des Enneagramms oder des „Werkzeugs Focusing“ nach seiner Anthropologie und seiner Theologie fragen und fragen lassen. Denn Werkzeug und Benutzer können nur gemeinsam beurteilt werden.

KLAUS RENN

Der biospirituelle entwicklungsorientierte Umgang mit dem Enneagramm

Einige Kopfgedanken habe ich mir gemacht, wie ich in eine angemessene Art und Weise finde, um mit Ihnen in Kommunikation zu treten. Ich lade Sie ein, mit mir in einen Raum und eine Atmosphäre zu gehen, die es uns ermöglicht, im Augenblick ehrlich zu sein. Ich möchte nicht so tun müssen, als wüßte ich alles um dieses Enneagramm oder gar alles um dieses Leben. Und doch will ich das, was mir bemerkenswert erscheint, einfach ansprechen, anbieten und herzeigen.

Gerade weil ich im Moment mit Ihnen nur gedanklich über gedruckte Buchstaben in Kontakt trete und Sie als lebendige/r LeserIn vermutlich Ihren Kopf eingeschaltet haben, gibt es für uns nur wenig Chancen, daß sich wirklich etwas ereignen wird. Vermutlich werden Sie einige Gedanken von mir mitbekommen, die Sie irgendwie aus Ihrem Lebens-Bewertungssystem heraus verstehen – und damit hat sich die Sache. Das Enneagramm wird auf dieser Ebene jedenfalls trotz einiger Aha-Entdeckungen Ihr Leben nicht sonderlich berühren. Unser Risiko bei dieser Art von Begegnung ist deutlich größer als sonst: daß wir unter einer gewaltigen Masse von Ideen, Gedanken und Konstruktionen erstickt werden, ohne die geringste Erfahrung gemacht zu haben. Wir jagen damit an der Oberfläche des Lebens dahin, sammeln Informationen über das Enneagramm und über uns selbst, leiten daraus andere Sinnkonstrukte für uns ab – doch ohne unmittelbare Erfahrung wissen wir eigentlich nichts und leben auch in Wirklichkeit nicht. Nur in der Erfahrung kann sich etwas in unserem Leben verändern. Eine spätere Reflexion mag diese Erfahrung deuten, erweitern und verallgemeinern. Darum ist es im Grunde unmöglich, durch Nachdenken und Gedankenaustausch zu einer wirklichen Veränderung im Leben zu kommen.

Deshalb ist es sehr wichtig für uns, die begriffliche Gedankenebene zu verlassen, um unserem Typus wirklich erfahrbar begegnen zu können. Denn vieles von dem, was meinen Typus ausmacht, ist unbewußt und automatisiert. Um uns näher begreifen, betasten, anspüren zu können, müssen wir uns selbst entgegengehen. Das heißt, wir müssen mit einer Bewußtseinsebene in Verbindung treten, die uns für uns selbst zugänglich macht. Dieser Weg führt zu dem, was unserer Person zwar implizit ist, aber nur selten explizit. Dieses Implizite unserer Person nennt die Tiefenpsychologie das Unbewußte. Um dies etwas zu verdeutlichen, biete ich Ihnen ein kleines Experiment an, welches Sie beim Lesen selbst ausprobieren können:

Verlangsamen Sie bitte Ihre Lesegeschwindigkeit und nehmen Sie dabei einen tiefen Atemzug, der Sie Ihren Körper wahrnehmen läßt. Werden Sie sich dabei bewußt: „Ich lese dieses Buch!" Und fragen Sie sich selbst: „Was ist dabei meine Sehnsucht?" Doch fragen Sie sich dies bitte nicht auf die gewöhnliche Art, sondern stellen Sie die Frage: „Was ist dabei meine Sehnsucht?" in Richtung Brust und Bauchraum. Gut ist es, dabei eine Zeit zu verweilen, das Buch für eine, vielleicht zwei Minuten zur Seite zu legen und zu warten: „Meine Sehnsucht . . ." Alles, was dabei so entsteht, einfach kommen zu lassen: Gedanken, Erinnerungen, Gefühle, Empfindungen, vielleicht auch eine nur vage Atmosphäre: „Was brauche ich in meinem Leben?" Auch diese Frage lasse ich in meinen Körper hineinfallen. Dann warte ich, welche Resonanz in mir entstehen möchte. Vielleicht ist es gar nichts Vernünftiges, vielleicht nur eine Empfindung, die ich etwas dalasse, um sie deutlicher wahrzunehmen. Bevor wir dieses kleine Experiment beenden, schlage ich Ihnen noch solch eine Frage in Richtung Bauch vor: „Was ist da gerade in mir lebendig?" Oder: „Was ist dabei ein klein wenig neu für mich?" Lassen Sie sich wieder etwas Zeit, gehen Sie sich mit dem Ein-klein-wenig-Warten selbst etwas entgegen.

Dieses kleine Experiment hat sicher auch auf unserem Buch-Kommunikationskanal wenig Chancen zu klappen. Aber vielleicht haben Sie jetzt eine Ahnung, einen Geschmack davon, was ich mit dem Impliziten einer Person meine. Über diese innere Wahrnehmung, auch „innere Achtsamkeit" genannt, kann uns die Sinnhaftigkeit unserer Charakterfixierung überraschen.

Erfahren wir unseren Typus, unsere Strukturgebundenheit aus unserer inneren körperlichen Wahrnehmung heraus, so wird gleichzeitig deutlich: Das bin nicht ich, oder das bist nicht du, jedenfalls nicht, was mich ausmacht, das Wesentliche. Erfahrbar, erahnbar, wird eine innere wesentlichere Welt, die hinter oder tiefer oder unter meiner Strukturgebundenheit liegt. Möglicherweise verspüren wir den körperlichen Eindruck einer inneren Heimat, eines inneren Raumes, der mit Licht, Liebe, Klarheit und einfach selbstverständlichem Sein erfüllt ist. So etwas wie ein „Tempel", in welchem ich Gott begegne, mehr noch: in dem Gott auf mich mit seinem Geist wartet. „Wißt ihr nicht, daß ihr Gottes Tempel seid und der Geist Gottes in euch wohnt?“ fragt der Apostel Paulus (1. Kor. 3,16). Die Mystik aller Zeiten hat dies auch erfahren. Meister Eckhart etwa spricht vom „göttlichen Seelengrund“, der hinter unserer Strukturgebundenheit liegt. Wer mit ihm in Berührung gekommen ist, der kann „Gott in allen Dingen ergreifen“ und „sein Gemüt daran gewöhnen, Gott allzeit gegenwärtig zu haben im Gemüt, im Streben und in der Liebe“.[1]

Um diese Erfahrungswelt, die jenseits meines Typus liegt, benennbar zu machen, benutze ich gern die Worte der MystikerInnen und Gottsucher-Innen. Auch wenn mir manche dieser Worte vom Letzten Geheimnis oft zu groß oder auch zu abgedroschen erscheinen – wichtig ist mir dabei, daß es in irgendeiner Form aber genau darum geht. Erst durch die bewußte Hinwendung zu diesem unendlichen Geheimnis in mir, das, so wage ich zu sagen, immer zugleich auch auf das Geheimnis Gottes verweist, wird sich unser Wesen zu seinem reinsten und edelsten Selbst entfalten können. Diese Entfaltung wird gespeist werden aus den Quellen der erfahrenen Liebe, des verwurzelten Seins und des freien Geistes. Es geht um Erfahrung! Nicht um irgendwelche wohlklingenden Worte!

Eine kleine Geschichte beschreibt mir, wozu dieses Enneagramm gut sein mag:

Aus einem Feldzug soll ein einfacher orientalischer Krieger einen sehr wertvollen und schönen Teppich mitgebracht haben. Er selbst hat für so ein Prachtstück keine Verwendung und sitzt daher im Basar, um den Teppich für 100 Dinar zu verkaufen. Ein Freund trifft ihn bei dieser Arbeit und fragt erstaunt, wieso er denn diesen wunderbaren Teppich so billig zum Verkauf anbiete, 100 Dinar seien doch viel zu wenig. Darauf fragt unser orientalischer Krieger erstaunt: „Ja, gibt es denn mehr als 100 Dinar?“

Genau darum geht es: Gibt es denn mehr als meine Persönlichkeit, mehr als meine Charakterfixierung, mehr als meine Strukturgebundenheit? Gibt es mehr in meinem Leben zu erfahren, zu leben, als ich bislang glaubte? Die Antwort des Enneagramms lautet: Wir haben genau neun verschiedene Möglichkeiten, um unser Leben zu gestalten. Zugegeben, das ist nicht viel! Und eine Lebensmöglichkeit davon leben wir ab – wie eine programmierte Maschine. Von Entscheidung ist hier nicht die Rede. Das Enneagramm interessiert nicht einmal, wie wir zu diesem Programm gekommen sind: genetisch, familiär, zufällig, determiniert oder sonstwie. Wichtig scheint erst einmal nur zu sein, daß wir uns beschrieben finden. Also die Chance haben, unsere Struktur zu erkennen, unseren Code aufzudecken, uns unser eigenes Programm zugänglich zu machen.

Trotz aller Ungewißheit, wie dieses Enneagramm entstanden ist und wo es genau herkommt, eines ist wohl gesichert: Es geht nicht darum, daran zu arbeiten, daß wir mit unserer Strukturgebundenheit nun besser funktionieren oder unsere besonderen Stärken herausfinden. Es geht vielmehr um das Wesentliche des Lebens – meines Lebens. Unsere wissenschaftliche Psychologie und Psychotherapie ist im Grunde auch nur insofern therapeutisch, als sie uns dabei helfen will, besser zu funktionieren. Sie unterstützt uns dabei, uns wieder an die Außenwelt anzupassen und besser mit unserem psychischen Apparat (Typus) zurechtzukommen. Ein ausführliches psychopathologisches Diagnoseschema sorgt einerseits für die Abrechenbarkeit im Krankenkassensystem und zum andern benennt es die „Abweichungen" von den Standards für psychische Gesundheit. Die wissenschaftliche Psychotherapie wird eingesetzt, um uns wieder funktionsfähig zu machen.

Aus der spirituellen Sicht des Enneagramms ist jedoch dieser psychische Apparat als solcher die Krankheit! Nur wenn wir über diesen Apparat hinausgehen, finden wir Gesundung. Der heilige Augustinus sagt: „Ruhelos ist unser Herz, bis daß es ruht in dir."

Der Weg zu den Quellen: Biospiritualität

Wir alle kennen Augenblicke, in denen wir aus unserer Typen-Nummer ausgestiegen sind – so wie wir hin und wieder aus unserer „Rolle", die wir spielen, aussteigen –, wo wir uns selbst und anderen auf eine wesentliche Weise nahe und verbunden sind.

Dabei erfahren wir, wie es ist, wirklich mit uns stimmig im eigenen Körper zu leben, die Kraft der Liebe zu verspüren und gleichzeitig in den Gefühlen wie im Verstande klar und besonnen zu sein. In diesen Momenten begreifen wir etwas von dem Baum, „der an den Wasserbächen gepflanzt ist und seine Frucht bringt zu seiner Zeit und seine Blätter verwelken nicht. Und was er tut, das gerät wohl" (Psalm 1). Dann ist alles da, ganz Natur, ganz göttlich, nichts muß getan werden, alles ist schon enthalten, das Wissen des Baumes um seine Früchte und die Bestimmung des Baches hin zum Meer. Alles ist ganz einfach und ganz aufgehoben in diesen Augenblicken. „Es" fließt ohne unser Zutun und wird als göttliches Geschenk erfahren. Der Atem wird langsamer und tiefer, verbindet unser Leben mit dem Leben um uns herum. Wir werden Teil der Schöpfung.

In diesen Momenten geschieht Veränderung: innere Heilung. Und genau darum geht es.

Ich möchte Sie an dieser Stelle einladen, ein wenig inne zu halten, Ihren eigenen Erinnerungen an solche Erfahrungen nachzugehen, etwas in sich nachzuspüren. Gehen Sie dabei etwas aus dem Kopfzentrum und bewegen Sie sich mit ihrer Achtsamkeit in Richtung Körpermitte. Schauen Sie sich diesen bestimmten Baum an den Wasserbächen mit den inneren Augen an ... Sehen Sie diese Blätter? Vielleicht hören Sie den Bach rauschen? Nehmen Sie sich ruhig etwas Zeit, der restliche Text dieses Aufsatzes wird Ihnen nicht davonlaufen ... Erlauben Sie sich dabei, die gesamte Atmosphäre dieses Eindruckes zu verspüren. Dabei können Sie sich in Richtung Bauch fragen: „Was würde dieses Bild zu mir sagen, wenn es sprechen könnte?“ Bleiben Sie dabei wartend, damit sich von innen her, vom vagen körperlichen Anmuten des Bildes, irgend etwas in Ihnen melden darf. Falls sich ein Satz, Wort, inneres Bild, eine Erinnerung ... meldet, verweilen Sie noch, spüren Sie diese Erfahrung aus, erahnen Sie die gefühlte Bedeutung für sich ...

Falls Sie in Ihrer Erinnerung noch nach früheren Erfahrungen dieser Art suchen, dann denken Sie bitte nicht nur an „fromme Geschichten“. Oft fallen wir im ganz alltäglichen Leben aus unserer Nummer. Ein besonderer Zugang dazu ist uns durch die Sexualität eröffnet. Können wir unsere Hemmungen abwerfen und ganz natürlich und frei diesem anderen Menschen begegnen, dann werden die beiden Körper zu *einer* Harmonie werden. Wie es in der Schöpfungsgeschichte der Bibel heißt: „Und sie werden sein *ein* Fleisch“ (Gen. 2,24). „Ein Fleisch“: Ich darf vergessen, wer oder was ich bin. Ich darf zwar sein, aber ich kann mein kleines Ich vergessen. Ich bin jetzt nur noch Existenz, liebend und spielerisch eins mit einer anderen Existenz. Der Kopf ist in diesem Moment nicht gefragt. Vergangenheit und Zukunft haben aufgehört. Ich bin – hier und jetzt, ganz in der Gegenwart.

Vielleicht kennen Sie auch aus eigener Erfahrung, wie es ist, plötzlich Sinn und Ziel für Ihr Leben geschenkt zu bekommen. Nicht immer ist es gerade das, was Sie sich wohl gewünscht haben. Aber wenn sich dieser Sinn unerwartet auftut, dann kann das enorme Kraftreserven freisetzen. Eine solche Erfahrung vermittelt zwar selten eine Lösung unserer alltäglichen Schwierigkeiten. Und doch kann manchmal eine tiefe Erlösung mit dieser Sinnerfahrung, die so plötzlich auftaucht, verbunden sein. Das ermöglicht auch einen anderen Umgang mit unseren Schwierigkeiten und dem

Schmerz unserer Existenz. Es geht hier also nicht um einen bloß eingeredeten, über den Kopf begründeten Sinn, sondern um die *Erfahrung* eines Sinns, der unerwartet auftaucht. Er wird wie von außerhalb erlebt – obwohl wir ihn in uns verspüren und auch gedanklich benennen können. Dieses „Außerhalb" bezieht sich auf unseren Typus: Es übersteigt ihn, läßt ihn hinter sich. Als wenn uns eine tiefere Energie und eine ganz wesentliche Botschaft in unserer Charaktermaschine erreicht und dadurch Veränderung stiftet.

Manchmal läßt uns ein Blick, eine Blume, ein Glockenschlag . . . wie für kurze Momente – Bruchteile einer Sekunde – einen Blick hinter unseren Typus werfen. Oft erfolgt dabei ein tieferer Atemzug. Immer ist diese Erfahrung sinnlich-körperlich.

Die gemeinsamen Dimensionen des Erlebens hinter unserem Typus sind:

- eine bestimmte Qualität von körperlicher Erfahrung,
- sich im unmittelbaren „Jetzt" zu befinden,
- eine Loslösung, Dis-Identifikation von unserem Typus und den dazugehörigen Glaubenssystemen.

Obwohl ich ja bislang bemüht war, keine klaren Begriffsbildungen zu verwenden[2], mag es gut sein, die Begriffe „unmittelbares Jetzt" und „Dis-Identifikation" etwas zu erklären.

Dieses *unmittelbare Jetzt,* also jetzt gerade – und jetzt ist es schon wieder ein anderes Jetzt: Genau dieser Bruchteil, der zwischen „vorhin und schon vorbei" liegt, ist damit gemeint. Ziel aller mystischen Schulen wie auch der Humanistischen Psychologie, nur in unterschiedlicher Intensität und Tiefe, ist dieser Zugang, dieser schmale zeitliche Riß, der uns selbst wesentlicher und stimmiger erleben läßt. Und je nach Tiefe dieses Einlassens auf das Jetzt (zum Beispiel über den bewußten Atemvollzug) wird dieses Jetzt zum Weg weit hinter die Fixierung. Alan Watts beschreibt diesen Charakter spiritueller Erfahrung so:

„Der Kernpunkt der Erfahrung scheint die innere Gewißheit oder Einsicht zu sein, daß das unmittelbare Jetzt, wie es geartet sein mag, das Ziel und die Erfüllung allen Lebens ist. Um diese Einsicht herum und aus ihr heraus, fließt eine Ekstase der Gefühle, die Wahrnehmung einer großen Erleichterung, Frieden und Leichtigkeit und oft eine fast unerträgliche Liebe für die Welt . . ."[3]

Die *Dis-Identifikation* eröffnet einen Zugang zu mir selbst wie zu einem Naturereignis. Ich beobachte mich selbst aus einer Haltung, wie ich vielleicht einen Gebirgsbach betrachte. Ich sehe, staune, höre das Plätschern, sehe das Wasserspiel um die Steine – und lasse es so gut sein, wie es nun mal ist. Kaum jemand von uns käme auf die Idee, daß dieser Stein anders aussehen müßte und daß das Wasser anders mit ihm spielen sollte. Nein, wir lassen es, wie es ist. Darum geht es: Einige Schritte näher zu unserem eigenen Jetzt zu finden, ohne jegliche Bewertung, ohne alles „Sollen" und „Müssen". Ganz einfach: So, wie es ist, so ist es. Das ist eine Haltung, die uns selbstverständlich Mensch – Mann oder Frau – sein läßt, so wie ein Baum ein Baum ist. Es geht um eine bestimmte – neugierige, freundliche und absichtslose – Haltung zu mir selbst, aus der heraus ich meinen Erlebensfluß wahrnehme. Ob in mir Veränderung und Wachstum ermöglicht wird, oder ob ich in meiner Fixierung so bleibe, wie ich schon immer war, das hängt davon ab, *wie* ich mich als Erlebender erlebe. Auf meine Selbst-Wahrnehmung kommt es an. Piero Ferrucci schreibt:

„In jedem Moment unseres Lebens können wir die Position des gelassenen Beobachters einnehmen, und dann werden wir als erste Wirkung Befreiung erfahren: Ich habe Angst; ich beobachte meine Angst; ich erkenne sie ganz klar; ich verstehe, daß ich nicht diese Angst bin, und ich fühle mich von ihr befreit."[4]

Es gibt eine ganze Fülle von Experimenten, um dieses Loslassen zu üben. Eine einfache Übung ist, 60 Minuten nur auf die Frage zu antworten: „Wer bist du?" Ich könnte darauf antworten: „Ich bin der Klaus Renn, ich bin Focusinglehrtherapeut, ich bin Vater, ich bin einer, der auf der Suche ist, ich bin . . ." Irgendwann werden die Inhalte ausgehen und es wird sich dieser kleine Riß hin zum eher Impliziten meiner Person auftun: von der Oberflächenidentität zu einer als wahrer und wesentlicher erlebten Identität meiner selbst.

In der *Dimension des körperlichen Erlebens* sind die anderen Dimensionen eingefaltet. Nicht so, wie Papier gefaltet ist, sondern wie in einer Kastanie alle Informationen über den vollendeten Baum enthalten sind. Hier ist alles „eingefaltet" und enthalten, was mit diesem Baum zusammenhängt: Wachstum, jahreszeitliches „Verhalten", bis hin zu seinem Sterben. Sie bemerken sicherlich, daß ich den Körper jetzt nicht in seiner Physiologie meine, sondern einen weiteren Begriff von Körper verwende. Eugene Gendlin hat diese Körperwahrnehmung mit *felt sense* beschrieben. Fragt man zum Beispiel, wie man sich in diesem Augenblick fühlt, und horcht man nach innen (Richtung Brust- und Bauchraum) auf das Gefühl für die gegenwärtige Situation, dann erhält man als Antwort zunächst ein verschwommenes Ganzes. Ein anderes Beispiel wäre der Versuch, sein inneres

Gefühl gegenüber irgendeiner Person im eigenen Lebensumkreis zu ergründen. Welches Gesamtgefühl haben Sie beispielsweise gegenüber Ihrem Vater? Versuchen Sie doch einmal, die ganze Qualität Ihrer Beziehung zu ihm zu erfassen, ohne sich auf spezifische Gedanken oder Vorstellungen zu konzentrieren. Sie werden dann feststellen, daß dieses Gesamtgefühl keine definitive Form hat, sondern eine sehr globale „Gefühlsqualität" besitzt.[5] Für Gendlin stellt dieser sogenannte *felt sense* unsere Interaktion mit der Welt dar. Wir erleben diese Welt um uns in einer umfassenden Weise in uns, ehe wir sie artikulieren können. Am Beispiel des *felt sense* zu Ihrem Vater werden Sie feststellen können, daß in diesem umfassenden Gefühl ihm gegenüber alles enthalten ist: Was Sie jemals über ihn erfahren oder in Interaktion mit ihm erlebt haben; alles, was Sie an Freude, Ärger, Enttäuschung, Verletzung mit ihm erlebt haben – Ihre gesamte Erfahrung mit ihm ist in diesem *felt sense* verdichtet. Sobald wir versuchen, scharf einzustellen oder etwas herauszupicken, beginnen wir schon, einzelne Aspekte explizit – also entfaltet – zu betrachten.

Gendlin hat aus dieser Entdeckung das Focusing entwickelt, eine Methode der Selbsthilfe wie auch der modernen Psychotherapie. Wird dieses Focusing in der spirituellen Suche genutzt, dann sprechen wir von Biospiritualität.[6] Die spirituelle wie auch die psychotherapeutische Arbeit erscheint mit dem Konstrukt des *felt sense* in der Theoriebildung wie auch dem tatsächlichen „Tun" dem derzeitigen wissenschaftlichen Paradigma mehr zu entsprechen als die Begriffswelt traditioneller Psychologie. Darüber hinaus ergibt sich eine große Einfachheit und Leichtigkeit bei diesem Prozeß der Selbstveränderung. Welwood schreibt dazu:

„Allerdings läßt das traditionelle Modell des Unbewußten in der Tiefenpsychologie es so erscheinen, als verfüge das Unbewußte über eine entfaltete Struktur, als existierten Antriebe, Wünsche, Verdrängungen oder Archetypen dort in entfalteter Form, als sei das Unbewußte eine Art von alter ego. Hier kann ich nur postulieren, daß das, was unbewußt ist, eher die implizite Ordnung der Erfahrung ist als eine Anzahl autonomer oder entfalteter ‚Inhalte'. *Was unbewußt ist, das sind holistische Strukturen, die auf vielfältige Weise und auf verschiedenen Ebenen des Verhältnisses Organismus/Umwelt entfaltet werden können.*"[7]

Beziehen wir uns mit unserer inneren Achtsamkeit auf diese vage körperliche Hintergrund-Verschwommenheit, also die nicht entfalteten Strukturen (felt-sense), so werden wesentliche innere Bilder und Vorstellungswelten entfaltet, essentielle Energien erspürt, konkrete Gedanken entwickelt werden, die durch ihr Erscheinen einen Wandlungsprozeß initiieren.[8] Dieser Veränderungsprozeß ist auch nicht machbar im Sinne von Anstrengung, sondern wird eher als ein Sich-überlassen erlebt. Das Leben in mir oder auch das Göttliche in mir sucht von ganz alleine. Ich brauche mich dem „nur" zu überlassen. Oder wie Franz von Assisi formulierte: „Das, wonach wir suchen, ist das, was sucht." Unser Tun ist diese bestimmte Bezogenheit zur inneren Wahrnehmungswelt. Im Enneagramm finden wir Entwicklungsrichtungen durch die Pfeilrichtungen benannt. Jetzt wird deutlich, daß diese Entwicklung nicht machbar ist. So kann sich eine sogenannte „Fünf" noch so sehr anstrengen, sie wird niemals zu den Kräften einer „Acht" kommen. Jedoch wird sich dies im inneren Prozeß wie von alleine ereignen, wenn der Zugang zum Impliziten sich öffnet, wenn die Fixierung transzendiert wird. Der Veränderungsweg geht also hier nicht von der „Fünf" zur „Acht", sondern von der „Fünf" zu ihrem eigenen inneren Erlebnisrand und dann darüber hinaus in die implizite Welt. Und der Mensch, der sich bislang in der „Fünf" beschrieben sah, wird sich jetzt in seiner Oberflächenidentität mit Möglichkeiten und Energien der „Acht" neu verstehen können. Und je nach Art der Suche und dem nächsten inneren Wachstumsschritt wird dies als psychotherapeutische oder spirituelle Arbeit interpretiert werden können.

Die drei Zentren des Enneagramms: Kopf, Herz und Bauch

Das Enneagramm beschreibt drei Körperzentren – Kopf, Herz, Bauch –, die sich dann zu den neun unterschiedlichen Typen ausdifferenzieren. Diese Energiezentren waren schon den alten Israeliten bekannt und auch in der christlichen Mystik von großer Bedeutung. Im Hinduismus finden wir viele Techniken, die mit diesen Energien arbeiten und den Weg zur Erleuchtung eröffnen. Es handelt sich also wohl nicht nur um Bauch-, Herz- und Kopfmenschen, was lediglich die Oberflächenidentität beschreiben würde, sondern weit mehr um energetische Potenzen des menschlichen Erlebens. In der impliziten Wahrnehmung finden wir hier wesentliche Quellen, die unser menschliches und spirituelles Wachstum fördern.

Im *Herzzentrum* finden wir zu einer Liebe, die als „selig" bezeichnet werden könnte. Eine Liebe, die für uns selbst strömt und weit über uns selbst hinaus wirkt: zum Mitmenschen und/oder zur Natur. Vielleicht ist sie wie ein heilendes Eintauchen und Einbeziehen der gesamten Umwelt, die als verbunden erlebt wird.

Im *Bauchzentrum* finden wir Erfahrungen des Verwurzeltseins: wie verwachsen mit dieser Erde, die wiederum in einer größeren planetarischen Ordnung aufgehoben ist; die Sicherheit einer „Ich-bin"-Kraft sowie die Kraft der Aggression und der Sexualität, die Selbstverständlichkeit des Seins, wie eben ein Baum ein Baum ist.

Im *Kopfzentrum* finden wir viele Öffnungen für weite Fernen und eine feine Sensorenwelt, die Informationen sammelt. Eine Kraft, die alles so lassen kann, wie es ist. Und dazu eine vielfältige Senderwelt, die zu subtiler Kommunikation fähig ist. Einen Informationsspeicher, der die Wahrnehmungen nach den vorliegenden Programmen in Strukturen umsetzen kann. Sonst würden wir ja tatsächlich alles auf dem Kopf stehend sehen. Nur durch Kopfarbeit wird unsere Augenwahrnehmung auf die Füße gestellt.

Ein entwicklungsorientierter oder auch biospiritueller Umgang mit dem Enneagramm wird hier viele Impulse geben können und gleichzeitig zu tiefen Einsichten des „menschlichen Funktionierens" wie auch theologischer und mystischer Begriffsbildung führen.[9] Die Perspektive, die ich hier vertrete, schließt ja die Sicht mit ein, daß alles, was von uns benannt, gesprochen oder gedacht werden kann, Explikationen des Impliziten darstellen. Wobei dieses Implizite verbunden ist mit dem Organismus unserer gesamten Umwelt. Und noch etwas weiter gedacht, gibt es dann überhaupt keine von uns getrennte Umwelt mehr. In den kognitionsbiologischen Forschungen von Humberto Maturana und Francisco Varela wird dies wie folgt formuliert:

„Die Welt, in der wir leben, ist die Welt, die wir im Prozeß des Erkennens gemeinsam erschaffen."[10]

Explizit machen und gemeinsam erschaffen – hier liegen ganze Welten verborgen. Um sie zu erforschen, brauchen wir so etwas wie eine experimentelle Theologie, aus der eine spirituelle Seelsorge erwachsen könnte.

Den eigenen Typus verändern: Ganz einfach, aber nicht ganz leicht

Dieser wachstumsorientierte, biospirituelle Umgang mit dem Enneagramm könnte den Eindruck entstehen lassen, alles sei ganz easy. Mein Eindruck, wie auch meine Hoffnung ist tatsächlich, daß in und durch die spirituelle Seelsorge einiges leichter, vielleicht auch ehrlicher und transparenter werden wird. Texte und Gleichnisse in der Bibel bekommen durch diesen Zugang für mich viel weitere Perspektiven und rühren mein Leben neu an. Höre ich etwa von Paulus: „Nicht ich lebe, sondern Christus lebt in mir"

(Gal. 2,20), so provoziert er mich aufs Neue, meinen Weg aus der Fixierung zu suchen, den Weg aus meinem gefangenen „Ich“. Ich darf den Zustand der Identifikation verlassen – mich identifizieren – und Christus statt meiner leben lassen.

Vielleicht fallen auch Ihnen einige biblische Texte ein, die in dieser Perspektive neu zu uns sprechen können. Vielleicht der Satz: „Wenn das Weizenkorn nicht stirbt ...“ (Joh. 12,24) oder die Gleichnisse über die Nachfolge Jesu; die Geschichte von jemandem, der einen Schatz in einem Acker entdeckt – dann alles, was er hat, verkauft, um diesen Acker plus Schatz zu erwerben. Immer wieder werden wir in den biblischen Texten aufgefordert, zu wachen und zu erwachen ... „Aus Gnade seid ihr gerettet worden durch Glauben, und das nicht aus euch: Gottes Gabe ist es, nicht aus den Werken, auf daß sich nicht jemand rühme“ (Eph. 2,8). Gute Werke tun, sich um Gerechtigkeit bemühen, moralisch und tadellos vor den Nächsten und Gott dastehen wollen, das sind alles Aktionen unserer Fixierung. Das hat nichts mit der Botschaft Jesu zu tun und dem, wofür er sein Leben in die Waagschale wirft. Leben wir mit diesem Jesus, wird unsere Fixierung unterbrochen und aufgebrochen. Wir mit unseren ausgefeilten Glaubenssystemen im Kopf werden auf den reichen Schatz verwiesen, den wir als Kinder Gottes – hier, jetzt und heute! – einfach finden können. Es ist zwar einfach, aber doch nicht leicht. Paulus spricht einmal davon: „Nicht, daß ich's schon ergriffen habe oder vollkommen sei; ich jage ihm aber nach, ob ich's wohl ergreifen möchte, nachdem ich von Christus Jesus ergriffen bin“ (Phil. 3,12).

Aus der aktuellen Forschung der Transpersonalen Psychologie[11] wissen wir, daß spirituelle Erfahrungen nur von Individuen gemacht werden können und zu entsprechenden Veränderungen bei denen führen, die in ihrer präpersonalen und personalen Entwicklung ein gewisses Maß an Festigkeit oder Sicherheit erworben haben. Unter präpersonaler Phase wird die Lebensspanne bis etwa zum sechsten Lebensjahr und unter personaler Phase die Entwicklung ab dem sechsten Lebensjahr verstanden. Das bedeutet, daß ein Individuum über feste Strukturen verfügt, die es ihm erlauben, mit sich selbst und der Umwelt befriedigend zu interagieren. Die traditionelle Psychotherapie ist hier das Medium, um Entwicklungen abzuschließen. Ziel ist wohl, das Individuum dabei zu unterstützten, sein eigenes, selbstverantwortliches Leben zu führen und Krisen aus eigenen Ressourcen zu bewältigen. Erst dann ist eine transpersonale Entwicklung wirklich möglich. Erst ist es also wichtig, eine Person zu werden, dann kann diese Person sich wieder verlassen, um sich tieferen impliziten Welten zuzuwenden. Bei Kränkungen auf der präpersonalen und personalen Ebene wird eine spirituelle Entwicklung zumindest sehr erschwert, da alle Erfahrungen, Erkenntnisse und Energien benötigt werden, um die Selbststruktur zu stützen und ihr zu dienen. Das Individuum wird vielleicht religiös reden, sich vielleicht auch mehr mit seiner Gruppe identifizieren. Aber es wird nicht so recht dazu kommen, daß ein solcher Mensch authentisch lieben oder auch nur echte Anteilnahme zeigen kann. Zu einer klaren Wahrnehmung von sich selbst und der Umwelt und dem Verbundensein mit ihr wird es nicht so recht kommen. Diese Menschen erbringen oft religiöse Superleistungen, ohne die Früchte ernten zu können. Hungert zum Beispiel das eigene „innere Kind" nach Anerkennung und Liebe, dann wird es auch im Erwachsenenleben alles nutzen, um diese Anerkennung und Liebe zu bekommen. Alles, was mit Glaube, Gott usw. zu tun hat, wird dann zu einer infantilen Welt.

Damit sind wir alle gemeint. Niemand von uns ist fertig. Es gibt nur ein Sich-auf-den-Weg-Machen, ein Suchen nach innerer Heilung. Das heißt auch: Danach zu suchen, wie ich ganz persönlich geworden bin. Erst dann greift dieses Suchen über mich selbst hinaus. Dies ist ein schwieriger Schnitt- und Wendepunkt, der ohne einen erfahrenen Begleiter, Seelsorger, Therapeuten und meist auch ohne eine Bezugsgruppe nicht möglich ist. Es ist einfach zu verführerisch, aus der eigenen Fixierung heraus die spirituelle Welt in den Griff zu bekommen – eben: be-greifen – zu wollen. Hier handelt es sich offensichtlich um eine paradoxe Angelegenheit: Nur wenn ich mich selbst finde, also meine Fixierung erlebe und darin auch gesünder werde, kann ich mich freier in die abenteuerliche tiefere Welt einlassen. Also: Erst annehmen und dann wieder loslassen können. Wenn ich mich, meine Eigenarten, die ich im Enneagramm beschrieben finde, meinen Körper, meine Beziehungen wie sie sind, annehme, dann kann ich mich loslassen! Mich annehmen geht für uns aber nun mal nicht ohne das Du. Ich werde angenommen von Dir und ich kann mich selbst etwas mehr annehmen – das sind unsere schlichten menschlichen Möglichkeiten. Gott sei Dank muß ich mich nicht auf einmal annehmen, sondern nur auf diesen Weg zu mir einlassen, um mich wieder etwas loslassen zu können. Dieser Weg hinter die Fixierung ist ein täglicher Prozeß des Werdens. Er bedeutet, daß ich täglich mit mir in Verbindung komme auf der Ebene der Fixierung und daraus dann eine tiefergehende Verbindung mit dem Göttlichen, das mein kleines Ich immer transzendiert, suche. So können das Licht, die Kraft, die Liebe und die Tiefe zu „mir" – zu meiner sich dadurch heilenden Fixierung

– durchdringen. Was an mir dann so „heil“ geworden ist, kann dann auch in den ganzen Kontext meines Lebens übergehen. Viele andere Fixierungen werden auf diesem Weg zugänglicher und stellen mir neue Lebensmöglichkeiten zur Verfügung.

Meine Botschaft hinter den Zeilen ist vielleicht ganz einfach die Betroffenheit des orientalischen Kriegers (Sie erinnern sich): „Gibt es denn mehr als 100 Dinar?“ Gibt es denn mehr als das Leben zu leben, in welchem ich mich gerade entdecke? Auch tut es mir gut, das, was ich denke und in Gruppen als Trainer tue, hier einer Öffentlichkeit vorzustellen. Mein Wunsch ist, mich mit Menschen auszutauschen und auch zu arbeiten, die wie ich auf dieser Suche nach einem „Leben in Fülle“ sind.

EIN ZWISCHENRUF

JAMES R. FOLLIARD

Psychologischer und spiritueller Ansatz beim Enneagramm – vermischen wir Methoden und Ziele?

Was ist das Enneagramm? Was sagt es wirklich? Welchen Sinn hat es, es zu erlernen? Oder zu lehren?

Auf diese und ähnliche Fragen gibt es wahrscheinlich so viele Antworten wie Leute, die das Enneagramm lehren oder Bücher darüber schreiben. Obwohl es seine Wurzeln in uralten und universalen Ideen hat, ist das Enneagramm dennoch neu und unverbraucht. Deswegen trägt jeder Gedankenaustausch und jede Meinungsverschiedenheit dazu bei, das Konzept zu verbessern. Außerdem geht es beim Enneagramm um Menschen, die sich in einem Prozeß befinden. Menschen sind ständig im Fluß und verändern sich; man kann sie schwer „festnageln". Auch das Enneagramm ist ein Prozeß. Je mehr wir versuchen, es ganz und gar festzulegen und erreichen wollen, daß „alles stimmt", desto ungenauer und desto unbrauchbarer wird es sein.

Ob wir das Enneagramm lehren oder darüber schreiben, ob wir es als therapeutisches Mittel einsetzen oder in der geistlichen Begleitung oder einfach (und vor allem) als Wegbegleiter auf unserer eigenen Reise nutzen, stets brauchen wir eine gewisse Klarheit im Blick auf die eingangs formulierten Fragen. Wir müssen unsere Gesamteinstellung zum Enneagramm von Zeit zu Zeit überprüfen: Wie beantworten wir Fragen darüber, was es ist und was es beinhaltet? Weshalb benutzen wir es? Ist die Art und Weise, wie wir mit ihm umgehen, in sich schlüssig? Oder könnten wir dabei womöglich Methoden einsetzen, die unserem Grundverständnis diametral entgegenstehen? Welche unbewußten Voraussetzungen und Ziele fließen möglicherweise in unsere Auffassung und Methodik ein?

Es scheint zwei Grundeinstellungen oder Verstehensweisen zu geben, die sich in Theorie und Praxis des Enneagramms herausschälen. Es soll hier kein Urteil über beide Ansätze gefällt werden. Der eine ist nicht „besser" als der andere. Persönlich gebe ich dem zweiten den Vorzug. Das hängt mit meinen eigenen Voraussetzungen und Zielen bei der Arbeit mit dem Enneagramm zusammen. Aber jeder der beiden Ansätze hat seine eigene Stärke, solange er sich selbst treu bleibt, das heißt, solange er im Einklang bleibt mit dem eigenen Vorverständnis und den eigenen Zielen.

1. Der psychologische Ansatz

Ich empfinde das, was ich den psychologischen Ansatz der Enneagrammdeutung nenne, als sehr pathologisch orientiert. Dieser Ansatz nimmt die neun Typen in den Blick und sieht jeden Typ direkt oder indirekt als Persönlichkeitstyp. Die eigene Persönlichkeit wird durch den eigenen Enneagramm-Typ definiert oder – wenn man das Konzept der „Flügel" und der „Pfeile" hinzunimmt – als eine begrenzte Kombination von einigen der neun Typen.

Unsere Einstellung zum Ich ist natürlich entscheidend für die Frage, welchen Ansatz und welche Methoden wir wählen. Die psychologische Einstellung, die ich meine, tendiert dazu, ein gesundes Ich gleichzusetzen mit einer gesunden Gesamtpersönlichkeit. Deshalb besteht die Tendenz, daß man versucht, die Typen selbst zu stärken, selbst wenn sie als Schwächen verstanden werden. Die Pfeiltheorie beispielsweise suggeriert, daß wir unseren eigenen Typ stärken können, indem wir uns „gegen den Pfeil" bewegen und einige Eigenschaften des Typs, der am jeweiligen Punkt „gegen den Pfeil" angesiedelt ist, in den eigenen Charakter integrieren.

Eine andere (bewußte oder unbewußte) Voraussetzung dieser psychologischen Einstellung ist die Gleichsetzung eines gesunden Ichs mit einem Ich, das gut an gesellschaftliche oder kulturelle Normen angepaßt ist. Gesundheit wird tendenziell als das definiert, was die jeweilige Kultur als gesund und normal definiert. Das aber würde voraussetzen, daß die Kultur selbst gesund ist und in der Lage, solche Urteile zu fällen. Nachdem das Enneagramm in religiösen und spirituellen Kreisen weit verbreitet ist, lohnt sich der Hinweis, daß auch religiöse Institutionen soziale und kulturelle Einheiten sind, deren Normen für Gesundheit nicht einfach wie selbstverständlich hingenommen werden können. Das heißt nicht, daß sie falsch sind. Aber es heißt, daß wir unsere allzu selbstverständlichen Voraussetzungen sorgsam überprüfen müssen.

Die methodischen Entscheidungen, die aus dieser Einstellung erwachsen, nehmen eine vorhersagbare Form an. Da die Persönlichkeit so stark mit den neun Typen in Verbindung gebracht wird, muß jeder Typ zwangsläufig in großer Breite und Tiefe analysiert werden. Das Ergebnis ist die Hervorhebung der Unterschiede zwischen den Typen. Das Grundaxiom dieser Einstellung lautet, daß wir zeitlebens durch unseren Typ definiert werden, ungeachtet, wie gesund unser Ich wird. Nachdem wir nun einmal identisch sind mit unserem Typ, müssen wir eben das beste daraus machen und ihn reparieren und in Ordnung bringen, so gut es geht. Nachdem jeder Typ grundlegend anders ist als die anderen Typen, muß auch die Reparatur jeweils anders aussehen. Dies erfordert natürlich noch mehr Wissen über die einzelnen Typen und fördert die Tendenz, sie mit wissenschaftlicher Präzision zu definieren.

Man könnte diese psychologische Einstellung auch klinischen oder diagnostischen Ansatz nennen. Dieser Ansatz ist sehr wertvoll im Blick auf die Daten, die er über die neun Typen zusammengetragen hat. Dennoch glaube ich, daß seine Ziele zu begrenzt sind, und daß diese begrenzten Ziele oft mit größeren Zielen kollidieren. Psychologische Heilung oder Anpassung oder Ich-Stärkung mögen zwar durchaus lobenswerte Ziele sein, aber es ist ein Fehler, sie mit spirituellem Wachstum oder mit Ganzheit gleichzusetzen.

Zu den Publikationen, die in diese Kategorie gehören, zähle ich die Bücher von Riso, Beesing/Nogosek/O'Leary, Henry und Frings-Keyes. Trotz meiner generell ablehnenden Haltung gegenüber der psychologischen Einstellung habe ich einige dieser Bücher als sehr wertvoll empfunden. Riso[1] beispielsweise setzt zwar auch die neun Typen jeweils mit der Gesamtpersönlichkeit gleich, aber er leistet Hervorragendes bei der Darstellung der Erkrankungsstadien und der Beschreibung, wie die Erkrankung bei jedem Typ fortschreitet.

2. Der spirituelle Ansatz

Anders als der erste Ansatz, der psychische Defekte und Erkrankungen hervorhebt, legt diese Einstellung den Akzent auf spirituelle Erkrankung. Spirituelle Erkrankung ist dreifacher Natur: Es ist die Entfremdung von uns selbst, von der Welt und von Gott, wie immer man „Gott" versteht. Diese dreifache Krankheit zeigt sich ferner in der Tatsache, daß spirituelle Erkrankung, psychische Schwäche und sogar physisches Leiden Hand in Hand gehen. Physische Behandlung und Psychotherapie mögen zwar notwendige Schritte zur Genesung sein; vollständige Genesung jedoch und unser volles Potential können nicht erreicht werden, wenn nicht auch die zugrundeliegende spirituelle Erkrankung angegangen wird.

Hier werden die neun Typen eindeutig als Schwächen oder Krankheitstypen gesehen, nicht als Persönlichkeitstypen. Die eigene Persönlichkeit ist gerade nicht die Summe der eigenen Verstrickung in den jeweiligen Typ (samt seinen Flügeln etc.) – weder im Zustand der Krankheit und schon gar nicht auf dem Weg der Genesung.

Die Einstellung zum Ich unterscheidet sich von derjenigen, die dem psychologischen Ansatz zugrundeliegt. Ein gesundes Ich ist nicht mit einer gesunden Persönlichkeit gleichzusetzen. Das Ich-Bewußtsein ist nur eine Facette der Gesamtperson. Seine Gesundheit ist wichtig – aber nur im Zusammenhang mit einem größeren Bild. Es ist auf jeden Fall wichtig festzuhalten, daß die Auflösung oder Zerstörung des Ichs nicht das Ziel dieser spirituellen Einstellung ist.

Diesem Ansatz zufolge liegt die Genesung in der Wiedererlangung gesunder Zentren oder Funktionen, nicht in der „Reparaturarbeit" am Typ selbst. Es geht darum, aus der Krankheit (dem Typ) herauszukommen und zu genesen. Das bedeutet nicht, daß keine Spuren des Typs übrigbleiben. Wachstum, nicht Perfektion ist das Ziel, und Verschürfungen unserer Wunden werden immer sichtbar bleiben und können immer wieder aufbrechen. Aber eine gesunde und integrierte Person kann nicht durch einen Typ oder selbst eine Kombination von Typen definiert werden.

Diese Einstellung steht im Einklang mit der spirituellen Weisheit aller Traditionen. Das gilt auch für die angeblich ich-zerstörenden buddhistischen Traditionen, die in unserem egozentrischen Westen oft falsch interpretiert werden! Das schließt ganz besonders die Schriften und spirituellen Traditionen des Westens ein und auch die sehr spirituell ausgerichtete Psychologie *C. G. Jung*s und seiner Schülerinnen und Schüler. Dabei ist zu beachten, daß die spirituelle Tradition des Westens nicht gleichzusetzen ist mit institutionalisierten religiösen Körperschaften (Kirchen).

Methodisch betont der spirituelle Verstehensansatz das generelle Bild, das für alle gilt. Das Gesamtbild ist wichtiger als die Einzelheiten. Die Gleichheit der Menschen wird betont – auch wenn ihre konkreten Erkrankungen sich unterscheiden. EINSer beispielsweise haben mehr mit SIEBENern gemein als nicht. Das gilt sogar im tiefsten Stadium der Erkrankung.

Deshalb wird von diesem Ansatz her kein Detailwissen über die Krankheitstypen verlangt. Es wird schon gar nicht als Voraussetzung dafür angesehen, daß die Genesung einsetzen oder die eigene spirituelle Reise beginnen kann. Vertiefte Selbsterkenntnis ist Teil dieser Genesung, und man muß nicht einmal die eigene Typennummer kennen, um anzufangen. „Loslassen" der Ich-Kontrolle (nicht des Ichs selbst!) und „Gott lassen" (wie immer man „Gott" versteht) ist der Fokus. Die Ansammlung von immer mehr Wissen über den eigenen Typ – vor allem in Unterscheidung zu anderen – wird hier als besonders raffinierte Form des Versuchs angesehen, die Ich-Kontrolle aufrechtzuerhalten und könnte dazu verleiten, daß man zersplittert und krank bleibt.

Man könnte diesen Ansatz auch als künstlerisch und intuitiv beschreiben im Vergleich zum mehr wissenschaftlich-analytischen psychologischen Ansatz. Eine gute Analogie wäre die feine aber wichtige Unterscheidung zwischen medizinischer Wissenschaft und Heilkunst.

Im Einklang mit dem allgemeineren und fließenderen Ansatz dieser Einstellung ist die relevante Literatur dazu viel unterschiedlicher und weniger spezialisiert wie die zum psychologischen Ansatz. Helen Palmers Buch *The Enneagram* stellt eine gute Brücke zwischen beiden dar. Gurdjieffs Ideen und seine Anwendung des Enneagramms zu Beginn dieses Jahrhunderts finden sich bei *Kenneth Walker* und *Peter Ouspensky*, etwa in „Auf der Suche nach dem Wunderbaren" (München 1978). Unter den vielen nicht-enneagrammatischen Quellen dieser Einstellung möchte ich folgende hervorheben: Die Bibel (insbesondere die Psalmen, das Buch Genesis / 1. Mose und die Evangelien); *Juliana von Norwich, Johannes vom Kreuz, Friedrich von Hügel, Carl Gustav Jung,* seine Schülerinnen und Schüler.

Diese Einstellung ist *anders*, das heißt keineswegs diametral entgegengesetzt (obwohl einzelne Gesichtspunkte genau *das* sein mögen). Die psychologische Mentalität kann sicherlich auf detaillierte Informationen zurückgreifen, die durch psychologische Methoden gewonnen wurden. Die Hauptgefahr liegt im Eklektizismus, in der willkürlichen Vermengung von Methoden und Zielen. Eine gewisse Spannung zwischen beiden Ansätzen ist notwendig, wenn sich das Konzept weiterentwickeln soll.

Diesen Artikel entnahmen wir – mit freundlicher Genehmigung der Herausgeberin Ruth Creighton – der amerikanischen Enneagramm-Zeitschrift: enneagram educator, Vol. I Nr. 4 1989; 2045 West Morse Avenue, Chicago, Illinois 60645, USA.

SPIRITUELLE UND KIRCHLICHE PERSPEKTIVEN

CHRISTIAN WULF

Das Enneagramm – zur Arbeit mit einer spirituellen Persönlichkeitslehre

Das Enneagramm ist in. Sowohl in kirchlichen als auch in esoterisch angehauchten Kreisen ist diese Persönlichkeitslehre im Gespräch. Man hört davon auf Parties und von KollegInnen: welcher Typ sind Sie denn? Eine Eins oder eine Acht? Dort, wo die Rede auf das Enneagramm kommt, scheiden sich die Geister. Die einen sind restlos begeistert, während andere erkenntnistheoretische Vorbehalte anmelden oder sich dagegen wehren, in eine Schublade gesteckt zu werden. Was steckt hinter diesen Zahlen? Lohnt es überhaupt, sich ernsthaft mit dieser Modeerscheinung auseinanderzusetzen? Was ist daran christlich?

Ich möchte im folgenden die Szenerie beleuchten und eine Einschätzung der Phänomene versuchen. Da ich selbst Mitbegründer des Ökumenischen Arbeitskreises Enneagramm (ÖAE) bin, geschieht dies von einer sympathischen Voreingenommenheit aus.

Noch eine weitere Persönlichkeitslehre?

Ein Blick in psychologische Lehrbücher zeigt, daß es schon eine ganze Reihe von Typologien gibt. Dahinter steht die Erfahrung, daß es trotz aller Individualität bestimmte Menschengruppen gibt, die gemeinsame Eigenschaften aufweisen. Wir finden dort neben der antiken Temperamentenlehre die Körpertypologien (Kretschmer, Reich, Lowen) sowie tiefenpsychologisch orientierte Typologien (z.B. Freud, Jung, Adler, Horney, Riemann). Warum also noch eine weitere?

Alle modernen Typologien gehen meist von Krankheitsbildern aus und beschreiben IST-Zustände: SO BIST DU! Das Enneagramm schlägt einen anderen Weg ein, es ist ein dynamisches Modell. Es beschreibt die ambivalenten Persönlichkeitsstrukturen jedes Menschen in Hinblick auf die eigenen Zwänge *und* auf Veränderungsmöglichkeiten. Das Schwergewicht liegt in der Einladung zur Veränderung, biblisch ausgedrückt: im Ruf zur Umkehr.

Das Enneagramm will die Menschen auf dem Weg zu sich und zu Gott unterstützen. Darin liegt die neue Perspektive! Wer sich auf einem geistlichen Weg befindet oder andere auf deren Weg begleitet, für die/den ist das Enneagramm sehr hilfreich. Es weitet den Blick, zeigt ungeahnte Zusammenhänge und unbequeme Wahrheiten in einer großen Prägnanz auf.

Der Ökumenische Arbeitskreis Enneagramm

Die erste Idee zur Gründung eines Arbeitskreises, der die Arbeit mit dem Enneagramm trägt, entstand auf einer Multiplikatoren-Tagung auf Schloß Craheim im Mai 1989. Dort hatten sich etwa 70 Personen aus beiden christlichen Kirchen zusammengefunden. *Andreas Ebert* stellte mit dieser Tagung das Enneagramm einer größeren deutschsprachigen Öffentlichkeit zur Diskussion vor. Ebert befand sich damals in der Endphase seiner Übersetzung. Auf dieser Tagung wollte er die Reaktion eines größeren Publikums auf diese neue Persönlichkeitslehre erfahren und gleichzeitig die TagungsteilnehmerInnen um qualifiziertes Feedback bitten. Die Rückmeldungen wurden dann noch ins Manuskript eingearbeitet.

Im Dezember 1989 fand in München die Gründungsversammlung des Ökumenischen Arbeitskreises Enneagramm statt. Der Verein hat sich das Ziel gesetzt, den christlichen Zugang zum Enneagramm zu bewahren und auszubauen. Er versteht sich als ökumenische Initiative innerhalb der christlichen Kirchen. Insbesondere durch Bildungs- und Öffentlichkeitsarbeit sollen Mitgliedern und Interessierten Angebote zum tieferen Verständnis des Enneagramms gemacht werden. Ein regelmäßiger Rundbrief und eine Jahreshauptversammlung sollen die Kommunikation zwischen den Mitgliedern fördern. Der Vorstand, der für einen Zeitraum von drei Jahren gewählt wurde, setzt sich aus verschiedenen Berufsgruppen zusammen (einem Pfarrer, einem Theologen, einer Missionsschwester, einem Pädagogen und einem Psychotherapeuten).

Die erste Jahreshauptversammlung fand im Oktober 1990 in Wiesbaden-Naurod statt und stand unter dem Thema: Exerzitien und das Enneagramm. Hauptreferent war *P. Alex Lefrank SJ* von der Gruppe Ignatianische Spiritualität (GIS), Frankfurt/Main. Neben der inhaltlichen Auseinandersetzung wurde vor allem über die weitere inhaltliche Arbeit des Vereins diskutiert. Einen weiteren Schwerpunkt stellte die Gestaltung von Veranstaltungen dar: Wie kann in das Enneagramm eingeführt werden? Wer kann diese Aufgabe übernehmen? Welche Qualifikation ist dazu notwendig?

Was kann das Enneagramm überhaupt bieten?

Grundsätzlich lassen sich drei Blickrichtungen unterscheiden: Ein erster Zugang soll klären, welche der neun Persönlichkeitsgestalten der eigenen Person am meisten entspricht. Wenn jede/r den eigenen Typus gefunden hat, lenkt das Enneagramm den Blick auf die Veränderungs- bzw. „Erlösungswege". In der Weiterarbeit erschließen sich dann die Zusammenhänge mit anderen Persönlichkeitsgestalten. Im Überblick:

Diagnostik: Welche Persönlichkeitsgestalt entspricht mir?
Die Grundannahme des Enneagramms lautet: Aufgrund der je spezifischen psychosozialen Entwicklung bildet sich in jedem Menschen eine bestimmte Persönlichkeitsgestalt heraus, die sich anhand bestimmter, immer wiederkehrender (meist zwanghafter) Handlungsmuster herausfinden läßt. Die eigenen Muster werden deutlich, wenn mit Hilfe der Kategorien des Enneagramms folgende Fragen beantwortet werden können:
- In welchem der drei grundlegenden Bereiche: Gefühl – Handeln – Beziehungen habe ich am meisten Schwierigkeiten?
- Mit welchen Vermeidungshaltungen und Abwehrmechanismen halte ich an meinem „falschen" Selbstideal fest?
- Welche Wurzelsünde liegt meinen Selbsterlösungsversuchen zugrunde?

Veränderung: Welche Wege führen zu mehr Freiheit? Wozu bin ich berufen?
Eine Erlösung aus den zwanghaften Handlungsmustern setzt eine dreifache Bekehrung voraus: intellektuell – affektiv – intuitiv. Es geht in dieser Phase um die geistliche Unterscheidung der eigenen Persönlichkeitsentwicklung, die entweder mehr zur Integration oder zur Desintegration der Person (zum Leben oder zum Tod) führt.

Differenzierungen: Tiefendimensionen und Beziehungen der Gestalten
Welche Schattierungen finden sich in den anderen Gestalten?
Wie gestaltet sich das Beziehungsgeflecht innerhalb des Enneagramms?
Welche Beziehungen hat jede Gestalt zu ihren Nachbarn?
Gibt es unterschiedliche Entwicklungsstadien der einzelnen Typen?
Wie gehen die einzelnen Gestalten mit der Welt und mit der Zeit um?

Gibt es für jede Gestalt naheliegende Gebetsweisen?
Lassen sich Facetten des Enneagramms auch bei Jesus wiederfinden?

Im ersten Zugang blättert sich die ganze Landkarte der Seele auf. Die Beschreibungen sind präzise und nüchtern. Den meisten Menschen wird, wenn sie sich ernsthaft darauf einlassen, zunächst einmal ein wenig übel: „Wie kann jemand meine eigene Wahrheit, die ich mit Müh und Not zu verbergen suche, so schonungslos beim Namen nennen?“ Es ist eine Wahrheit, die ziemlich weh tut und zugleich befreit. Gleichzeitig vermittelt das Enneagramm eine Gelassenheit: „Ich kann mich auf diesen (schmerzvollen) Prozeß der Selbsterkenntnis vertrauensvoll einlassen, denn so wie ich bin, bin ich zunächst auch geliebt.“

Das Erkennen der eigenen Persönlichkeitsstruktur und der Beginn der „bevorzugten“ Handlungsweisen ist ein erster Schritt. Dieser – notwendige – psychologische Zugang greift meines Erachtens ohne eine spirituelle Ausrichtung zu kurz. Zu leicht gerät der einzelne unter Druck, sich selbst erlösen zu müssen: „Wenn ich nur hart genug an mir arbeite, wird es mir gelingen, besser zu werden!“

Dem Enneagramm als psychologischem System auf einem sehr allgemeinen spirituellen Hintergrund (Riso, Jaxon-Bear) fehlen m. E. wesentliche Perspektiven, zu sehr rückt die Gefahr der Selbsterlösung in den Vordergrund. Und gerade die Selbsterlösungsversuche führen noch tiefer in die Verstrickung und Verfestigung der eigenen Zwanghaftigkeit. Davor bewahrt der Blick auf das Angesicht Christi. Erlösung ist dann keine weitere Leistung des Individuums auf dem Weg seiner spirituellen Vervollkommnung, sondern vor allem Geschenk des liebenden Gottes.

Grundsätzlich ist zu allen bisher auf Deutsch erschienenen Büchern einschränkend anzumerken: Sie sind alle ausschließlich aus männlicher Perspektive geschrieben. Frauen merken immer wieder an, daß sie sich in der Darstellung oft nicht wiederfinden, so sehr dominiert die männliche Sichtweise. Ein sehr ernstzunehmender Einwand: statt traditionelles Rollenverhalten in Richtung auf eine ganzheitliche Sicht zu transzendieren, schleichen sich sexistische Verkürzungen ein. Hier ist grundsätzliches Umdenken gefordert!

Unter allen Autoren grassiert die ärgerliche Unsitte, „berühmte“ Personen in die Typologie des Enneagramms einzusortieren. Mir scheint das mehr einem vordergründigen Illustrationsbedürfnis als einem Wunsch nach vertieftem Verständnis zu entspringen. Das Enneagramm ist vor allem ein Weg der *Selbst*erkenntnis und kein System, um andere Menschen in eine Schublade einzusortieren.

Wünschenswert wäre in allen Büchern ein Glossar, um einzelne Begriffe nachzuschlagen. Die Verwendung der Begriffe ist überhaupt noch recht uneinheitlich, was manchmal Verwirrung schafft. Eine Vereinheitlichung der Begrifflichkeiten und eine bessere Abstimmung mit psychologischen Termini (z. B. Ego – Ich – Selbst purzeln zur Zeit noch wild durcheinander) wäre ein Fortschritt.

Die implizite Anthropologie des Enneagramms

Hier mag zunächst folgende Vorstellung helfen: die „Eigenschaften" Gottes würden sich wie in einem Prisma brechen und in neunfacher Weise in den Menschen aufleuchten. Die Größe und Herrlichkeit Gottes fände sich dann in der Vielfalt der Menschen wieder und würde in den Beziehungen der Menschen untereinander aufscheinen und zu ihrer ursprünglichen Einheit zurückfinden. Das mag ein Ausdruck dafür sein, wie wichtig jeder einzelne Mensch ist, denn erst die Ergänzung aller stellt ein Zeichen der Fülle und des Reiches Gottes dar.

Damit wird gleichzeitig das implizite Menschenbild des Enneagramms sichtbar: Der Mensch, so wie Gott ihn geschaffen hat, ist gut. Das kann ein Anlaß zum Staunen, zur Ehrfurcht, zum Dank für die eigene Einzigartigkeit und Ergänzungsbedürftigkeit werden.

Auf dieser Grundlage, entsprechend der Fundamentserfahrung in den Exerzitien, kann sich der Mensch seinen negativen und verwundeten Seiten zuwenden. Das Enneagramm geht davon aus, daß wir seit unserer Zeugung destruktiven und ambivalenten Kräften ausgesetzt sind. Den absolut guten Menschen kann es in den sündhaften Strukturen dieser Welt nicht geben. Die eigene Erlösungsbedürftigkeit ist somit ein Existential unseres Menschseins, wie es die kirchliche Lehre der Erbsünde auf den Begriff bringt.

Das Enneagramm geht davon aus, daß jede/r von uns seit einer fundamentalen Sünde unter einem einzigartigen Zwang steht. In unserer psychologischen Entwicklung und Reifung, beginnend mit der Kindheit, hat jede/r eine bestimmte Fähigkeit gegenüber anderen Fähigkeiten betont und einseitig überentwickelt. In einer sehr frühen aber „freien" Entscheidung hat jeder Mensch sich als kleines Kind entschlossen, auf eine bestimmte Weise umzugehen mit sich, seinem Leib, mit den Menschen und der Welt. Aus diesem „Entschluß" haben sich dann bestimmte Verhaltensmuster entwikkelt, die die Grundlage für die weitere Entwicklung bis zum heutigen Tag ausmachen.

Dabei läßt sich Angst als das zentrale Gefühl benennen. Das kleine Kind wird von Angst überflutet und legt sich ein bestimmtes Abwehrverhalten zu, um die Elementarangst abzuwehren und sich selbst zu schützen. Diese unbewußte Haltung wird dann zum Zwang, der jede/n auch heute noch prägt. In diese zwanghafte Besetzung hinein bringt das Enneagramm die zutiefst biblische Botschaft: „Du kannst erlöst und zu Deiner wahren Gestalt befreit werden!"

Die Beschreibungen des Enneagramms gehen von den unerlösten Zwängen aus und wollen nach Art der Unterscheidung der Geister (vergleiche *Schneider*, S. 93ff) aufzeigen, wo die Freiheit für jede/n liegt. Dies sind ganz individuelle „Heilsbotschaften", denn das, was für den einen Menschen Balsam ist, kann für einen anderen Gift sein.

Persönliche Voraussetzung für den Umgang mit dem Enneagramm

Das Enneagramm ist ein sehr effektives Instrument auf dem geistlichen Weg. Es funktioniert allerdings nicht von selbst. Voraussetzung ist die Sehnsucht und die Bereitschaft, aus den eigenen Zwängen herauskommen zu wollen. Dies wird auch weh tun! Ein erster Schritt besteht darin, die eigene Wirklichkeit in ihrer Ganzheit wahrzunehmen und ungeschminkt bestehen zu lassen.

Wer sich auf die Reise mit dem Enneagramm einläßt, sollte psychisch einigermaßen stabil sein und möglichst eine/n BegleiterIn haben. Die Lektüre der Bücher allein reicht nicht aus, um wirklich in die Tiefe zu gehen. Das Enneagramm entfaltet zwar auch heilende Kräfte, es ist allerdings kein Ersatz für eine Therapie. Auch nach der Arbeit mit dem Enneagramm wird die eigene Grundprägung bestehen bleiben, allerdings mit dem Unterschied, daß man sich in freierer Entscheidung für Alternativen öffnen und sich von den Prägungen anderer Gestalten ergänzen lassen kann.

Das Enneagramm zeigt uns, wie unser „Programm" in den Tiefenstrukturen abläuft und wohin die Reise wirklich gehen kann. Es desillusioniert uns, damit wir unser wahres Selbst finden, unsere Seele und Gott finden. Es lädt uns ein, den Ort zu suchen, wo wir Gott begegnen können, und wo Gott auch nicht mehr nur eine Projektion unserer Wünsche ist, sondern wo wir als freie Menschen dem freien Gott begegnen (vgl. Ebert). Dabei gilt es, die Balance zwischen eigener Individualität und der Typisierung durch die Beschreibung des Enneagramms zu finden und zu bewahren.

Einsatzmöglichkeiten des Enneagramms

In der Arbeit mit Ehepaaren

Immer häufiger sprechen mich Ehepaare auf das Enneagramm an. Manchmal scheiden sich die Geister daran: Die Frau ist sehr angetan, ihr Mann dagegen ist entsetzt. Die Kommunikation, die sicherlich auch vorher nicht unbeschwert war, wird noch schwerer. Daneben gibt es viele Paare, die das Enneagramm als Hilfe erfahren haben, den/die PartnerIn mit neuen Augen zu sehen und auch von innen her besser zu verstehen. In diesen Fällen hat das Enneagramm das Gespräch zwischen den Partnern angeregt und vertieft. Es wird deutlich, welche Muster bei der Partnerwahl gegriffen haben, wie und wo sich die Partner Last und Unterstützung sind und wo Entwicklungsmöglichkeiten der Beziehung liegen.

In der Geistlichen Begleitung und Exerzitienarbeit

Wer andere begleiten will, muß zunächst einmal sich selbst besser verstehen lernen (die eigene innere Struktur, Motivkräfte, Abwehrmechanismen, Vorlieben, blinde Flecken). Andere begleiten heißt dann weiter, von sich selbst absehen können und die Welt mit den Augen der anderen sehen lernen. *Kierkegaards* Ratschlag: mich objektiv und die anderen subjektiv sehen lernen. Die Beschreibung der neun Gestalten ermöglicht, sich selbst genauer zu begreifen und das eigene Verständnis für andere Menschen beträchtlich zu erweitern.

In der Geistlichen Begleitung und der Exerzitienbegleitung verwende ich das Enneagramm sehr zurückhaltend und benutze es zunächst nur als innere Orientierung und Korrektur für mich. In der Begleitung geht es mir in erster Linie nicht um das Enneagramm, sondern um den Weg des/der einzelnen. Ich kann mir dabei das Wissen des Enneagramms um Chancen und Gefahren auf dem geistlichen Weg zunutze machen. Etwas anderes ist es, wenn mein/e GesprächspartnerIn bereits mit dem Enneagramm vertraut ist; dann kann es für uns beide durchaus hilfreich sein, Querverbindungen zu ziehen und Prozesse mit den Begriffen des Enneagramms zu benennen. Die Initiative, das Enneagramm ins Gespräch zu bringen, überlasse ich ganz dem/r GesprächspartnerIn. In diesem Sinne gebe ich auch keine Enneagramm-

Exerzitien. Allenfalls kann ich mir eine Einführung in das Enneagramm vorstellen.

Eine Grundaussage des Enneagramms ist es, daß die Wege zu Gott für jeden Menschen mit je spezifischen Fallen und Erlösungsangeboten versehen sind. In diesem Sinne wäre es eine lohnenswerte Aufgabe, das Exerzitienbuch daraufhin noch einmal zu lesen. Welche Rolle spielen die einzelnen Persönlichkeitsgestalten im Hinblick auf die Betrachtung der eigenen Hauptsünden, die Wahlbetrachtung, die Unterscheidung der Geister? Gibt es vielleicht ein je eigenes Gebet zur Erlangung der Liebe?

In der Aus- und Weiterbildung kirchlicher MitarbeiterInnen

In diesem Bereich ist an zweierlei zu denken, einerseits an die Seminarien, die Orden und die Ausbildung von Laientheologen/innen und andererseits an die Weiterbildung von kirchlichen MitarbeiterInnen zu Exerzitien- und geistlichen BegleiterInnen. Das Enneagramm ist in diesem Zusammenhang nicht immer vorbehaltlos zu empfehlen. Das hat vor allem entwicklungspsychologische Gründe.

Man kann davon ausgehen, daß sich die eigene Persönlichkeitsgestalt im dritten Lebensjahrzehnt in ihrer Grundprägung ausgeformt hat. In der Kindheit, der Adoleszenz und Postadoleszenz sind Veränderungen in der sozialen und personalen Identität an der Tagesordnung und somit geradezu eine Vorbedingung des Erwachsenwerdens. In dieser Zeit scheint es mir unsinnig und gefährlich, mit dem Enneagramm zu arbeiten, da es zu viele normative Elemente enthält. Die Gefahr liegt weiterhin in einer Festschreibung des eigenen Verhaltens: „Ich bin so, weil ich eine Acht bin." Dieser Versuchung gilt es zu widerstehen. Der junge Mensch soll sich seine Identität nicht erdenken, sondern er-leben. Es ist zunächst wichtiger, eigene Erfahrungen zu sammeln und diese dann differenziert auszuwerten, als sich mit einer Persönlichkeitstypologie auseinanderzusetzen. Insofern scheint das Enneagramm erst ab dem vierten Lebensjahrzehnt wirklich sinnvoll zum Einsatz zu kommen und seine wahre Potenz zu entfalten.

In der Ausbildung kann deshalb das Enneagramm nur eine sekundäre Rolle spielen. Es gehört eher in die Hand des Novizenmeisters bzw. des Mentors als in die Hände junger Menschen, die ein geistliches Amt anstreben. In der Hand eines erfahrenen Begleiters kann es allerdings vielfältige Frucht erbringen.

Ein anschauliches Beispiel für die Blickrichtung des Enneagramms sind die evangelischen Räte. Das Enneagramm lenkt unseren Blick von der bloßen Verhaltensebene hin zu der tieferliegenden Motivebene. Ein Seminarist beispielsweise, der sich durch ein ausgeprägtes Gehorsamsverständnis hervortut, wird in der Regel Bestätigung erfahren, liegt dies doch ganz im Sinn seiner Oberen. Dies kann aus der Blickrichtung des Enneagramms geradezu eine Verstärkung seines zwanghaften Verhaltens sein. Dieser Seminarist müßte zunächst erst einmal Kontakt zu seinen eigenen Urkräften (Sexualität und Aggression) und zu seinen Gefühlen bekommen, um zu ergründen, aus welchen Quellen sich sein Bedürfnis nach Gehorsam speist. In gleicher Weise ließe sich die Motivation zu einem Leben in Jungfräulichkeit und Armut auf die dahinterliegenden Motive untersuchen: Steckt dahinter wirklich die Berufung zu mehr Freiheit und Liebe oder spielen Angst und Lebensverneinung die erste Rolle?

Der Einsatz des Enneagramms in der Weiterbildung hat sich inzwischen bestens bewährt. Gerade in längeren Weiterbildungsangeboten (Intervallkurse über ein bis zwei Jahre) läßt sich eine Integration von Erfahrung und Wissensvermittlung erreichen, die einen verantwortbaren und kritischen Umgang mit dem Enneagramm gewährleistet. Es zeigt sich in diesen Kursen immer wieder, wie hilfreich es ist, daß inzwischen deutschsprachige Bücher zur Verfügung stehen. Die Lektüre von Büchern allein reicht nicht aus, um dieses Instrument wirklich in seiner Tiefe zu begreifen und zu benutzen. Ein intuitiver Zugang (z. B. über Leiberfahrung oder innere Bilder) und der betende Umgang mit den eigenen Erfahrungen stellen eine notwendige Voraussetzung dar. In der angemessenen, ganzheitlichen Weise vermittelt, erweitert das Enneagramm die Basisqualifikationen einer/s BegleiterIn erheblich. Es beschreibt eine Topographie der Seele und mögliche spirituelle Wege sowie Gefahren des geistlichen Wachstums.

In Gemeinschaften und Gemeinden

Bisher mag der Eindruck entstanden sein, daß das Enneagramm vor allem ein Instrument ist, das den Weg des/r einzelnen beleuchtet. Von seiner Herkunft mag dies naheliegen. Die Praxis erweist jedoch, daß das Enneagramm sich sehr wohl auch politisch und sozial verstehen läßt. Hier sind sicherlich noch einige Schätze zu heben. Ein vielversprechender Versuch findet am Seminar für Gemeindeaufbau der Vereinigten Evangelischen Lutherischen Kirche Deutschlands (VELKD) statt. Dort wird im Gespräch mit Gemeinden versucht, Prozesse innerhalb einer Gemeinde (sowohl Phasen im Leben einer Gemeinde als auch Strukturen des Gemeindeaufbaus) zu analysieren und zu beeinflussen (vgl. den Beitrag von Andreas

Ebert in diesem Buch). Das Neue daran ist, daß das Enneagramm und die ihm innewohnende Dynamik den Hintergrund für diese Gespräche bildet. Ähnliches läßt sich sicherlich auch auf geistliche Gemeinschaften übertragen.

Zusammenfassend läßt sich sagen, daß das Enneagramm in sich ein neutrales Instrument ist wie viele andere Methoden und Hilfsmittel auch. Erst in der Hand einzelner Menschen entfaltet es seine (nicht immer kalkulierbaren) Kräfte und verweist auf weiterreichende Ziele. Der diskrete, kritische und verantwortungsvolle Umgang mit diesem Instrument ist eine conditio sine qua non, wenn das Enneagramm wirklich heilen und befreien soll. Man nimmt auch keine Medikamente ein, ohne zuvor sich mit dem Arzt zu besprechen und den Beipackzettel aufmerksam zu lesen. Was aus dem Enneagramm wird, liegt an uns.[1]

Dieser Artikel, den wir in gekürzter Form wiedergeben, erschien erstmals in „Geist und Leben", Heft 1/91, S. 64–75.

DIETRICH KOLLER

Die neun Gesichter der Seele Christi

Ein Beitrag zum Enneagramm der Kirche – Präludium und Fuge
Vortrag in Wildbad Rothenburg am 14. 12. 1990 auf der Tagung des Gemeindekollegs der VELKD Celle „Enneagramm und Gemeindeentwicklung“

Präludium

Zwei Vorbemerkungen. Die erste: gegen die Verleugnung Christi in der Kirche.

Wir planten im Team eine Tagung „Enneagramm und Gemeindeentwicklung“. Wir prüften: Gibt das Kontinuum des Enneagramms auch ein Kontinuum für die Entfaltung einer Gemeinde her? Interessante Teilergebnisse! Aber wir kamen nicht weiter. Wir machten eine Pause. Da fiel unser Blick auf eine Christusikone. Wir knieten nieder und sangen den Taizé-Gesang „Oculi nostri ad Dominum Jesum – Unsere Augen auf den Herrn gerichtet!“ Da merkten wir: Über Kirche und Gemeinde nachdenken, ohne Christus im Blick zu haben, ist ja die typische Versuchung der Kirche. Sie soll sich doch nach Seinem Bild entwickeln und Seine Wesenszüge entfalten! Wir bemühen uns um „unsere Kirche“ und schleppen uns ab mit „unserer Gemeinde“ – statt mit Seiner. Ein Bild fiel uns ein. Ein Kirchenmann schleppt das Modell seiner Kirche, einen wuchtigen Dom, mühsam auf den Armen und krallt seine Hände daran fest. Neben ihn tritt der barfüßige, dornengekrönte Christus und hält wie ein Bettler die Hand auf: „Gib mir meine Kirche zurück!“ Ärgerlich und mißtrauisch schielt der Kirchenmann wie einst der Großinquisitor zum Herrn hinüber.

Eine Psychotherapeutin, die sich mit dem Mysterium der Kirche im Horizont der säkularen Esoterik auseinandersetzt, erzählte mir, sie habe in Colorado, dem amerikanischen Zentrum für buddhistische Psychotherapie, an einem Kurs in einem evangelischen Gemeindehaus teilgenommen. Fast alle Teilnehmer lehnten das Christentum deutlich ab. Die Kapelle wurde bis zum Skelett ausgeräumt, und viele buddhistische Symbole und Totembilder wurden aufgehängt. Nur ein massiver Holz-Christus war unbeweglich und mußte bleiben. Sie erlebte im Lauf der Tagung unter Tränen, was „Verleugnung Christi" ist – und wieviel der verleugnete Christus nicht ausschließt, sondern einzuschließen vermag. Sie schrieb mir, vielleicht ist es gar nicht die Kirche, die Christus verleugnet, sondern vielleicht ist es Christus, der unsere Kirche verleugnet? Das kann nicht sein! habe ich spontan gedacht. Aber dann fiel mir ein, daß Christus in Matth. 25 am Ende des Gleichnisses von den zehn Brautjungfern zu den Törichten sagt: „Ich kenne Euch nicht!" Das ist doch genau die Verleugnungsformel, mit der Petrus im Hof des Hohenpriesters von Christus sagte: „Ich kenne den Menschen nicht!" Ist vielleicht diese „unsere" Kirche und Gemeinde nicht mehr das, was Christus gewollt hat? Lehrt und lebt sie das, was er gelehrt und gelebt hat? Predigen wir nur den Bergprediger oder auch seine Bergpredigt? Ist unsere Kirche eine Größe eigener religiöser Kategorie, mit allerhand Anleihen beim Evangelium? „Verleugnung" wäre der spirituelle und ethische Begriff für einen Vorgang, den die Psychoanalyse „Verdrängung" nennt. Was individuell oder kollektiv psychische Verdrängung Christi ist, könnte geistlich gesehen individuelle oder kollektive Verleugnung Christi in der Kirche und durch die Kirche sein.

Aber gewiß lebt doch irgendwo Seine Kirche auf Erden, Sein Leib? „Es spiegelt sich bei uns allen die Herrlichkeit des Herrn in unserem aufgedeckten Angesicht", meint Paulus (2. Kor. 3,18). Spiegelt sie sich? „Es ist noch nicht erschienen, was wir sein werden. Wir wissen aber: Wenn es offenbar wird, werden wir Ihm gleich sein; denn wir werden Ihn sehen, wie Er ist", sagt der 1. Johannesbrief (3,2).

Diese Kirche, in der sich der Herr spiegelt, lebt verborgen in der Diaspora, in der kaum sichtbar organisierten und vernetzten Zerstreuung quer durch die Konfessionen und Institutionen und Bewegungen. Sie bildet sich aus den konkreten Menschen, die zur bedingungslosen Liebe durchgedrungen sind, von der die Bergpredigt spricht – eine durchaus entwicklungspsychologisch erreichbare Höhe, wenn wir mit Hilfe des Geistes Jesu der neurotischen Welt der ichhaften Ansprüche, der Täuschungen und Selbsttäuschungen und Projektionen entkommen sind, auch in der sachlichen Welt des Funktionierens nicht mehr total aufgehen, sondern angekommen sind bei Ihm selbst. Dazu gehört aber ein langer Weg der Reuearbeit, heraus aus den permanenten Verleugnungen und Verdrängungen Christi.

Die zweite Vorbemerkung: für die Fleischwerdung Christi in der Kirche.

Mit den neun Gesichtern der „Seele" Christi meine ich in diesem Vortrag nichts rein Psychologisches. Die Seele Christi als Seele der Kirche ist etwas Pneumatisches. Man kann natürlich das überlieferte Portrait Jesu von

Nazareth psychologisch und enneagrafisch beschreiben. (Besonders schön in Rohr/Ebert, Seite 231ff, oder bei Beesing/Nogosek/O'Leary, The enneagram – a journey of self discovery.) Aber wir können ja die Person Jesu weder historisch noch psychologisch exakt rekonstruieren. Darum hat jeder von uns – seit den Tagen der Evangelisten – sein eigenes Christusbild in sich und das wandelt sich erheblich im Lauf unserer Entwicklung. Auch eine sich entwickelnde Gemeinde oder eine durch die Kulturen wandernde Kirche entdeckt immer neue Christusbild-Aspekte. Es geht bei diesen Abbildungen der Seele Christi in unseren Seelen letztlich nicht um die pädagogische oder psychohygienische Wirkung eines großen Vorbildes, sondern es geht um Inkarnation, also um die Fleischwerdung des ewigen Logoswortes in der Gestalt der Kirche. Die Kirche bekennt sich ja bekanntlich nicht einfach zu dem bloßen großen Menschen Jesus von Nazaret, sondern zu dem Gottmenschen, wie er in Jesus Gestalt angenommen hat: „Wahrhaftiger Gott und auch wahrhaftiger Mensch." Der Logos wurde – weihnachtlich – Fleisch in Jesus und – pfingstlich – Fleisch in der Kirche Jesu. Wie soll man „Logos" übersetzen? „Wort" ist zu wenig. In der Stoa bezeichnete man damit die Weltseele, die göttliche Weltvernunft. Im Judentum und schon in den Weisheitsbüchern des Alten Testamentes sprach man gleichbedeutend von der „Weisheit", der göttlichen Sophia, die in Gott und in der Schöpfung spielt (Sprüche 8,30f).

Die „Seele Christi" ist also nicht eine menschliche Psyche, sondern ist die Hagia Sophia, ist das heilige Pneuma. Damit ist übrigens auch ein weiblicher Begriff für Christus gefunden, was sich auf psychologischem Felde ausdrückt als Jesus, der nicht-animose Mann, der seine anima vollständig integriert hat.[1]

Die Menschwerdung des Sofia-Logos wahrt aber die beiden Naturen, die göttliche und die menschliche, „unvermischt und unzertrennt", wie die klassische Formulierung lautet. Das Gottsein und das Menschsein sind nicht beieinander, wie man „zwei Bretter aneinander leimt". Nein. „Gleichwie in einem glühenden Eisen nicht zweierlei Kraft zu leuchten und zu brennen ist, sondern die Kraft zu leuchten und zu brennen ist die Eigenschaft des Feuers, aber weil das Eisen so mit dem Feuer vereinigt ist, so hat durch solche Vereinigung auch das glühende Eisen die Kraft zu leuchten und zu brennen."[2] So ist also die menschliche Natur in die göttliche Natur hineingenommen.

Wenn wir also jetzt über die neun Bilder der Seele Christi nachdenken und das Enneagramm als Hilfsmittel zur Profilierung des Bildes des Gottmenschen heranholen, dann steht im Hintergrund auch das biblische Bild des unsichtbaren Gottes selbst. Das Schaubild ist ein Versuch, christologische und theo-logische Aussagen in eins zu sehen. Es geht schließlich um den „höchsten Trost der Christen“, nämlich um die „Verheißung von der Gegenwärtigkeit und Beiwohnung ihres Hauptes, Königs und Hohenpriesters . . ., der ihnen versprochen hat, daß nicht allein seine bloße Gottheit bei ihnen sein werde (welche gegen uns arme Sünder wie ein verzehrendes Feuer gegen dürre Stoppel ist), sondern er – der Mensch, der mit ihnen geredet hat, der alle Trübsal in seiner angenommenen menschlichen Natur versucht hat, der darum auch mit uns als Mitmenschen und seinen Brüdern ein Mitleiden haben kann – der will bei uns sein in allen unseren Nöten, auch nach der Natur, nach welcher er unser Bruder ist und wir Fleisch von seinem Fleisch sind“.[3]

Dann müssen wir aber auch damit Ernst machen, daß in Christus alle neun Wurzelsünden als Falle lauerten – permanent, nur daß er, wie der Hebräerbrief sagt, zwar versucht worden ist in allem wie wir, doch ohne Sünde blieb (Hebr. 4,16).

Damit ergibt sich ein positiver und ein kritischer Blick auf die Geschichte der Kirche, in denen sich die Gesichter der Seele Christi spiegeln wollen.

Nun möchte ich mit dem Enneagramm Christi anfangen und dabei zuerst Christus als ZWEI beschreiben, weil man annehmen kann, daß dieser Herzpunkt dem Wesen Christi und dem Wesen des Christentums als spezifischer Ausgangspunkt dient.

Fuge

Jesus Christus als ZWEI

Der Heiland, der Helfer, der Diakon, der Arzt, der Freund.

Ja, ich schaue in die Ikone eines liebenden Freundes, der Freude hat, mich anzuschauen, mit mir zu kommunizieren, mich zu salben, zu verbinden, zu pflegen, wie es der barmherzige Samariter tat. Hier ist die selbstlose Liebe in Person, die darin gipfelt, daß sie ihr Leben läßt für die Freunde. Der Männerfreund (noch zu Judas sagt er voller Wärme: „Mein Freund!“). Der Kinderfreund. Der Frauenfreund. Jesus – ein Beziehungsmensch, mit dem man sofort Kontakt bekommt. Bis heute ist das so: „Kirche – nein. Gott – Fragezeichen? Jesus – ja!“

Ist die christliche Gemeinde von dieser freundschaftlichen Offenheit und

Intimität der Seele Christi beseelt? Oder ist alles zum diakonischen Werk verkommen?

Erstaunlich: Der Heiland ist von der ständigen Versuchung der ZWEI bedroht, sich selbst zu vergessen, sich altruistisch reinzubuttern und den unbewußten Stolz zu leben, wie sehr man doch gebraucht wird. Er ist diesen Neigungen offenbar doch nicht erlegen.

Denn: Jesus konnte sich auf sich selbst beziehen. Er hatte Zugang zu seinem Integrationspunkt VIER.

Jesus Christus als VIER

Der Künstler, der Dramaturg, der Liturg, der Hohepriester.

Ich sehe in die Ikone eines sensiblen Künstlers, der alle Gefühle in ihren Extremen kennt und ausdrückt, der die Dramatik zwischen Todesangst und mündiger Freiheit, zwischen Trauer und vollkommener Freude, zwischen Liebe und Haß durchlebt. Ja, wer seine zwischenmenschlichen Verstrickungen nicht haßt, kann nicht sein Jünger sein. „Wer ist meine Mutter, meine Brüder, meine Schwestern?“ fragt er angesichts seiner besorgten Familie. Ich fühle, wie er sich auch von mir nicht seelisch-religiös vereinnahmen läßt. Noli me tangere – Rühre mich nicht an!

Ich sehe, wie er sich selbst in Szene setzt. Wie er sich beim Einzug in Jerusalem feiern läßt. Wie er beim Abschiedsessen ein mystisches Mahl mit dem ausdrücklichen Befehl der Wiederholung zur Vergegenwärtigung seines Leibes und Blutes inszeniert. Er mutet uns eine differenzierte Beziehung im Spiel von Nähe und Distanz zu. Ich sehe die Dramatik seiner Passion, seine Todesbereitschaft, seine Doppelrolle als Hoherpriester und als Opferlamm.

Ist die Kirche, ist meine Gemeinde von dieser künstlerischen Dramatik der Seele Christi beseelt, oder ist unsere Liturgie der tödlichen und musealen Langeweile verfallen?

Ich ahne die ständige Versuchung des Mystikers Jesus: in Weltschmerz und Selbstmitleid zu verfallen, sich unverstanden zu fühlen, sich heim zu sehnen nach dem Himmel (dort und dann ist es besser als hier und jetzt!). „Wie lange soll ich Euch noch ertragen!“ seufzt er – und erliegt doch nicht der Wurzelsünde des Neides und der falschen Sehnsucht.

Der Desintegrationspunkt der ZWEI ist die ACHT. Wehe, wenn eine gestreßte ZWEI ihre dunkle Macht ausspielt, andere völlig zu beherrschen. Jesus aber war als erlöste ZWEI auch eine erlöste ACHT.

Jesus Christus als ACHT

Der König aller Könige, aber sanftmütig; der Herr aller Herren, aber gewaltfrei.

Ich schaue in die Augen eines Messiaskönigs mit Hoheit und Würde; gekrönt, freilich mit einer Dornenkrone. Ich sehe in die Ikone des Pantokrators; aber hinter seinem Haupt leuchtet der Nimbus des Kreuzes. Es ist eine Autorität, die mich nicht klein hält, sondern mir Anteil anbietet: „Nimm endlich deine volle Größe an, mir und dir zu Ehren!“

Hat diese Art der Seele Christi die Kirche auf ihrem Siegeszug durch die Geschichte von Kaiser Konstantin bis Kanzler Kohl (um zwei ACHTer-Figuren zu nennen) geprägt? Oder sind wir dem imperialen Gebrauch der Machtfülle erlegen?

Was für eine Entäußerungsgewalt, daß der Machtmensch Jesus, mit solch unerhörter göttlicher und menschlicher Autorität ausgestattet, allen satanischen Versuchungen schon von Anfang an in der Wüste der Versuchung widerstand und einen permanenten Machtverzicht leistete und Knechtsgestalt annahm! Das offenbart mir die Gewalt der Gewaltlosigkeit.

Der rechte Flügel der ZWEI gehört zum Bauchzentrum.

Jesus Christus als EINS

Das ist uns vertraut: Der Prophet, der Umkehrprediger, der Seelsorger mit der Gabe der Herzensschau, der Mann, der verlangt, daß wir vollkommen sind wie Gott, der seine Sonne scheinen läßt über Gerechte und Ungerechte.

Ich sehe in die Augen eines unbestechlichen Propheten. „Da ist keine Stelle, die dich nicht sieht: Du mußt dein Leben ändern" (Rilke). Er hat „Augen wie Feuerflammen" (Offenb. 1,14). Mit der Peitsche in der Hand stürmt er durch den Tempelhof.

Hat seine Gemeinde noch das Feuer seiner prophetischen Seele? Oder ist sie liberal und lasch geworden, lau zum Ausspeien (Offenb. 3,16)? Wo es alles geben darf, nur keine verbindlichen Gemeinderegeln?

Ständige Versuchung des zornigen jungen Mannes, in negative pharisäische Kritik zu verfallen. Er wurde zu dem Barmherzigen, der den Gescheiterten, die den Normen des Gesetzes nicht entsprachen, Absolution gewährte. „Wo sind sie nun, deine Verkläger? Dann verdamme ich dich auch nicht!" (Joh. 8,10). Er ermöglicht durch seine Geduld und durch seine Gleichnisse von der wachsenden Saat, daß die Jünger reifen und sich entwickeln können. Trotz manchen Seufzers ist der Lehrer der Gerechtigkeit nicht in die Falle der Enttäuschung und des ungeduldigen Zorns gelaufen.

Jetzt gehe ich zum linken Flügel der ZWEI.

Jesus als DREI

Der Evangelist und Wundertäter, der erfolgreiche Massenmagnet.

Wir sehen seine evangelistische Begabung, seine Strategie, mit der er zuerst halb Galiläa, das „Land der Finsternis", gewinnt, dann nach Judäa und Jerusalem zieht, zuerst zu den verlorenen Schafen des Hauses Israel sendend, erst an Ostern seine Jünger für „alle Völker" in „alle Welt" beauftragend. Geschickt setzt er sie ein nach der Methode „learning by doing". Ich sehe in die Augen eines Meisters, der mich sofort gewinnt, daß ich alles liegen und stehen lasse; der mich in die Nachfolge ruft und mich sofort beauftragt, als Multiplikator in seinem Namen tätig zu sein; der verlangt, daß ich mit meinen Pfunden kapitalistisch wuchere; der mir visionäre Ziele eingibt und mich zu nie gedachter Aktivität steigert.

Ist meine Kirchengemeinde von dieser visionären, tatenfrohen und erfolgsorientierten Seite der Seele Christi angesteckt? Oder ist alles zum ziellosen Aktivismus von einem Kirchenjahr zum andern verkommen?

Andererseits stelle ich mir auch dies vor:

Die ständige Versuchung des Missionars und Wundertäters, Schauwunder zu vollbringen oder am Ende vom Kreuz herabzusteigen; „dann wollen wir dir glauben" – ist diese unsere Rede nicht eine Versuchung für ihn? Nun gehe ich über zur FÜNF, dem Desintegrationspunkt der ACHT.

Jesus Christus als FÜNF

Der Lehrer, die Weisheit in Person, der einsame Beter auf dem Berg.

Machtverzicht heißt für ihn nicht: Rückzug in die unberührbare Innerlichkeit. Weder übergriffig wie eine unerlöste ACHT noch ichgeizig wie eine unerlöste FÜNF, ist Jesus Christus für uns zum Inbegriff der verborgenen Weisheit geworden, die auf den Straßen und Plätzen alle einlädt, zu kommen, zu lernen und Ruhe zu finden für die Seele (Matth. 11,19 b und 28).

Ich sehe in die Augen eines Lehrers, der in einfachen Gleichnissen die Geheimnisse des Reiches Gottes erklärt. Ich hänge an seinem Mund jedesmal, wenn in einem Gottesdienst jemand das Evangelium vorliest! Und er nimmt mich beiseite in die Einsamkeit der Nacht, in die Einsamkeit eines Feldweges wie dem nach Emmaus oder des Aufstiegs auf den Tabor. Ich höre seine Einladung: Komm, ich will mit dir sprechen, ich will dir zuhören, ich will dich beten lehren! Er führt mich den Weg in die Mystik, in die Meditation und Kontemplation. (Ich als FÜNF verstehe mich da gut mit ihm.)

Hat meine Kirche etwas von dieser Art der einfachen Katechese und Homiletik? Lehrt die Kirche, wie er lehrte? Lehrt sie wirklich die Bergpredigt als Gemeindeordnung? Lernen wir in der Ausbildung Wissenschaft oder Weisheit? Moral oder Mystik? Dogmatische Zwei-Reiche-Lehre oder Erkenntnis des Sauerteigs des Reiches in der Schüssel der Welt?

Sicher lag ihm die Versuchung zum Schweigen sehr nahe. Warum nicht das Wissen um das Geheimnis des Reiches für sich behalten, statt verfetteten und unverständigen Ohren zu predigen? Die Perlen der Weisheit nicht vor die Säue werfen und doch sich der Welt ganz hineinzuopfern – das ist schon eine Gratwanderung.

Ein hochkonzentrierter Lehrer und gestreßter Asket kann leicht in die Rolle einer unerlösten SIEBEN fallen.

Jesus Christus als SIEBEN

Jesus Christus, kein weltflüchtiger Mönch, sondern eine fröhliche SIEBEN, ein Hochzeiter und Freudenmeister.

Ich sehe in Augen voll strahlender Freude. Er ruft zur Freiheit: Komm und trink vom Wein meiner Liebe. Ich bin das Leben! „Und sie fingen an, fröhlich zu sein" (Luk. 15,24). So ging es zu am Tisch der Zöllner und Dirnen, wo, wie auf der Hochzeit zu Kana, der Wein der Freude nicht ausging, so daß die Pharisäer draußen murrten: „Seht den Fresser und Weinsäufer!" (Matth. 11,19).

Hat meine Kirche etwas von diesem befreienden Zug der Seele Christi? In welchem Ton singen wir „Jesu, meine Freude! Weicht, ihr Trauergeister, denn mein Freudenmeister Jesus tritt herein"? Ist er doch gekommen, damit wir „das Leben" und „volle Genüge" haben (Joh. 10,11)!

Und das alles hat ja auch seine dunkle, verführerische Seite, nämlich das Leid und den Schmerz und das Kreuz zu vermeiden, wenn Petrus ganz menschlich meint: Kreuz – das widerfahre dir nur ja nicht! „Satan!" war die Antwort, als die SIEBEN ihre Falle erkannte (Matth. 16,23).

Nun kehre ich wieder zurück zum mittleren Dreieck der Punkte 3 – 6 – 9, den Verbindungspunkten der drei Zentren Herz – Kopf – Bauch.

Jesus Christus als SECHS

Ich sehe in die Augen des Gottesknechtes, des Treuen und Wahrhaftigen, des gehorsamen Sohnes, der doch ein mündiger Sohn war; des Sklaven, der doch ein furchtloser und freiwilliger Sklave wurde. Hier, finde ich, liegt ein sehr kostbares Wunder der Seele Christi vor. Besonders berührt mich seine Treue. „Werden wir untreu, so bleibt er treu, er kann sich selbst nicht verleugnen" (2. Tim. 2,13).

Und er überwindet die Angst, verlassen zu sein von allen Menschen und in die Gottverlassenheit gehen zu müssen. Wie er der Doppelversuchung: zu kämpfen oder zu fliehen, widersteht und sich verhaften läßt mit den Worten: Sucht Ihr mich, so laßt die Meinen in Ruh! (Joh. 18,8) – das berührt mich sehr.

Großes Problem der Kirche: die Menschenfurcht, die Anpassung an die Welt und das Nachgeben in den Verfolgungen und Verführungen der jeweiligen Kultur.

Jesus Christus als NEUN

Jesus der Friedefürst, der „Allversöhner“ (Kol. 1,20), der alles integrierende Logos.

Ich schaue in die Augen eines sitzenden, segnenden Buddha. Goldglanz und Regenbogenfarben um ihn. Ströme des Lebenswassers fließen von seinem Leib. Er hat seine Arme offen. Von allen Seiten kommen die Recht Suchenden und die Kinder zu ihm. Er spendet ihnen Segen und verhilft ihnen zu ihrem Recht und zu ihrer Versöhntheit.

Wie träge ist die Seele der Kirche? Ist sie bürgerlich harmlos geworden, gleichgültig? Man sagt auch im Blick auf die Gemeinde: Die Welt geht nicht zugrunde an der Bosheit der Bösen, sondern an der Trägheit der Guten.

Diese Versuchung zur Bürgerlichkeit ist in dem berühmt-berüchtigten Jesusfilm „Die letzte Versuchung“ besonders breit ausgemalt. Jesus träumt im Fieberwahn am Kreuz, daß er vom Kreuz herabsteigen darf, weil er nun genug gelitten habe und geprüft worden sei. Und den Hügel hinabsteigend begegnet ihm ein Hochzeitszug, die Braut ist Maria Magdalena, die gekommen ist, ihren Bräutigam Jesus abzuholen. Er heiratet und gründet eine Familie und wird 70 Jahre alt. Die letzte Versuchung ist – gut biblisch – nicht eine sexuelle, sondern besteht im Wunsch nach einer endlich bequemen, bürgerlich wohlversorgten Privatheit. Aber nein, er stirbt nicht friedlich auf dem Krankenbett, sondern kehrt in letzter Minute ans Kreuz zurück, wo er erwachend entschläft.

Die Seele Christi in ihren vielfachen Gesichtern – lebt sie in der Seele der Kirche? „Alma de Cristo, sanctifícame. Seele Christi, heilige mich. Cuerpo de Cristo, sálvame. Leib Christi, rette mich. Sangre de Cristo, embriágame. Blut Christi, berausche mich.“ Dieses Gebet stellt Ignatius von Loyola seinen Geistlichen Übungen voran, mit denen die Kirche und die Christen auf ihr Urbild zurückgeführt werden sollen.

Noch kann ich glauben an die „Gegenwärtigkeit und Beiwohnung ihres Haupts, Königs und Hohenpriesters . . ., der ihnen versprochen hat, daß nicht allein seine bloße Gottheit bei ihnen sein werde (welche gegen uns arme Sünder wie ein verzehrendes Feuer gegen dürre Stoppel ist), sondern er – der Mensch, der mit ihnen geredet hat, der alle Trübsal in seiner angenommenen menschlichen Natur versucht hat, der darum auch mit uns Menschen und seinen Brüdern (und Schwestern) ein Mitleiden haben kann – der will bei uns sein in allen unseren Nöten auch nach seiner Natur, nach welcher er unser Bruder ist und wir Fleisch von seinem Fleisch sind.“[4]

DIRK MEINE

Das Enneagramm – Möglichkeiten und Gefahren für die kirchliche Seelsorge

1. Was will das Enneagramm?

Jeder Mensch kann unter dem Aspekt seiner Einzigartigkeit und dem seiner Vergleichbarkeit betrachtet werden. Beide Aspekte relativieren sich und stehen deswegen in Beziehung zueinander.

Das Enneagramm unternimmt den Versuch, die Individualität eines Menschen besser erkennen und mit ihr umgehen zu lernen – unter Heranziehung seiner Vergleichbarkeit. Verglichen werden Menschen mit ähnlichen Wesensstrukturen. Deutlich werden soll, daß und wie aus dem „weiten Feld der Wertrealisationsmöglichkeiten . . . immer nur ein gewisser Teil herausgegriffen und wirklich ausgelebt" wird.[1] Darin bietet es Lebens- und Glaubenshilfe an, die sich im wesentlichen auf drei Gebieten beobachten läßt: Erkenntnis, Veränderung und Gottesbeziehung.

1.1. Erkenntnis

Das Enneagramm zielt auf Selbsterkenntnis und Menschenkenntnis im allgemeinen. Es geht dabei von einem negativen Ansatzpunkt aus, nämlich von den „illusionären Idealen"[2], die jeder Mensch als Reaktion auf die ihm begegnende Außenwelt entwickelt hat und die sich in neun Kategorien zusammenfassen lassen. Diese Ideale haben zwei Negativfolgen: Zum einen fixieren sie den Menschen auf sein Selbstbild und auf seine persönliche, eingeschränkte Weltsicht, mittels der er sich selber rechtfertigt und beurteilt, was gut ist. Zum anderen sind sie die Quelle seiner falschen Schuldgefühle, die auftreten, wenn er sein Ich-Ideal nicht erfüllt[3] und die ihm die Sicht auf wirkliche Schuld und reale Schattenseiten verstellen.[4] Der Leser ist aufgerufen, sein Ich-Ideal zu identifizieren. Denn dieses ist „sowohl nach seiner inhaltlichen Struktur, als auch nach seiner dynamischen Leistung von entscheidender Bedeutung für die Grenzen und den Inhalt ausgeschlossener Erlebnismöglichkeiten“ und ein „wesentlicher Träger der menschlichen Beziehungsstruktur“.[5]

Sicher ist Erkenntnis nicht schon die Erlösung selbst: Aber schmerzvolle Erkenntnis kann eine Suchbewegung eröffnen[6], die zum Durchgangsstadium wird für verantwortete Reue und Veränderung. Die Einsichten, die das Enneagramm vermitteln will, sind also nicht auf eine Zementierung und Festlegung des „Typs“ gerichtet, sondern umgekehrt darauf, diesen „Typ“ loszulassen.

1.2. Veränderung

Wie aber läßt sich die alte Ego-Fixierung verändern, wie ist, theologisch gesprochen, Buße und Befreiung möglich? Das Enneagramm hält darauf zwei Antworten bereit.

Zum einen ist es „das Werk der Gnade Gottes, das sich ohne unser Zutun ereignet . . ., daß selbst das Loslassen und Sich-Öffnen für Gott nicht unser Werk war, sondern Gottes Liebeswerben um uns zu verdanken ist“.[7]

Zum anderen werden konkrete Verhaltensweisen und Haltungen aufgezählt, die man „lernen muß“.

In der Untrennbarkeit von Warten und Aufbrechen, von geschehen lassen und sich bereit machen, zeigt sich, was wir Menschen sind: Abhängige und gleichzeitig Verantwortliche für unseren Lebensweg.

Eine gute Kenntnis der eigenen Schattenseiten und eine dementsprechende Bewußtseinsschärfung ist die Voraussetzung einer Richtungsbestimmung für die Arbeit an der eigenen Persönlichkeit. Das Enneagramm kann helfen, die mich blockierenden oder weiterführenden Türen zu sehen, durch die ich selbst zu gehen habe, durch die ich aber nur im Ausnahmefall unbewußt stolpern werde. Das Enneagramm will befreien zu einer vielgestaltigen Persönlichkeit. Es bündelt die konzentrierte Wahrnehmung für einen Flügel oder die positive Partnerenergie.

Wenn wir unsere Illusionen beim Namen nennen, demaskieren und entkräften wir sie damit.[8]

Beim Namen nennen bedeutet auch, das sich öffnende Gespräch mit anderen zu suchen und damit am gewordenen und werdenden Wesen (nicht am „feststehenden“ Typ) zu arbeiten.

Zum Schluß sei das Beispiel Jesu erwähnt: Er war ein Mann der permanenten Reue in Hinsicht auf seine eigenen Fallen und Versuchungen[9] und er ist barmherzig und differenziert mit den Menschen umgegangen, gemäß den ihnen eigenen Bedürfnissen und Wesensarten.[10]

1.3. Gottesbeziehung

Das Ziel des Enneagramms ist es, den „Anruf Christi an unser Leben" hörbar zu machen und eine „personale Jesusbeziehung" zu gewinnen.[11] Damit stellt sich das Problem, ob und inwieweit Selbsterkenntnis (das Hauptthema des Enneagramms) und Gotteserkenntnis zusammengehören.

Sicher ist dies nicht der Fall im Sinne einer automatischen oder selbstmächtigen menschlichen Möglichkeit: Es gibt reife Menschen, die nicht religiös sind. Ebenso umgekehrt: Es gibt religiöse Menschen, die als neurotisch bezeichnet werden müssen. Religiöse Menschen entdecken allerdings immer wieder Bilder und Sätze in ihrer Lebensgeschichte, die sowohl prägend für ihre Persönlichkeit als auch prägend für ihr Gottesbild waren und daß sich Frömmigkeit und Gottesbilder stets im Kontext des jeweils persönlichen, gesellschaftlichen oder historischen Weltbildes entwickeln.[12]

Die Sufis sollen das Enneagramm das „Angesicht Gottes" genannt haben, weil sich darin wie in einem Prisma die neun Brechungen der einen göttlichen Liebe zeigen. Dementsprechend würde jeder Typ mit seinem persönlichen Gottesbild einen Teil des Angesichts Gottes widerspiegeln und damit dazu aufrufen, nicht die eine (eigene) Gottesvorstellung als die wahre behaupten zu müssen, sondern frei zu werden, verschiedene Vorstellungen zu erkennen und gelten zu lassen.

Mit der Darstellung der negativen Antriebskräfte präzisiert und konkretisiert das Enneagramm im menschlichen Erfahrungsbereich die biblische Aussage, daß wir „allzumal Sünder" (Römer 3,23) sind und lenkt unsere Aufmerksamkeit darauf, wie wir die göttliche Kraft mit unseren Haltungen und Verhaltensweisen blockieren. Positiv gewendet bedeutet das: Auch die Sehnsucht, die mein spezielles Leben durchzieht, ist bei Gott aufgehoben und erfüllt.

2. Was leistet das Enneagramm?

2.1. Stärken des Enneagramms

In der Situation eines explodierenden Pluralismus von Lebensformen und Meinungen besteht ein ausgeprägtes Bedürfnis nach Orientierungshilfe; denn Entscheidungskompetenz und Diagnosesicherheit sind im Zuge dieser Entwicklung sowohl für den privaten, als auch für den öffentlichen Bereich weitgehend verlorengegangen. Dieses Bedürfnis wird besonders vom New Age aufgenommen, das sich immer mehr zu einem Beratungs-, Entwicklungs- und Therapieangebot auswächst und das mittlerweile 10 Prozent des (alt-)bundesdeutschen Literaturangebots ausmacht. Erwartet werden psychologische, spirituell/religiöse und esoterische Techniken, die helfen sollen, mit den Alltagsproblemen besser fertig zu werden und der persönlichen Transformation, hin zu einem neuen Menschen, dienen sollen.

Von der Kirche werden annehmbare Antworten zu Schuld und Heilung von der jungen und mittleren Generation weitestgehend nicht mehr erwartet, obwohl gerade dieses genuin kirchliche Themen sind. Wie Leserreaktionen zeigen, stößt das Enneagramm in ein praktisches Sinnvakuum, auch das der Kirche, denn Lebensbegleitung steht auch auf der Bedürfnisliste von kirchennahen Menschen ganz oben.

Im folgenden sollen maßgebliche Grundkonstanten zur Sprache kommen, denen sich das Enneagramm allgemein und speziell in Hinsicht auf kirchlich orientiert Suchende verpflichtet weiß.

● *Das Enneagramm ist selbstkritisch.*

Es beansprucht, Wegweiserfunktion zu besitzen, aber als „ein Wegweiser unter vielen" nicht als „die Antwort". Es verwahrt sich ausdrücklich dagegen, „zu einer neuen absoluten Heilslehre hochstilisiert" zu werden[13] und stellt sich damit selbst der Kritik der eigenen Botschaft, daß eine Gabe durch Fixierung zur größten Schwäche und Sünde werden kann.[14]

● *Das Enneagramm ist erfahrungsorientiert.*

Erfahrung bildet das doppelte Kriterium für das Modell. Zum einen beruft es sich auf eine lange mündliche Erfahrungs-Tradition.[15] Zum anderen lädt es die Leser ein, es anhand ihrer eigenen Erfahrungen zu überprüfen.[16] So gilt für Entstehung, Entwicklung und Gebrauch des Enneagramms, daß Erkennen immer erfahren und erleben meint. Die Subjekt-Objekt-Spaltung in ein „erkennendes" Subjekt und ein „erkanntes" Objekt setzt sich, oftmals scheiternd, über die Personen und Dinge außerhalb von sich selbst hinweg, indem Beobachtung mit Partizipation und Schlußfolgerung mit Einsicht verwechselt wird. Dieses liegt als Hypothek auf der westlichen Welt und auch auf dem Protestantismus, der auf diesem Wege die Erfahrung aus der Kirche vertrieben hat.

Das zeigt sich deutlich am protestantischen Umgang mit der Sünde: Sie wird zur allgemeinen Sündigkeit ohne konkreten Inhalt.[17] Dietrich Bonhoeffer hat dies so beschrieben: „Mit allgemeinen Sündenbekenntnissen pflegen sich die Menschen selbst zu rechtfertigen. Die völlige Verlorenheit und Verdorbenheit der menschlichen Natur erfahre ich an meinen bestimmten Sünden, sofern sie überhaupt in meine Erfahrung eingeht."[18] Und was für die konkrete Umkehr gilt, gilt ebenso für die konkrete Befreiung in der „Vergebung ihrer besonderen Sünde".[19] Klassisch zeigt sich das am Buß- oder Karfreitag im Bekenntnis der Offenen Schuld, die vage und unkonkret bleibt und so einen leeren Rechtfertigungsglauben heranzüchten kann, der zu einem leeren Ritual verfällt.

Auf diesen Erfahrungshintergrund zielt das Enneagramm. Es scheut sich nicht, konkrete Fehlhaltungen und Fehlverhalten beim Namen zu nennen, damit Reue und Befreiung sich auf einen scharf umgrenzten und erfahrbaren Inhalt beziehen können.

● *Das Enneagramm ist dialogfähig.*

Schon die drei verschiedenen Darstellungen mit esoterischer (Jaxon-Bear), psychologischer (Riso) und christlicher (Rohr/Ebert) Zielrichtung zeigen die Vermittelbarkeit des Modells mit den verschiedensten Weltsichten. Das Buch von Rohr/Ebert findet besonders im katholischen und evangelischen Raum Anwendung. Durch seine Einfachheit und die Fähigkeit, traditionelle Inhalte der christlichen Lehre neu auszudrücken[20], fassen gerade Kirchenferne den Mut für einen kirchlichen Neuanfang und empfinden das Enneagramm als Ersatz für eine verloren geglaubte Sprache über Sünde, Erlösung etc.

● *Das Enneagramm ist spirituell ausgerichtet.*

Der Klappentext des Rohr/Ebert-Buches weist den Weg: eine „spirituelle Psychologie . . ., die geistliche Erfahrung und moderne Menschenkunde verbindet" und eine „Handhabe zur Veränderung, die innen beginnt".

Von der GCL wird es für Einkehrtage und in Verbindung mit den ignatianischen Exerzitien verwendet, um Zugang zu finden zum Bewußtsein des eigenen Bekehrungsweges. Dieses ist kein kognitiver Vorgang, sondern der spirituelle (geistig und willensmäßig entschiedene) Wachstumsprozeß einer richtungsbestimmten Lebensentwicklung.

● *Das Enneagramm ist theologisch fundiert.*

Rohr und Ebert entfalten ihre Gedankengänge unter häufigem Rückbezug auf biblische Aussagen und unter ständigem Verweis auf die kirchliche Gnadenlehre. Der Sündenbegriff wird gegen ein moralisches Mißverständnis abgegrenzt und als relationale Zielverfehlung gedeutet, die mich von Gott, meinem Nächsten und mir selbst trennt. Der Mensch wird auf seine

Schuld hin angesprochen, es kommt zu keiner Schuldverschiebung auf die Umwelt. Das Enneagramm beabsichtigt nicht oberflächliche Ich-Stärkung, sondern Demütigung vor Gott.[22] Dabei wird dem Leser zugesagt: „Du bist Gottes lieber Sohn, Gottes liebe Tochter. Unsere Identität wird primär durch eine Beziehung gestiftet.“[23] Auf diesem Wege wird versucht, die Balance zu finden zwischen Annahme durch Gott und Sündenerkenntnis, Selbstannahme und -infragestellung. Eine andere Balance wird gehalten hinsichtlich Befreiung und Erlösung: So wird Reue als „unsere größte menschliche Tat“ und gleichzeitig als „eine Gabe Gottes“, die man nicht machen kann, bezeichnet.

● *Das Enneagramm ist einladend, entlastend und verheißungsvoll.*

Das Enneagramm hat, neben dem negativen, auch einen doppelt positiven Ansatzpunkt. Zum einen kommt die hinter unserer Sünde liegende Sehnsucht als gute Gabe Gottes in den Blick – zum Beispiel hinter der arbeitsbesessenen Besserwisserei der EINS die Sehnsucht nach Vollkommenheit, die Matth. 5,48 geboten wird. Auf diese Weise kann man barmherziger mit sich und anderen umgehen.

Zum anderen macht einem der Ausblick auf die vorhandenen, aber manchmal übersehenen typeigenen Fähigkeiten, seine Flügel und Partnerenergie, Lust, an sich zu arbeiten. „Wenn ich sehe, was noch alles aus mir werden kann, blicke ich mit einem guten und zuversichtlichen Gefühl in die Zukunft.“[24]

Stützend kann ebenfalls die Einsicht wirken, daß ich nicht allein Typ X bin, daß es noch andere mit meinen Macken und Gaben gibt und daß überdies alle Typen gefallene Menschen sind und der Erlösung bedürfen, daß keiner besser oder schlechter ist mit seinen Gaben.[25]

Neben aller Ernsthaftigkeit durchzieht das Enneagramm bei Rohr/Ebert ein spielerisches Moment, das in assoziativ anbietender Art einen Zugang zum Gesagten vermitteln will. Das schlägt sich nieder in (undogmatischen) Symbolfarben, -tieren und -ländern, die den Typen beigeordnet werden. Ein Blick ins Namensregister verdeutlicht diesen Geist des Buches: Dort steht Novalis neben Obelix und Dostojewski neben Dagobert Duck (wenigstens in dieser Reihenfolge). Humor ist leider noch keine dogmatische Kategorie. Er zeigt aber eine christliche Freiheit, die die Fülle menschlicher Bestimmung wahrt und nicht in antiseptischer Zweckfixiertheit erbleicht.

- *Das Enneagramm ist analytisch und synthetisch.*

Es steht in der Spannung, gemeinsame Typenmerkmale und damit Gruppen zu beschreiben und andererseits zur Selbsterkenntnis der unvergleichlichen Individualität zu ermuntern. Analysiert werden Verhaltensweisen, zusammengebunden werden sie in spezifischen Haltungen. Analysiert wird das Woher von Schuldgefühlen, gebündelt wird das dahinterliegende Ich-Ideal. Befreiung wird konkretisiert in erfahr- und beobachtbaren Schritten, und diese werden in den unlösbaren Zusammenhang mit der sie bewirkenden Gnade Gottes gestellt.

- *Das Enneagramm ist dynamisch.*

Die Typenbeschreibung versteht sich nicht als Festschreibung, sondern als notwendige Erkenntnis der eigenen Fixiertheit, um diese dann loszulassen. Sich und andere „in ein Schema einzuordnen und auf diese Weise gerade nicht zu wachsen, sondern zu erstarren", wird als Mißbrauch gebrandmarkt.[26] Als dreifache Dynamik und Zielrichtung für eigene, aktive Beteiligung bietet es uns die Partnerenergie, die Flügel und die typinterne Kategorie unerlöst – „normal" – erlöst an.[27]

Damit soll nicht nur die Vielfalt unserer Möglichkeiten in den Blick kommen, sondern die des Lebens schlechthin, so daß Selbstverwirklichung nicht in sturer Ich-Bezogenheit enden muß, sondern relativiert wird durch die gleichwertige Fülle anderen Lebens.

2.2. Die Grenzen des Enneagramms

Der Umgang mit dem Enneagramm birgt verschiedene Gefahren des Mißbrauchs in sich, die durch strukturelle und inhaltliche Schwächen des Buches forciert werden. Das Modell will ein Werkzeug im Dienste der menschlichen Selbsterkenntnis sein: Es kann aber auch dazu verführen, alte und neue Vorurteile zu kräftigen oder im Zuge einer Begeisterung die Möglichkeiten für seine Anwendbarkeit wesentlich zu überschätzen.

- *Das Enneagramm als Heilslehre.*

Unsicherheit und fehlende Orientierungskraft machen Menschen empfänglich für Systeme, die ihnen Durchblick, festen Halt und Ganzwerdung in einem verwirrenden und ungeborgenen Alltag anbieten. Dann wird die Landkartenfunktion des Enneagramms innerlich umgedeutet in einen handhabbaren Heilungsplan oder in ein objektives Regelbuch zum Durchschauen von Menschen; da wird vergessen, daß Landkarte und Wirklichkeit nicht identisch sind, daß die Wirklichkeit differenzierter ist. Sicher ist es richtig, daß alle Systeme, Werkzeuge und Überzeugungen pervertiert werden können und man den Menschen eigene Entscheidungskompetenz und Mündigkeit zubilligen muß.

Aber nach den Erfahrungen auf Seminaren und mit brieflichen Reaktionen gilt es, noch nüchterner, vorsichtiger und weniger systemverliebt das Enneagramm als begrenztes Hilfsmittel darzustellen (1. Kor. 13,9) und in stärkerem Maße vor seinem Mißbrauch zu warnen und seine Ausschnitthaftigkeit zu betonen. Sonst wird es eine Eigendynamik entwickeln und zur selbstmächtigen Größe werden.

● *Die eigene Fixiertheit auf einen Typ.*

Dieses ist die größte Gefahr und das meistgeäußerte Bedenken bezüglich des Modells und zeigt sich vor allem in drei Spielarten: einer regressiven, einer aggressiven und einer zwanghaften.

Wenn jemand „seinen“ Typ gefunden hat, kann das zu einer Festlegung und Selbstbegrenzung führen. Jede Handlung und Haltung wird „gläubig“ auf die eigene Typenenergie zurückgeführt. Man zieht sich in sein Typen-Schneckenhaus zurück und wird blind für den Reichtum an anderen Möglichkeiten, die in einem schlummern. Dabei wird auch das Angebot der Flügel und Partnerenergien übersehen – sie werden als etwas Fremdes, nicht zu mir Gehöriges empfunden.

Die aggressive Variante zeigt sich als Selbstgerechtigkeit: „Ich bin eben so.“ Die eigene Verantwortung wird verneint und mit Hilfe des Systems scheinheilig an eine Schicksalsmacht oder an die Umwelt delegiert. Wirkliche Schuld kann auf diese Weise nicht erfahren werden, der Weg zu echter Buße ist verstellt. So wird das Enneagramm zum psychoanalytischen Kniff: Die Ursachen für das eigene Fehlverhalten werden dem „Typ“ angelastet, das eigene Geprägtsein wird zu einer externen Kategorie.[28] Damit enthüllt sich diese Art des Umgangs mit dem Modell als ein Fehlen oder Verneinen der göttlich richtenden Instanz, vor der der Mensch persönlich schuldig ist.

Die dritte Spielart kann als „self-fulfilling prophecy“ umschrieben werden. Es handelt sich dabei um ein zwanghaftes Verhalten, das sich den Vorgaben eines Typs bewußt oder unbewußt anpaßt. Unterschwellig kann das Wissen um den „Typ“ die eigenen Entscheidungen und das Verhalten so stark dirigieren, daß es zum Kokettieren mit der eigenen Karikatur kommt.

● *Die Etikettierung anderer.*

Das Hauptmißverständnis besteht darin, das Enneagramm als „interessante, die Neugierde befriedigende Information über den Menschen" aufzufassen.[29] Am meisten wird der Vorwurf laut, daß man sich damit „gegenseitig in Schubladen steckt und festlegt".[30] In der Tat ist es versucherisch, mit vermeintlich handhabbaren Kriterien den anderen „in den Griff zu kriegen". Besonders bei Auseinandersetzungen ist es möglich, daß dieses Wissen als Waffe eingesetzt wird: „Typisch, du mit deinen EINSer-Energien!"

Ein unglückliches Muster dazu bietet das Enneagramm selbst, indem es zur Verdeutlichung bestimmter Antriebskräfte Symbolnationen benennt und damit klischeehafte Vorurteile zementiert. So ist substantiell nicht einzusehen, warum zum Beispiel Berliner, Sachsen, Ostfriesen und Rheinländer alle von der SECHSer-Energie geprägt sein sollen, die dem Symbolland Deutschland zugeordnet wird.[31]

● *Die Machbarkeit der Erlösung.*

Das Unterfangen „Wenn man sich ein bißchen mehr anstrengt, wird es schon gehen", klappt weder theologisch (Röm. 9,16) noch psychologisch.

Dennoch ist der Mensch ja nicht nur ein passives Objekt, wenn es um seine psychische Entwicklung geht. Und so schlichen sich eine Unzahl von Formulierungen in das Buch ein, die eine Selbsterlösung nahelegen. Wir könnten „uns durch unsere Fallen ‚hindurchfressen'"; für jede Sünde „gibt es ein Heilmittel . . ., das Kraut gegen den Zorn heißt Geduld"; der Schritt zu den Flügeln „läßt sich relativ leicht . . . vollziehen".

● *Die Moralisierung der Erlösung.*

Bei der Konkretisierung der Sünde kann der Grundgedanke der Beziehungsebene verschwinden oder doch sein maßgebliches Gewicht verlieren. Natürlich können wir unsere Sünde und die Gebrochenheit einer Beziehung nur in unseren konkreten Haltungen und Handlungen erfahren. Dennoch bleibt Sünde eine theologische Kategorie. Und ich brauche das göttliche Du, das mich wieder in die Beziehung hineinnimmt.

● *Theologische Grundlegung und Terminologie.*

Aus Gründen der inneren Stringenz kommt die theologische Grundlegung betont im ersten und dritten Teil, sowie in der abschließenden Meditation zur Entfaltung. Dadurch kommt der Ausdruck von Gott als dem

„Ganz Anderen“ in der konkreten Typenbeschreibung des zweiten Teils zu kurz, wo doch gerade hier eine Zusammenbindung mit der konkreten Rede von der göttlichen Gnade seinen Ort hätte. Hier wurde meines Erachtens eine Chance verpaßt, mit einem vergeistigten, abstrakten Gnadenbegriff aufzuräumen.

Problematisch erscheint außerdem, daß es zu einer Begriffsvermischung von psychologischer und theologischer Erlösung, Heiligung und Reife gekommen ist. Dadurch kann der Eindruck nicht vermieden werden, daß der reifende und wachsende Mensch ein Mehr an Erlösung gewinnt – darunter aber muß zwangsläufig der ganzheitliche und der paradoxe Charakter der Rechtfertigung leiden: daß wir von Gott ganz erlöst werden, obwohl wir Sünder sind.

Ähnlich verhält es sich mit der „schöpferischen Kraft der Vergebung“, die leider nur isoliert in der Schlußmeditation thematisiert wird. Dabei befindet sich doch gerade hier das Bollwerk, das die Gnade davor bewahrt, „zu einer verfeinerten Kultur der Eitelkeit“, zur billigen Gnade zu werden.[33]

Das Zentrum des Enneagramms soll die Umkehr sein, die demütigt und erniedrigt. Dieses Ziel aber wird ohne persönliche Beichte und Absolution (in welcher Form auch immer) nicht erreicht.[34]

● *Analytische Schwächen.*

Die Rückführung der Typen auf eine bestimmte Kindheit ist zweifelhaft. „Wodurch bin ich so geworden, welche persönlichen Erlebnisse stecken dahinter?“ Diese Fragerichtung liegt weniger im unmittelbaren Interesse des Enneagramms, wird aber trotzdem vermutend und verallgemeinernd angesprochen.

Die Frage nach dem konkreten Woher verbleibt im Aufgabenbereich dessen, der sich vom Enneagramm anstoßen läßt, an sich zu arbeiten. Als Zugang zum Unbewußten sind dabei die eigenen Träume und Kindheitsgeschichten besonders wichtig.

● *Eigengeprägte Erweiterungen.*

Die Ursprünge des Modells liegen weitgehend im Dunkeln. Vergleicht man die verschiedenen Darstellungen miteinander, so wird man viele Divergenzen nicht nur bei Ziel und Form feststellen können: auch substantiell, bei den Typenbeschreibungen, weichen sie zum Teil stark voneinander ab. Das heißt: Uns liegt mit dem Enneagramm eine Darstellung vor, die gebrochen ist von persönlichen Vorlieben, Denk- und Wahrnehmungsmustern seiner mittelbaren und unmittelbaren Tradenten. Damit wird noch einmal deutlich: Das Modell ist mit Vorsicht zu genießen; denn die sich durch die lange Geschichte legitimiert sehende Botschaft hat unter Umständen eine kurze, sehr subjektive Tradition.

● *Weitestgehende Begründungsmöglichkeiten.*

Es ist nicht von der Hand zu weisen, daß bei dem assoziativen Charakter des Systems „immer irgendwas stimmt". Ähnlich wie bei Horoskop-Typologien wird man eigene Persönlichkeitsanteile in fast jedem Typ wiedererkennen.[35]

Auffällig ist die Unsicherheit der Selbstidentifikation auf den Seminaren, das Hin- und Herpendeln zwischen zwei und mehr Typengruppen. Ich selbst fand mich anfangs beim falschen Typ wieder und hatte auch später noch Zweifel an der Zugehörigkeit. Und ähnlich erging es selbst Andreas Ebert.

● *Gebrochenheit durch eigen-willigen Gebrauch.*

Auch die Rezipienten können Aussagen und Ziele des Modells als schnelle und leichte Erkenntnis umbiegen, als distanzierte psychologische Selbsthilfe, als kognitive Information über den Menschen, ohne daß Ergriffensein und Buße dazu träten.

Eine weitere Variante dieses Umgangs ist das Sich-Verlieben in seinen Wunschtyp: „So sähe ich mich gerne", oder „Genau diese positiven Eigenschaften zeichnen mich aus", wobei die negativen, dunklen Seiten übersehen werden.

Eine dritte Art persönlicher Gebrochenheit des Modells zeigt sich in unseren typenspezifischen Ich-Idealen: Das System wird den eigenen Typenenergien dienstbar gemacht. Die ACHT benutzt es als Macht-, die FÜNF als Wissens-, die EINS als Vervollkommnungsinstrument etc.

● *Buchform.*

Das Modell wurde in mündlicher Tradition vom Meister zum Schüler weitergegeben, wodurch eine geistliche Begleitung gewährleistet war. Diese ist durch die Buchform aufgehoben. Der Ökumenische Arbeitskreis zum Enneagramm versucht, diesem Problem zu begegnen und entsprechende Angebote zu schaffen, ist aber noch in der Aufbauphase und entsprechend überlastet. Zur Erlösung aber brauche ich das Du, als Herausforderung und Ergänzung meiner eigenen beschränkten Wahrnehmung.

● *Der gesellschaftlich-politische Kontext.*

Das Enneagramm weist einen Weg von innen nach außen. Die spärlichen gesellschaftlich-politischen Bemerkungen sind eingebettet in Betrachtungen über den persönlichen Erlösungsweg.[36] Die Überlegungen, das Enneagramm als Strukturinstrument für Gemeindekonzeptionen anzuwenden, stecken noch in der Erprobungsphase.[37]

Von (positiv) veränderten Menschen können (positive) Veränderungen ausgehen. Umgekehrt wird aber gerade in der psychoanalytischen Praxis die Erfahrung gemacht, daß der wiederhergestellte Mensch nicht stark genug gegenüber seiner Umgebung ist, durch die er zum Teil das geworden ist, was er war. Somit birgt das Enneagramm eine zweifache Gefahr: Die der Verinnerlichung und die der Unterschätzung der gesellschaftlich-politischen Strukturen als Einflußfaktoren und der eigenen Partizipation an ihnen. Erlösung durch Christus dagegen will den einzelnen und die Gemeinschaft umformen (1. Kor. 12).

● *Nichtchristliche Ursprünge.*

Der psychologische Ansatz, die Nähe zur Esoterik und die nichtchristliche Herkunft des Enneagramms verschrecken viele konservative Christen, die damit „das Eigentliche" des Christentums in Gefahr sehen. Wer aber in seiner aggressiven Angst vor dem Enneagramm Etiketten verwendet wie „eindeutig sophistisches Denken, Pseudoreligion, Ideologie, Aberglaube, Numerologie, Neo-Okkultismus", zeigt peinlich und offen seine Desinformiertheit.

Die Frage ist erlaubt, ob die ersten Christen tatsächlich so originell und unabhängig von Gedanken, Begriffen und Sprache hellenistischer oder sonstiger heidnischer Herkunft waren, als daß diese nicht Eingang gefunden hätten in „das Eigentliche" christlichen Glaubens und christlicher Frömmigkeit[38] – niemand würde sich heute mit demselben sachlichen Argument für die Streichung des Logos-Gedankens aus dem Johannes-Evangelium oder für die Abschaffung des Weihnachtsfestes einsetzen. Die Frage ist, ob es adäquat getauft, das heißt Christus dienstbar gemacht wurde. Stets hatte das Evangelium Eingang in die Welt, wurde aufgenommen, vermischt und gedeutet und änderte sich dabei in seiner Form. Form und Inhalt aber auseinanderzuhalten oder ihre gegenseitige Durchdringung zu benennen, ist das Ziel angemessener Kritik.

Im Fall des Enneagramms liegt die Gefahr im wesentlichen darin, daß es äußerlich nur schwer vom Kontext der Esoterik- und Selbsthilfewelle zu unterscheiden ist (vergleiche die äußere Aufmachung des Buches): Diese aber wird bestimmt durch die Fiktion von Lehr- und Lernbarkeit[39] persönlicher Ganzwerdung, oft auch vom Fehlen eines personalen göttlichen Gegenüber. Die Beeinflussung durch solche unbewußten Vor-Urteile können zu einer Beeinträchtigung der Wahrnehmung führen, so daß die entsprechenden Passagen mit der theologischen Zielsetzung überlesen, ja sogar von manchen bewußt weggelassen werden.

Ansonsten sollte man genügend Vertrauen in die kirchlichen Selbstregulierungskräfte besitzen (vergleiche Apg. 5,38f) und sehen, was in vielleicht zehn Jahren praktischer Erfahrung vom Enneagramm noch übriggeblieben ist.

● *Das Enneagramm ist empirisch nicht nachweisbar.*

Wir stehen vor der Begegnung der zwei „feindlichen Brüder" Wissenschaft und Intuition, die nicht harmonisierbar sind. Dem Enneagramm liegt kein wissenschaftlicher Beweis zugrunde, es ist rational nicht begründbar, die Typen sind nicht empirisch feststellbar oder voneinander abgrenzbar.[40]

Das Enneagramm versteht seine Stärke nicht in nachprüfbarer Wissenschaftlichkeit, sondern in intuitiver Erfahrbarkeit und beansprucht damit Brauchbarkeit auf diesem, nicht aber auf jenem Gebiet.

Gefährlich wird eine Vermischung beider Bereiche: Wenn sich EnneagrammerInnen vor den wissenschaftlichen Anfragen mit dem Rückzug auf die intuitive Erfahrbarkeit schützen, selbst aber dogmatisch werden.[41] Die vorhandenen Grundlagen des Modells – es gibt unter Menschen unterschiedliche und vergleichbare Verhaltensmuster und Antriebskräfte, die sich in ihrer Verschiedenheit positiv ergänzen oder negativ blockieren können – brauchen einen großen Spielraum, damit ihre Konkretion nicht an der Pluralität des Lebens und der Erfahrung mit ihm scheitert.

3. Theologische Grundlagen

An drei theologischen Knotenpunkten möchte ich nun das Enneagramm auf seine biblisch-systematische Grundlegung hin befragen. Im letzten Abschnitt soll dann die Übertragung auf das Praxisfeld Seelsorge geschehen.

3.1. Anthropologie und Sündenbegriff

Die theologische Frage nach dem Menschen ist eine Beziehungsfrage. Der Mensch ist ein Geschöpf Gottes, aber gefallen und getrennt von ihm durch die Sünde. Aber: Der Mensch ist von Gott nicht verlassen, sondern geliebt. So kann vom Menschen theologisch nie unter Absehung einer heilen, gebrochenen oder geheilten Gottesbeziehung gesprochen werden.

Die Offenlegung dessen, was uns konkret blockiert und fernhält von einer tieferen und echteren Gottesbeziehung, ist vornehmliches Ziel des Enneagramms. Die Darstellung übergeht dabei das Gebiet „Schuld der sozialen Gruppe“ und „Sünde als personale Macht“. Dieses aber hätte ihre Bedrohlichkeit unterstreichen und den eingeschränkten Bewegungsraum deutlich machen können, in dem sich der Mensch befindet.

Die Sünde besitzt zwei hauptsächliche Erscheinungsformen: Unglaube und Selbstüberhebung.

Unglaube ist der Trennungsakt der ganzen Person von Gott. Mit ihm verbunden ist die Selbstüberhebung, durch die der Mensch sich selbst zum Zentrum der Welt macht. Das Enneagramm beschreibt, wie im aufgeblähten Ich-Ideal sogar die von Gott geforderte Gerechtigkeit, Hilfe oder Vollkommenheit pervertiert und zur Versuchung werden kann. Wenn also begrenztes Gutsein aus der Bezogenheit zu Gott herausfällt, indem es absolut gesetzt wird, passiert es, daß uns gerade unsere menschliche Größe zur Versuchung wird und sich unsere Sünde nicht nur in Akten des Stolzes, sondern auch in Akten der Bescheidenheit manifestiert.[43]

Das Enneagramm benennt solche Versuchungen, die wir für un-schuldig halten, weil sie unseren Idealen entsprechen. Mehr noch: Es macht uns auf einen psychologischen Mechanismus aufmerksam, durch den wir uns immer tiefer in unsere Versuchung hineingraben. Wir entwickeln in unserem Gewissen nämlich genau dann Schuldgefühle, wenn wir unserem Ich-Ideal nicht entsprechen, streben deswegen danach, es durch „Wohlverhalten“ (unserem Ideal entsprechend) zu beruhigen und versperren uns und anderen gerade dadurch den Blick auf unsere tatsächlichen Schwächen und Irrtümer, auf unser Unwissen und Gefangensein.

Dadurch unterbreitet das Enneagramm unausgesprochen eine Kritik an der richterlichen Instanz des Gewissens. Wir tragen in uns eben nicht eine objektive, allgemeingültige Prüfstelle für „das Gute“ und „das Böse“, sondern eine subjektive, gewordene Stimme, die verurteilt und freispricht. Dabei gilt ihr normatives „Daß“ auch dann, wenn sie sich substantiell, im „Was“, irrt (vergleiche 1. Kor. 8!).[44] Das heißt: Alles das wird uns zur Sünde, worin wir gegen unser Gewissen handeln, wir können uns nicht von ihm dispensieren oder es mit Vernunftgründen bestechen. Mit dem Enneagramm gesprochen: Wir bleiben zeitlebens ein bestimmter Typ, und unser Gewissen wird dementsprechend immer einen bestimmten Standpunkt innehaben beziehungsweise an einer für uns typischen Stelle stark, an anderen dagegen schwächer ausschlagen. Ein gebundenes Gewissen zu befreien oder ein gedämpftes zu sensibilisieren, kann mit Hilfe von (Selbst-)Erkenntnis geschehen (noch einmal: 1. Kor. 8), dies aber nur partikular und prozeßhaft.

Durch das Enneagramm soll eine Stärkung von Freiheit und Verantwortlichkeit erreicht werden, die sich beide gegenseitig bedingen. Verantwortlichkeit entsteht hinsichtlich von Haltungen und Handlungen, die in persönlicher Entscheidung gewählt worden sind; beides gehört praktisch untrennbar zusammen: existentielle Gesinnung und individueller Akt. Die Theologie unterscheidet hier zwischen der Sünde und den Sünden.

In unserer Sünde wenden wir uns persönlich-aktiv ab von dem, wozu wir gehören. Aber wegen Gottes Treue gibt es „keinen Ort, an den der Mensch sich vor dem göttlichen Du zurückziehen kann, denn er schließt das Ich ein und ist dem Ich näher als das Ich sich selbst".[45] Diesen gnadenhaften und tröstenden Zuspruch findet man auch im Enneagramm, das sich damit dem Evangelium im Sinne von Froher Botschaft verpflichtet weiß: „Gott liebt uns auch, wenn wir diesen Weg (sc. der büßenden Selbsterkenntnis) nicht gehen; aber wir selbst bringen uns auf diese Weise um viele Früchte der göttlichen Liebe."[46]

Zuletzt: Weder die Typen, noch ihre Neunzahl, noch die Festlegung jedes Menschen auf einen Typ, lassen sich empirisch oder biblisch/systematisch verifizieren. Der konkrete Mensch ist vielmehr ein Geheimnis (2. Kor. 2,11), das sich nicht definieren läßt. Als undogmatisch verwendetes Hilfsmittel zur Selbsterkenntnis, als Beichtspiegel, der zur Buße vor Gott und zum liebevoll veränderten Umgang mit mir selbst und meiner Umwelt führen kann, scheint es aber psychologisch geeignet und theologisch nicht fragwürdig.

3.2. Gottesbild

Gott wird von Menschen nicht unmittelbar (objektiv), sondern nur mittelbar (subjektiv) erfahren. Er kann niemals Objekt unseres Erkennens sein. Das Enneagramm umschreibt diesen Gedanken so: Gott ist der Ganz Andere, der Heilige, das Nicht-Ich. Dennoch fragen Menschen nach Gott, suchen ihn zu erfahren.

Dem Verlangen nach Konkretion der Erfahrung kommt das Enneagramm nach, indem das dahinterliegende religiöse Anliegen gedeutet wird. Dabei zeigt sich die innere Spannung in der Gottesidee als Konflikt zwischen

Konkretheit und Unbedingtheit. Die Antwort auf diesen Konflikt liegt offenbar-verborgen in Jesus Christus. Als Mittler repräsentiert er Gott gegenüber den Menschen, das Bild Gottes in konkret personhafter Erfahrbarkeit. Damit wird der Welt gezeigt, „was Gott ist und was er wünscht, daß der Mensch sei". Christus ist das Urbild Gottes und des neuen, befreiten Menschen.

In einer großangelegten Auffächerung werden die Gaben aller neun Typen als Eigenschaften Christi kommentiert und biblisch belegt. Er hat die Einladungen Gottes nicht nur gehört, sondern sie aktualisierend beantwortet. Hier tritt uns personhaft die Vision der zugesprochenen Befreiung, der verheißenen Wiedervereinigung entgegen: In Jesus Christus zeigt sich Gottes Teilnahme an der menschlichen Situation und ihre Erlösung. Von ihm her ist es möglich, sich Gott in seiner Heiligkeit zu nähern. Damit aber haben wir einen Bereich des Enneagramms betreten, in dem die sonstige Transparenz nichtreligiöser Erfahrungen auf das religiöse Anliegen hin matt und undeutlich bleibt.

Bis auf wenige Ausnahmen nämlich wird Gott dargestellt als vergebend, begnadend, einladend, schenkend – als Gott der „Liebe". Wozu er uns ruft, ist anscheinend lediglich die „höchste Form des geistlichen Bewußtseins". Was fehlt, ist die anklagende, ins Gericht ziehende, Anspruch erhebende Seite als von außen kommende Forderung. Doch der heilige und gerechte Gott bejaht nicht nur mit ewiger Langmut, sondern er leistet Widerstand, verurteilt und steht parteiisch auf der Seite der Liebe.

Ich weiß, daß das Bild vom strafenden Gott nicht nur einen moralisierenden Irrweg für die Kirche geebnet hat („Sowas tut man nicht"), sondern auch in bestürzender Weise zu religiösen Neurosen führte („Der liebe Gott sieht alles"). Dennoch halte ich es für theologisch und psychologisch falsch, den fordernden Willen Gottes deswegen gänzlich zu verhüllen, wie es das Enneagramm macht.

Wenigstens dies sollten wir aus dem ökumenischen Dialog verstanden und gelernt haben: Man kann nicht gleichzeitig auf der Seite der Unterdrückten und ihrer Unterdrücker stehen, nicht gleichzeitig bei den Verachteten und ihren Verächtern. Die Befreiungstheologie Lateinamerikas, die Schwarze Theologie Afrikas, die Minjung Theologie Südkoreas oder die Feministische Theologie: Sie wissen etwas davon, denn sie erfahren es täglich am eigenen Leib. Gesicherte Christen in Europa dagegen wollen lieber etwas von der allgemeinen Liebe Gottes hören, nichts aber von seinen Forderungen (Jak. 2,16).

Dieses zeigt sich auch in der fehlenden Schöpfungstheologie. Sie wäre die angemessene und grundlegende Aussage über die Beziehung zwischen Gott und der Welt: daß der Mensch als Geschöpf abhängig ist vom ursprünglichen, erhaltenden und lenkenden Schaffen Gottes. Damit hätte man auch die Rede von der Gnade Gottes, auf die es bei der Ganzwerdung, Integration und Erlösung zu warten gilt, weil wir sie nicht machen können, auf festere Füße gestellt. Die unausgesprochene Schöpfungslehre verspielt die doppelte Chance: mit Nachdruck die Beanspruchung des Geschöpfes einerseits zu verdeutlichen und andererseits das Sich-Getragen-Wissen von der gnädigen Schöpferkraft dessen, „der die Toten lebendig macht und das, was nicht ist, ins Dasein ruft“ (Röm. 4,17).

3.3. Erlösung

Die Erlösung ist allein Gottes Werk. Er kann nicht zum Partner menschlichen Handelns werden, sein Du umfaßt unser Ich und somit die gesamte Beziehung. Dieses ist die objektive Seite der Erlösung. Ihr nachgeordnet ist die subjektive Seite: das, was sich im Menschen auf Gottes Handeln hin antwortend vollzieht. Beidem versucht das Enneagramm Rechnung zu tragen und will die Berufung zum neuen Denken, zur Umkehr „primär als ein Angebot Gottes verstehen und nicht als unser eigenes Werk“.[47]

Zentraler Kristallisationspunkt für die Erlösung ist allerdings Christus und sein Kreuz. Darin begegnet uns die wirksame Äußerung von Gottes Erlösungshandeln, und hier liegt auch eine der theologischen Schwächen des Enneagramms. Neben etlichen Hinweisen auf die Gnade Gottes, auf die wir bezüglich unserer Integration oder Erlösung zu warten hätten, begegnet uns eine seltsame, fast verschämte Sprachlosigkeit, wenn es darum geht, die „Mittel“ der Erlösung beim Namen zu nennen und zu konkretisieren. So bleibt in der Schwebe, was mit göttlicher Gnade gemeint ist und es können Karikaturen vom „lieben Gott“ entstehen, der nur stützend und bejahend seine billige Gnade weiterleitet, aber doch kein kritisches Eigen-Wort spricht.

Dieser defizitäre Charakter durchzieht auch andere Bereiche des Modells. Er zeigt sich elementar im Übergehen einer Kreuzestheologie, die vom richtenden und vergebenden Gott etwas wüßte. Im Enneagramm ist Gott nicht als Richter wahrnehmbar.

Von Vergebung ist nur bei Kollers Reuemeditation die Rede, obwohl gerade sie „Herz und Zentrum der Erlösung“ zum Ausdruck zu bringen vermöchte, weil sie den Charakter des „trotzdem“ in der Rechtfertigung offenbart: Wir sind angenommen, obwohl wir unannehmbar sind. Und dieses Urteil können wir uns nicht selber sagen.

Wo immer Erfahrungen und Konkretionen des Lebensalltags zur Sprache kommen, kann es passieren, daß Christus an den Rand eines Graubereichs rückt: daß er nicht mehr der Mittler zwischen Gott und Menschen bleibt, sondern einseitig zum Vorbild verkommt. So liegt auch die primäre Intention des Enneagramms nicht in der Beschreibung einer einmaligen Wiedergeburt, sondern im Anstoß zu einer prozeßhaften Erlösung. Sie bezieht sich auf alle unerlösten Zustände des irdischen Daseins und es gibt facettenreiche Unterschiede im Grad der Erlösung/Heiligung: Niemand ist völlig erlöst, denn es handelt sich hierbei um eine eschatologische Kategorie (Röm. 8,19ff). Und nur der Mensch hat die Macht, die Kette von Reiz und Reaktion in Überlegung und Entscheidung zu durchbrechen. Darin zeigt sich das subjektive Element der Erlösung: die Erfahrung der inneren Mächtigkeit des Christus, ohne die Befreiung unmöglich wäre. So ist das Wirken des Heiligen Geistes in der menschlichen Seele zwar ein Geschenk, aber der Mensch kann darüber nicht passiv bleiben.

Phil. 2,12f hat im Enneagramm eine zentrale Bedeutung als Beispiel für die Spannung zwischen menschlichem Tun und göttlicher Gnade, die im Heiligungsprozeß aufeinander bezogen sind. Gott fordert und ermöglicht menschliches Wirken, indem er unsere Gespaltenheit von Wollen und Vollbringen (Röm. 7,15ff) heilt.

Der Mensch aber „soll so tun, als hinge alles von ihm ab. Im Nachhinein wird er verstehen, daß Gottes Geist es war – und nicht er (sc. der Mensch) selbst“.[49]

In diesem Sinne soll sich der alte Mensch nach dem Bilde seines Schöpfers und ihm zur Ehre erneuern (Kol. 3,9f.17), also nicht isoliert „moralisch“, sondern mit seiner gesamten Lebensauffassung (inklusive des moralischen Verhaltens). Moral erleben wir oftmals nicht als Heilung einer Trennung, sondern vielmehr als deren Ursache, weil gemeinhin der Mensch für die Moral und nicht die Moral für den Menschen gemacht erscheint. Ebensowenig darf Erlösung der Privatisierung anheimfallen. Sondern: Jede Erlösungsidee muß politisch werden, im Sinne von gemeinschaftsbildend.

4. Ausblick auf die Seelsorge

Seelsorgesituationen sind Erlösungssituationen. Und der Begriff Erlösung hat so viele Beziehungen, wie es negative, leidvolle Zustände gibt, die der

Erlösung bedürfen, ob es sich um persönliche Schuld oder um ein universales Schicksal handelt. Demgemäß läßt sich kirchliche Seelsorge nicht auf den kleinen, abseitigen Bereich der pfarramtlichen Studierstube oder auf den Beichtstuhl beschränken. Seelsorge ist weitläufiger, ein partizipatorischer Akt zwischen Menschen und Gruppen, der die ganze Gemeinde angeht und nicht nur den Pastor. Ziel ist die „gegenseitige Verantwortlichkeit für den Glauben und das innere und äußere Ergehen des anderen".[50]

Das Gespräch ist die vielleicht wichtigste Form der Seelsorge,[51] in dem gemeinsam Wege der Erlösung gesucht werden können. Dazu bedarf es aber gemeinhin einer Vorbereitung, das heißt einer inneren Öffnung und Bereitschaft, sich auf ein tieferes Gespräch einzulassen. Im Sinne eines Stufenweges bietet sogar die Plauderei einen solchen Ansatzpunkt und darf deswegen als seelsorgerliche Möglichkeit nicht gering geachtet werden.[52] Das Enneagramm setzt an bei diesen menschlichen, allzu menschlichen Situationen und ihren Erfahrungen, aber es bleibt dort nicht stehen, sondern bietet sich auch an als Strukturhilfe für komplexe Zusammenhänge.

Die Frage nach kirchlicher Seelsorge ist auch die Frage nach dem Seelsorger. Es ist offenkundig, „daß jeder Psychoanalytiker nur so weit kommt, wie seine eigenen Komplexe und inneren Widerstände es gestatten"[53] – gleiches gilt für den Seelsorger und seine Projektionen und Gegenübertragungen, die er sich mit Hilfe des Enneagramms bewußter machen könnte. Das Modell sollte also zunächst ein Hilfsmittel für den eigenen Prozeß der Selbsterkenntnis sein, mit dem er verantwortlich umzugehen versteht, bevor er es in der Seelsorge verwendet. Und auch dort wäre es völlig verfehlt, in jedem Gespräch zu versuchen, den Gesprächspartner nach Ziffern einzuordnen. Man hätte schon die Antwort gegeben auf Fragen, die der Partner gar nicht gestellt hat, man hätte schon die Diagnose (und Therapie) bereit für Probleme, die wir beim anderen nur vermuten.

Damit würde man sich die Möglichkeit versperren, sich unvorbelastet dem konkreten Menschen zuzuwenden, ihm Zeit zu lassen zum Erzählen, ihm zuzuhören und ihn damit ernstzunehmen.

Das Enneagramm hält neun Kategorien bereit, die nicht vorschnell benutzt sein wollen, weil sie sonst zu Typenkisten werden. Im günstigen Fall gelingt es dem Seelsorger während der Plauderei, der Unterhaltung und beim ausgesprochen hilfesuchenden Gespräch, Informationen zu sammeln und auf diese den „Suchscheinwerfer des Enneagramms" zu richten, um das Gehörte und selbst Geordnete dann fragend und als Angebot dem Gesprächspartner vorzulegen, damit er darauf antworten kann.

Das Enneagramm ist eine Wegbeschreibung, die Möglichkeiten anbietet, nicht zwingend ist und keine Handlungsanweisungen gibt, sondern bestenfalls Strukturen von menschlichem Verhalten beobachtend beschreiben will. Dem Klienten wird nicht die gute oder bessere Antwort auf eine Frage gegeben, sondern er selbst muß sich auf den Weg machen, ihm mögliche Anworten zu finden. Dabei wird den tiefenpsychologischen und soziologischen Erkenntnissen Rechnung getragen, daß die Triebkräfte des Handelns nicht vor allem vom Denken, sondern vom Bereich des Unbewußten her gesteuert sind und ebenso aus der Gruppenverhaftung des Menschen zu erklären sind. Widerstand und Abwehr des Klienten sind zähe Schutzmechanismen, die den Grad der persönlichen Verarbeitungsmöglichkeiten bestimmen und deswegen oft genug auch gute und überlebens-notwendige Techniken sind, die sich eine Person im Laufe ihres Lebens entwickelt hat. Die Einsicht hierein sollte den Seelsorger davor schützen, Wissen und Erkenntnis zu vergötzen.

Dennoch gilt umgekehrt: Ohne Bewußtsein wird eine gezielte Veränderung schwer oder gar nicht möglich sein, und auch der Seelsorger kann sich ausschließlich an die bewußte Persönlichkeit wenden. Dies führt dazu, daß es für den Klienten irgendwann zu einer Konfrontation kommen muß, durch eigene Einsicht oder durch den Seelsorger: An dieser Stelle meines Lebens liegt Schuld vor, die mich abtrennt in meinen Beziehungen zu meinen Mitmenschen, zu mir selbst und zu Gott. Diese Schuld ist konkret und kann benannt werden.

Das Enneagramm kann den Anfang eines solchen Weges stützend begleiten, es ist aber kein Ersatz für die eigene Arbeit des Klienten. Er ist vielmehr aufgefordert, seine ureigensten Verhaltensmechanismen auszusprechen und zu analysieren. Die bei den Typenschilderungen gegebenen Beschreibungen sind Angebote, Grobskizzen und manchmal übertriebene Karikaturen, nicht aber exakte Steckbriefe aller Menschen. Das Enneagramm hat kein Interesse daran, die einzigartige Individualität und Originalität einer Person zu zertrümmern und jeden in neun Kategorien gleichzumachen. Es will vielmehr helfen, die Unmassen menschlicher Erfahrungen zu strukturieren, damit sie sich im Spiegel der eigenen, persönlichen Biographie verdichten können.

Weiter möchte das Enneagramm Menschen Hilfestellung bei den traditionell kirchlichen Fragenkomplexen um Schuld und Erlösung bieten, die aber von einer erfahrungsarm und deswegen sprachlos gewordenen Kirche nur selten kraftvoll beantwortet werden können, zumal ja immer weniger

Menschen sich mit diesen Fragen vorrangig an sie wenden. Das Enneagramm bietet mit seinen Sprachformen seinen LeserInnen einen neuen Zugang zu solchen traditionell kirchlichen Inhalten an.

Dieses ist gerade in der Seelsorge wichtig, wo die eigenen Trennungserfahrungen ausgesprochen werden können, die ich mit mir selbst und anderen gegenüber täglich mache und wo mir meine Schattenseiten liebevoll[54], aber doch ohne Beschönigung oder Entlastung durch die mich prägende Umwelt konkret benannt werden. Dort ist dann auch der Ort, wo man diese Erfahrungen als Ergebnis einer Geschiedenheit von Gott beschreiben und als persönliche Schuld anerkennen kann.

Das Enneagramm versucht, alltägliche Erfahrungen nicht moralisch transparent zu machen hinsichtlich der Gottesbeziehung. Die Botschaft des Enneagramms ist im christlichen Glauben begründet. Damit kann sich der Leser, wenn er es will, auf den eigenen Weg machen, um seine eigene Individualität zu hinterfragen. Dieses ist der Versuch, beides ernstzunehmen: die menschliche Frage und die göttliche Antwort.

Dem Enneagramm gebührt der Verdienst, diesen Weg in einladender Art und Weise zu eröffnen, denn es kommt einem Grundcharakter und einer Grundsehnsucht suchendem und sich entwickelndem Menschseins entgegen: Individuation und Partizipation.

Der Leser kann sein ganz persönliches Gefallensein entdecken. Immer wieder löste das Modell Wiedererkennen, Scham und Erschrecken aus und doch andererseits ein Gefühl von Zu-Hause-Sein. Die Offenlegung und Würdigung eigener Stärken und Fähigkeiten durch das Enneagramm konnte Leserinnen und Leser dazu motivieren, mit Hoffnung und Mut auch die eigenen Schattenseiten wahrzunehmen und anzugehen.

Außerdem wurde deutlich: Es gibt noch viele andere Menschen, die ähnlich strukturiert sind wie man selbst. Ja: Im Grunde genommen haben alle Menschen mit ihren Stärken (und Schwächen) zu kämpfen, sie sind in diesem Sinne alle letztlich „Nummern“, ringen alle mit ihren Blockaden und sind in ihrer Existenz gebrochen.

Von dieser kritischen, aber auch bejahenden Basis aus, ist ein Schritt zur persönlichen Entwicklung oder Veränderung leichter geworden, und damit ist ein Prozeß beschrieben, der konstitutiv für Seelsorge sein sollte: kritische Analyse und Erkenntnis, geborgenes Angenommensein, Entwicklung (das heißt Festigung und Ausbau) positiver Anlagen, Veränderung (das heißt demütiges Loslassen) verhärteter Haltungen und Verhaltensweisen. Die traditionellen Begriffe für diesen Prozeß sind Sünde(nerkenntnis), Gnade(nerfahrung), Heiligung und Buße. Sie haben einen vierfachen Horizont: bezogen auf das Verhältnis zu Gott, zum Nächsten, zu mir selbst und zur belebten beziehungsweise unbelebten Umwelt.

Gleichzeitig stößt das Enneagramm auch auf Grenzen seiner Verwendbarkeit in der kirchlichen Seelsorge. Die Vermittlung traditioneller Begriffe durch versteh- und annehmbare Wendungen und Erklärungen birgt Gefahren in sich: mit dem Begriff kann die dahinterstehende Bedeutung aufgeweicht oder sogar aufgegeben werden.

Ich habe dies oben versucht deutlich zu machen an dem schwebenden Begriff der Gnade und den (fast) fehlenden Begriffen wie Schöpfung, Kreuz, fordernder und gerechter Gott, Mittler, Rechtfertigung und Vergebung. „Kreuz“ darf nicht reduziert werden auf Scham und Schmerz des Klienten. Gott darf nicht reduziert werden auf den Gewährenden. Christus darf nicht reduziert werden auf ein menschliches Vorbild.

Ein weiteres Hindernis wäre die Skepsis der Gesprächspartner gegenüber diesem nicht ursprünglich christlichen Modell. In diesem Fall wäre es unklug, offen das Enneagramm heranzuziehen – die „Fremdsprache“ des Systems wirkte blockierend und der Angebotscharakter wäre verraten.

Aber auch als „Werkzeug im Hinterkopf“ ergeben sich Gefährdungen. Besonders gewarnt wird dabei vor einer „spekulativen Übung“ und einer (un-)bewußten Festlegung und/oder Bewertung des Gesprächspartners und seiner Situation. Beratung und zwischenmenschliche Beziehung ist ein sensibler Prozeß, der sich im Aufeinander-Hören bewähren kann und Zeit zum Sich-Wahrnehmen und Erkennen braucht. Eine vorschnelle „Numerierung“ läßt dem Gegenüber keine Chance, als individuelle Person ernstgenommen zu werden. Im günstigen Fall würde der Seelsorger als „Hellseher“ bewundert, im ungünstigen Fall wäre ein Vertrauensverhältnis durch irritierende Vorurteile stark belastet oder unmöglich.

Hier, im unbewußten Bereich, vermute ich die bedenklichste Bedrohung. Wendungen wie „Kein anderer wäre auf den Gedanken gekommen, Protest derart drastisch und schöpferisch zu artikulieren“ (wie die VIER Berrigan)[55] oder „Wer einen Gottesdienst feiern will, der Menschen fröhlich macht, der sollte SIEBENer die Liturgie ausarbeiten lassen“[56] zeigen, daß der Autor selbst mit manchen Sätzen an einem systemverliebten Klischee scheitern kann.

Gewarnt werden sollte auch vor dem Satz „Ich bin eine VIER“, wenn darüber vergessen wird, daß ich neben vielen Anteilen einer VIER auch Anteile der FÜNF und DREI (als Flügel) und der EINS und ZWEI (als

Partnerenergie) in mir habe. Mein Sein kann nicht umgriffen und definiert werden durch eine Nummer – ich bin mehr und sollte lernen, meine Fixierung auf einen Typen zu erkennen und schrittweise abzulegen. Es gibt nicht den Prototyp der VIER, sondern wie ein Kreis aus „unendlich" vielen Punkten besteht, so ist jeder Mensch vom anderen verschieden. Die Nummern stellen lediglich ein Hilfsmittel zur Orientierung und einen Kumulationspunkt für ähnlich strukturierte Typen dar. Die theoretische Offenheit eines Menschen auf alle neun Typen hin soll nicht zu einem wahllosen und verspielten Umhersuchen verführen – sie könnte aber eine ernsthafte Auseinandersetzung mit allen neun verschiedenen Fallen und Versuchungen in mir hervorbringen, die sich in meiner Lebensgeschichte zeigen und gezeigt haben.

Allerdings liegt die Stärke des Enneagramms in der Konzentration auf eine Hauptfehlhaltung und in der Beziehung zu bestimmten Flügeln und Partnerenergien.

Darüber hinaus ist es nicht unwesentlich, daß sich jedem Typ ein bestimmtes Gottesbild nahelegt, gemäß der internalisierten Stimme „Ich bin gut, wenn ich . . ." Es könnte also mit dem Enneagramm eine neue Auseinandersetzung mit dem eigenen Gottesbild erwachsen und dabei herauskommen, wie sehr ich Gott nach meinem Bilde geschaffen habe. Darin kann ein Stück Selbstverleugnung zum Ausdruck kommen, denn ich lasse mit der ausschnitthaften Gottesvorstellung etwas los, das zutiefst in mir selbst steckt und zu mir gehört.

Das Modell kann weiterhin dazu verhelfen, die Augen aufzuheben und in einer „ökumenischen" Weite die Vielfalt anderer Gottesbilder im Lebensvollzug anderer Menschen wahrzunehmen: indem der Kämpferische (ACHT) neben den Dienenden (ZWEI) tritt, der Fordernde (EINS) neben den Feiernden (SIEBEN) und friedfertig Ruhenden (NEUN), der Weise (FÜNF) neben den Sieghaften (DREI) und der Treue (SECHS) neben den heilig Ganz-Anderen (VIER).

Hinsichtlich des Erlösungsweges werden wir auf die göttliche Gnade verwiesen und darauf, daß wir selbst nach dieser Gnade streben sollen (1. Kor. 12,31). Ein besonderer Ausdruck dieses Strebens im Rahmen kirchlicher Seelsorge ist das Gebet, in dem wir hörend und wartend Gott unsere Gebrochenheiten vorlegen, sie loslassen und bei ihm ablegen. Solches Gebet „ist ein reifes Zeichen für die Bereitschaft der Psyche, die Wahrheit zu empfangen". Dazu tritt das fürbittende Gebet. Im Gebet wird dem doppelten Anliegen des Enneagramms eine besonders angemessene

Form verliehen: In Bitte, Dank und Buße werden mir die Konkretionen meines Fehlverhaltens und meiner Gaben bewußt, und ich lege sie in Gottes Hände. Dazu suche ich in meinem weiteren Leben nach Festigung und positiver Veränderung und will doch beides von Gott empfangend erwarten.

Strukturelle Grenzen des Enneagramms als Typologie liegen in seiner Breitflächigkeit. Es sagt zum Beispiel nichts aus über Ich-Bewußtsein oder Ich-Stärke, über Intelligenz oder Ausstrahlung[57], obwohl auch diese Dinge zum Menschsein gehören und eine Person wesentlich charakterisieren. Auf diesem Gebiet trägt das Modell nichts für kirchliche Seelsorge aus.

Ebensowenig ist das Enneagramm ein Therapieersatz, das heißt in (schweren) pathologischen Fällen kann es nur minimale oder gar keine Hilfestellung geben. Es verlangt vom Benutzer ein gewisses Maß an Ich-Stärke und ist nicht geeignet, die sorgfältige Eigenanalyse oder die persönliche Umkehr zu ersetzen. Unausgesprochen steht dahinter, daß nur der Gesunde imstande ist, „eine Erweiterung oder Wandlung seines subjektiven Wertentwurfs beziehungsweise eine Revision seines Ich-Ideals zu vollziehen".[58]

„Das Enneagramm gehört zum Bereich, den die Bibel ‚Gesetz' nennt . . . Es ist nicht die Freiheit selbst" (vergleiche Röm. 3,20). In diesem Bereich aber, das haben die Erfahrungen gezeigt, hat es vielen Menschen geholfen, indem es eine heilsame Dynamik in Gang setzte. Private und religiöse Gebrochenheiten konnten Ziel erlösender Veränderung werden, weil Menschen, psychologisch und theologisch fundiert, ermutigt wurden, sich auf ihren Weg zur Freiheit zu machen (Gal. 5,13f). Es wäre hilfreich, das Enneagramm äußerst vorsichtig und nüchtern in einem begrenzten Bereich als Werkzeug und Wegweiser zu betrachten, mit dem man sich, seinen Nächsten und Gott ein wenig entgegenzukommen vermag – als solches hat es sich bewährt.

JAMES L. EMPEREUR, SJ

Ein Werkzeug der Barmherzigkeit – zur geistlichen Begleitung mit dem Enneagramm

Als das System des Enneagramms in der westlichen Welt Einzug hielt, verband man es sehr bald mit den gängigen psychologischen Kategorien. Infolgedessen wurde es zunächst in erster Linie als eine Methode der Persönlichkeitstypologie verstanden. Weil jedoch viele Förderer des Enneagramms in den USA professionelle Geistliche waren, wurde das System immer mehr auf dem Feld der Spiritualität eingesetzt. Die praktische Anwendung des Enneagramms erstreckte sich schon bald auf Gebetsleben, Exerzitien und geistliche Begleitung. Das Enneagramm wurde ein Hauptbestandteil verschiedener spiritueller Kurse und Programme. Ich selbst habe die Erfahrung gemacht, daß viele Menschen gerade zu mir in die geistliche Begleitung[1] kommen, weil sie dabei das Enneagramm in die gemeinsame Arbeit einbeziehen können. Ich glaube, das ist ein Hinweis darauf, daß diese Menschen den Eindruck haben, daß jemand, der mit dem Enneagramm vertraut ist, ihnen weiterhelfen kann – selbst wenn das System während der Sitzungen kaum explizit zur Sprache kommt.

Soweit ich es beurteilen kann, gibt es für die meisten Menschen, die zu mir in die Seelsorge kommen oder meine Seminare über das Enneagramm und geistlichen Begleitung besuchen, drei Hauptaspekte, die das Enneagramm anziehend machen. Erstens finden sie, daß das Enneagramm wesentlich differenzierter ist als andere Typologien, die sie kennen, allen voran der Myers-Briggs-Test.[2] Die innere Dynamik (die Trost- und Streßpunkte), die Flügel und die Untertypen bringen feinere Nuancen und mehr Vielfalt in dieses System, was simples Kategorisieren vermeidet. Zum zweiten bietet das Enneagramm eine hinreichend gediegene Grundlage dafür, sich mit dem eigenen „Wahrnehmungs-Stil“ zu befassen. Es gibt vielfältige Varianten, wovon Menschen „besetzt“ sind. Wir alle entwickeln einen bestimmten Stil der Wahrnehmung, um solche Fixierungen zu unterstützen. *Helen Palmer* hat das Thema der Wahrnehmungsstile brillant beschrieben.

Dieser Sachverhalt hat weitreichende Konsequenzen für die Entwicklung eines eigenen Meditations- und Kontemplationslebens. Drittens komme ich aufgrund der Arbeiten meiner Studenten und Studentinnen und in Übereinstimmung mit ihnen zu dem Schluß: Das Enneagramm ist geschlechtsneutral. Auch wenn es stimmt, daß in unserem Land viele Frauen dazu sozialisiert wurden, im Raum der ZWEI oder der SECHS zu leben, und viele Männer in das Muster der DREI und ACHT gepreßt wurden, scheint doch das System selbst keinerlei Sexismus zu enthalten.

All das zusammengenommen macht das Enneagramm zu einem wunderbaren Werkzeug der Barmherzigkeit – mit sich selbst und mit anderen. Es ist ein Weg, Mitgefühl mit anderen zu lernen, weil wir dabei den Lebensraum und die innere Welt eines anderen Menschen nicht nur von unserer eigenen Warte aus beobachten, sondern weil wir dabei – wenn auch nur vorübergehend – in der Welt der anderen verweilen können. Ich selbst setze voraus, daß es bei seelischer Integration und spirituellem Wachstum nicht in erster Linie um die Frage geht, wie man eine immer bessere ZWEI, DREI usw. wird. Es geht auch nicht primär darum, sich von der Desintegration am Streßpunkt weg und zur Integration am Trostpunkt hin zu bewegen, wie es etwa eine EINS machen würde, die den Punkt VIER „meidet“ und zu Punkt SIEBEN „geht“. Volle menschliche Integration bedeutet vielmehr, daß man in seinem eigenen Raum und in den damit verbundenen Räumen lebt, daß man jedoch gleichzeitig in der Lage ist, gegebenenfalls jeden anderen Raum des Enneagramms zu besuchen, wenn es nötig ist.

In diesem Beitrag kann ich im Blick auf seelsorgerliche Begleitung nicht auf alle Enneagrammpunkte angemessen eingehen. Ich wähle Beispiele aus verschiedenen Bereichen und verweise dabei auf bestimmte Enneagrammpunkte. Zunächst beschreibe ich einige Punkte sowohl hinsichtlich der Begleitperson wie auch der Konfident/innen[3]. Dann erörtere ich die spezifische Frage, welche Rolle bei geistlicher Begleitung Macht spielt. Schließlich führe ich noch einige Beispiele aus der Erfahrung meiner Student/innen an, wie in der Situation der Begleitung ein Enneagrammpunkt mit einem anderen Punkt interagiert. Auf die Untertypen werde ich hier nicht eingehen, obwohl ich meine, daß sie in der Situation der Begleitung außerordentlich wichtig sind. Es würde auch den Rahmen dieses Aufsatzes sprengen, ausführlich die Bedeutung der Flügel und der Trost- und Streßpunkte in bestimmten Situationen zu beschreiben, mag das nun bestimmte Frömmigkeits- und Gebetsformen, Konflikte oder Gottesbilder betreffen. Das Folgende kann also nur andeuten, welche Reichtümer das Enneagramm zu diesem geistlichen Dienst beitragen kann. Um beide Geschlechter gleichermaßen anzusprechen, variiere ich die Singularformen, benutze den Plural oder einfach die neutralen Nummern des Enneagramms. Gemeint sind aber in jedem Fall Frauen und Männer.

Typen von BegleiterInnen und KonfidentInnen

ZWEI

Eine ZWEI in der Rolle der Begleiterin sollte sich bewußt bleiben, daß sie ihren Konfidenten instinktiv mit Nachsicht und Milde begegnen und ihnen das geben möchte, was diese wollen – was ganz und gar nicht das sein muß, was sie wirklich brauchen! Dieser Begleiter muß auch einmal bereit sein, den „Buhmann" zu spielen und seine Konfidenten herauszufordern und zu konfrontieren, wenn es angesagt ist. Um eine gute Seelsorgerin zu sein, muß sich die ZWEI vom Beifall oder vom Mißfallen ihrer Konfidenten unabhängig machen. ZWEIER müssen ferner darauf achten, daß sie nicht die Sitzung so manipulieren, daß sie eigene Bedürfnisse damit befriedigen, daß sie „Seelsorge ausüben".

ZWEIer-Konfidenten sind Geber, müssen lernen, die eigenen Bedürfnisse zu erkennen und ihre Verhaltensmuster zu durchbrechen, die andere manipulieren, die Bedürfnisse der ZWEI zu befriedigen. Ihr Weg zur Gesundung beginnt damit, daß sie sich von der Abhängigkeit vom Beifall anderer Leute freimachen und akzeptieren, daß die eigenen Fähigkeiten, anderen Leuten zu helfen, Grenzen haben. Eine ZWEI wird von Haus aus erst einmal versuchen, ihrem Begleiter zu gefallen, indem sie ihm schmeichelt und ihm „hilfreiche" Antworten liefert, um Fortschritt zu demonstrieren. Wirklicher Fortschritt kann sich aber erst einstellen, wenn die ZWEI den Stil der eigenen Wahrnehmung in den Blick bekommt und zu unterscheiden lernt zwischen der Frage „Was sind mein Bedürfnisse" und der Frage „Wie kann dieser Mensch meine Bedürfnisse erfüllen?".

DREI

Die Aufgabe der DREI als Begleiterin ist, sich einfühlsam, wahrhaftig und engagiert auf die Lebensreise eines anderen einzulassen, und die Sitzung nicht nur als Bestätigung der eigenen Kompetenz als Begleiterin oder als Leistungsnachweis im Rahmen der eigenen Berufskarriere zu benutzen. Als Begleiter müssen DREIer ihr Bedürfnis nach Anerkennung der eigenen Fähigkeiten beiseite legen. Bei ihnen besteht tendenziell die

Gefahr, daß sie sich selbst darstellen oder sich an ihre überlegene Position innerhalb der Beziehung von Begleiter und Konfident klammern. DREIer sollten darauf achten, daß sie ihre Konfidenten nicht einschüchtern, indem sie sich allwissend, vollkommen und nur erfolgreich präsentieren. Eine Begleiterin, die bei Punkt DREI zu Hause ist, wird geduldig mit dem Leben eines anderen Menschen umgehen. Begleitung ist keine Aufgabe, die erledig werden muß, und ein Begleitung Suchender ist kein Mensch, den man „repariert"!

Für Männer der amerikanischen oder westlichen Leistungsgesellschaft kann Punkt DREI besonders grausam sein, weil man ihnen beigebracht hat, sich durch ihre Arbeit und ihre Aktivitäten zu definieren. Wenn sie sich schließlich doch auf Seelsorge oder geistliche Begleitung einlassen, strengen sie sich möglicherweise auch hier ungeheuer an, um erfolgreich zu sein, allzu schnell gesund zu werden, etwas zu „bieten". Das gilt natürlich genauso für DREIer-Frauen, aber eklatanter dürfte es bei männlichen DREIern sein. Die Aufgabe der Begleiterin besteht darin, diese Menschen zuerst einmal dazu zu bewegen, das Tempo zu drosseln und nach den eigenen Gefühlen zu fragen. Aktivitäten dienen bei DREIern dem Ausweichen. In der Begleitung können sie lernen, wie sie selbst gegensteuern können, sobald sie aufhören, wirklich persönlich zu reagieren, und nur noch „Gefühle" zeigen, die sie „haben sollten". Für eine DREI ist es wichtig, zur Selbsteinsicht geführt zu werden, wobei die Betonung mehr auf Hoffnung als auf Erfolg liegt. Dabei muß jeder Eindruck von Kritik vermieden werden. DREIer fürchten, daß in ihnen nichts zu finden ist. Begleitung könnte sich konkret auf Situationen konzentrieren, wo Versagen erlebt wurde, mit dem Ziel der Erkenntnis, daß dabei immer noch etwas Wertvolles übrig bleibt.

VIER

Eine VIER als Begleiterin wird mit einem Gefühl der Unruhe und Langeweile zu kämpfen haben, wenn die Sitzungen nicht rasch oder wirklich „bedeutungsvoll" genug vorankommen. Doch vieles in der Seelsorge schaut so irdisch-belanglos aus! Der VIERer-Begleiter möchte, daß sein Weg mit dem Begleiteten einzigartig ist. VIERer wollen glauben, daß ihre Konfidenten aufrichtig sind, mit profunden Fragen ringen und zu größerer Tiefe gelangen. Um es mit den Worten einer VIER zu sagen, die nach dem Leiden anderer gefragt wurde: „Wenn sie sich zu Authentizität verpflichten, gehe ich einen weiten Weg mit ihnen, wenn sie es ablehnen, dann nicht."

Wer eine VIER begleitet, muß mit Stimmungsschwankungen rechnen, die von dem jeweiligen Zustand der momentanen Haupt-Liebesbeziehung der Konfidentin abhängig sind. Ziel ist nicht, dem Konfidenten zu helfen, seine eine wahre Liebe zu finden, sondern ihn so zu unterstützen, daß er sich auf ein Bündnis mit dem Begleiter einläßt und sich nicht im Stich gelassen fühlt. Fruchtbringend wird es sein, den Ursachen und dem Sinn der Traurigkeit der VIERer nachzugehen. Traurigkeit ist ein bequemes Versteck für den Ärger der VIER. Eine VIER bewegt sich in die gesunde Richtung, wenn sie eine ständige Quelle der Liebe erkennen kann, die zuverlässig und dauerhaft ist, auch wenn sie noch so hausbacken sein mag. VIERer müssen lernen, sich vom übergroßen Einfluß ihrer Gefühle freizumachen, die sie vom Handeln abhalten.

Zum Problem der Macht

In der geistlichen Begleitung kann Macht positiv oder negativ eingesetzt werden. Der größte Mißbrauch von Macht liegt darin, sich nicht bewußt zu sein, daß sie vorhanden ist. Geistliche Begleiterinnen müssen sich bewußt machen, wie sie Macht einsetzen und wie das die helfende Beziehung beeinflußt. Das ist in der geistlichen Begleitung außerordentlich wichtig, weil in diesem Bereich das Problem der Macht oft gar nicht erkannt wird. Machtmißbrauch tritt am wahrscheinlichsten dann auf, wenn Begleiter an ihren eigenen Themen nicht „dran" sind. Das Enneagramm ist unter anderem ein Weg, als Begleiter die eigene Thematik zu reflektieren und zu lernen, wie man wirklich hilfreich eingreifen kann. Ich bin zutiefst davon überzeugt, daß jeder geistliche Begleiter selbst geistliche Begleitung oder Supervision durch einen erfahrenen Seelsorger, Psychologen oder Psychotherapeuten haben sollte, vielleicht sogar beides. Anhand einiger Beispiele will ich zeigen, welche Rolle die Macht bei der Begleitung spielt.

FÜNF

FÜNFer-Begleiter, die Beobachter, bringen eine geradezu unheimliche Fähigkeit mit, zu wissen, was außerhalb von ihnen selbst vorgeht. Das kann eine starke Wirkung auf Konfidenten haben, die sich schwertun, das eigene Innenleben wahrzunehmen. Die FÜNFer-Begleiterin kann jedoch in die Falle geraten, wenn sie sich selbst als mächtige, profihafte und distanzierte Gestalt sieht. Die Neigung der FÜNF zu Rückzug und Beobachtung mag für viele Aspekte der Begleitung angemessen sein. Es kann jedoch geschehen, daß der zurückgezogene FÜNFer-Begleiter sich der Konfidentin nicht genügend mitteilt und zu erkennen gibt, um eine gute Arbeitsbeziehung zu schaffen. FÜNFer sind möglicherweise nicht freigebig mit ihrer Zeit und mit ihrer Bereitschaft, persönliche Erfahrungen und Einsichten mitzuteilen. FÜNFer-Begleiter könnten durch ihre Distanz ein Gefühl der Überlegenheit suchen, das von den Begleiteten häufig als Isolation erlebt wird.

Ausgesprochen schwierig für FÜNFer sind Spontaneität und Nähe, zwei äußerst wichtige Aspekte bei der geistlichen Begleitung. Für eine FÜNFer-Begleiterin könnte es eine Hilfe sein, verstärkt Körperarbeit wie Massage und Berührungstherapie zu machen und dabei die Reaktionsmuster des eigenen Körpers zu beachten. Der Körper kann eine FÜNF lehren, spontaner und großzügiger zu sein. Bei der Begleitung kann es einer FÜNF helfen, die Aufmerksamkeit auf den Konfidenten zu lenken und den Raum des inneren Beobachters zu verlassen. Das kann mit der bewußten Wahrnehmung der eigenen Gedanken beginnen (was FÜNFern leicht fällt) und sich allmählich ausweiten, bis das gesamte Selbst der FÜNF, der Raum und die Konfidentin einbezogen ist.

FÜNFer können ihre Macht destruktiv einsetzen, wenn sie ihre Konfidenten dazu animieren, in den Zustand endloser Beobachtung zu geraten und sich von den eigenen Gefühlen und anderen Menschen abzukoppeln. Weil sie selbst dazu neigen, dauernd nach weiteren Fakten zu suchen und nur im Kopf zu leben, können FÜNFer unbeabsichtigt ihre Konfidentinnen dazu „ermutigen", ihre Erfahrungen zu stark zu objektivieren, den Ausdruck ihrer Gefühle zu vernachlässigen und Selbst-Entäußerung im Gebet oder in Beziehungen zu vermeiden. Solch eine ungesunde Anwendung von Macht kann den Konfidenten dazu führen, sich zunehmend von Gott abzuwenden, sich auf niemanden einzulassen, Verpflichtungen nur zögernd einzugehen und mit Selbst-Mitteilung zu geizen, weil er sich ständig nach innen wenden muß, um noch mehr „Daten" für seinen habgierigen Begleiter zu sammeln.

SECHS

Eine SECHS kann als Begleiterin Intuition, Loyalität und Opferbereitschaft in die Begleitung einbringen. SECHSer fühlen sich von Haus aus zum „Underdog" hingezogen und sind bereit, für ihre Konfidenten eine „Extrameile" (Matthäus 5,41) zu gehen. Ein SECHSer-Begleiter kann jedoch in der eigenen Angst stecken bleiben und dadurch die eigene Macht an andere abgeben. Das kann bei der Begleitung zur Falle werden, weil dann der Begleiter nicht mehr in der Lage ist, die Komplexität der Situation zu begreifen und darauf angemessen zu reagieren. Wenn das geschieht, hat der Begleiter die Verantwortung, an diesem Punkt innezuhalten und die eigenen Ängste und Selbstzweifel zu überprüfen.

SECHSer, die andere Menschen begleiten, sollten ganz besonders den eigenen Wahrnehmungsstil reflektieren. Es besteht immer die Möglichkeit, daß man das, was aus dem wahren Selbst kommt, und die eigenen Projektionen durcheinander bringt. Wenn einer das in der Rolle der Begleiterin passiert, kann es sich sehr destruktiv auswirken, besonders auf diejenigen, die Schwierigkeiten haben, in Kontakt zu bleiben mit dem, was *unter* ihren Gefühlen liegt. Für einen Begleiter ist es wichtig, sich den eigentlichen Prozeß der Begleitung ständig bewußt zu machen, um dadurch in Kontakt mit dem tieferen inneren Selbst zu bleiben.

SECHSer können ihre Macht konstruktiv einsetzen, um Konfidentinnen darin zu unterstützen, im Gebetsleben und in ihren Beziehungen treu und zuverlässig zu bleiben. Sie können ferner anderen helfen, sensibler zu werden für die Wahrnehmung und das Verstehen der Stimme Gottes, die in ihren Erfahrungen verborgen ist. Wenn diese Stimme erst einmal wahrgenommen wurde, können SECHSer-Begleiter ihre Macht dafür einsetzen, den Konfidenten dabei zu unterstützen, die Herausforderungen anzunehmen, die Gott im Leben stellt – selbst wenn diese Herausforderungen Veränderungen erfordern, die mit der Tradition brechen und tapfere Taten verlangen. SECHSer können ihre Macht nutzen, um ihren Konfidentinnen zu helfen, treu zu bleiben, selbst wenn diese Treue bedeutet, Ängsten ins Auge zu sehen und sie in mutige Aktionen zu verwandeln.

Andererseits kann sich die Macht der SECHS destruktiv auswirken, wenn sie Ängste, Zweifel und Unsicherheiten der Konfidenten verstärkt. In einer solchen Situation wird Gott zu einem fordernden Elternteil, den der Konfident samt seinem Begleiter durch gehorsames Betragen besänftigen will.

SIEBEN

SIEBENer können ihre Stärke positiv einsetzen, indem sie bei ihren Konfidenten den Blick für den Geschenkcharakter des Lebens schärfen und sie ermutigen, auch in schwierigen Situationen hoffnungsvoll zu bleiben. Weil SIEBENer selbst fröhlich und optimistisch sind, können sie ihre Konfidentinnen motivieren, das Leben zu feiern und von der Zukunft zu träumen. Indem sie ihre Energie und ihren Idealismus mit ihren Konfidenten teilen, ermutigen sie diese dazu, sich die endlosen Möglichkeiten einer besseren Welt vorzustellen und die eigenen Träume begeistert umzusetzen.

Wenn Probleme oder Schwierigkeiten auftauchen, kann die SIEBEN ihre Macht einsetzen, um dem Konfidenten zu helfen, die eigene Integrität wiederzuerlangen und mit einer positiven Einstellung weiterzumachen. Dadurch kann die SIEBEN bei ihren Konfidenten das Vertrauen zum Gott des Lebens nähren, dessen Macht sich in der Auferstehung offenbart.

Wer als SIEBEN andere begleitet, bringt eine Menge Energie in den Prozeß der Begleitung ein. Es fällt diesen Begleiterinnen leicht, anderen sehr weit entgegenzukommen, wenn das mehr Energiefluß verspricht. Andererseits kann eine SIEBENer-Begleiterin auch oberflächlich sein und nicht sehr gewärtig für die Konfidentin. Diese Begleiterin mag gelegentlich ganz helle Momente haben, findet aber möglicherweise den Gesamtprozeß sehr schnell langweilig, wenn nichts Aufregendes abläuft. Es könnte sein, daß sich so eine SIEBEN nur zu Konfidenten hingezogen fühlt, die „Spaß" machen, und andere ignoriert. Unfähig, die eigenen Ängste anzuschauen, könnte eine SIEBENer-Begleiterin einem Konfidenten raten, bestimmte Dinge wie etwa ein sexuelles Problem einfach „wegzulachen", ungeachtet eines Befundes, der für jeden anderen offensichtlich ist.

Beispiele „aus dem Leben"

Um einen Geschmack davon zu vermitteln, wie Begleiter und Konfidenten mit unterschiedlichen Enneagrammpunkten miteinander arbeiten können, stelle ich nun ein paar Beispiele vor, die ich den Studenten und Studentinnen meines Seminars verdanke, besonders Phyllis Hubbell.

ACHTer-Begleiter und ZWEIer-Konfident

Martin ist ein geschiedener schwarzer Amerikaner Ende Vierzig. Er hat sich entschlossen, wieder zur Schule zu gehen und Geistlicher zu werden. Er hat die Vision, mit den Ärmsten der Armen in einem massiv drogengeschädigten Stadtteil zu arbeiten. Neben dem Studium jobbt er in seinem Beruf als Sozialarbeiter und als selbständiger Lebensmittellieferant. Er ist immer bereit, bei kirchlichen Anlässen zum Selbstkostenpreis zu liefern. Martin ist in einer überwiegend weißen Klasse und fürchtet, daß er dort nicht genug Unterstützung für seinen künftigen Dienst bekommt. Martin ist in letzter Zeit depressiv.

Der Begleiter muß Martin helfen, mit seinen Gefühlen in Kontakt zu kommen, insbesondere mit seinem Zorn über seine Kirche, die Gesellschaft und natürlich die Weißen. Martin muß lernen, seine eigenen Bedürfnisse und Wünsche zu achten und zu akzeptieren. Und er muß lernen, „Nein“ zu sagen. Meditation und Körperarbeit wären womöglich hilfreich, aber man muß dabei sehr sensibel mit kulturellen Faktoren umgehen, die Bedeutung für die seelsorgerliche Begleitung Schwarzer haben könnten.

Der Begleiter muß hier auch besonders wachsam für die eigenen kritischen Gefühle gegenüber seinem Konfidenten sein, denn Martin hat seine weibliche Seite sehr stark entwickelt. Falls dieser ACHTer-Begleiter noch keinen wirklichen Zugang zu seiner eigenen Verletzlichkeit gefunden hat, könnte er in Martin einen Schwächling sehen. Martin würde diese negativen Emotionen sehr schnell spüren und mit ihnen verschmelzen oder sie sich zu eigen machen. Ein solches Feedback von einer wichtigen Bezugsperson hätte verheerende Folgen für Martin. Der Begleiter muß auch ein gutes Gespür dafür haben, daß nicht jedes Sich-Öffnen, das er bei Martin entdeckt, bloß Martin ist, der die Seite seiner Persönlichkeit ausagiert, von der er fühlt, daß sie bei seinem Begleiter am besten ankommt.

NEUNer-Begleiterin und DREIer-Konfidentin

Janet ist Mitte Vierzig und Verkäuferin für Büroeinrichtungen. Sie ist in diesem Beruf ziemlich erfolgreich, hat aber in den letzten drei Jahren drei verschiedene Jobs gehabt. Sie gehört zu den Spitzenverkäuferinnen ihrer jetzigen Firma, aber sie ist unglücklich, weil die Firma nicht das Einrichtungsbeiprogramm anschafft, das Janet ihren Kunden versprochen hat. Janet hat ein ausgesprochenes Talent für Inneneinrichtung und Design und spricht seit Jahren darüber, den Beruf zu wechseln. Vor fünf Jahren hat sie nach 25jähriger Ehe ihren Mann und drei Kinder verlassen. Seit mehreren Jahren lebt sie jetzt mit einer Freundin zusammen. Janet hat eine Menge Zeit investiert, um aus dem Haus ihrer Partnerin ein wahres Schmuckstück zum Vorzeigen zu machen. Jetzt kann sie sich nicht entscheiden, ob sie sich einen neuen Job in derselben Branche suchen, oder ob sie in der Lebensmitte ihren Beruf wechseln soll.

Die NEUNer-Begleiterin muß versuchen, Janet mit den eigenen Gefühlen in Berührung zu bringen. Janet weiß gar nicht, ob sie ihren Beruf wirklich mag oder nicht. Sie war stolz darauf, wie gut sie auf ihrem Gebiet war, aber ihre jetzige Partnerin hat eine höhere Schulbildung und geht einer akademischen Tätigkeit nach. Janet spürt instinktiv, daß ihre Partnerin sie mehr achten würde, wenn sie auf künstlerisches Gebiet wechseln würde. Andererseits wäre sie möglicherweise selbst an einem Wechsel interessiert. Vielleicht hat sie sich nur in jungen Jahren geweigert, einen künstlerischen

Weg einzuschlagen, weil sie damals versucht hat, ihre weibliche Seite zu verleugnen.

Die NEUN kann eine vorzügliche geistliche Begleiterin für Janet sein, weil NEUNer mit den Ansichten der anderen verschmelzen und es deshalb wenig wahrscheinlich ist, daß sie Janets sexuelle Neigung unterschwellig verurteilt. Gerade weil die NEUN so nahe an den Gefühlen anderer „dran" ist, kann sie jemandem wie Janet besonders gut helfen, die eigenen Gefühle und Prioritäten herauszufinden.

EINSer-Begleiter und SIEBENer-Konfident

Richard ist gerade vierzig geworden. Er hat eine hochdotierte Stelle als Direktor an einem medizinischen Institut, pflegt vielseitige Interessen, macht Musik und Laientheater. Sein Partner und er besitzen drei elektronische Klaviere. Richard macht es Spaß, mit Hilfe von Computerprogrammen zu komponieren, die er sich gekauft hat, um es damit leichter zu haben. Richard hat viele Freunde, auch zwei Freundinnen, die ihm besonders nahestehen. Er war nie verheiratet und lebt nun zum erstenmal mit einem Partner zusammen, Howard.

Wegen dieser Beziehung ist er in die geistliche Begleitung gekommen. Howard ist unglücklich über Richards Art von Bindung an ihn. Richard „liebt" Howard, findet aber, daß er seine beiden Freundinnen genauso liebt. Richard hat kein sonderliches Interesse an Sex. Nun hat er Angst, Howard zu verlieren und fragt sich, ob bei ihm irgend etwas nicht stimmt. Er war noch nie in Therapie und hat lange gezögert, in die geistliche Begleitung zu kommen.

Richard muß lernen, seine Aufmerksamkeit auf einen einzigen Punkt zu konzentrieren. Richard hat die meiste Zeit seines Lebens Schmerz vermieden, indem er in seinen Beziehungen auf einem oberflächlichen Niveau stehenblieb. Es sieht so aus, als ob die Beziehung zu Howard wichtiger für ihn ist, als Richard sich selbst einzugestehen bereit ist. Der Begleiter muß Richard unterstützen, die Tiefe der eigenen Gefühle zu erkennen und bindungsfähiger zu werden.

Ein EINSer-Begleiter muß womöglich ein kleines Gefecht mit Richard austragen, wenn dieser den Versuch macht, seinen Begleiter zu überlisten, um mit ihm auf gleiche Ebene zu kommen. Ein solches Verhalten mag umgekehrt den Begleiter dazu verführen, die eigene Überlegenheit beweisen zu wollen. Ein solcher Begleiter könnte auf Grund seines eigenen Vollkommenheitsstrebens Schwierigkeiten mit Richard haben. Dieses Streben könnte zur Frustration führen, hervorgerufen durch Richards Mangel an Bereitschaft, sich auf die Dinge einzulassen, die ihm Schwierigkeiten machen, und an ihrer Lösung zu arbeiten. Der Begleiter könnte auch Schwierigkeiten haben, Richards Homosexualität zu akzeptieren und müßte bereit sein, eine andere Begleitperson vorzuschlagen, falls er merkt, daß er gegenüber Richard Antipathien hegt.

Dieser Artikel erschien erstmals in: enneagram educator, Vol. II, Nr. 4, 1990, hrsg. von Ruth Creighton, 2045 West Morse Avenue, Chicago, Illinois 60645, USA. Wir danken für die Abdruckgenehmigung.

FRANK PUCKELWALD

Exerzitien mit dem Enneagramm – ein Reisebericht

Ausgangspunkt

Eben war ich noch Vikar – sprich: Auszubildender in Sachen Pfarramt – und nach etlichen Prüfungen und der darauf folgenden Ordination war ich plötzlich evangelisch-lutherischer Pastor . . . und einen Tag später verantwortlich für einen Gemeindebezirk mit ca. 3700 Gemeindegliedern in einer nordelbischen Kleinstadt. So geschehen 1990.

Ein rapider Wechsel! Doch die Gemeinde machte mir diesen Wechsel leicht und die Arbeit machte mir viel Spaß – sie tut es bis heute! Mit der Begeisterung des Anfangs stürzte ich mich auf die vielfältigen Aufgaben. Zuerst sprudelten die Ideen und die Kraft, sie umzusetzen, dies blieb auch über ein halbes Jahr so.

Dann bekamen wir Familienzuwachs: Am dritten Advent wurde unser zweiter Sohn Micha geboren. Statt Urlaub wechselte ich für zwei Wochen in die Familienversorgung. Wer das selbst einmal erlebt hat, der weiß, was das bedeutet!

Langsam sehnte ich mich nach einer Atempause zum Luft- und Kraftschöpfen . . . Da erinnerte ich mich an die Einladung, die auf meinem Schreibtisch lag:

ENNEAGRAMM 1991
Einführungs-Wochenenden, Workshops und Einzelexerzitien

Und weiter stand da, was mich erwarten würde:
- Persönliche Gebetszeiten mit Schrifttexten, die der gegenwärtigen Situation des/der einzelnen entsprechen
- Hinweise für das persönliche Beten und Meditieren
- Ganztägiges Stillschweigen
- Im täglichen Einzelgespräch können Sie besprechen, was Sie innerlich

positiv oder negativ berührt hat und darin Gottes Weg mit Ihnen zu entdecken suchen
- Leibübungen auf eutonischer Grundlage
- Tägliche Eucharistiefeier, Abendmahl oder ein Wortgottesdienst

Das Enneagramm hatte ich 1989 bei der Einführungstagung auf Schloß Craheim kennengelernt. Seitdem begleitet es mich und hilft mir im Umgang mit mir und anderen, doch wünschte ich mir noch mehr Erfahrungen damit. Die Exerzitien auf dem Hintergrund des Enneagramms boten eine Gelegenheit dazu.

Das alles sprach mich an . . . mehr noch – es lud mich ein, dem Raum und Zeit zu geben, was in den Wochen und Monaten immer mehr zu kurz gekommen war. So meldete ich mich für eine Exerzitienwoche nach Ostern an.

Für die kommenden Wochen mit der Arbeit in der Gemeinde und zu Hause war dies wie eine Oase, auf die ich mich zubewegte – und das gab mir Kraft zum Weitergehen.

Vorbereitung

Mit der Bestätigung für meine Anmeldung erhielt ich die Bitte, die Exerzitien anhand einiger Fragen vorzubereiten. Diese Fragen sollten einerseits mir helfen, meine Voraussetzungen für die Exerzitien zu klären; andererseits sollten die Antworten meiner Exerzitienleiterin – einer katholischen Ordensfrau – helfen, sich auf mich einstellen und mich während der Exerzitien besser begleiten zu können.

So begann die Reise in mir und zu mir schon Wochen vorher. Blatt um Blatt füllte sich mit meinen Antworten auf die Fragen. Ich durchschritt in Gedanken noch einmal meine Lebensgeschichte, schaute mir an, was ich erlebt und erfahren hatte; versuchte wieder einmal zu klären, wie es steht um meine Gewohnheiten, Wünsche und Sehnsüchte, meine guten Erfahrungen und meine Verwundungen, um meine „Beziehungsgeschichte“ mit Gott und um meine Befürchtungen und Erwartungen.

Dann faltete ich diese Blätter zusammen, schob sie in einen Umschlag und schickte sie ab – und vertraute mich damit schon ein großes Stück dieser Exerzitienleiterin an, die ich noch nie gesehen oder gesprochen hatte. Ein seltsames Gefühl, doch ich wußte, daß dieses Sich-Anvertrauen mit zu dieser Reise gehört.

Exerzitien

Nun ist das Wort EXERZITIEN schon oft gefallen. Vielleicht ist es gut, an dieser Stelle ein wenig darüber zu erzählen, da es für evangelische Ohren doch eher fremd klingt.

Die vollständige Bezeichnung lautet eigentlich „exercitia spiritualis" – geistliche Übungen.

Wohl die meisten Religionen kennen Übungen, die in bestimmte geistliche, spirituelle Erfahrungen führen sollen. Da gibt es das Yoga im Hinduismus, das Bogenschießen, Blumenstecken und Malen im Zen-Buddhismus, das ekstatische Tanzen der islamischen Sufis . . . und viele andere Übungen.

Die christlichen Mönchsväter der frühen Kirche entwickelten in der Einsamkeit der Wüsten eigene Übungen für das Gebet und die Meditation der Heiligen Schriften; außerhalb und innerhalb von Klöstern und Gemeinschaften wuchsen die Erfahrungen mit geistlichen Übungen auch im Christentum über viele Jahrhunderte.

Mit *Ignatius von Loyola* (1491–1556), dem Begründer des Jesuiten-Ordens (1540), bekamen diese Übungen eine Form, die bis heute weitergewirkt und wesentlichen Einfluß hat. Dies galt über einen großen Zeitraum nur für die katholische Kirche, doch seit einigen Jahrzehnten wächst auch in den Kirchen der Reformation ein immer größeres Bedürfnis nach Erfahrungen und Anleitung auf diesem Gebiet.

Die klassischen ignatianischen Exerzitien dauern vier Wochen und werden unter der straffen Führung eines erfahrenen Exerzitienmeisters durchgeführt.

Jede Woche steht unter einem besonderen Thema: Reinigung, Erleuchtung, Befestigung und Hingabe.

Auch die von mir besuchten kürzeren Exerzitien nahmen in abgewandelter Form dieses Schema auf: Die ersten Tage sollten dazu dienen, ein Fundament des Vertrauens zu Gott zu schaffen. „Reinigung" hieß in diesem Zusammenhang das Ablegen allen Mißtrauens und aller Unwertgefühle. Das Fundament hieß – und heißt immer! – „Wir sind Gottes wertvolle, geliebte Kinder". Allein auf dem Boden des Vertrauens kann geistliches Leben gesund wachsen, allein Vertrauen macht empfänglich für alles weitere, was Gott zeigen, geben oder nehmen will.

Der zweite Abschnitt nannte sich „Umkehr". Damit ist nicht nur die Erkenntnis von Schuld gemeint, sondern ganz umfassend auch das Aufdecken von Verletzungen und Wunden in unserem Leben und die Hinwendung zu der heilenden, vergebenden Liebe Gottes. Daran schließt sich meine/unsere Antwort auf Gottes Handeln an. Diese Antwort läßt sich nur mit dem ganzen Leben vollziehen, sie läßt sich in einem Wort zusammenfassen: „Nachfolge".

Als letzte Phase der Übungen sollen die vorangegangenen Phasen noch einmal durch Krisen und eine leidvolle Infragestellung geläutert werden. Dies soll der Klärung und Festigung dienen und die gemachten Erfahrungen und vollzogenen Entscheidungen „erden". Nur so können sie im Alltag bestehen und bleiben keine „Eintagsfliege".

Das Ziel dieses Weges – von Exerzitien ganz allgemein – ist sicher damit schon deutlich geworden: Es geht darum, unter kompetenter Anleitung „geistliche Erfahrung" zu machen – Erfahrungen, die Leib und Seele gleichermaßen ansprechen, die Erkennen als ganzheitlichen Akt ermöglichen. Diese Erfahrungen sind eine wertvolle Hilfe auf dem Weg des Glaubens, denn was in der Stille gewachsen ist, was der Kopf gedacht, das Herz gefühlt und gesehen, der Leib gespürt hat, das hilft auch, durch die Nacht des Zweifels, durch die Dürre des Alltags weiterzugehen.

Wer diese Übungen anbietet, weiß sehr wohl, daß diese Erfahrungen nicht verfügbar sind.

So sind dann auch Exerzitien Einübung in das Sich-Öffnen, ein Sich-Vorbereiten auf die Begegnung mit Gott, die wir nicht „machen" können. Wenn es dann zu dieser Begegnung mit Gott kommt, dann ist das sein Geschenk, seine Gnade.

Wir können es nicht machen, daß Gott unsere leeren Hände füllt, aber wir können lernen, unsere Hände zu leeren und sie ihm entgegenzustrecken.

Unterwegs

Und dann ging es los, einen Tag nach Ostern. Ich fuhr mit einer Freundin in einem Wagen nach Berlin. Dort sollten die Exerzitien in einem „Haus der Stille" stattfinden.

Schon der Weg hatte etwas Symbolträchtiges: Irgendwann verließen wir die überfüllte Autobahn und suchten dann über Nebenstraßen durch Wälder und Wiesen, durch die verschlafenen Dörfer und Kleinstädte der ehemaligen DDR unser Ziel zu finden. Lag das nicht auch vor uns? Gewohnte Bahnen verlassen, neue Wege suchen, Unbekanntes ansteuern . . . weit weggehen, um zu mir selbst zu kommen.

Das Haus der Stille lag im äußersten Süd-West-Zipfel des alten West-

Berlin – in Kladow. Das von katholischen Ordensschwestern versorgte Haus hatte einen riesigen Garten, der bis an die Havel führte, überall war nur das Grün vom Gras, von Bäumen und Büschen zu sehen – die Großstadt war kaum zu ahnen.

Wir beiden Reisenden aus dem Norden waren die letzten, die eintrafen, mit uns war die Runde der Teilnehmer komplett. Die Gruppe bestand aus acht TeilnehmerInnen und der Exerzitienleiterin.

Nach einer kurzen Vorstellungsrunde begann die Leiterin, den vor uns liegenden Weg zu beschreiben:

Sechs Tage des gemeinsamen Schweigens, der Körperübungen und des Gebets.

Jeder Tag folgt dem gleichen Rhythmus:

Der Tag beginnt um 7.30 Uhr gemeinsam mit eutonischen Körperübungen und einer 15minütigen Meditation. Danach folgt das gemeinsame Frühstück. Die Zeit bis zum Mittagessen ist für die persönliche Zeit der Stille, des Betens, der Übungen gedacht. So auch der Nachmittag nach der Kaffee-Pause. Jeden Tag gibt es gegen 17.30 Uhr – vor dem Abendbrot – ein Treffen in der kleinen Kapelle des Hauses, um gemeinsam zu singen, einen Text zu hören, zu beten. Der Tag wird um 20.30 Uhr mit einem Abendgebet und einer Tagesrückschau auch gemeinsam beendet. Jeder Tag ist so geprägt von dem Wechsel aus Alleinsein und Gemeinschaft.

Außerdem besteht für alle das Angebot, einmal am Tag mit der Exerzitienleiterin eine Stunde zu sprechen (bei Bedarf natürlich mehr!). In dieser Stunde kann all das gesagt und besprochen werden, was in der Stille und im Alleinsein an Erfahrungen, Gefühlen und Gedanken auftaucht. Diese Gespräche sind auch der Ort, wo jede/r von uns die ihm/ihr entsprechenden Übungen und Texte bekommt. Die Übungen und biblischen Texte werden dabei auf den jeweiligen Enneagramm-Typ abgestimmt.

Am Ende dieses ersten Abends machte die Leiterin uns Mut, den vor uns liegenden Weg mit kleinen Schritten zu beginnen und uns nicht gleich zuviel abzufordern. Das hieß praktisch: Am ersten Tag sollten wir eine Stunde der Übung und dem Gebet in der Stille widmen, am nächsten Tag jeweils zwei Stunden und so fort. Das Ziel sei es, vier Übungsstunden am Tag zu haben.

Wir bekamen alle einen Text von *Irenäus von Lyon* mit auf unseren Weg. Er zeigte, worum es in den nächsten Tagen gehen sollte:

„Mensch, du bist ein Werk Gottes. Erwarte die Hand deines Künstlers, die alles zur rechten Zeit macht; zur rechten Zeit für dich, der du gemacht wirst . . . Laß dich formen, damit du nicht verhärtest . . . Die Kunst Gottes gestaltet den Lehm, der du bist. So schön wird er dich machen, daß er am Ende selbst nach dir verlangt.“

Dann ließ sie uns aus den vielen kleinen Bildern und Postkarten, die vor uns auf dem Tisch lagen, je eine auswählen. Dieses Bild sollte der erste Impuls sein, den wir mit in das Schweigen nehmen sollten.

Ich wählte spontan das Bild einer Christus-Figur von *Ernst Barlach*: Ein Christus, der ganz entspannt und gelöst dasitzt, den Blick nach oben zum Himmel gerichtet, die Hände liegen auf den Oberschenkeln. Sie sind empfangend geöffnet. So da sein wie dieser Christus – offen, wartend, entspannt, vertrauend –, das wünschte ich mir für die folgenden Tage.

Dann gingen wir auseinander, in die Zimmer, in das Schweigen.

Am ersten Morgen war das Schweigen in der Gruppe noch etwas ungewohnt, dies Gefühl gab sich schnell, denn ich entdeckte:

Schweigen können heißt auch, daß ich bei mir bleiben kann. Zeit und Ruhe habe, mich selbst wahrzunehmen, nicht nach außen orientiert sein zu müssen . . . und bald wurde diese Ruhe ein richtiges Geschenk.

Die Übungen, die jeden Tag eröffneten, dienten der Selbstwahrnehmung. Ein großes Wort. Praktisch bedeutete es: Wie geht es mir im Haus meines Leibes? – Was sagt mir mein Körper, was meine Seele? – Bin ich ruhig, gelassen und offen oder verspannt, wie zugenagelt . . .

Und unsere Leiterin sagte immer wieder: Laß es zu. Wie du dich auch fühlst, was dich umtreibt, laß es zu und laß es zu dir reden.

Manchmal zeigt eine Verspannung, ein Gedanke, den du nicht los wirst, viel mehr von dem, wo Gott mit dir arbeiten möchte, wo er dich formen möchte, als alle „beschaulichen“ Gedanken und Gefühle.

Viele Übungen dienten einfach der Selbstwahrnehmung allgemein, andere zielten direkt auf die drei Bereiche Bauch, Herz und Kopf. Anschließend konnten wir eine Viertelstunde ein Wort oder einen Psalmvers meditieren. Auch hier galt es kein Ziel zu erreichen, sondern die Stille einen Raum der Begegnung sein zu lassen. Manchmal verflog die Zeit wie im Fluge, ein anderes Mal spülten mich meine Gedanken davon, oder war ich nur mit meiner Sitzhaltung beschäftigt und die Sekunden schienen sich endlos zu dehnen.

Die täglichen Gebets- und Meditationsübungen, die jeder allein durchführen sollte, waren nach folgendem Muster gestaltet:

Erster Schritt – Vorbereitung: Ich lese einen Text, einen Bibelvers oder eine Perikope; ich spüre dem nach, was ich lese und frage mich: Was will ich damit im Gebet? Was wünsche ich? Dies sollte ca. 10 Minuten dauern.

Zweiter Schritt – Meditation: Ich spüre in der Stille vor Gott nach, was ich gelesen habe; ich komme mit Gott darüber ins Gespräch; ich denke mich in die gelesene Szene, bin Teil davon, spreche mit den darin vorkommenden Personen. Dies sollte ca. 30–40 Minuten dauern.

Dritter Schritt – Auswertung: Ich spüre dem nach, was ich in der Zeit der Meditation gedacht und gefühlt habe: Was hat mich getroffen, was macht mich betroffen? Wie war meine Stimmung? Welche Gefühle kamen? Was will Gott mir mit allem (!) sagen? Wo will ich dran bleiben, was will ich weiter verfolgen? Gibt es einen „roten Faden"?

Vieles von dem Erlebten nahm ich in das tägliche Gespräch mit der Exerzitienleiterin.

Durch die Meditationen und die Gespräche wurde mir neu deutlich, daß Gott mich aus meiner „Falle" befreien möchte. „Falle" meint den Versuch, der eigenen inneren Not durch eine Art Selbsterlösung entkommen zu wollen. Jeder Persönlichkeitstypus hat ja da sein eigenes System, seine eigene „Falle". Da ich eine ZWEI bin, will ich es daran verdeutlichen:

Es ist die Angst der ZWEI, nicht geliebt, nicht angenommen zu sein. Darum versucht sie, sich die Zuneigung der anderen zu „erwerben" – sie tut das durch helfen. Es besteht die Gefahr, es ist sogar sehr wahrscheinlich! –, daß dieses Verhaltensmuster immer wieder auch auf die Beziehung mit Gott angewandt wird. Das hieße in diesem Fall der ZWEI: Ich muß mir die Liebe Gottes erwerben, durch Frömmigkeit, Engagement . . . nur dann bin ich von ihm geliebt – ja, dann muß er mich ja lieben!

Der Jesuit *Alex Lefrank*, der seit langem mit dem Enneagramm arbeitet, hat den jeweiligen „Fallen" Selbstaussagen Gottes und Einladungen zur Freiheit entgegengesetzt. So lautet die Antwort Gottes auf die Falle der ZWEI:

Gott sagt: „Ich (allein) bin der Retter, der wirklich hilft; meine Rettung ist ein Geschenk, man kann und braucht sie nicht verdienen. Glaube daran, daß du mir wert und teuer bist, weil ich mich frei entschieden habe, dich zu lieben – schon bevor du etwas für mich oder für andere getan hast. Erwarte alles von meiner Gnade!"

Wenn ich dieser Aussage mehr glaube als meiner Selbsteinschätzung, öffnet sich die Tür aus dem Gefängnis meiner Selbsterlösungszwänge.

Alex Lefrank drückt es so aus:

„Gott sagt: Ich bin nicht so, wie du meinst; deshalb erübrigt sich dein zwanghaftes Bemühen; nimm mich und meine Weise zu sein und zu wirken an, dann wirst du frei und gewinnst neue Möglichkeiten . . ."

Für mich als ZWEI bedeutet das: Ich brauche nicht immer und überall zu helfen, um mir Zuneigung zu verdienen. Ich bin frei davon, weil ich von Gott bedingungslos geliebt bin. Ich bin deshalb frei, zu helfen, wo ich es für nötig halte und kann es ohne ein geheimes Ziel tun.

Als Bibeltexte, die diese Einladung für die ZWEI ausdrücken und deshalb im Gebet besonders zu meditieren sind, bieten sich an: Matthäus 13,45–46: die kostbare Perle; Lukas 10,38–42: Jesus bei Martha und Maria; Johannes 4,1–15: Jesus bittet um Wasser und verheißt lebendiges Wasser; Johannes 12,1–8: Jesus nimmt ein kostbares Geschenk an, das auch für die Armen hätte verwendet werden können.

Verblüffend war für mich in dieser Woche, daß in der Stille für mich ganz andere Dinge und Lebensbereiche wichtig wurden, als ich es mir vorher gedacht hatte. Auch dadurch erwies sich, daß Gott andere Wege mit mir geht, als ich es vermute, daß diese Wege aber in die Freiheit und in das Vertrauen zu ihm führen.

Am letzten Abend sollte das Schweigen gebrochen werden, aber schon beim Nachmittagskaffee fingen wir an, uns über das Erlebte auszutauschen.

Ausgelassen und etwas aufgedreht redeten wir durcheinander – und das in einer Vertrautheit, die nichts von einer Woche Schweigen ahnen ließ, aber vielleicht gerade deshalb möglich war.

In der letzten Zusammenkunft in der Kapelle hörten wir auf eine „Abschiedsmeditation" – das heißt in Gedanken durchschritten wir noch einmal die zurückliegende Woche, schauten uns an, was war . . . Dazu gehörten auch all die Orte und Eigenarten, die diese Woche geprägt hatten: der große Garten bis zum Ufer der Havel . . . seine uralten Buchenriesen und der Teppich aus blauen Blümchen . . . unser Meditationsraum . . . die gemeinsamen Essenszeiten . . . unsere Zimmer der Stille.

All das schauten wir noch einmal an – und nahmen Abschied.

Und dann lenkte unsere Leiterin in der Meditation unseren Blick auf den Alltag, auf die kommende Arbeit, auf alle kommenden Menschen, Freuden und Pflichten – und für alles Kommende hieß es: Sei mir willkommen!

Später fiel mir eine Eintragung aus dem Tagebuch von Dag Hammarskjöld ein, die diese Erfahrung zusammenfaßt:

„Dem Vergangenen: Dank, dem Kommenden: Ja!"

Anstelle der abendlichen Schlußrunde feierten wir miteinander das Abendmahl. Statt einer Ansprache oder Meditation brachte jede/r etwas von dem Erlebten ein . . . so wurde noch einmal die ganze Fülle deutlich, die in der Stille dieser Woche gewachsen war.

Bis spät in die Nacht saßen wir dann noch zusammen und erzählten uns von unserer stillen, gemeinsamen Reise.

Am Morgen des folgenden Tages nahmen wir Abschied voneinander und verließen das Haus der Stille.

Abschluß

In der Rückschau erscheinen mir diese sieben Tage schnell vergangen zu sein. Und wie oft in dieser Zeit entdeckte ich ganz gegensätzliche Gefühle in mir! So daß manchmal während einer Meditationszeit ein Teil in mir sagte: Hoffentlich ist die Zeit bald rum. Und ein anderer Teil in mir drückte genau das Gegenteil aus.

Diese Gegensätzlichkeit, die sich ja durch mein ganzes Leben zieht, in mir wahrzunehmen und – sie anzunehmen und damit leben zu lernen, ist für mich eine bleibende Aufgabe. Eine Aufgabe, wie der immer wieder neue Aufbruch Gott zu suchen, Jesus nachzufolgen.

Was ich dafür in den Exerzitien erfahren habe, läßt sich am besten in einer kleinen Erzählung[1] ausdrücken:

„Was soll ich tun, um Gott zu erreichen?“

„Wenn du Gott erreichen willst, mußt du zwei Dinge wissen. Erstens, daß alle Bemühungen, ihn zu erreichen, vergeblich sind.“

„Und zweitens?“

„Du mußt handeln, als wenn du das erste nicht wüßtest.“

ANDREAS EBERT

Enneagramm und Kirche – Anstöße zum Gemeindeaufbau

Zur Lage

In den Kirchen gärt es, zumindest im Westen Deutschlands. Am deutlichsten ist dieser Prozeß in der römisch-katholischen Kirche auszumachen, aber vergleichbare Tendenzen sind auch im evangelischen Raum unübersehbar. Grund dafür ist, daß das Bewußtsein von der Autonomie des Individuums auch in den christlichen Gemeinden angekommen ist; und auch der rapide gesellschaftliche Wertewandel[1] geht an den Kirchen nicht mehr spurlos vorüber. Der Zulauf, den der katholische Theologe und Psychoanalytiker *Eugen Drewermann* hat, und der Erfolg seiner (dicken und teuren) Bücher ist ein besonders augenfälliges Indiz für diese Emanzipation – oder zumindest für die Sehnsucht danach.

Im Trend liegt die Tatsache, daß eine wachsende Zahl sogenannter „Laien" immer weniger bereit ist, sich von „Klerikern" bevormunden zu lassen, deren Rolle sie kritisch hinterfragen. Nach Wahrheit sucht man neuerdings *selbst*. Die geistig-geistliche Orientierung an amtlichen Autoritäten – sofern das „Amt" nicht durch persönliche Glaubwürdigkeit gedeckt ist – spielt kaum noch eine Rolle. Und nur die Lebensdeutung, die sich persönlich nach-erfahren läßt, ist plausibel.

Denselben Trend spiegelt die Beobachtung, daß sich im Raum der Kirche – wie auch in der übrigen Gesellschaft – in Konkurrenz zu traditionellen, vereinsmäßig organisierten Kreisen mit ihrer hierarchischen Struktur (Leiterorientierung!) immer mehr autonome Selbsthilfegruppen „einnisten", deren Mitglieder sich als Gleiche unter Gleichen verstehen. Sie tragen einander durch die Solidarität der Mit-Verwundeten; aber die Gruppe entläßt die einzelnen dabei nicht aus der Verantwortung für das eigene Leben. Durch solche Gruppen wächst eine *neue Erfahrung von Gemeinschaft*. Menschen, die solche „mündige Geschwisterlichkeit" einmal erfahren haben, lassen sich nicht mehr zurückbinden in autoritäre Strukturen oder in Kommunikationsformen, die den Grundsatz der Gleichheit und des Dialogs verletzen. Oft ist die kirchliche Bindung solcher Selbsthilfegruppen sehr locker und beschränkt sich auf die Benutzung gemeindeeigener Räume. Nur wenige Gemeinden haben entdeckt, welches Potential zur Gemeindeerneuerung im Ansatz dieser Gruppen steckt.[2]

Die Amtskirchen geraten bei dieser Entwicklung – die im übrigen alle Institutionen, Vereine, Parteien und Verbände erfaßt hat – ins Hintertreffen. Die Tatsache, daß wir nicht nur in überschaubare Gemeinschaften wie Familie und Freundeskreis eingebunden sind, sondern auch in größeren Zusammenhängen „vernetzt" sind, leuchtet zwar vielen ZeitgenossInnen nach wie vor ein („global denken – lokal handeln"). Aber man wählt die eigenen Netzwerke selber. Sie sind nicht identisch mit den Strukturen von historisch gewachsenen Institutionen.[3] Die Gleichgültigkeit gegenüber institutioneller Bindung spiegelt sich nicht zuletzt in der anhaltend hohen Zahl von Kirchenaustritten (0,3% der Mitglieder verlassen jährlich die römisch-katholische Kirche, 0,5% die evangelischen Volkskirchen). Führend sind hierbei wiederum die „Trendsetter", die schon in wenigen Jahren die Schlüsselpositionen in unserer Gesellschaft einnehmen werden.

Die Gesamtlage verkompliziert sich durch die Ungleichzeitigkeit der Entwicklungen. Während das Lebensgefühl in Großstädten und Ballungsräumen immer stärker von den genannten Trends bestimmt wird, findet sich vor allem auf dem Lande, in Kleinstädten, in Reihenhaussiedlungen (z.B. am Rande Celles, wo ich wohne!) und unter der älteren Generation – und wohl auch in vielen Gebieten der neuen Bundesländer – noch ein zahlenmäßig bedeutendes Potential von „Bodenständigen" und „bescheidenen Pflichtbewußten", um zwei Etiketten der oben (Fußnote 1) erwähnten Untersuchung aufzugreifen. Diese Gruppe ist vom Wertewandel irritiert und wünscht sich, daß wenigstens die Kirche nicht jede Modeerscheinung mitmacht, sondern „bewährte" Werte und Tugenden bewahrt. Viele treue Kirchgängerinnen dürften diesen Gruppierungen zuzurechnen sein. Es wäre fatal, wenn die Kirche diese Gruppe abschreiben würde.[4] Es wäre aber ebenso fatal, wenn diese Gruppe die Öffnung und Veränderung der Kirche auf Menschen hin verhindern würde, die ein völlig anderes Lebensgefühl haben.

Konservative Zusammenschlüsse von Traditionalisten und Evangelikalen, manche Freikirchen, viele religiöse Sondergemeinschaften („Sekten") und Teile der „charismatischen Bewegung" rekrutieren sich ebenfalls aus dem genannten Lager. Dabei stehen sie vor dem Problem, daß autoritär und hierarchisch verfaßte Gruppen besonders stark seelisch labile Menschen anziehen, die Halt bei starken Führerfiguren und eindeutigen Lehraussagen suchen. Menschen, die die eigene Autonomie entdecken, verlassen ein solches Umfeld in der Regel sehr schnell. Die Folge ist, daß diese Kreise insgesamt neurotisiert werden können und dann nur mit noch strafferer Disziplin zusammenzuhalten sind.

Die Volkskirchen haben Glaubwürdigkeitsprobleme bei fast allen gesellschaftlichen Gruppen. Die Fernsehillustrierte HÖR ZU faßte im Sommer 1991 nach einer Repräsentativumfrage den Ärger vieler Deutschen über die Kirchen in folgenden Sätzen zusammen: „Die Kirchen machen von ihrer Macht oft rücksichtslos Gebrauch – und predigen den Gläubigen dann von Liebe. Die Kirchen sind reich – und predigen: Trachtet nicht nach irdischen Gütern. Die Pfarrer müßten in ihren Predigten die Sorgen unserer Zeit ansprechen, um verstanden zu werden. Frauen empfinden bestimmte kirchliche Lebensregeln immer mehr als entwürdigend.“

An religiösem Interesse fehlt es nicht. Aber selbst religiös suchende und hochmotivierte Menschen tun sich meist schwer, in den Traditionen der Großkirchen und in ihren Lebensformen eine mögliche Antwort auf ihre Fragen zu entdecken. Auf dem derzeitigen Marktplatz der Ideologien und Weltanschauungen scheinen die Kirchen einen Ladenhüter anzubieten, sofern sie ihre Botschaft nicht überhaupt hinter Kirchenmauern verstecken. Oft scheint es so, als würden die Christen selbst nicht mehr daran glauben, daß sie etwas zu sagen haben, was auch für „postmoderne“ Menschen des ausgehenden 20. Jahrhunderts relevant sein könnte. Zumindest wird immer unklarer, wie die christliche Botschaft heute formuliert und in welcher Form sie gelebt werden kann.

Das sehr verbreitete Interesse an Selbsterkenntnis und Selbsterfahrung beispielsweise wird – vor allem in meiner lutherischen Kirche – bei Teilen der Pfarrerschaft und der Hierarchie, aber auch von „frommen“ Laien, häufig abgetan oder verworfen, als würde der Glaube an Christus und seine Gnade die selbstkritische Auseinandersetzung mit den eigenen Verhaltensmustern unnötig machen oder geradezu verbieten. Eine Kirche aber, die sich dem heutigen Bedürfnis nach Selbstvergewisserung und Selbsterkenntnis verschließt, wird gerade für suchende Menschen irrelevant und uninteressant. Ich sehe die Gefahr, daß die Kirche, die im 19. Jahrhundert durch mangelnde Sensibilität für die soziale Frage die Arbeiterschaft unwiederbringlich verloren hat, heute durch mangelnde Sensibilität für die neue religiöse Suche, bei der es um die Einheit von Gotteserfahrung und Selbsterfahrung geht, eine ganze Generation fragender Menschen ebenso unwiederbringlich verlieren oder Scharlatanen überlassen könnte.

Gleichzeitig habe ich viel Hoffnung. Weitgehend unbemerkt von der Öffentlichkeit und am Rande kirchlicher Strukturen kristallisiert sich seit Jahren eine neue Gestalt von Christsein heraus, das ich für zukunftsträchtig halte. Die ökumenische Bruderschaft in Taizé und die internationalen Jugendtreffen, die dort ständig stattfinden, haben zur Genese dieser neuen Spiritualität ebenso beigetragen wie Exerzitien und Meditationsangebote im katholischen Raum, die „konziliare Bewegung" für Gerechtigkeit, Frieden und die Bewahrung der Schöpfung (vor allem in der ehemaligen DDR), Impulse aus der charismatischen Bewegung, aus der Theologie der Befreiung und aus der Erfahrung der „jungen" Kirchen. *Dietrich Koller* hat die „neue Gestalt des Christenmenschen" so beschrieben: „geistlich, aber nicht hierarchisch; verbindlich, aber nicht autoritätsgläubig; weltlich säkular, aber jesuanisch; humanistisch politisch, aber reichgottesfromm; psychologisch, aber charismatisch verantwortet; charismatisch, aber psychologisch hinterfragt."[5]

Was hat das alles mit dem Enneagramm zu tun? Die Kirche braucht meines Erachtens in der heutigen Situation ein Leitbild von Gemeinschaft, das einerseits die Autonomie der Einzelperson achtet und andererseits die Grenzen des Individuums aufzeigt und die Vernetzung und das schöpferische Zusammenspiel der einzelnen darstellt. Der Ausgleich zwischen den Interessen des Individuums und denen der Gemeinschaft ist eine globale Aufgabe, die weit über die Kirchenmauern hinausreicht. Dem Scheitern des Kollektivismus und des Individualismus – dieser beiden falschen Alternativen – entspricht der Zusammenbruch des realen Sozialismus und die Krise des Kapitalismus, die ihren Höhepunkt noch vor sich hat. Gemeinden und geistliche Gemeinschaften haben die Chance, den Dritten Weg – die tragfähige Gemeinschaft befreiter Menschen – modellhaft einzuüben. Das Enneagramm ist ein Hilfsmittel, um dieses neue Bild in den Blick zu bekommen. Gleichzeitig ist dieses neue Bild uralt. Es findet sich zum Beispiel in den Evangelien des Neuen Testaments. Jesus hat Gemeinschaft gelebt und ist dabei ganz er selbst geblieben. Und Jesus hat Menschen eingeladen, im Raum einer nicht einengenden Gemeinschaft sie selbst zu werden. Paulus schließlich hat dieses Modell von Gemeinschaft der äußerst pluralistischen Gemeinde von Korinth vor Augen gemalt mit seinem Gleichnis vom Christusleib.

Das bekannteste neutestamentliche Bild von Kirche zeichnet Paulus 1. Korinther 12–14 (und an weiteren Stellen): „Kirche“ ist für ihn zunächst die einzelne Gemeinde, in der eine Vielfalt von unterschiedlichen Gaben und Strömungen vorhanden ist. Die Vielfalt hat in Korinth zu Streit und Parteiungen geführt, da einzelne Gruppen ihre speziellen Gaben und Erkenntnisse verabsolutiert und andere abgewertet haben. Dazu kamen soziale Spannungen zwischen Armen und Reichen. Die reicheren Gemeindeglieder neigten dazu, den Glauben zu spiritualisieren und ihn auf ein inneres Erleben des Geistes zu reduzieren, von dem die realen sozialen Unterschiede in der materiellen Wirklichkeit angeblich nicht berührt würden. Die Armen – meist Sklavinnen und Sklaven – litten darunter, daß die sozialen Gegensätze auch in der Gemeinde nicht überwunden wurden. Beim Abendmahl beispielsweise konnte es geschehen, daß die Reichen ein aufwendiges „Liebesmahl“ abhielten, bevor die Armen, die oft bis spät abends arbeiten mußten, zur Gemeindeversammlung stoßen konnten. Ihnen ließ man das „Eigentliche“ übrig: das sakramentale Abendmahl in Gestalt von einem Bissen Brot und einem Schluck Wein. Ihr leiblicher Hunger hingegen blieb ungestillt.

Paulus schlägt sich eindeutig auf die Seite der Armen. Ein Abendmahl, das in unverbindlicher „Geistigkeit“ bleibt, ist für ihn Verrat am Sakrament. Wenn die geistliche Gemeinschaft nicht auch eine Gemeinschaft des sozialen Ausgleichs wird, ist sie nichtig. Wer Abendmahl so begeht, daß dabei die soziale und die spirituelle Realität eklatant auseinanderklaffen, „ißt und trinkt sich selbst zum Gericht“ (1. Kor. 11,29). Dennoch wettert Paulus an keiner Stelle gegen die Vielfalt oder den „Pluralismus“ der Gemeinde. Im Gegenteil: Für ihn ist die Vielfalt ein Abbild des Reichtums Gottes, ein Geschenk, das die Gemeinde dankbar feiern kann. Das Bild von der Gemeinde als „Christusleib“ (1. Kor. 12) veranschaulicht das Gesagte:

Christus gleicht einem Körper mit seinen vielen Organen, die in ihrer Vielfalt gemeinsam den Körper bilden. Denn durch die eine Taufe sind wir in einem Geist dem einen Körper einverleibt worden, ob wir nun Juden sind oder Nichtjuden, Sklaven oder Freie . . . Ein Körper besteht nicht aus einem einzelnen Organ, sondern aus vielen. Man stelle sich vor, der Fuß sagt: „Weil ich keine Hand bin, gehöre ich nicht zum Körper!“ Er gehört dennoch dazu. Man stelle sich vor, das Ohr würde sagen: „Weil ich kein Auge bin, gehöre ich nicht zum Körper!“ Es gehört trotzdem dazu. Wenn der Körper ganz Auge wäre, wie könnte er hören? Wenn er ganz Ohr wäre, wie könnte er riechen? Gott hat jedem Körperteil einen eigenen Platz im Leib angewiesen. Wäre das Ganze nur ein einziges Organ, gäbe es überhaupt keinen Leib; in Wirklichkeit gibt es jedoch viele Organe, aber nur einen Körper. Das Auge kann nicht zur Hand sagen: „Ich brauche dich nicht!" Auch der Kopf kann nicht zu den Füßen sagen: „Ich brauche euch nicht!" Im Gegenteil: Diejenigen Organe, die weniger wichtig erscheinen, sind unverzichtbar. Und diejenigen Teile, die wir als weniger ehrbar empfinden, werden besonders geachtet. Die unansehnlichen Körperteile werden besonders geschmückt, während das die ansehnlichen Teile nicht nötig haben. Gott selbst hat den Leib zusammengefügt und die geringeren Teile besonders geehrt, damit im Leib keine Spaltung entsteht, und damit alle Organe füreinander sorgen. Wenn ein Organ leidet, leiden alle Organe gemeinsam. Und wenn es einem gutgeht, freuen sich alle gemeinsam.

Paulus ist nicht immer ein Meister der bildhaften Rede. Dieses Bild hier aber ist ihm gelungen. Wahrscheinlich hat er es aus der griechisch-römischen Popularphilosophie übernommen und „getauft", indem er es vom christlichen Glauben her interpretiert und weitergeführt und so für das Leben der Gemeinden fruchtbar gemacht hat. Die Metapher vom Leib und seinen Organen taucht in der Antike häufig auf. Als beispielsweise im Jahre 494 vor Christus die Unterschicht Roms („Plebejer") aus Protest gegen die Ausbeutung durch die Reichen die Stadt verlassen hatten, soll *Agrippa Menenius Lanatus* zu ihnen vor die Tore gezogen sein und ihnen die Fabel vom Magen und den Körperteilen erzählt haben: Die Glieder des Leibes machen einen Aufstand gegen den Bauch, dem sie ein parasitäres Schmarotzerdasein vorwerfen. Als der Bauch daraufhin seinerseits die Arbeit einstellt, merken sie, daß sie verkümmern, wenn er sie nicht ernährt (*Livius*, „Ab urbe condita").

Bezeichnend ist die Veränderung, die das Bild bei Paulus erfährt. Er stellt es geradezu auf den Kopf: Es geht ihm gerade *nicht* darum, daß der *status quo* stabilisiert wird, indem die schwächeren Gliedern den stärkeren zuarbeiten, um von ihnen „ernährt" zu werden. Es geht vielmehr um eine wechselseitige Abhängigkeit innerhalb des Körpers, wobei es eine deutliche „Option für die Schwachen" gibt: Die „geringeren" Körperteile werden aufgewertet, damit keine Spaltung entsteht. Auffallend ist auch, daß in diesem frühen Stadium der paulinischen Theologie Christus noch nicht das „Haupt" des Leibes ist (wie später im Epheserbrief), sondern daß er die *Gesamtheit* des Leibes bezeichnet.

Paulus hat in der spannungsreichen Situation von Korinth keine autoritäre Führung eingesetzt oder empfohlen. Er spricht die Mitglieder der Gemeinde – einschließlich seiner eigenen Gegner – als mündige Christinnen und Christen an und verzichtet auch darauf, für sich selbst rein formale Autorität zu beanspruchen. Mit dem Modell des Christusleibes bietet er der Gemeinde ein Modell zur geistlichen Selbstregulierung an. Dieses Bild ist mehr als ein basisdemokratisches Entscheidungsmodell zur Konsensfindung. Es ist vielmehr so angelegt, daß es nur geistlich „funktionieren" kann, nämlich in der *gemeinsamen Hingabe an Christus*, der in seinem Leib gegenwärtig ist, und in einem *Vertrauen zueinander*, das ohne gegenseitige Überwachung und Kontrolle auskommt.

Das Enneagramm als Interpretation des Leib-Christi-Bildes

Ähnlich wie die Herkunft des Bildes vom Leib und den Gliedern liegt auch der Ursprung des Enneagramms im Dunkel. Die Art, wie Paulus mit einem Bild umgeht, das aus einer nichtchristlichen Quelle stammt, ermutigt dazu, auch das nicht ursprünglich christliche Enneagramm aufzugreifen und zu „taufen", weil es ein vorzügliches Hilfsmittel ist, um die Dynamik menschlichen Verhaltens und die Dynamik von zwischenmenschlichen Beziehungen nicht nur psychologisch, sondern auch spirituell zu verstehen. Beide Bilder oder Wirklichkeitsmodelle, „Christusleib" und „Enneagramm", interpretieren und erschließen sich gegenseitig. Beide Bilder reden von der Einmaligkeit und Eigenart des *Teiles* und zugleich von seiner Ergänzungsbedürftigkeit und Begrenzung durch andere Teile und durch das *Ganze*. Paulus führt uns drastisch vor Augen, welch surrealistisches Ungeheuer entsteht, wenn einzelne Teile sich entweder *überschätzen* und verabsolutieren („. . . wenn der Leib ganz Ohr wäre . . .") oder wenn sie sich *unterschätzen* und deshalb den eigenen Beitrag zum Ganzen verweigern („ich bin kein Auge, deshalb gehöre ich nicht zum Körper . . ."). Überwertigkeitskomplexe und Minderwertigkeitskomplexe sind beide Ausdruck eines erkrankten Egos und zerstören nicht nur den betreffenden Menschen, sondern schaden der gesamten Gemeinschaft. Das Enneagramm ist unter anderem ein Instrument zur Aufdeckung und Heilung solch egozentrischer Störungen.

Schon in unserem Buch „Das Enneagramm" haben Richard Rohr und ich darauf hingewiesen, daß die neun „erlösten" Energien des Enneagramms in etwa den neun „Früchten des Geistes" entsprechen, die Paulus Galater 5,22 beschreibt, während sich die meisten Fallen und Fixierungen der unerlösten

Psychodynamik im vorangehenden „Lasterkatalog“ (Galater 5,20 und 21) wiederfinden. Das Bewußtsein dafür, welche Verhaltensweisen menschliches Leben und Zusammenleben zerstören und welche ihm dienen, findet sich in allen Hochreligionen und auch in den antiken Hochphilosophien und enthält erstaunlich viel Material, das nicht spezifisch ist, sondern in den verschiedensten religiösen und philosophischen Systemen – einschließlich des Neuen Testaments – immer wiederkehrt. So kann Paulus einer christlichen Gemeinde empfehlen: „Was immer wahrhaft, edel, recht, was lauter, liebenswert, ansprechend ist, was als Tugend gilt und lobenswert ist, darauf seid bedacht!“ (Philipper 4,8).

Den Geistesfrüchten entsprechen die Geistesgaben, die im Leben Jesu zum Tragen gekommen sind. Die Ausgießung des Heiligen Geistes an Pfingsten besagt, daß die Fülle der Gaben Christi nunmehr der gesamten Gemeinde zur Verfügung steht. Christus existiert nach Paulus in seinem Leib, der Gemeinde, und wirkt durch die Gaben seines Geistes, die den Mitgliedern der Gemeinde gegeben sind. Die Christuserfahrung ist untrennbar verbunden mit der Erfahrung, Teil jenes Netzwerkes von Christinnen und Christen zu sein, das die Bibel „Kirche“ oder „Gemeinde“ nennt (im neutestamentlichen Griechisch gibt es für beide deutschen Worte nur die gemeinsame Vokabel *ekklesia*). Deshalb gibt es im Neuen Testament keinen individualistischen Heilsweg an der sozialen Realität der Gemeinde vorbei, selbst wenn diese Gemeinde ein sehr unansehnliches „Ackerfeld“ ist, auf dem Unkraut und Weizen nebeneinander und miteinander wachsen (vergleiche Matthäus 13,24–30). Zur Zumutung des Christseins gehört nicht zuletzt, daß die Kirche keine Insel der Seligen und keine Gemeinschaft der schon ganz und gar Bekehrten ist, sondern ein Ort, an dem sich ständig Veränderung und Umkehr ereignen kann. Sie ist auch nicht Selbstzweck, sondern Modell der neuen Art von Gemeinschaft, zu der Gott alle Menschen beruft, und hat als solches einen Sinn und eine Bedeutung für die gesamte Menschheit.

Die „Einverleibung“ der Einzelperson in die Gemeinde bedeutet nicht, daß die Individualität aufgehoben wird. Im Gegenteil: Wie das einzelne Körperteil seine spezifische Funktion und Bedeutung hat, ist auch das Individuum innerhalb des Netzwerkes Gemeinde kostbar, einmalig und unersetzbar. Die Achtung, die der Einzelperson entgegengebracht wird, ist geradezu ein Prüfstein dafür, ob die Kirche vom Geist Jesu motiviert und angetrieben wird, der ein Geist der Freiheit ist. Vielfalt ist das Gegenteil von Uniformität. Wie aber jedes Körperteil auf alle anderen angewiesen ist, lebt auch die Kirche vom Zusammenspiel unterschiedlicher und zum Teil gegensätzlicher Kräfte. Beide Bilder, das Bild vom Christusleib und das Bild des Enneagramms, verweisen zugleich auf die *Einmaligkeit* und *Unverfügbarkeit* des Individuums wie auch auf seine *Begrenztheit* und *Ergänzungsbedürftigkeit*.

Im Bild vom Leib Christi bezeichnet Christus selbst das Ganze, das mehr ist als die Summe seiner Teile. Dieses „mehr als" besagt, daß Christus die Gemeinde *ist* und trotzdem ihr Gegenüber bleibt. Das gehört zu den Grundparadoxien des christlichen Glaubens. Die Gemeinde spiegelt das „Angesicht des Herrn" immer nur gebrochen und unvollkommen wider und ist doch unterwegs zu immer größerer Christusähnlichkeit: *„Wir schauen mit unverhülltem Angesicht die Herrlichkeit des Herrn wie in einem Spiegel und werden dadurch in sein Bild verwandelt von einer Herrlichkeit zur andern, wie es vom Herrn . . . gegeben wird"* (2. Korinther 3,17f).

Ein Erfahrungsbericht: Bibelteilen und Enneagramm

Kürzlich habe ich im Rahmen einer Enneagrammtagung in einem baptistischen Tagungshaus erlebt, wie sich das Doppelbild Leib Christi/Enneagramm buchstäblich veranschaulichte. Wir feierten zum Abschluß der Tagung einen Abendmahlsgottesdienst und benutzten als Liturgie die „Sieben Schritte des Bibelteilens".[6]

Vor dem Gottesdienst hatte das Tagungsteam mit Kreppband einen großen Enneagrammkreis auf den Boden des Tagungsraumes geklebt. In die Mitte hatten wir einige Symbole gestellt: den siebenarmigen Leuchter als Erinnerung an unser jüdisches Erbe, Brot und Wein und ein Kreuz als Symbol unserer christlichen Existenz, eine große Blumenschale als Ausdruck der Verbundenheit mit der gesamten Schöpfung.

Zunächst saßen die 25 TagungsteilnehmerInnen auf Stühlen um den Enneagrammkreis herum. Die EINSer durften das erste Lied vorschlagen (im Verlauf des Gottesdienstes steuerte jede Typengruppe nacheinander ihr Wunschlied bei – die ZWEIer zum Beispiel „Herr, deine Liebe ist wie Gras und Ufer", die VIERer „Schönster Herr Jesu" . . .!).

Dann folgte als erster Schritt des Bibelteilens die *Begrüßung*. Dieser Schritt besagt: Wir machen uns bewußt, daß Christus bereits unter uns und in uns ist; wir müssen ihn nicht erst herbeirufen, sondern können ihn in Form eines einfachen Gebetes unter uns willkommen heißen. Eine Teilnehmerin übernahm diese Aufgabe.

Der zweite Schritt des Bibelteilens heißt *Lesen.* Ein Gruppenmitglied las das Sonntagsevangelium vom nächtlichen Besuch des Ober-Pharisäers Nikodemus bei Jesus (Johannes 3).

Der dritte Schritt heißt *Verweilen.* Die Anwesenden sind eingeladen, einzelne Worte oder Satzteile des Bibeltextes langsam und meditativ zu wiederholen und dazwischen Pausen zu lassen, so daß eine gemeinsame Wortcollage entsteht. Besonders berührt hat mich, wie dabei eine Frau unter Tränen den Halbsatz stammelte: „. . . kann das Reich Gottes nicht sehen".

Als vierter Schritt folgt beim Bibelteilen ein mehrminütiges *Schweigen,* das dazu dient, den gehörten Text „im Herzen zu bewegen".

Der fünfte Schritt des Bibelteilens heißt *Austausch.* Alle sind eingeladen, einander mitzuteilen, wie sie der biblische Text *persönlich berührt* hat. Hier tun sich Theologen in der Regel schwerer als Laien. Es geht dabei nicht um allgemeine Wahrheiten und Erkenntnisse, nicht um erlerntes Wissen und „richtige" Dogmatik, sondern um die Verknüpfung des Textes mit der eigenen Lebenswirklichkeit. Dabei wird das Bibelwort überraschend lebendig. Einige TagungsteilnehmerInnen fanden sich in der nächtlichen Suchbewegung des Pharisäers und in seiner Sehnsucht nach einer „neuen Geburt" wieder.

Als sechster Schritt des Bibelteilens folgt das *Handeln.* Wir teilen einander mit, was das gelesene Wort im Blick auf die vor uns liegenden Aufgaben als einzelne oder als Gruppe bedeuten könnte.

Auf der erwähnten Tagung bat ich an dieser Stelle die Anwesenden, sich an den Ort auf dem Krepp-Enneagramm zu begeben, wo sie sich selbst ansiedeln würden. Es gab – wie so oft bei Enneagramm-Tagungen – eine Häufung bei NEUN und EINS. Und es fehlte – wie so oft – Typ DREI. Als nächstes wurden die TeilnehmerInnen ermutigt, Stellung zu nehmen zu ihrem Standort und zu dem Gesamtbild, das sich ihnen von dort aus bot. Einige äußerten sich sehr persönlich. Dann bat ich die einzelnen „Typen", der Gesamtheit eine Botschaft zu übermitteln. Ich erinnere mich etwa daran, wie eine VIER sagte: „Bisher fand ich immer nur andere VIERer interessant. Auf dieser Tagung habe ich gemerkt, daß ihr alle etwas ganz besonderes seid!" Ich bat die Gruppe auch, Stellung zu nehmen zum leeren Platz der DREI. Jemand formulierte sinngemäß: „Ohne DREIer fehlt unserer Gruppe ein Stück Dynamik und Hoffnung!" Schließlich bat ich diejenigen, die Lust dazu hätten, ihren Standort zu wechseln und diesen Wechsel zu kommentieren. Ein junger Mann, der sich als NEUN identifiziert hatte, begab sich zu seinem „Trostpunkt" DREI. Man merkte förmlich, wie aufregend das für ihn war und wie er dabei wach wurde und plötzlich vor Energie strotzte: „Mann! Ganz schön viel Power spür' ich hier!" Eine Frau, die sich für eine SECHS hielt, begab sich ebenfalls zu Punkt DREI. Sie sagte: „Bei Punkt DREI habe ich so viele Probleme; und die Leute, die dort sind, sind so schwierig für mich. Ich will ganz bewußt an diesem Punkt stehen und ihn aushalten!" Bis zum Ende des Gottesdienstes blieb sie dort. „Hier will ich auch das Abendmahl empfangen", sagte sie. „An diesem Punkt brauche ich ganz besonders viel Kraft." Eine Frau, die sich zunächst für eine NEUN gehalten hatte, entdeckte während des Gottesdienstes, daß sie eine VIER ist. Für sie war das ein beglückendes Aha-Erlebnis. Weinend vor Freude wechselte sie den Ort. Eine andere VIER sagte: „All die Jahre habe ich gedacht, ich könnte auch ohne Gemeinschaft zurechtkommen. Hier und heute spüre ich, daß ich wieder aufbrechen muß zur Gemeinde, daß ich die anderen brauche."

Es würde zu weit führen und die Intimität der einzelnen Äußerungen verletzen, wenn das Geschehen noch detaillierter nacherzählt würde. Ich merke beim Schreiben ohnehin, wie schwierig es ist, derart dichte Erfahrungen nachträglich mitzuteilen.

Jedenfalls habe ich selten so handgreiflich gesehen und erfahren, was mit dem Bild vom Christusleib gemeint ist. Und bei der anschließenden Gebetsgemeinschaft kam zum Ausdruck, was die paulinische Behauptung beinhalten kann, „wenn ein Körperteil leidet, leiden alle mit": Eine Frau, die unmittelbar vor einer ärztlichen Untersuchung stand und Angst vor einem schlimmen Befund hatte, begann zu weinen. Andere gingen spontan zu ihr hin, berührten sie und beteten für sie unter Handauflegung um Kraft und Gottes Beistand für die kommende Zeit.

Das abschließende Abendmahl bekräftigte und unterstrich ohne Worte noch einmal das, was vorher gesagt worden war: Wir sind miteinander verbunden. Christus vereint uns und läßt uns erleben, daß menschliche Vielfalt Fülle und Freude bedeuten kann. Wir müssen Gemeinschaft nicht *machen*. Gemeinschaft ist eine Vorgabe und ein Geschenk, das sich staunend entdecken läßt. Und je tiefer ich entdecke, wer ich selbst vor Gott bin – geliebte Tochter, geliebter Sohn –, desto tiefer erfahre ich mich auch verbunden mit meinen „Geschwistern" und mit der ganzen Schöpfung, die – wie ich – Ausdruck der Liebe und Kreativität Gottes ist.

Wer dazu beitragen will, daß Gemeinschaft entsteht und floriert, braucht ein Grund-Bild von Gemeinschaft. Das Bild vom Leib Christi und das Enneagramm sind solche Bilder. Das Enneagramm benennt die Energien und Gaben, die nötig sind, damit tragfähige Gemeinschaft entsteht. Es vermittelt so eine Vision, auf die hin sich Gemeinde entwickeln kann. Es benennt zugleich die zerstörerischen Kräfte, die Gemeinschaft unmöglich machen und hält damit der real existierenden Gemeinde – wie jedem Individuum – einen schonungslosen Beichtspiegel vor, der zur Umkehr ruft.

Gemeinschaft wird überall dort unmöglich, wo Menschen sich und die eigenen Gaben absolut setzen. Das gilt für einzelne ebenso wie für Gruppen. Mit einer Gruppe, die Absolutheit und Unfehlbarkeit beansprucht, ist weder ein Dialog noch Gemeinschaft möglich. Wo Menschen sich selbst verabsolutieren, ist die Folge immer der Abbruch der zwischenmenschlichen Kommunikation.

Die biblische Geschichte vom *Turmbau zu Babel* (Genesis/1. Mose 11) veranschaulicht das: Die Menschen, die sich „einen Namen machen" wollen und die deshalb einen Turm bauen, der bis an den Himmel reicht, vereinzeln und vereinsamen in ihrem „Gotteskomplex" so sehr, daß am Ende keiner mehr die Sprache des anderen versteht.

Eine Illustration zur Turmbaugeschichte habe ich bei zwei Enneagramm-Tagungen während eines Rollenspiels erlebt, dem wir den Titel „Der enneagrammatische Kirchenvorstand" gegeben hatten. Wir baten jeweils neun TeilnehmerInnen, in die Rollen von KirchenvorsteherInnen (PfarrgemeinderätInnen) zu schlüpfen, die allen neun Enneagrammtypen entsprachen. Dann wurde dem Gremium ein Problem vorgelegt, das gemeinsam zu lösen war. In beiden Fällen führte die Aufgabe zu einem heillosen Kommunikations-Chaos. Automatisch gerieten die MitspielerInnen in die Falle ihres Typs und waren unfähig, einander zu verstehen, geschweige denn, einen Konflikt gemeinsam zu lösen.

Die neutestamentliche Pfingstgeschichte (Apostelgeschichte 2) enthält gleichsam die Umkehr der Erzählung vom Turmbau: Der Heilige Geist erfüllt die Jüngerinnen und Jünger Jesu so, daß die Anwesenden aus aller Herren Länder in ihrer eigenen Sprache hören, wie die Apostel Gott loben. Der Geist Gottes befähigt Menschen zur Selbst-Relativierung – und gerade deshalb zur Kommunikation. Der Mensch, der nur sich selbst lobt, verabsolutiert und vergöttert, kann mit seinem Nächsten nicht mehr kommunizieren. Der Mensch, der Gott lobt, der Gott Gott sein läßt, ist mit allen Menschen verbunden und findet die Sprache des Herzens, die im Herzen anderer Widerhall finden kann. Wenn das geschieht, ist es immer ein Wunder, das wir aus eigener Kraft nicht bewirken können – und das doch nicht zustandekommt ohne unser Sehnen und Beten und Wollen.

Bei der zweiten der beiden erwähnten Tagungen haben wir das Rollenspiel vom Kirchenvorstand nach einer Auswertungsphase weitergespielt. Ich bat die TeilnehmerInnen, diesmal ihr „bestes Selbst" zu aktivieren, „aus der Rolle zu fallen", sich zu ihrem Trostpunkt zu begeben und von dort aus zu handeln. Das Ergebnis überraschte und schockierte alle – mich eingeschlossen. In gewisser Weise nämlich wurde alles noch schlimmer. Ich hatte erwartet, daß man jetzt den Konflikt würde lösen können. Aber mit der Aufforderung, „gut" zu sein, hatte ich die meisten Mitwirkenden unter Druck gesetzt. Anstatt zu ihrem „Trostpunkt" zu kommen, gerieten etliche MitspielerInnen in echten Streß. Die anfangs moralisch rigorose EINS zum Beispiel wurde nicht etwa lockerer und gelassener (SIEBEN), sondern verfiel in melancholische Depressivität (VIER). Hinterher bekundeten mehrere MitspielerInnen, der Zwang zum „Gutsein" hätte sie ungeheuer viel Energie gekostet.

Dieses Ergebnis illustriert noch einmal, daß es beim Enneagramm weder eine individuelle, noch eine kollektive Selbsterlösungsmechanik gibt. Selbst wenn wir das immer wieder vergessen: Das Enneagramm selbst korrigiert unsere Selbsterlösungsträume. Der Appell, gut zu sein, und selbstgemachter „Trost" befreien eben nicht aus der Falle, sondern treiben uns unter Umständen noch tiefer ins Elend. Wir haben am Ende des Spiels nachgedacht, was gefehlt hat, was den Knoten gelöst hätte. Vielleicht wäre es ein gemeinsames Gebet um den Heiligen Geist gewesen. Das freilich läßt sich nicht spielen.

Wie Gemeinschaft gebaut oder zerstört wird

Die Geistesfrüchte, die das Enneagramm benennt, sind meines Erachtens genau die „Zutaten", die jede Gemeinschaft braucht, um lebendig zu bleiben und zu wachsen. *Jeder Enneagrammtyp* hat einen unverwechselbaren Beitrag zum Ganzen zu geben. Wenn auch nur eine dieser „Energien" fehlt, fehlt dem Ganzen etwas Wesentliches.

Ebenso können im „unerlösten" Zustand *alle Typen* Wachstum und Gemeinschaft hemmen, verhindern oder sogar zerstören. Wie könnte der Beitrag der einzelnen Typen zum Aufbau einer tragfähigen Gemeinschaft aussehen, wenn sie mit ihren Gaben dem Ganzen dienen? Und inwiefern können sie zum Hindernis werden für das Gemeinschaftsleben, wenn sie auf sich fixiert bleiben? Ich kann hier nur subjektive und stichwortartige Andeutungen machen. Die Liste ließe sich beliebig erweitern:

EINS: Die EINS sieht sofort, was nicht stimmt und verändert werden muß. Sie drängt auf Überwindung des Status quo und auf Wachstum. In der Bibel entspricht dem die Gabe der *Prophetie*: Die Propheten der Bibel benennen Mängel, weil sie eine Vision vom Ganzen haben und um die Ehre Gottes und um Gerechtigkeit auf Erden eifern. Die erste Predigt Jesu lautete: „Kehrt um! Verändert euch!" Die prophetische Gabe der erlösten EINS ist für jede Gemeinde nötig, damit sie nicht stagniert und der Prozeß der Veränderung fortwährt. „Ecclesia semper est reformanda – die Kirche muß ständig reformiert werden" (die EINS *Martin Luther*). Die Kritiksucht, das Nörgeln und Moralisieren der unerlösten EINS kann allerdings ungewollt genau zu der Stagnation führen, die die EINS verhindern will. In der Atmosphäre von Perfektionismus und ständigen Urteilen können andere nicht atmen oder sich organisch verändern. So kann gerade die lieblose Forderung nach Veränderung Verhärtung und Rückzug bewirken. Biblische Propheten haben das als „Verstockung" bezeichnet. Womöglich waren sie manchmal durch die rigorose Art ihres Auftretens an dieser Verstockung mitbeteiligt. Wie alle „unerlösten" Typen bewirkt die „unerlöste" EINS genau das, was sie verhindern will. Erst wenn sie losläßt, schafft sie für andere Menschen – und für Gott – Raum, in dem Leben wachsen kann.

ZWEI: Die Gabe der ZWEI ist Dienst, Hingabe und Zuwendung zu Bedürftigen. Biblisch entspricht dem die Gabe der *Diakonie*. Das Kerngebot der Bibel ist das Gebot der Nächstenliebe. Jesus selbst hat sich unermüdlich um bedürftige Menschen gekümmert und sich mit den Kranken, Schwachen und Gefangenen identifiziert, die Zuwendung brauchen: „Was ihr einem dieser meiner geringsten Geschwister getan habt, habt ihr mir getan . . ." (Matthäus 25,40). In den Armen begegnen wir Jesus. Ohne den Dienst der ZWEI würden viele Gemeinden zusammenbrechen und viele soziale und diakonische Aufgaben, aber auch so unattraktive Arbeiten wie Aufräumen und Abwaschen, ungetan bleiben. Die Gefahr der unerlösten ZWEI ist ihr Messiaskomplex und Unentbehrlichkeitswahn. Menschen, die durch Dienen herrschen, zerstören Gemeinschaft und schaffen ungesunde, symbiotische Abhängigkeiten, die das Gegenteil von wirklicher Liebe sind. Die unerlöste ZWEI versteckt ihren Egoismus hinter scheinbarem Altruismus. So sehr eine Gemeinde den Dienst der ZWEI und ihre Energie braucht, um ein Ort von Geborgenheit und um eine tragfähige Gemeinschaft zu sein, so sehr muß sie auf der Hut sein vor dem Klatsch und Tratsch, der versteckten Machtlüsternheit, den ständigen Erwartungen und Exklusivitätswünschen, die die „unerlöste“ ZWEI kennzeichnen. Jesus hat uns nicht nur aufgefordert, den Armen zu helfen, sondern er will, daß wir selbst arm werden: Selig sind die geistlich Armen! „Geistliche Armut“ beinhaltet die Bekehrung der ZWEI von ihrem Stolz.

DREI: Jede Gemeinschaft braucht eine hoffnungsstarke Vision, klar definierte Ziele, Menschen, die etwas wollen, kreative Ideen und Begeisterung für die Sache, die sich auch anderen mitteilt. Leider ist die erlöste Energie der DREI in den heutigen Volkskirchen selten. Es sieht manchmal so aus, als ob Effizienz und Lust am Gelingen in der Kirche geradezu verpönt sind. Echter Team-Geist findet sich selten. Kirchliche Druckerzeugnisse wirken oft eher abstoßend als werbeträchtig. Unternehmerischer Elan findet in volkskirchlichen Gemeinden wenig Betätigungsfelder. Gruppierungen wie die „Gemeindewachstumsbewegung“ polemisieren mit Recht gegen volkskirchliche Selbstrechtfertigungen angesichts sichtlicher Erfolglosigkeit, als sei Mangel an Erfolg schon an und für sich ein Zeichen dafür, daß die Kirche die Schmach und das Kreuz Christi teilt. Jesus hatte durchaus Lust am Gelingen. Er hat beispielsweise für seine Botschaft und ihre Ausbreitung eine geniale Werbestrategie erdacht, indem er seine Jünger als Multiplikatoren jeweils zu zweit in die Dörfer und Städte Galiläas geschickt hat. DREIer-Energie ist nach meiner Beobachtung eher in Freikirchen oder missionarischen Gruppierungen anzutreffen als im Hauptstrom der Volkskirchen. Obwohl die Volkskirche diesbezüglich nicht viel Energie aufwendet, steht sie dennoch immer wieder in Gefahr, in die Falle der „unerlösten“ DREI zu tappen, in der es mehr um Schein geht als um Sein[7]. Auch Bewegungen, die sich in der Kirche „mehr DREI“ wünschen („Gemeindewachstum“), stehen in der ständigen Gefahr, die Kirche um des äußeren Erfolgs willen auf ein Unternehmen zu reduzieren, das nur ein etwas anderes Produkt verkauft.

VIER: Die VIER versteht etwas von Gleichnissen und Symbolen, von Zeichenhandlungen und dramatischen Effekten. Jesus hat seine Botschaft durch poetische Parabeln und durch kreative Zeichenhandlungen und Wunder illustriert. Leider sind Kreativität und Kunst heute weitgehend aus der Kirche ausgewandert. Wie lebendig könnten Gottesdienste sein, wie schöpferisch könnte man durch Straßentheater, Film, Musical, Malerei, Musik und Baukunst die Botschaft von Christus gestalten! Die Kirche braucht zur eigenen schöpferischen Erneuerung die Kraft der VIER, damit „Gott schön werde“ (Rudolf Bohren). VIERer können langweilige Routine „aufmischen“, durch schockierende Auftritte Unruhe und Veränderung in Gang bringen und immer wieder neue Bilder und Symbole erfinden, um dem Glauben Gestalt zu geben. VIERer können ihrerseits in der Bindung an den Glauben und an eine Gemeinschaft lernen, sich überhaupt zu binden, dem eigenen Narzißmus und Subjektivismus zu widerstehen und ihre Gaben in den Dienst anderer zu stellen, anstatt sie zur Selbstdarstellung zu mißbrauchen. Freilich verhindern unerlöste VIERer auch in der Kirche durch ihr affektiertes Auftreten und das Bedürfnis, ständig im Mittelpunkt zu stehen, daß sie wirklich angenommen und gehört werden. Wer immer im Mittelpunkt stehen will, mißbraucht die Gemeinschaft zur Selbstbeweihräucherung – und ist irgendwann draußen! Auch die Empfindlichkeiten und der Neid der unerlösten VIER können für andere anstrengend und abstoßend sein.

FÜNF: Die FÜNF bereichert die Gemeinde durch das Wachhalten des geistigen Erbes, durch intellektuelle Klarheit, durch Redlichkeit und Sachlichkeit. Jesus war nicht zuletzt ein messerscharfer Denker, der argumentativ nicht zu schlagen war. Die Kirche braucht die Fähigkeit zur theologischen Reflexion, um weder einer Ideologie noch ungeläuterter Emotionalität zu verfallen. Aber die Distanz der FÜNF kann auch in der Kirche zur Falle werden: Eine rein intellektuelle Theologie ist blutleer und erreicht die Herzen der Menschen nicht. Wahrheit ohne Wärme und Mitleid kann zerstören. Durchblick ohne Engagement und Tat verändert die Welt nicht. Erst wenn FÜNFer ihr Wissen freigeben, damit andere davon profitieren können, trägt es zum Aufbau der Gemeinschaft bei. Erlöste FÜNFER sind dringend nötig, damit in der Kirche nicht nur guter Wille regiert, sondern auch Sachverstand und die Gabe eines präzisen Denkens zum Zuge kommen. Die Zukunftsfragen der Menschheit erfordern ungeheure intellektuelle Anstrengungen. Ein „getauftes“ Denken und die Weisheit der erlösten FÜNF sind dazu erforderlich.

SECHS: Verbindlichkeit, Treue und Festhalten an gewachsenen Traditionen kennzeichnet vor allem kirchliche „Kerngemeinden“. Sie betrachten Neuerungen mit Skepsis und wollen das Bestehende bewahren, in dem sie sich zu Hause fühlen. Es ist wichtig, daß es Menschen gibt, die nicht jede Modetorheit mitmachen, sondern lange abwägen und auch die für andere nicht sichtbaren Gefahren eines Vorhabens „wittern“. In der Bibel ist das die Gabe der *Geisterunterscheidung*. Menschen, die sich selber nicht so wichtig nehmen, sondern auf Gott hören, ihr Leben unter Gottes Gebote stellen und treu einer guten Sache dienen können, verdienen Respekt, auch wenn diese Tugenden heute nicht *en vogue* sind. SECHSer halten ihrem Glauben auch dann die Treue, wenn Christsein nicht modern ist. Diese Gaben werden auch in einer erneuerten Kirche dringend gebraucht. Der Mut der erlösten SECHS führt zu der Bereitschaft, Gott mehr zu gehorchen als den Menschen und auch gegen alle Widerstände tapfer das Rechte zu tun. Freilich findet sich in den Bürokratien und Hierarchien der Kirchen – wie in allen Bürokratien – eine Menge unerlöste SECHSer-Energie; nach meiner Erfahrung verdichtet sie sich immer mehr, je höher hinauf man kommt. Wahrscheinlich ist es die unerlöste SECHser-Energie, die mehr als alles andere wirkliche Bewegung und Veränderung der Kirche verhindert. Wo zudem Fundamentalismus und Traditionalismus regieren, können Andersdenkende nur bekämpft werden. Ein aufrichtiger Dialog mit der „Welt", bei dem sich eventuell beide Seiten verändern, ist dann nicht mehr möglich. Unerlöste SECHSer lösen – wie alle Typen – bei anderen das aus, was sie selbst beherrscht: Angst. Eine Gemeinde oder Kirche, in der diese Energie vorherrscht, ist eine Angstgemeinschaft, die krank ist und krank macht.

SIEBEN: Fröhlichkeit und Lebensbejahung gehören kaum zu den Merkmalen, die Menschen zum Stichwort „Kirche" einfallen. Humor ist im real existierenden Christentum Mangelware, obwohl es doch angeblich eine „frohe Botschaft" verkündigt, denn der österliche Sieg über Tod und Teufel ist eine „göttliche Komödie". SIEBENer haben deshalb der Kirche viel zu geben: Festlichkeit und Ideen, wie die Gemeinde ein Ort zum Wohlfühlen wird, Phantasie für Kindlichkeit und Freude . . . Vielleicht versteckt sich bei der SIEBEN die biblische Gabe des *Trostes*. Die charismatische Bewegung erinnert die Kirche mit Recht daran, daß die Freude an Gott und das Gotteslob in der zweckfreien *Anbetung* Quellen der Kraft sind und daß Gott auch heute Wunder tun kann. Glücklich der Mensch, der sich an Gott freuen kann! Nur da, wo sich diese Bewegung selbst absolut setzt, wird sie verkrampft und ihre Gabe wird zum Fluch: Leid und Schmerz muß ignoriert oder überspielt werden; alles, was das positive Selbstbild stört, wird verdrängt. Am Ende findet da, wo einst die Freude an Gott geherrscht hat, ein verbissener Kampf gegen alle statt, die sich nicht auf dieselbe Weise über dieselben Dinge freuen können.

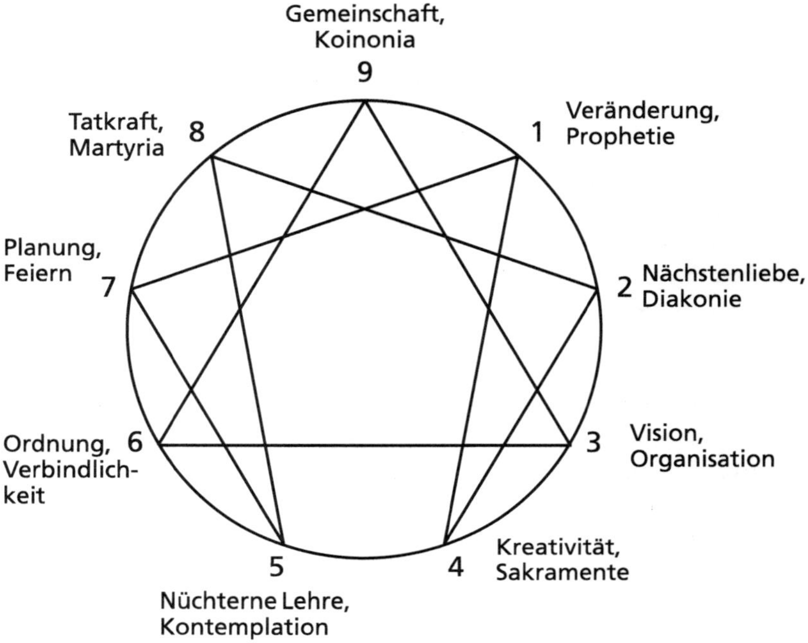

Die Gaben für den Gemeindeaufbau

ACHT: Die Kraft der ACHT ist ebenfalls selten anzutreffen in unseren Kirchen: Menschen, bei denen man weiß, woran man ist, weil sie einen klaren Standpunkt haben, die Ja sagen, wenn sie Ja meinen, und Nein, wenn sie Nein meinen; die Freude an Auseinandersetzung und Konflikt haben und standhaft die eigene Überzeugung vertreten. Jesus hat seinen Auftrag als Machtkampf zwischen Gott und dem Widersacher („Satan") verstanden. ACHTer sind wichtig für die Gemeinschaft, weil sie die Dinge beim Namen nennen und faule Kompromisse nicht dulden. Sie engagieren sich für Unterdrückte und Zukurzgekommene. Sie weichen Leitungsaufgaben und Machtpositionen nicht aus. Und sie sind bereit, für ihre Überzeugung standhaft zu bleiben bis zuletzt. Das ist die biblische Gabe der *Exousia*, des freimütigen Zeugnisses. Zum Fluch wird die Energie der ACHT, wenn Machtlust Unterdrückung hervorbringt, wenn aggressiv, rechthaberisch und verletzend gestritten wird, wenn eine Leitungsfigur andere erdrückt. ACHTer haben die Tendenz, zu laut zu sein, und damit alles Stille zu übertönen. Unerlöste Machtmenschen können andere ins tiefste Elend stürzen, ohne es zu merken. Unerlöste ACHTer-Energie äußert sich im Versuch, selbst unverletztbar zu sein und dabei andere ständig zu entblößen oder zu demaskieren.

NEUN: Die Gelassenheit und Friedfertigkeit der erlösten NEUN sind nötig, wenn man Pluralität bejaht und den Dialog der Vielfalt sucht. NEUNer können Spannungen aushalten und in ihrer Person in Einklang bringen, die sonst eine Gemeinschaft zerreißen würden. Jesus hat eine heilige Sorglosigkeit gepredigt, die aus dem Bewußtsein kommt, daß Gott weiß, was wir brauchen. Der Sabbat ist das Zeichen dafür, daß selbst Gott es sich leistet, auszuruhen vom ständigen Wirken. Diese Gelassenheit findet sich bei der erlösten NEUN. Weil NEUNer ein großes Herz haben und für alle und alles offen sind, entsteht um sie herum ganz von alleine Gemeinschaft. Das biblische Wort dafür ist *Koinonia.* Unerlöste NEUNer-Energie kann notwendigen Wandel verhindern, weil sie alle Konflikte vermeidet, immer nur bedient und stimuliert werden will und niemals zur aktiven Weltgestaltung

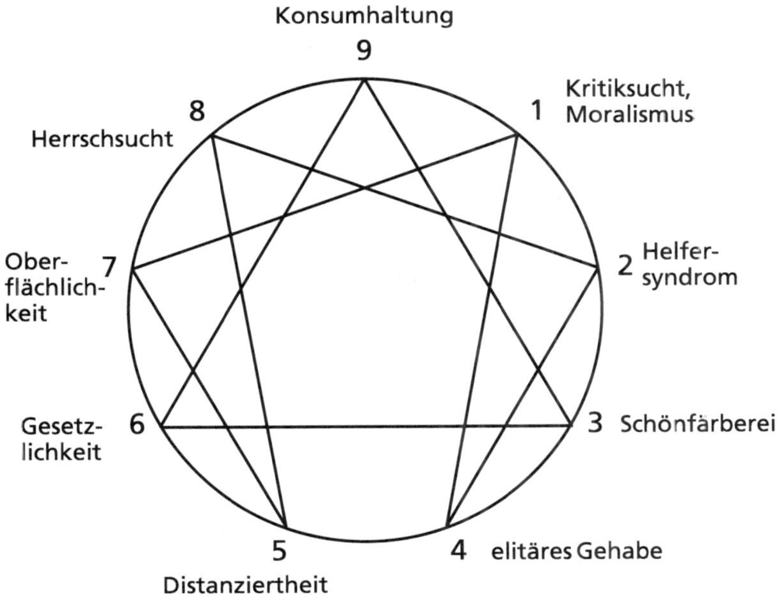

Die Gefahren für den Gemeindeaufbau

gelangt. Unerlöste NEUNer lassen sich nicht dazu bewegen, selbst etwas zu bewegen. Wo diese Energie in der Gemeinde überhandnimmt, verkommt das Gemeindeleben zu belangloser Gemütlichkeit bei Kaffee und Kuchen.

Anregungen zur Gemeindeanalyse

Das Enneagramm ist ein Hilfsmittel zur Gemeindeanalyse. Das Leitungsgremium einer Kirchengemeinde oder Pfarrei kann das Enneagramm heranziehen, um die eigene Situation kritisch unter die Lupe zu nehmen. Dabei müssen nicht alle Beteiligten das gesamte System kennen. Es geht nicht um Nummern und Zahlen, sondern um die selbstkritische Betrachtung der Gemeindedynamik und der kollektiven Muster, denen sie folgt. Sinnvoll sind dabei Fragen, die nicht nur eine einzige Antwort zulassen, sondern Prozesse eröffnen. Es ist offensichtlich, daß nicht der gesamte unten aufgeführte Fragenkatalog auf einmal bewältigt werden kann, sondern Hilfestellung gibt für einen längeren Prozeß. Der Katalog dient der Anregung und kann gekürzt oder durch eigene Fragen ergänzt oder ersetzt werden, solange diejenigen, die die Fragen formulieren, offen sind für überraschende Antworten und nicht nur das abfragen wollen, was sie ohnehin zu wissen meinen. Ich empfehle, bei solchen Sitzungen zunächst die TeilnehmerInnen mit Papier und Stift für sich allein arbeiten zu lassen, bevor der Austausch beginnt.

Welche Grundatmosphäre herrscht in unserer Gemeinde vor?

Wenn wir ein Bild für unsere Gemeinde finden sollten, was würde uns da einfallen? (eventuell malen!)

Phantasiereise: Wenn ich an unsere Gemeinde denke, was *sehe, höre, rieche, schmecke, berühre* ich da in meiner Phantasie? (etwa drei Minuten für jeden der „inneren Sinne“, dann Austausch)

Was gibt es bei uns zu viel, was gibt es zu wenig?

Inwiefern dominiert die Charakterstruktur der Hauptamtlichen (des Pfarrers) das Gemeindeleben? Wie ließe sich der Typ des/der Hauptamtlichen mit ein paar Eigenschaftswörtern beschreiben?

Welche Atmosphäre herrscht in unseren Gottesdiensten?[8]

Welche besonderen Gaben hat unsere Gemeinde? Welchen Ruf hat sie bei anderen?

Was ist der größte Fehler unserer Gemeinde?

Welches dieser „Laster“ würde unsere Gemeinde am ehesten charakterisieren: *Zorn, Stolz, Lüge, Neid, Geiz, Furcht, Oberflächlichkeit, Schamlosigkeit, Trägheit?*

Wenn Jesus unter uns wäre: Worüber würde er sich freuen? An welchen Punkten würde er uns zur Umkehr rufen? (in Stillarbeit Ansprachen Jesu an die Gemeinde formulieren lassen, eventuell im Anschluß an die „Sendschreiben“ der Johannes-Offenbarung)

Was ist die größte *äußere* Schwierigkeit unserer Gemeinde? Läßt sie sich lösen? Was ist die größte *innere* Schwierigkeit unserer Gemeinde? Wie könnten wir damit umgehen?

Wo sehen wir in der momentanen Situation besondere Chancen?

Wo hören wir einen besonderen Ruf Gottes an unsere Gemeinde?

EINS

Herrschen bei uns Richtgeist, Kritiksucht oder Nörgelei? Können Ärger und Aggressionen offen ausgesprochen werden? Gibt es bei uns Bereitschaft zur Veränderung? Wird bei uns moralisiert? Wird bei uns konkrete Umkehr gepredigt, die das ganze Leben umfaßt? Spürt man in unserer Gemeinde etwas von der bedingungslosen Liebe Gottes? Wie gehen wir mit Kritik in der Gemeinde und an der Gemeinde um? Gibt es unter uns Propheten? Was sagen sie? Sind wir fähig, die Propheten zu hören? Was lernen junge Menschen im Religions- und Konfirmandenunterricht? Wie vermitteln wir den Glauben an Menschen weiter, die auf der Suche sind?

ZWEI

Wer sind bei uns die Leute, die immer die „Dreckarbeiten“ machen? Wen nutzen wir aus? Wird bei uns genügend gedankt? Gibt es bei uns ungesunde, klebrige Nähe? Menschen mit Unentbehrlichkeitswahn? Wie gehen wir mit ihnen um? Wer sind in unserer Gemeinde die „Armen“? Wie begegnen wir ihnen: den Obdachlosen, Kranken, Behinderten, Asylbewerbern, Leidenden und Sterbenden? Haben wir echte Kontakte zu diesen Gruppen? Leben wir *mit* ihnen oder werden sie nur betreut – oder nicht einmal das? Gibt es bei uns einen „Zwang zur Nähe“ oder respektieren wir die Grenzen von Menschen, die Abstand brauchen? Haben wir Bedürfnisse, die wir uns nicht zugestehen? Welche sind das?

DREI

Herrscht bei uns in gewissen Bereichen nur schöner Schein? Gibt es „Lebenslügen“ unserer Gemeinde, die aufgedeckt werden müssen? Wie steht es mit der Geschichte unserer Gemeinde (frühere Pfarrer; Drittes Reich; in Ostdeutschland: Stasi-Vergangenheit)? Wird sie aufgearbeitet? Wo machen wir uns was vor? In welchem Bereich versagen wir? Setzen wir Kraft, Begeisterung und Ideen ein, um neue Leute für die Gemeinde zu gewinnen? Was hoffen wir? Welche konkreten Ziele und Visionen haben wir für unsere Gemeinde im nächsten Jahr, in den nächsten fünf oder zehn Jahren? Haben wir Freude am Erfolg? Wer sind die Visionäre unter uns? Geben wir ihnen Raum? Gibt es etwas in unserer Gemeinde, was vitale Menschen anziehen könnte? In welchen Bereichen haben wir Erfolge, die wir guten Gewissens vorzeigen können?

VIER

Existieren bei uns elitäre Klüngel? Wie steht es mit unseren Empfindlichkeiten? Gibt es Leute, die ständig im Mittelpunkt stehen müssen? Blicken wir mit Neid auf andere Kirchen und Gemeinden – oder auf die „Welt"? Akzeptieren wir es, eine ganz gewöhnliche Gemeinde mit ganz gewöhnlichen Leuten zu sein? Wo ist bei uns Raum für kreative Entfaltung, Theater, Tanz, Kunst und Musik? Wer sind die Künstler unter uns? Sind ihre Gaben gefragt? Wie steht es um die ästhetische Gestaltung unserer Gebäude? Sind unsere Gottesdienste schön? Wie gehen wir mit den Sakramenten um? Gibt es in unserer Gemeinde „bunte Vögel"? Ertragen wir sie? Konfrontieren wir sie? Darf man bei uns traurig sein? Wie gehen wir mit Trauernden um? Wie begehen wir die Karwoche?

FÜNF

Ist es bei uns unterkühlt und distanziert? Gibt es intellektuelle Überheblichkeit oder Besserwisserei? Sind die Gottesdienste zu unpersönlich, die Predigten zu verkopft? Sind wir eine geizige oder eine freigebige Gemeinde? Halten wir an etwas fest, was uns bindet? Was müßten wir loslassen? Lassen wir wirkliche Nähe zu? Reden wir immer nur, oder geschieht auch wirklich etwas? Gibt es einen Raum für Glaubensinformation? Sind Intellektuelle und ihre Gaben bei uns gefragt? Sind wir fähig zur Sachlichkeit? Wo ist Raum für Stille und Meditation? Wie füllen wir unsere Leere? Wo sind die „alten Weisen" unter uns, von deren Erfahrung wir profitieren könnten? Sind sie gefragt?

SECHS

Wo herrschen bei uns moralische Enge und Gesetzlichkeit? Sind wir bereit, etwas zu verändern, auch wenn wir es „schon immer so" gemacht haben? Was müßten wir abschaffen? Gibt es in der Gemeinde eine Hierarchie? Wer ist oben, wer ist unten? Wer hat vor wem Angst? Wovor haben wir gemeinsam Angst? Welche geschriebenen oder ungeschriebenen Normen und Gesetze beherrschen uns? Wie steht es mit Verbindlichkeit? Wer sind die „Treuen"? Ehren wir sie? Hören wir auf warnende Stimmen und lassen wir unsere Pläne überprüfen? Wer von uns wittert Gefahren im voraus? Gibt es in unserer Gemeinde Traditionen, die wir mit Leben füllen? Ehren wir Treue und einen einfältigen Glauben?

SIEBEN

Kehren wir schmerzhafte Tatsachen unter den Teppich? Welchen Schmerz vermeiden wir? Gibt es die Tendenz, beim belanglosen Smalltalk zu verweilen, um sich nicht zu nahe zu kommen und keine wunden Punkte zu berühren? Wer ist die Ulknudel oder der Gemeindeclown? Wie geht es dieser Person mit ihrer Rolle? Tendieren wir dazu, alles zu verplanen? Wer sorgt für Humor und gute Stimmung? Wird in unseren Gottesdiensten gelacht? Wo wird überhaupt bei uns gelacht? Können wir über uns selbst lachen? Wann haben wir das letzte Mal gefeiert? Was feiern wir? Haben unsere Gottesdienste Festcharakter? Welchen Stellenwert hat bei uns das Osterfest und wie begehen wir es? Wie fühlen sich Kinder und Jugendliche in unserer Gemeinde?

ACHT

Wie ist bei uns die Macht verteilt? Beherrscht ein Hauptamtlicher das gesamte Gemeindeleben? Beherrscht oder unterdrückt irgendein anderes Gemeindemitglied die Gemeinde oder Teile der Gemeinde? Wagt es jemand, solchen „Machtmenschen" entgegenzutreten? Wer sind bei uns die Starken und die Schwachen? Darf man schwach sein? Darf man stark sein? Können wir mit offenem Visier streiten? Wer setzt sich für Unterdrückte und Zukurzgekommene ein? Wer bewegt etwas bei uns? Wer sind die Praktiker? Ist unsere Gemeinde dafür bekannt, daß sie für Gerechtigkeit eintritt? Gehen wir behutsam mit den eigenen und fremden Gefühlen um? Wird bei uns offen über Sexualität, Geld, Macht und Politik geredet? Gibt es Tabu-Themen? Welche?

NEUN

Herrscht bei uns Müdigkeit und Lethargie? Was macht uns müde? Was sind unsere größten Unterlassungssünden? Vermeiden wir bestimmte Konflikte? Wie sieht unsere Vermeidungsstrategie aus? Gibt es bei uns Phasen der schöpferischen Ruhe? Wo sind die Orte dafür? Kann man in unseren Gottesdiensten entspannen? Wo ist Raum für zweckfreie Gemeinschaft und Gemütlichkeit? Wer sind die Friedensstifter und Vermittler unter uns? Nehmen wir ihre Gabe im Streitfall in Anspruch? Können wir uns auf ein klares Ziel konzentrieren? Nehmen wir uns zu wichtig? Von wem geht Ruhe und Gelassenheit aus? Wie heiligen wir den Sonntag?

Auch für „professionelle" GemeindeberaterInnen bietet sich das Enneagramm als Hilfsmittel an, um ein klareres Bild von einer Gemeinde zu bekommen, die um Hilfe und Begleitung gebeten hat. In meiner Arbeit als Referent für Gemeindeaufbau am Gemeindekolleg Celle habe ich häufig mit Kirchenvorständen (Presbyterien, Kirchengemeinderäten) zu tun, die als ganze Gruppe über ein Wochenende zu uns kommen, um mit uns als außenstehenden BegleiterInnen die Situation ihrer Gemeinde anzusehen und Perspektiven zu entwickeln. Das Enneagramm schärft den Blick für die Dynamik der jeweiligen Gruppe und hilft, gezielte Fragen zu stellen und Impulse zu geben. Die Stärke des Enneagramms in diesem Zusammenhang liegt darin, daß es *erstens* eine Sehhilfe bzw. ein analytisches Instrument ist, um die Lage der Gemeinde deutlicher in den Blick zu bekommen, daß es *zweitens* dazu beitragen kann, die Situation zu beurteilen und eine neue Vision zu entwickeln, und daß es *drittens* Hilfestellungen im Blick auf mögliche Konsequenzen enthält (zum Beispiel durch das, was wir in unserem ersten Buch „Einladungen" genannt haben).

Die lateinamerikanische Befreiungstheologie und die mit ihr verbundene Pädagogik der Befreiung hat entdeckt, wie positiv sich die fortwährende Anwendung des Dreischritts *Sehen – Urteilen – Handeln* auf Gruppenprozesse auswirkt. Meines Erachtens sollte als vierter Schritt die *Auswertung* dazukommen, die freilich bereits den Übergang zu einem erneuten Seh-Akt darstellt. Auf diese Weise kommt der *Kreislauf der Macht (Power Circle)* zustande, der von US-amerikanischen Management-Beratern entwickelt wurde und dessen Funktionieren für Bestand und ständige Erneuerung einer Gemeinschaft geradezu lebensnotwendig ist.

Der Kreislauf der Macht

Wo sich Menschen zusammentun, gibt es Macht, gibt es Führer und Geführte, „Starke" und „Schwache" etc. Es geht nicht darum, Macht zu vermeiden oder die Machtfrage zu ignorieren, sondern darum, Macht so zu verteilen, daß die gesamte Gruppe am Prozeß der Machtausübung beteiligt ist und sich gegenseitig „ausbalanciert“. Nach meiner Beobachtung haben 90% aller Konflikte in Gemeinden keine theologischen Ursachen, sondern hängen mit schlechter Leitung zusammen, das heißt, mit einem dilettantischen Umgang mit Macht. Leider kommt dieses Thema in der theologischen Ausbildung so gut wie gar nicht vor, obwohl sich der Umgang mit Macht in einem kontrollierten Lernprozeß in der Gruppe durchaus einüben und optimieren läßt. Vor allem fehlt es an akzeptablen Bildern und Modellen, wie Leitung funktionieren kann. Die Alternative zum autoritären Leitungsstil kann nicht der Verzicht auf Leitung sein. Wenn die Leitungskompetenzen unklar sind, wird es immer heimliche Leiterinnen und Leiter geben, die durch ihre starke Ausstrahlung Macht ausüben und keiner demokratischen Kontrolle unterliegen.

Die meisten Leute meinen, Macht hätte die Person, die Entscheidungen fällt. In Wirklichkeit aber ist die Entscheidungsbefugnis nur ein Teil der Macht. Der Befehlshaber ist machtlos, wenn keiner die Befehle ausführt. Die Art und Weise, *wie* ein Auftrag erledigt wird, liegt ganz in der Macht des Ausführenden. Dazu kommen die Macht einer guten Idee und die Macht der Kritik (Auswertung). Aus diesen vier Faktoren ergibt sich folgendes Bild:

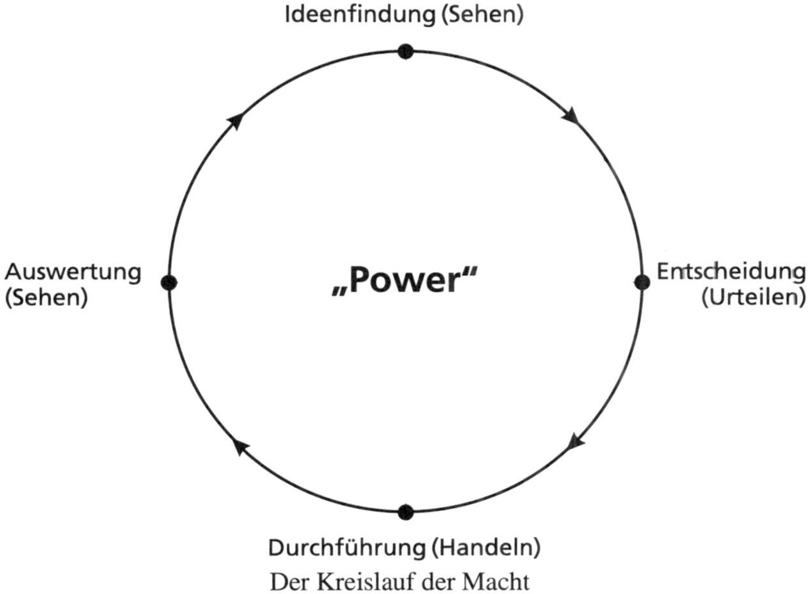

Der Kreislauf der Macht

Der Kreislauf: Idee – Entscheidung – Durchführung – Auswertung – Idee . . . etc. erlaubt allen Beteiligten einer Gruppe, Gemeinschaft oder Gemeinde, an der Macht zu partizipieren. An den vier Punkten des Kreislaufs kommen unterschiedliche Gaben und Charismen zum Tragen. Dabei müssen nicht *alle alles* machen – aber es muß klar sein, *wer was* tut.

Idee: Ohne Inspiration kein Gemeindeleben. Eine gute Idee hat die Macht, sich durchzusetzen, auch wenn sie durch den Feuerhagel des Widerspruchs und der Bedenken anderer muß. Wer inspirierende Ideen hat, hat Macht. In einer Gemeinde können das Gemeindeglieder, GruppenleiterInnen, Kirchenälteste oder die Pastorin/der Pfarrer sein – manchmal sogar Außenstehende. Unbalanciert ist die Gemeinde, wenn die Ideen zum größten Teil vom Pfarrer kommen und die Gemeinde immer nur die Ideen der Hauptamtlichen umsetzt. Eine gute Idee setzt einen klaren Blick für die Situation voraus (Kontext). Zu deren Analyse kann auch das Enneagramm beitragen. Eine Gemeinde braucht einen Ort, wo der Kontext analysiert und Ideen entwickelt werden.

Entscheidung: Ideen müssen ausgewertet und beurteilt werden. Dazu braucht man Maßstäbe. Ein Hilfsmittel unter anderen bei der Beurteilung kann ebenfalls das Enneagramm sein. Wichtig ist, daß irgendwann klare Entscheidungen gefällt werden. Damit eine Entscheidung auch „getragen“ wird, sollten vorher möglichst viele Menschen konsultiert werden, die von der Entscheidung betroffen sind, weil sie sie durchführen sollen. Wenn der Gottesdienst verändert werden soll, müssen die GottesdienstbesucherInnen und die KritikerInnen des existierenden Gottesdienstes befragt werden. Wenn ein Fest geplant ist, sollte man vorher mit denen reden, die die „Dreckarbeit“ machen sollen etc. Entscheidungen, die ohne Partizipation der Betroffenen gefällt werden, sind nicht oder nur mit Mühe durchführbar.

Durchführung: Die Ausführenden haben die Macht, ein Projekt ge- oder mißlingen zu lassen. Je mehr sie bei der Planung und Entscheidung beteiligt waren, desto motivierter werden sie bei der Sache sein. Die Ausführenden haben sogar die Macht, sich zu verweigern, wenn ihnen die Aufgabe nicht einleuchtet – solange jedenfalls, wie es sich um „Ehrenamtliche“ handelt, die in keinem bezahlten Dienstverhältnis stehen. Aber auch bezahlte Kräfte können ihre Arbeit entweder gerne machen oder „Dienst nach Vorschrift“ leisten. Letzteres wird sich erheblich auf die Qualität der Durchführung auswirken.

Auswertung: Das Manko vieler Gemeinden ist, daß nichts ausgewertet wird. Es gibt Gottesdienste, zu denen kaum noch jemand kommt, Kreise und Gruppen, die dahinsiechen, Predigten, die niemanden ansprechen. Dennoch wird das nirgends offen ausgesprochen. Ohne Auswertung – das heißt: ohne Kritik – gibt es keine Veränderung. Gerade in christlichen Kreisen tut man sich oft schwer, Kritik zuzulassen, da man einander „nicht verletzen möchte". Genauso stark oder stärker dürfte aber die Angst vor der Reaktion des Kritisierten sein und das allen gemeinsame Bedürfnis nach „Harmonie". Aber nur, wo zur Kritik eingeladen wird und Kritik angenommen wird, verändert sich etwas. Kriterien für sachgerechte Kritik finden sich unter anderem auch im Enneagramm.

Selbstkritische Fragen einer Gemeindeleitung könnten sein: Funktioniert dieser Machtkreislauf bei uns? Welche Leute sind an welchem Punkt des Zirkels dominant? Wer ist überall? Wer ist nirgends? Wo und wann werten wir aus?

Was ist eine lebendige Gemeinde?
Ein Fünf-Punkte-Programm

Was muß geschehen, damit aus einer volkskirchlichen Betreuungspfarrei eine lebendige Gemeinde wird? Das ist die Gretchenfrage aller Gemeindeaufbauprogramme und -modelle. *Richard Rohr* hat schon vor etlichen Jahren fünf Kriterien benannt, die eine lebendige Kirchengemeinde ausmachen (Richard Rohr, Warum katholisch? Herder Verlag 1991, S.137ff). Ich paraphrasiere seine fünf Punkte und verbinde sie mit dem Enneagramm:

1. Die Annahme, man könne allein für sich glauben, ist illusorisch. Das Christentum ist wie das Judentum, aus dem es erwachsen ist, durch und durch auf *Gemeinschaft* angelegt. Individualistisches Christentum ist ein Widerspruch in sich. Zu den Selbstanfragen, die eine Christin oder ein Christ regelmäßig an sich richten sollte, gehört die Frage: Wo und wie teile ich mein Leben mit anderen? Vielleicht sind es nur zwei oder drei, mit denen ich in letzter Tiefe „vernetzt" bin. Aber um diese zwei oder drei herum sind konzentrische Kreise der Verbundenheit angelegt – vielleicht ein *Hauskreis* in einer *Ortsgemeinde* in einer *Landeskirche* in der *Weltkirche*. Das Enneagramm bietet ein Grund-Bild von umfassender inklusiver Gemeinschaft und versöhnter Vielfalt an.

2. Gemeinde ist der Ort, wo der Ruf Jesu zur Umkehr laut wird und wo sich Menschen herausfordern lassen, diesen Ruf zu hören und ihm zu folgen. Gemeinde befindet sich in einem *Prozeß der Umkehr* und Veränderung und stellt sich der Frage, was es bedeutet, hier und heute Jesus

nachzufolgen. Das Enneagramm kann dabei ein kollektiver Beichtspiegel sein, der uns allein und gemeinsam immer wieder zu konkreter Umkehr ruft.

3. Der Weg des Glaubens ist ein *Wachstumsprozeß*. Nicht alle, die die ersten Glaubensschritte machen, können und müssen gleich alle Konsequenzen des Glaubens bis in den politischen Bereich hinein leben oder einer Kommunität beitreten. Eine lebendige Gemeinde ist ein Milieu, wo Menschen auf der ihnen gemäßen Ebene des Glaubens „einsteigen" können, um dann weiterzuwachsen. Deshalb sind innerhalb der Gemeinde unterschiedliche Initiations-[9], Wachstums-[10] und Nachfolgegruppen[11] nötig, die nebeneinander existieren können und einander brauchen. Im Idealfall kommen die Anliegen aller Gruppen regelmäßig im Gottesdienst vor. Das Enneagramm hilft bei diesem Prozeß, da es selbst auf Wachstum zielt, einzelne und die Gruppe auf Defizite aufmerksam macht und die Richtung andeutet, in die sich der Prozeß bewegen könnte.

4. Lebendige Gemeinden haben *Ziele*. Zum Wachstum gehört Orientierung. Das gilt für die Gesamtgemeinde wie auch für jede Gruppe der Gemeinde. Neben dem sich ständig wiederholenden *Zyklus* des Kirchenjahres braucht eine Gemeinde auch Ziele, die einen *Weg* und ein *Fort-Schreiten* beinhalten. Richard Rohr gebraucht in diesem Zusammenhang das Bild von einem Planwagentreck: Nachts werden die Planwagen im Kreis aufgestellt, die Gruppe sammelt sich, um auszuruhen, Nahrung aufzunehmen, Geborgenheit, Schutz und Nähe zu erfahren. Man könnte diese Phase der Sammlung auch als Phase der „mütterlichen" oder „weiblichen" Energie bezeichnen. Tagsüber zieht der Treck weiter einem Ziel entgegen. Dem entspricht die alttestamentliche Erfahrung des Exodus (Auszug aus Ägypten), der Weg- und Aufbruch-Aspekt des Glaubens. Man könnte in diesem Zusammenhang auch von „männlich-linearer" Energie reden. Beide Energien brauchen einander und dürfen nicht gegeneinander ausgespielt werden. Der Weg, den beide gemeinsam beschreiben, könnte auch als Aufwärts-Spirale dargestellt werden. Einer der Gründe, weshalb so wenige Männer Zugang zum christlichen Glauben finden, dürfte darin liegen, daß in unseren Kirchen die sammelnde, zyklische Energie die Überhand hat und klare Ziele häufig fehlen. Ziele ergeben sich zum Beispiel aus den „Einladungen" des Enneagramms (Gelassenheit, Freiheit, Hoffnung, Natürlichkeit, Weisheit, Verbindlichkeit, Freude, Gerechtigkeit und Liebe).

5. Eine lebendige Gemeinde ist zugleich nach *innen* ausgerichtet und nach *außen*. „Öffnen" und „Verdichten"[12] bedingen und nähren einander. Die Bewegung *nach innen* bezeichnet die Vertiefung des Glaubens durch Ge-

meinschaft, Meditation und Gebet, die Rückkehr zu geistlichen Kraftquellen, Reflexion und Auftanken. Die Bewegung *nach außen* bezeichnet den Auftrag der Kirche, durch Wort und Tat, missionarisch, diakonisch und politisch auf die Gestaltung der Welt einzuwirken. Die ökumenische Kommunität Taizé spricht von der Zusammengehörigkeit von „Kampf" und „Kontemplation". Richard Rohrs Laientrainingszentrum in Albuquerque nennt sich „Center for Action and Contemplation". Rohr beklagt mit Recht, daß „viele Gruppen in der Kirche eine Vorliebe für den einen oder den anderen Typ" entwickeln, „anstatt sie miteinander zu verbinden. Entweder sie konzentrieren sich auf die weibliche Kraft und stellen Beziehungen her, oder auf die männliche und verfolgen Ziele". Es genügt nicht, daß es christliche Gruppen gibt, die nur die Innerlichkeit des Glaubens pflegen, und andere, die ständig in Aktion sind. Wir brauchen vielmehr eine Spiritualität, in der sich Aktion und Kontemplation gegenseitig ergänzen, bereichern und korrigieren. Das Enneagramm kann dazu beitragen, die Überbetonung der einen oder der anderen Energie sichtbar zu machen und Korrektur „anzumahnen".

Die fünf oben genannten Ziele sind keine unerreichbaren Ideale für Mönche oder für radikale Ordensgemeinschaften. Solche Ziele werden auch in ganz normalen Pfarreien umgesetzt. Im Gemeindekolleg Celle versuchen wir, durch erprobte Gemeindeaufbauprojekte dazu beizutragen, daß sich Gemeinden, die das wollen, in Richtung auf solche Ziele hin verändern. Eines dieser Projekte möchte ich in diesem Zusammenhang vorstellen.

Ein Projekt des Gemeindeaufbaus: Gottesdienst leben

Vorgeschichte: Eine lutherische Kirchengemeinde in Chicago. Das Kirchengebäude liegt genau auf der unsichtbaren Demarkationslinie, die das weiße Wohnviertel vom schwarzen trennt. Die weißen Gemeindeglieder der lutherischen Pfarrei sind zum großen Teil längst an den Stadtrand gezogen. Nur zum Gottesdienstbesuch halten sie ihrer alten Kirche die Treue. Die neuen Bewohner des Stadtteils sind arm und weniger „bürgerlich". Die Gottesdienste der Pfarrei sind bekannt für ihre liturgische Schönheit. Der deutschstämmige Pastor *Harry Hinrichs* gilt als packender Prediger. Die Gemeinde sucht einen neuen Küster. Mehrere Kandidaten haben sich beworben. Die Absprache im Gemeindevorstand ist klar: Wir nehmen die Person, die die besten Qualifikationen hat. Der mit Abstand geeignetste

Kandidat fällt trotzdem durch. Er ist schwarz. Und die Gemeinde besteht hauptsächlich aus Weißen.

Der Vorfall stürzt den Pastor in eine Krise. Er fragt laut: Wie glaubwürdig sind unsere „schönen" Gottesdienste, wenn wir unser gesellschaftliches und soziales Umfeld nicht wahrnehmen, wenn wir Konflikte wie den Rassismus ausklammern aus dem Gemeindeleben? Wie können wir als Gemeinde das Vaterunser beten, aber den schwarzen Mitbruder wegen seiner Hautfarbe ausschließen?

Der Konflikt zwischen Pastor und Gemeinde spitzt sich zu. Schließlich feuert die Gemeinde ihren einst so beliebten Hirten. Eine andere Gemeinde aber nimmt ihn mit offenen Armen auf. Hier sind es „Laien", die von denselben Fragen umgetrieben werden wie Pastor *Harry Hinrichs*. Gemeinsam entwickelt die Gruppe das Projekt „Caring Community" (etwa: „Tragende Gemeinschaft").

Hinter dem Projekt steht eine geniale Entdeckung. Die Gruppe merkt nämlich, daß in der Liturgie des „klassischen" Gottesdienstes viel mehr steckt, als man auf den ersten Blick ahnt. Sie findet heraus, daß sich in den Schritten des totgeglaubten Rituals das ganze Leben mit allen seinen Bezügen abbildet. Und sie probieren aus, auf neue Weise Gottesdienst zu feiern – und zwar so, daß die Liturgie zum Leben erwacht, daß sich Gottesdienst und Alltagserfahrung begegnen und durchdringen, daß im Gottesdienst gelebt wird und die einzelnen nach und nach entdecken, daß das ganze Leben Gottesdienst ist.

Bald lassen sich andere evangelische und katholische Pfarreien anstecken von der Idee, und schließlich gelangt das Projekt 1983 auch nach Deutschland, wo zunächst norddeutsche lutherische Kirchen versuchen, das Ganze auf hiesige Verhältnisse zu übertragen. Das Projekt bekommt den mißverständlichen Namen *gottesdienst leben*, als ginge es dabei nur um die Erneuerung oder Verlebendigung des Gottesdienstes. Aber im Kern ist es immer noch das, was damals in den USA begonnen hat.

Heute ist *gottesdienst leben* im Celler Gemeindekolleg angesiedelt. Die Durchführung sieht folgendermaßen aus: Nach Vorinformationen beschließt das Leitungsgremium einer Gemeinde, das Projekt in der eigenen Pfarrei durchzuführen. Zwei Personen, ein Pfarrer (Pastorin) und eine Laiin (Nichttheologe) bilden gemeinsam und gleichberechtigt das Leitungsteam. Sie fahren auf Kosten ihrer Gemeinde zu einem fünftägigen Einführungstraining. Zusammen mit Teams aus anderen Gemeinden lernen sie den Prozeß von *gottesdienst leben* „am eigenen Leib" kennen. Das Rollenverhalten von Pfarrern und „Laien“ gerät in dieser Zeit in der Regel in die Krise. Eine neue Form von Partnerschaft muß gesucht und eingeübt werden. Das ist das erste revolutionierende Moment des Projekts.

Nach der Heimkehr laden beide (nicht der Pfarrer allein!) eine möglichst gemischte Gruppe von etwa zwölf Personen zur Teilnahme an der „Trainingsgruppe“ ein. Die Gruppe soll einen Querschnitt der Gemeinde repräsentieren: Frauen und Männer, Alte und Junge, Kirchenchristen und „Fernstehende“. Angestrebt ist eine wirklich „heterogene“ Gruppe, in der Menschen lernen, mit ihrer Vielfalt und Verschiedenartigkeit so umzugehen, daß das Bedrohliche der Vielfalt in Bereicherung verwandelt werden kann. Zwölf Wochen lang kommt diese Gruppe für jeweils einen Abend zusammen. Gemeinsam übt man die Schritte von *gottesdienst leben* ein und gestaltet von Mal zu Mal das Geschehen aktiver mit.

Die Trainingsgruppe gewinnt anschließend etwa 25 bis 35 weitere Personen für die Teilnahme an der Großgruppe, die wiederum alle Schichten der Gemeinde, wenn möglich auch Kinder, umfassen soll. 15 bis 20 Wochen lang kommt diese Gruppe regelmäßig zusammen. Die Mitglieder der Trainingsgruppe vermitteln der Großgruppe das, was sie selbst erlebt haben.

Die Gruppe trifft sich meist an einem Wochentag abends im Gemeindehaus. Der Abend beginnt womöglich mit einem kleinen Imbiß. Die Stühle stehen in einem offenen Kreis. Jede Zusammenkunft vollzieht sich in sechs Schritten:

1. Anrufung: Wir erinnern uns, daß wir auf den Namen des dreieinigen Gottes getauft sind. Als Geschöpfe des Vaters sind wir mit allen Menschen verbunden. Als Christinnen und Christen haben wir die Botschaft vom Reich Gottes gehört, an dessen Gestaltung wir als Gottes Söhne und Töchter beteiligt sind. Das Reich Gottes ist größer als die verfaßte Kirche. Kein Lebensbereich bleibt außen vor. Der Heilige Geist beschenkt uns zu diesem Dienst mit den Gaben, die wir brauchen. Gott ist überall, in allem und in allen. Gottes Ruf kann uns treffen, wo immer wir sind. Eine „Rufkarte“ erinnert uns daran: Die Rufkarte besagt, daß wir mit allem verbunden sind, auch wenn wir uns das nicht immer bewußt machen. Wir sind eingebettet in Familie und Arbeitsplatz, Nachbarschaft und die größere Umwelt (Stadt, Land, Weltpolitik). Wir stehen in dauernder Wechselwirkung mit all diesen Bereichen. Von überall her kann uns der „Ruf“ treffen. Der Abend beginnt damit, daß wir im Kreis stehen. Jeder und jede wird mit Namen angesprochen, mit einer symbolischen Geste begrüßt: „NN, Du bist gerufen!“

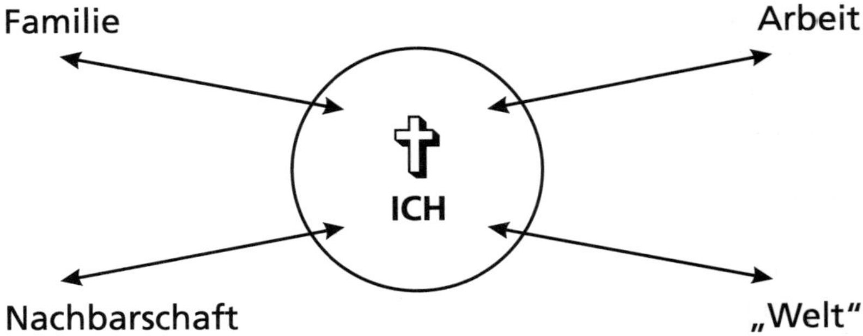

Rufkarte aus *gottesdienst leben*

2. Sündenbekenntnis, Freispruch, Vergebung: In kleinen „Familiengruppen“ erzählen wir uns, soweit wir das wollen, wie es uns in der vergangenen Woche in unseren unterschiedlichen Lebensbezügen ergangen ist. Die anderen hören zu, ohne Kommentare abzugeben oder Ratschläge zu erteilen. Eines der Grundbedürfnisse des Menschen ist das Bedürfnis, gehört zu werden! Wir nehmen einander durch Zuhören an. Und wir hören gemeinsam den Freispruch: „So wie wir sind, sind wir angenommen. Eure Sünden sind euch vergeben!“ Das für viele so belastete und belastende Wort „Sünde“ bekommt in diesem Zusammenhang einen neuen Klang: Sünde ist all das, was mich *trennt* – von mir selbst, von anderen, von Gott. Das kann mit eigener Schuld verbunden sein. Dahinter kann aber auch fremde Schuld stehen, Verwundungen und Belastungen, die ich von Kindesbeinen an mit mir herumschleppe, Leid, das mir zugefügt und Liebe, die mir verweigert wurde. Es ist, wie es ist! Mit all dem kann ich da sein, bin ich willkommen.

3. Wort: Wir befassen uns mit einem Bibeltext. Jede Woche bereitet eine andere Gruppe die Auslegung vor. Dabei kennt die Kreativität keine Grenzen: ein Gespräch kann stattfinden, Rollenspiel oder Bibliodrama sind möglich, Malen oder Basteln oder . . . Zweierlei kommt in den Blick: a) Was mag dieses Wort in seinem ursprünglichen Zusammenhang bedeutet haben? Wie waren die damaligen Zeitumstände? An wen war das Wort gerichtet? (Damals-Wort) Und b) Was könnte uns dieser Bibeltext heute sagen? (Jetzt-Wort). Es kommt zu einem Dialog zwischen der Gemeinde und dem Bibelwort – ähnlich, wie es in lateinamerikanischen Basisgemeinden geschieht, wenn die Gemeinschaft im Dialog die Bibel auslegt[13].

4. Glaubensbekenntnis: Das Wort ruft nach Antwort. In den Familiengruppen tauschen wir uns darüber aus, was uns das Wort im Blick auf die kommende Woche und unseren Alltag sagt. Wir fassen aufgrund dieser „Einsicht“ eventuell konkrete Vorsätze und teilen sie den anderen mit. Dieser Akt ist unser Glaubensbekenntnis: Ich bekenne, wozu mich der Glaube diesmal „treibt“.

5. Opfergabe: Auch dieses vieldeutige und oft mißbrauchte Wort fülle sich neu. Als Zeichen unseres konkreten Vorhabens legen wir ein Symbol in die Mitte. Das besagt zugleich, daß wir unsere guten Vorsätze loslassen. Es kommt nicht so sehr darauf an, ob wir es „schaffen“. Es kommt darauf an, daß wir da sind, daß wir uns zu erkennen geben, daß wir uns bewegen lassen und daß wir auch das Scheitern unserer Pläne miteinander teilen.

Grundbilder von Gottesdienst leben

THEOLOGIE DER GEMEINSCHAFT

1. Schritt:

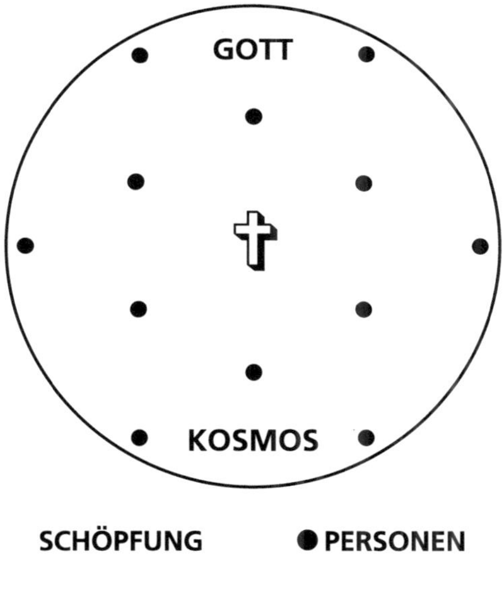

Gott hat alles geschaffen und steht mit der ganzen Schöpfung in Verbindung. Christus, der „Logos“ (das Wort) ist der Mittelpunkt des Kosmos. Gott erklärt alles Geschaffene für „sehr gut“ (Genesis/1. Mose 1,31)

2. Schritt:

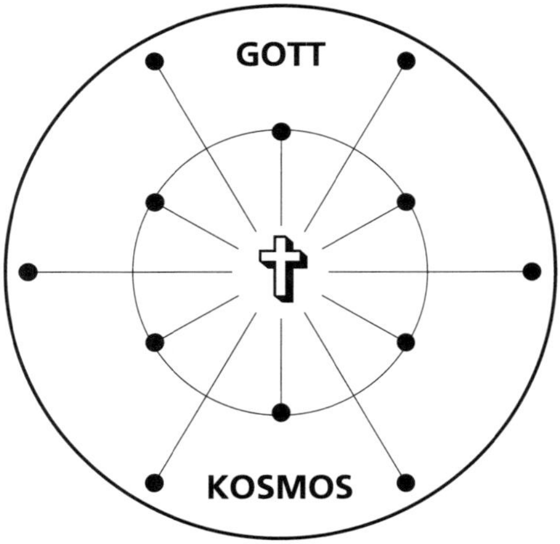

SCHÖPFUNG **● PERSONEN**

HANDELN GOTTES • WORT UND SAKRAMENT • KIRCHE

Christus hat Gottes Reich bekannt gemacht. Es ist „mitten unter uns". Durch Christus steht alles und alle in Beziehung zu Gott. Durch seinen Tod und seine Auferstehung ist eine neue Kraft Wirklichkeit geworden.

6. Mahl: Brot und Wein werden in die Mitte getragen. Im Gebet öffnen wir unseren Kreis für die Welt „draußen". Wir erinnern uns an das Sterben und Auferstehen Christi. Auch unser Leben ist Sterben und Auferstehen. Wir essen das, was wir *sind*: Leib Christi. Und wir blicken voraus auf die Zukunft, auf das Fest am Ende der Zeiten, wo alle Nationen ihre Gaben ins himmlische Jerusalem bringen und alle Spaltungen überwunden sind.

„Caring Community" hat in den USA eine Reihe von Gemeinden nachhaltig verändert. Dieses Projekt kann auch in unseren Gemeinden viel bewirken, vor allem, wenn es einige Male hintereinander wiederholt wird.

Als ich in meinem Sabbatjahr in München das Enneagramm-Buch schrieb, nahm ich parallel dazu an dem Projekt *gottesdienst leben* teil, das in der Gemeinde St. Lukas „lief". Es war wie eine Illustration zu dem, was das Enneagramm lehrt, wie eine praktische Einübung in das Bild von Gemeinschaft, das im Enneagramm angelegt ist: Versöhnung der Vielfalt.

3. Schritt:

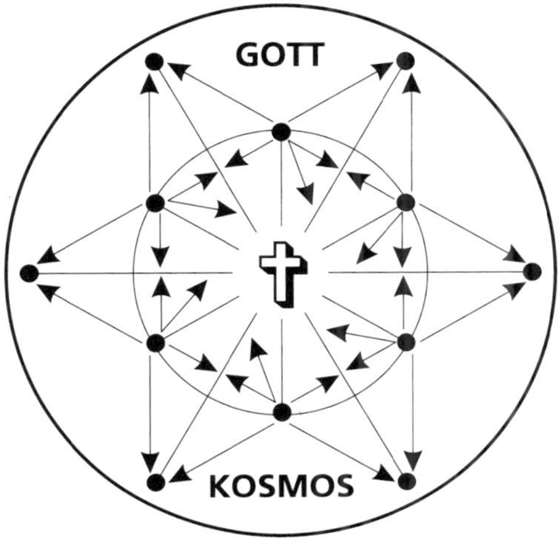

SCHÖPFUNG ● PERSONEN

HANDELN GOTTES • WORT UND SAKRAMENT • KIRCHE
ANTWORTFÄHIGKEIT ALLER MENSCHEN • HEILIGER GEIST

Berufen sein heißt: Wir sind verantwortlich. Wir geben einander Anteil und bringen uns als Gabe in die Gemeinschaft ein. Das ist das Geheimnis der Kirche.

In der Nürnberger Lorenzkirche werden die gotischen Pfeiler, die nach oben ragen, in der Mitte des Deckengewölbes von einem Schlußstein zusammengehalten, auf dem das Lamm abgebildet ist. Der ehemalige Prodekan von St. Lorenz, *Herbert Bauer*, hat Kirchenbesucherinnen und -besucher immer wieder auf das Paradox des Glaubens hingewiesen: Das verwundete, schwache Lamm hält die Spannungen und Strebungen zusammen, die wir selbst nicht zusammenhalten könnten. *Karl-Fritz Daiber* gibt zu bedenken, ob nicht die Gesellschaft mittlerweilen eine derart hohe Differenzierung erreicht hat, „daß sie es nicht mehr erlaubt, das Verbindende gedanklich zu fassen: Nicht daß es nicht da wäre, nur seine gedankliche Fassung scheint zu ihrem Ende gekommen zu sein, nicht mehr verbindlich möglich.“[14] Wir können das Einende nicht mehr benennen, und sind doch verdammt zur Einheit! Wir können sie selbst nicht machen, aber wir kommen von jemand her, der etwas zusammenhalten kann!

Als ich am Ende dieses Jahres gefragt wurde, ob ich als Referent für Gemeindeaufbau ans Gemeindekolleg nach Celle gehen möchte, entschied ich mich nicht zuletzt für diesen Weg, weil ich das Projekt *gottesdienst leben* kannte und zu seiner Verbreitung beitragen wollte. In *gottesdienst leben* ist mein eigener „Kirchentraum“ angelegt, wie er sich auch im Enneagramm spiegelt und im Bild vom Christusleib. Es ist der Traum von der Kirche als Netzwerk überschaubarer *Basisgemeinden.*

Basisgemeinden als Zukunftsmodell auch für uns?

In Lateinamerika sind in den letzten Jahren vor allem in den Armenvierteln der Großstädte unzählige „Basisgemeinden“ entstanden. Schätzungen sprechen von einigen Hunderttausend dieser überschaubaren Gemeinschaften, zu denen manchmal zehn, manchmal fünfzig oder sechzig Menschen gehören. Geboren sind diese Gemeinschaften aus der Not: Armut, Ausbeutung, Lehrer- und Priestermangel. Oft waren es Diakone oder Ordensschwestern, die in ein Armenviertel kamen, um mit den Menschen zu leben. Man begann, gemeinsam die Bibel zu lesen und dabei immer wieder zu fragen: Was hat dieses Bibelwort mit unserer konkreten Situation heute zu tun? Aus dieser neuen Art des Bibellesens („relectura“) bezogen die Menschen ein neues Selbstbewußtsein und ein Gespür für die eigene Würde. Sie begriffen, daß Gott parteiisch ist und auf seiten der Armen steht. Und sie begannen aktiv zu werden. Von Basisgemeinden gingen und gehen Alphabetisierungskampagnen und Kanalbauprojekte, die Einrichtung von Kindertagesstätten und Polikliniken, die Organisation von Arbeitsplätzen und politischer Protest aus. Obwohl die Basisgemeinden zahlenmäßig nur einen Bruchteil der getauften ChristInnen umfassen, haben sie dennoch ihrer Bedeutung und Wirkung nach großes Gewicht.

Die Volkskirche in ihrer jetzigen amtlichen Gestalt wird – so vermute ich – auch in Europa zerfallen. Nach allem, was sich voraussehen läßt, haben Großorganisationen wenig Zukunft. Die Säkularisierung erscheint nicht umkehrbar zu sein. Durch Austritte werden die Kirchenfinanzen knapper werden. Ungeheure soziale Probleme kommen auf unsere Länder und auf die Kirchen zu. Flüchtlingsströme („Wirtschaftsflüchtlinge“) aus dem Osten und aus dem Süden werden Arbeit und Brot bei uns suchen. Staatliche „Netze“ werden diese Problem allein nicht auffangen können. Menschen werden nötig sein, die bereits im Vorfeld gelernt haben, sich dem Fremden zu öffnen und Gastfreundschaft zu gewähren. Ich hoffe, daß inmitten dieser

Umbrüche eine neue Art von Volkskirche entstehen wird. Und ich sehe sie im Verborgenen schon wachsen. Diese Kirche wird die Weite und Offenheit der „alten" Volkskirche haben und keine enge Sekte sein, aber sie wird viel mehr als bisher vom Engagement und von der Verbindlichkeit ihrer Mitglieder leben. Es wird eine Entscheidung kosten, dazuzugehören. Sie wird „mystischer" und „spiritueller" sein, denn nur Christinnen und Christen, die Mystiker sind, deren Glaube aus den Quellen einer persönlichen Gottesliebe gespeist wird, werden in einer nicht-christlichen Umwelt überleben, ohne sich ins Ghetto abzusetzen. So hat es der große katholische Dogmatiker *Karl Rahner* prophezeit. Beamtenmäßig bezahlte Hauptamtliche wird es weniger geben, aber aktive Laiinnen und Laien werden viele Aufgaben übernehmen, die man früher nur Pfarrern zugetraut hat. Diese Kirche wird eine ganz neue Art von Ausstrahlung haben für die Menschen, die außerhalb stehen. Sie wird ärmer, freier und glaubwürdiger sein. Diese erneuerte Kirche wächst inmitten der alten. Man muß die „alte" Volkskirche weder verachten noch verteufeln noch verlassen. Sie hat ihre eigenen großen Chancen und Verdienste gehabt und wird noch eine ganze Zeit „funktionieren", Gelegenheiten wahrnehmen und Gelegenheiten vertun – wie wir alle. Als Modell und Leitbild von Kirche hat sie aber meines Erachtens den Zenith ihrer Wirkkraft bereits überschritten. Sie wird abtreten, wenn ihre Zeit endgültig vorüber ist. Dann wird das Neue, so hoffe ich, schon lebensfähig sein.

Die österreichische Rundfunkjournalistin *Ursula Baatz*, die einer katholischen Basisgemeinde in Wien angehört und sich seit Jahren mit Zen-Buddhismus beschäftigt, hat mir anläßlich einer Sendung über das Enneagramm erzählt, daß unter buddhistischen Zen-Meistern ein lebhaftes Interesse für christliche Basisgemeinden erwacht sei. Ihr eigener „Meister", der in Hawaii lebt, hätte gesagt: „Es gibt so viele Christen, die bei uns Meditieren gelernt haben. Manche sind sogar selbst Zen-Meister geworden, ohne ihr Christentum aufzugeben. Ihr wart so demütig, etwas von uns zu lernen. Jetzt merken wir, daß auch uns etwas Wichtiges fehlt, was wir von euch Christen lernen können. Ich finde es in den Basisgemeinden und in der Befreiungstheologie: den Blick für die sozialen Zusammenhänge, das Engagement für Gerechtigkeit und für die Zukunft der Erde, die Betonung der Gemeinschaft und nicht nur des individuellen Heilswegs, die Verbindung von Mystik und Politik."

Schwester Karoline Meyer, die seit Jahrzehnten in Santiago de Chile lebt und dort mehrere Basisgemeinden gegründet hat, arbeitet seit etwa einem Jahr in ihrer Seelsorge mit dem Enneagramm. Sie sagt: „Ich mag dieses

Instrument bei meiner Tätigkeit nicht mehr missen." Für mich ist das ein Hinweis darauf, daß die Wahrheit des Enneagramms keine Wahrheit für die gebildete Mittelklasse Europas und Nordamerikas ist, sondern eine universale Weisheit spiegelt.

Graham Cyster, „farbiger" Pastor aus Südafrika und Leiter der gemischtrassigen und ökumenischen *Broken Wall Community of Reconciliation* in Kapstadt hat ähnliches bestätigt. Seine Gemeinschaft in Kapstadt arbeitet für die Versöhnung zwischen den Rassen in Südafrika. Die Kommunität lädt regelmäßig je 50 schwarze und weiße Jugendliche zu einem gemeinsamen Wochenende ein, wo man zusammen spielt, arbeitet, redet, streitet. Der aufgestaute Haß und die ungeheure Angst der Weißen kommt bei diesen Wochenenden an den Tag. „Das alles muß ans Licht kommen", sagt Cyster. „Wir müssen unsere dunklen Seiten zulassen, bevor sie geheilt und in Licht verwandelt werden können." Am Ende seines Besuches in Celle fragte ich ihn, ob wir irgend etwas beitragen könnten zur Versöhnung in Südafrika. „Erstens", sagte er, „wäre es gut, wenn ihr Stipendien auslobt für schwarze Geistliche aus Südafrika. Sie müssen im europäischen Kontext lernen, daß Weiße Schwarze in Leitungsrollen akzeptieren. Und zweitens", fuhr er fort, „brauchen wir bei uns drei Dinge, bei denen Ihr uns helfen könnt: Gemeindeaufbau, Bibelarbeit und das Enneagramm!"

Das Enneagramm kann auf vielen Ebenen der Gemeindeerneuerung Hilfe und Werkzeug sein: Beim Gespräch mit „Suchenden" und mit „Esoterikern", bei der Analyse und Therapie innergemeindlicher Kommunikationskonflikte, bei der Visionsfindung für ein Kirchenmodell der Zukunft. Ich bin dankbar, daß mir dieses Modell „begegnet" ist.

Näheres zum Projekt gottesdienst leben und zu weiteren Gemeindeaufbauprojekten bei: Gemeindekolleg der VELKD, zu Händen Andreas Ebert, Berlinstr. 4-6, W-3100 Celle, Telefon (0 51 41) 5 30 14. Informationen zu gottesdienst leben in der Schweiz: Pfr. Mark Hoskin, Birsquai 17, CH-4127 Birsfelden.

Materialien zur südafrikanischen Methode des „Bibelteilens" bei: Missio, Pettenkoferstr. 28, 8000 München 2, Telefon (0 89) 51 62-9.

MÁIRE HICKEY OSB

Paradigmenwechsel durch das Enneagramm

Arbeit mit dem Enneagramm in einer Ordensgemeinschaft

Richard Rohr erzählt in seinem Enneagrammbuch (Rohr/Ebert, S. 119), wie er einmal Exerzitien hielt für die Mönche im Kloster von Thomas Merton in Kentucky (Gethsemane), und wie er den Eindruck hatte, daß die Hälfte der Mönche FÜNFer waren. Die Mönche haben seine Feststellung – so berichtet er – wohlwollend und mit Selbstironie aufgenommen. Aber ob das Enneagramm weitere und tiefere Auswirkungen auf das Leben der Mönchsgemeinschaft gehabt hat – über diese interessante Frage gibt das Buch keine weiteren Auskünfte.

Dieser Beitrag ist entstanden auf dem Hintergrund einer Frauengemeinschaft, die wie die Gemeinschaft von Gethsemane nach der Regel für Mönche des heiligen Benedikt von Nursia (480–547) lebt, und in die vor ca. sechs Jahren das Enneagramm anfing, Einzug zu halten. Das Enneagramm hat in unserer Gemeinschaft nicht nur bei den einzelnen, die damit arbeiten, einiges in Bewegung gebracht, sondern auch in der Gemeinschaft als Ganzer. Es trägt vor allen Dingen Wichtiges zum Gemeinschaftsprozeß bei; es läßt erfahren, daß das vierte Königreich (Jaxon-Bear, S. 8) nicht nur ein Bild für das Erwachen Gottes im einzelnen Menschen, im Individuum ist, sondern auch ein neues Erwachen Gottes im Erleben von Gemeinschaft als solcher.

Viele christliche Gemeinschaften in unserer Zeit sind dabei, ihren eigenen Prozeß bewußt wahrzunehmen. Wir erleben das Gemeinschaftsleben oft mehr oder weniger als Struktur, die der Organisation bestimmter Werke und der Versorgung der einzelnen dient. Aber kein lebendiger Mensch tritt heute in eine Gemeinschaft ein, die keine andere Bestimmung hat als diese. Wir wollen in einer Gemeinschaft Reifungswege im Zusammenleben miteinander gehen können. Wir wollen in der Gemeinschaft reifer werden in der Auseinandersetzung mit der Spannung zwischen Freiheit und Gehorsam, zwischen Ehelosigkeit und Lieben-Lernen, zwischen dem materiellen

Wohlstand, den wir genießen und der Armut unserer Schwestern und Brüder. Unsere Zeit dürfte erwarten, daß man in einer Gemeinschaft Freude am Zusammenleben haben kann – die Freude am eigenen Wachstum und dem der anderen, und die Freude an der Zugehörigkeit zu einem lebendigen Organismus, der selber ein Leben hat und einen Weg geht. Leider kann es in einer Gemeinschaft genauso wie in einer Ehe geschehen, daß die Mitglieder der Gemeinschaft sich gegenseitig in ihrer Reifung hemmen, oder daß die Strukturen das Leben auf Sparflamme reduzieren, statt es zu fördern.

Die Arbeit mit dem Enneagramm hilft uns, den Gemeinschaftsprozeß zu erspüren und ihn bewußter mitzumachen. Und sie hilft uns, Aspekte des religiösen Gemeinschaftslebens aufzuspüren, die nicht besonders hilfreich sind für die Reifung der einzelnen und die verändert werden könnten. Was hier über die Enneagrammarbeit in der Gemeinschaft berichtet werden kann, ist ziemlich begrenzt. Einmal vollziehen sich ihre Auswirkungen leise und langsam. Sie wollen nicht zu sehr der Öffentlichkeit ausgesetzt und zerredet werden. Und außerdem sind die Entwicklungen einer Gemeinschaft mit den persönlichen und intimen Entwicklungen der einzelnen Mitglieder so verquickt, daß Zurückhaltung im Berichten notwendig ist. Trotzdem könnte es für die inzwischen große Schar der Enneagramm-Interessierten von Nutzen sein, einen kleinen Einblick in die Erfahrungen einer Gemeinschaft mit dem Enneagramm zu bekommen.

Wir sind 33 Frauen in der Gemeinschaft, im Alter zwischen 25 und 87 Jahren. Wir sind alle von unserer Kultur geprägt, mit den Belastungen und Schwierigkeiten, die die Durchschnittsfrau unserer Zeit mit sich herumträgt, und auf diesem Fundament der Wirklichkeit versuchen wir als christliche Gemeinschaft zu leben. Wir tragen alle Idealbilder vom Gemeinschaftsleben in uns – meistens sind es biblische Bilder: die Gemeinde, die gemeinsam die Auferstehung des Herrn in der täglichen Eucharistie feiert; die Gemeinschaft der Jünger Jesu, die alles untereinander teilt; die Mahlgemeinschaft derer, die sich gegenseitig in Liebe die Füße waschen; die Gemeinschaft, die aus den unterschiedlichen Gliedern mit ihren unterschiedlichen Gaben einen einzigen Leib bildet, vom Geist des Herrn beseelt. Dazu kommen die Regeln des heiligen Benedikt und die monastische Tradition mit ihren besonderen Akzenten. Die monastische Gemeinschaft will Raum und Zeit für Meditation, Gebet, Kontemplation schaffen; Stille, Schweigen, Umgang mit Einsamkeit, Züge des Eremitentums gehören zu ihrem Spezifikum. Und im Spannungsfeld zwischen diesen Idealbildern und den oben beschriebenen vielschichtigen Wirklichkeiten bewegen sich die einzelnen, jede mit ihren Gaben und Fähigkeiten, ihren Sehnsüchten und Begrenztheiten, ihren Heilsgeschichten und ihren Unheilsgeschichten.

Arbeit am Enneagramm ist bisher nur als Einzelarbeit in der Gemeinschaft geschehen. Wir haben keinen gemeinsamen Einführungskurs gemacht. Einzelne sind eingeführt worden im Rahmen von spiritueller Fortbildung bei der Gemeinschaft Christlichen Lebens (GCL) oder der Gruppe für ignatianische Spiritualität (GIS), und die haben es dann an andere in der Gemeinschaft weitergegeben. Ungefähr die Hälfte der Schwestern arbeitet mit dem Enneagramm, zum Teil mit Hilfe der Bücher, die seit ein paar Jahren auf dem Markt sind, aber auch – für die meisten eigentlich noch wichtiger als die Bücher – mit Hilfe der Anregungen zur Vertiefung der Bibellesung und des Gebets, die über die GCL, die GIS und über geistliche Begleitung und Exerzitien gekommen sind. Jede, die das Enneagramm kennengelernt hat, wird normalerweise gelegentlich mit einer der anderen über ihre Enneagramm-Einsichten und ihre Erfahrungen damit sprechen. Bis jetzt hat es keinen größeren Austausch darüber in einer Gruppe innerhalb der Gemeinschaft gegeben.

Die einzelnen gehen innerhalb der Gemeinschaft den gleichen Enneagrammweg wie andere, die allein leben. Jede lernt mit neuen Augen in der Enneagramm-Perspektive ihre eigenen Stärken und Begabungen zu erkennen und sich darüber zu freuen. Das Maß der Freude ist natürlich unterschiedlich von Schwester zu Schwester, je nach Veranlagung und Lebensgeschichte ist sie mal stärker, mal schwächer. Und jede lernt ihre eigene Unerlöstheit – ihre Fallen, Versuchungen und Sündhaftigkeit tiefer kennen. Hier ist die wichtige Nahtstelle zwischen Enneagramm und christlicher Spiritualität. Die Christin wird an dieser Stelle auf dem Enneagrammweg neu mit der Frage konfrontiert: Woher erhofft sie Erlösung? Bibelarbeit, Gebet, Meditation und Exerzitien stärken hier die Klarheit darüber, daß nur Rückkehr zum Schöpfer durch Glauben an Jesus Christus und Anteil an seinem Weg der Weg der Erlösung für sie sein kann. Die „heilige Idee“ des Enneagramms wirkt wie ein konkretes Bild für die Verheißung der Erlösung, die Jesus in seinem Umgang mit den Menschen im Evangelium vermittelt. Die ACHT zum Beispiel erfährt, wie Barmherzigkeit das Ziel ihres Umkehrweges ist, die NEUN bedingungslose Liebe usw. Und im Gebet und in der Gemeinschaft mit Jesus – auch in seinem erlösenden Leiden – wachsen die einzelnen dem Ziel entgegen.

Die Klarheit in der Selbsterkenntnis, die das Enneagramm bringen kann, öffnet die einzelnen dann auch für die inneren Strukturen anderer in der Gemeinschaft. Auf einmal versteht man, warum die eine so sehr diensteifrig ist, warum wieder eine andere so exakt und korrekt in allen liturgischen Sachen sein muß, warum eine andere sich mit solcher Leidenschaft für den konziliaren Prozeß einsetzen will. Es wird jeder klarer, daß sie, um ein gutes Mitglied der Gemeinschaft zu sein, zunächst nur im eigenen Raum zu leben braucht und nicht gleichzeitig in neun. Und sie stellt ihre Ansprüche und Erwartungen an die anderen zurück. Sie erkennt, daß nicht jede sich gleich leidenschaftlich für mehrere oder sogar alle Anliegen der Gemeinschaft engagieren muß. Das Leben bekommt ruhigere Konturen, wenn jede im eigenen Raum wohnt und dort wohnen darf. Man spürt das Bemühen der anderen, um für die Anziehungskraft ihrer „heiligen Ideen“ offen und wach zu sein. Dieser Prozeß, der ganz und gar Ausdruck unserer Antwort auf die Botschaft der Bibel ist, läuft in der Gemeinschaft ohne viel Diskussion. Eine sanfte Umschichtung in den Vorstellungen von Gemeinschaftsleben scheint sich still zu vollziehen – eine Umschichtung, die auf keine Harmonie und kein Paradies hin will, die aber eine Verheißung in sich trägt auf eine noch in der Zukunft liegende Zeit, in der das Gemeinschaftsleben mehr Spaß machen und sich eines tiefergreifenden Gelingens erfreuen könnte als bisher.

Auch auf einer anderen Ebene schafft das Enneagramm allmählich Änderungen. Auch wenn wir relativ klar sind über die eigene Wirklichkeit und die Wirklichkeit derer, die mit uns leben, üben doch die inneren Idealbilder des Mönches und der monastischen Gemeinschaft einen Einfluß auf unsere Erwartungen und unser Verhalten aus. Ich schrieb am Anfang, daß unsere Gemeinschaft in der monastischen Tradition der katholischen Kirche steht. Das heißt, daß wir die praktischen Anweisungen für die Ordnung des Gemeinschaftslebens aus der Regel des heiligen Benedikt von Nursia (480–547) holen. Neben der Bibel ist dieses Buch das meistgelesene und einflußreichste in unserer Gemeinschaft. Im Licht des Enneagramms gehen Fragen an das gängige Verständnis der Regel auf. Die Mönche von Gethsemane waren laut Richard Rohr zur Hälfte FÜNFer. Vieles in der Regel und in der Lebensbeschreibung des heiligen Benedikts vermittelt den Eindruck, daß der Vater des westlichen Mönchtums starke FÜNFer- und SECHSer-Züge in sich trägt. Er bricht als junger Mann sein Studium in Rom ab und flieht aus der Gesellschaft nach Enfide und dann nach Subiaco, um bei sich zu sein und seine wahre Lebensgestalt zu finden. Später tritt er aus seiner Höhle hervor und läßt auch andere Seiten seines Wesens leben. Aber

Rückzug aus der Welt und ein abgegrenzter Lebensrahmen mit viel Raum für Gebet und Kontemplation bleiben Grundlage seiner Regel. SECHSer-Züge in seinem Wesen lassen sich erkennen in der Bedeutung, die die Autorität des Gesetzes (der Regel) und des Abtes einnehmen. Im schönsten Kapitel seiner Lebensgeschichte allerdings (es ist eins der allerletzten Kapitel, berichtet also über ein Ereignis am Ende seines Lebens), das von einem Zusammensein mit seiner Schwester Scholastika erzählt, hilft ihm die Liebe der Frau, den Zwang des Gesetzes und der Autorität, den er auf sich selber auferlegt hatte, zu überwinden. In der Erzählung handelt es sich darum, daß Benedikt einen Besuch bei seiner Schwester macht, und daß am Ende des Tages, während Benedikt sich aufmachen will, um ordnungsgemäß vor Einbruch der Dunkelheit in sein Kloster zurückgekehrt zu sein, Scholastika von dem Wunsch erfaßt wird, ihren Bruder für die Nacht bei sich festzuhalten. Benedikt ist schockiert, aber seine Schwester bittet Gott darum, ihren Wunsch, der ein Wunsch der Liebe ist, zu erfüllen. Ein heftiger Regensturm verhindert Benedikts Rückkehr, und er verbringt die Nacht bei Scholastika. Kurz danach stirbt sie. Diese Geschichte wird von allen BenediktinerInnen sehr geliebt; aber in der praktischen Auslegung der Regel für den Alltag (und dementsprechend in unseren Idealbildern für den Alltag) stehen eher die FÜNFer- und SECHSer-Fixierungen im Vordergrund als die höhere Oktave, die in dieser Erzählung aus der letzten Strecke von Benedikts Leben ihren Ausdruck findet. Konkret heißt das, daß wir normalerweise voneinander erwarten, daß wir zum Beispiel pünktlich, ordnungsliebend und schweigsam sind. Sich über die Normen der Gemeinschaft hinwegzusetzen, um einen Liebesdienst für eine Schwester oder einen Gast zu tun, wird wohl als Notwendigkeit anerkannt, aber etwas in den Idealbildern will uns einreden, daß es doch besser wäre, wenn das nicht nötig wäre. Das heißt – wenn wir es uns erlauben dürfen, dieses Beispiel zu verallgemeinern –, daß in unseren Idealbildern des Mönches die FÜNFer- und SECHSer-Fixierungen leichter eine Legitimation im Gemeinschaftsleben finden können als die Fixierung der ZWEIer. Benedikt fängt also von seiner Grundfixierung aus im Kopfzentrum (FÜNF und SECHS) an.

In den „Herzbewegungen“ der FÜNF und der SECHS (Richtung ACHT und NEUN) kommt er in das Bauchzentrum. Zum Schluß seines Lebens gelangt er über die Frau und ihre Liebe in das Herzzentrum. Der Heilige hat im Lauf seines Lebens seine Anteile an allen drei Zentren und an mehreren Häusern in den drei Zentren zur Entfaltung kommen lassen. Aber in seiner Regel und in der spirituellen Tradition, die unsere inneren Idealbilder beeinflussen, nehmen die Einflüsse der Zentren Kopf und Bauch viel mehr Raum ein als die Einflüsse des Zentrums Herz. So kann die Enneagramm-Sprache eine plausible Erklärung für eine Einseitigkeit in den Idealbildern benediktinischen Lebens geben. Und Richard Rohr hat wahrscheinlich recht, wenn er vermutet, daß FÜNFer (und ich füge SECHSer hinzu) irgendeine Form von Dominanz in einer monastischen Gemeinschaft haben könnten.

Von meiner Gemeinschaft kann ich sagen, daß wir kein so stark geprägtes Bild abgeben. Wir sind ziemlich gleichmäßig über alle Enneagramm-Typen verteilt. Weil aber in der Formation und in der spirituellen Fortbildung im Kloster die FÜNFer- und SECHser-Züge der Regel einen starken Akzent bekommen, haben die meisten von uns Idealbilder des Mönches und der Nonne in uns, die schweigsamer, ordnungsliebender, kontemplativer, aszetischer, disziplinierter sind als die meisten von uns, besonders die, die keine FÜNFer oder SECHSer sind. Und ich vermute, daß diese Idealbilder trotz aller Nüchternheit und allem Realismus uns manchmal ein schlechtes Gewissen einflößen, weil wir nicht so sind wie sie. Diese inneren Mönchsgestalten maßen sich sogar an, sich in Gemeinschaftsprozesse einzumischen und uns einzureden, wie schweigsam, ordnungsliebend, diszipliniert etc. eine benediktinische Gemeinschaft sein soll, und daß die wichtigsten Schrite auf unserem Weg die sind, die zu einer möglichst baldigen Verwirklichung dieser Ideale führen. Und in der Gemeinschaft wird unsere Selbsteinschätzung und die Einschätzung der anderen oft auf irritierende Weise von dieser manchmal versteckten Werteskala beeinflußt.

Die Arbeit mit dem Enneagramm deckt die Tatsache auf, daß von dieser inneren Werteskala her und von dem Einfluß, den sie auf unsere gegenseitige Erwartungshaltung ausübt, bestimmte Typen bessere Chancen haben, in der Gemeinschaft Fuß zu fassen und Anerkennung und Autorität zu erlangen, als die anderen. Das sind in erster Linie die FÜNFer und die SECHSer, die durch ihre Charakterfixierung die Werte des kontemplativen Lebens, der Schweigsamkeit und der Zurückhaltung, der Anspruchslosigkeit, der Askese und der Ordnung am eindeutigsten vertreten und aufrechterhalten. Auch wenn diese Typen nicht unmittelbar in der Leitung der Gemeinschaft sind, haben ihre Stimme und ihr Dasein einen gewissen Vorsprung. Sogar wenn sie in Konflikte verstrickt sind oder in Situationen, wo ihre Grenzen stark ins Auge fallen, werden sie leicht von den anderen als tragende Pfeiler der monastischen Sache empfunden.

EINSerinnen, die immer dafür sind, daß alles besser wird, stimmen den

Grundwerten theoretisch zu und fühlen sich sehr auf der Seite des offiziellen Ideals. Sie setzen sich mit Eifer für das ein, was die Gemeinschaft vollkommener werden lassen könnte: bei großen Anliegen – wie der Erneuerung des kontemplativen Lebens – wie auch bei kleineren wie der Perfektionierung der Ordnung für die Besenkammer. Die anderen aber, die auf der Ebene des Ideals ihre Konsequenz bewundern können, fühlen sich in der Tat genötigt, sich vor ihrem eindringlichen und unerbittlichen Eifer zu retten. ACHTerinnen tragen von der Charakterfixierung her nicht viel von dem Grundideal des Mönchtums in sich; wenn sie aber irgendeine Autoritätsposition innehaben – ob offiziell oder inoffiziell ist nicht so wichtig –, genießen sie wegen ihrer klaren und starken Führung weitgehend Respekt. Falls sie aber keine solche Position haben, bleibt ihnen kaum etwas anderes übrig, als Kämpfer gegen die Autorität zu werden, etwas was sich schwer mit dem gängigen „monastischen" Idealbild verbinden läßt. Die NEUNerinnen gehören ebenfalls wie die ACHTerinnen nicht ganz zu den „Trägerinnen" des Ideals. Ihnen fehlt meistens die Beständigkeit, um konsequent ihre guten Vorsätze durchzuführen, so daß sie trotz ihrer Bereitschaft, im Frieden mit jeder zu leben, leicht als „unmonastisch" gelten können.

Am schwierigsten haben es im Hinblick auf die Klosterideale die ZWEI, DREI, VIER und SIEBEN. Die ZWEIerinnen gewinnen zwar Annahme und eine gewisse Beliebtheit durch ihre fürsorgliche Dienstbereitschaft, die der Gemeinschaft sehr zugute kommen kann, aber sie sind keine natürlichen Schweigerinnen, und ihre tief verborgene Neigung zu ihrer ganz eigenen Form des Eremitentums muß einige Hindernisse überwinden, bevor sie für die Umgebung erkennbar wird. Sie leiden, weil die Anerkennung, die sie durch ihre Dienstbereitschaft bekommen, nicht das ist, wonach sie sich eigentlich sehnen. Die Tüchtigkeit, die DREIerinnen mitbringen, wird willkommen geheißen und als tragender Pfeiler im „Ora et Labora" anerkannt. Aber wenn ihr Ehrgeiz und ihr Bedürfnis nach einer Bühne, auf der sie Erfolg erleben können, zu stark ins Auge fällt, liegen sie laut Idealbild bedauerlicherweise weit jenseits des „monastischen". Die VIER kann sich leicht mit ihren besonderen Gaben und Fähigkeiten als Außenseiterin in der Gemeinschaft fühlen. Ihr wirkliches Wesen fällt tatsächlich aus dem monastischen Rahmen heraus. Wenn sie ihren FÜNFer-Flügel stark entwickeln kann, bekommt sie darüber ihren Platz im Idealbild, aber das heißt, daß sie wesentliche Teile von sich selber im Hintergrund versteckt. Und die SIEBEN mit ihrer Genußfähigkeit und Reiselust, ihrer Unbekümmertheit und Geselligkeit tut sich schwer, sich den „monastischen" Maßstäben anzupassen. Sie wird wohl für die warme, sonnige Atmosphäre, die sie um sich verbreiten kann, geschätzt, müßte sich aber übermäßig anstrengen, wenn sie als Musterbeispiel des Mönchtums angesehen werden möchte.

Für mich selber hat das Enneagramm bewirkt, daß alle einseitigen Idealbilder der monastischen Gemeinschaft gründlich aus meinem Inneren ausgeräumt wurden. Ich habe immer die Absicht gehabt, meine Schwestern zu lieben, so wie sie sind, habe aber manchmal doch im Geheimen den Wunsch nach „anderen Sorten“ von Schwestern gehegt, die helfen könnten, unserer Gemeinschaft eine schönere, mehr den Idealbildern entsprechende „monastische Prägung“ zu geben. Jetzt aber sehne ich mich nicht mehr – auch nicht im tiefsten Winkel meiner Idealbilderwelt – nach einer Stärkung des „kontemplativen Flügels“ der Gemeinschaft noch nach Nachwuchs, der anders als wir selber den tieferen Sinn der vielen minutiösen Vereinbarungen, die den Ablauf des Alltags regeln, entdecken und leben werden. Ich wünsche eher eine Gemeinschaft, in der gegen die Buntheit der SIEBEN, die Gefühlsbetontheit der ZWEI, die rahmensprengende Tüchtigkeit der DREI, die Besonderheit der VIER kein Fragezeichen von seiten des monastischen Idealbildes zu stehen braucht. Eine Gemeinschaft, in der die ACHT, die nicht in der Leitung ist, trotzdem erlebt, daß ihre Sicht der Dinge und ihre Meinung einen Platz haben darf, und in der die NEUN nicht nur mit ihrer Friedfertigkeit, sondern auch mit ihrer Unentschiedenheit und ihrer Langsamkeit ein Zuhause finden darf. Eine Gemeinschaft, in der alle Gaben, die das Herzzentrum mitbringt, als genauso wesentlich für die monastische Sache angesehen werden wie die Gaben der Kopf- und Bauchzentren. Eine Gemeinschaft müßte ein Bild von Gottes buntem Volk sein dürfen. Kann es christliche Ideale von Gemeinschaftsleben geben, die etwas anderes darstellen als Gottes buntes Volk? Daß ich es nicht mehr glaube, verdanke ich zum großen Teil dem Enneagramm.

Was Benedikt selber, den Vater des westlichen Möchtums, angeht: Es mag wohl seine FÜNFer-Fixierung mit SECHSer-Flügel (oder umgekehrt) gewesen sein, die ihn in die Höhle nach Subiaco geführt haben und damit das Fundament für das Gemeinschaftsleben im westlichen Christentum gelegt haben. Aber der Benedikt des Endes wird nicht mehr von FÜNFer- und SECHSer-Fixierungen gesteuert. Der FÜNFer ist aus seiner Höhle hervorgetreten und hat für Gott und für andere Menschen gekämpft. Der SECHSer hat den Untergang seines Klosters hingenommen und schaut mit kontemplativer Gelassenheit, wie die Welt mit all ihren Dunkelheiten von einem Lichtstrahl durchdrungen wird. Und über die Frau und ihre Liebe wird sein

Herz geöffnet. Auf seinem Weg hat er alle drei Zentren entdeckt und in der für ihn organischen Reihenfolge bewohnt.

Das Enneagramm hat mir geholfen, Benedikt aus dem Korsett eines gängigen Idealbildes zu befreien. Die Schwestern in unserer Gemeinschaft, die mit dem Enneagramm arbeiten, werden voraussichtlich den Weg weiter gehen, und die Konsequenzen des Paradigmenwechsels werden sich allmählich bemerkbar machen. Ich hoffe, wir werden zu einer bunteren, freieren, lebendigeren Gemeinschaft. Und um die Zukunft eines Mönchtums, das auf so einem Fundament baut, bange ich nicht.

Sr. Máire Hickey ist eine ACHT, die sich in den Studienjahren auf der Flucht vor der Wirklichkeit zu einer etwas verkrümmten FÜNF entwickeln wollte, die aber rechtzeitig den Herzensweg zur ZWEI in der Arbeit mit „straffälligen" Mädchen fand. Zur Zeit gestandene ACHT, manchmal zum Leidwesen ihrer Schwestern, aber mit einem starken NEUNer-Flügel.

Aktuelle Interviews von Werner Tiki Küstenmacher
BIBELLESEN VON eins BIS neun
»Ich lese die Bibel, weil es an ihr fast nichts zu verbessern gibt.«
Römerbrief
Bibel-Sonderserie zum Bibeljahr ENNEAGRAMM die EINS
»Ich lese die Bibel, nachdem ich sie schon 20mal verschenkt habe.«
Lukas
Sonderserie Enneagramm Die ZWEI
»Ich lese die Bibel, weil ich Vorstandsvorsitzender des Deutschen Bibelwerks werden will.«
die DREI
1. KÖNIGE
»Ich lese die Bibel, weil sie so kunstvoll von den wunderbaren alten Zeiten berichtet.«
Bibel & Enneagramm die VIER
Klagelieder

»Ich lese die Bibel, weil sie eine Fülle von Einsichten bietet.«
Weisheit Salomo
Die FÜNF
»Ich lese die Bibel, weil das jeder bekennende Christ tun sollte.«
Die SECHS
Jakobus brief
»Ich lese die Bibel, weil sie in so irre vielen Ausgaben erhältlich ist.«
die SIEBEN
JAHRES BIBEL
Schnell bibel
TOP 40 Bibel
TAGES BIBEL
BABY BIBEL
Super Bibel
Bibel Deluxe
»Ich lese die Bibel, weil man mir das verbieten wollte.«
Die ACHT
Richter
»Ich lese die Bibel, weil ich vor Langeweile sonst umkomme.«
die NEUN
Jona

WOLFGANG MÜLLER SJ

Enneagramm und Bibel

Als ich vor neun Jahren zum erstenmal vom Enneagramm hörte, spürte ich sehr schnell, daß sich da Zusammenhänge mit der Bibel zeigten, die mich nicht mehr losließen. Es war kein wissenschaftliches Interesse, das mich anregte, mich intensiver damit zu beschäftigen, sondern die Freude, einen *neuen Zugang* zu dem Buch gefunden zu haben, das mich immer schon faszinierte. Durch meine langjährige Exerzitienarbeit war ich mit der Heiligen Schrift sehr vertraut. Bei den Kursen, die ich seit 13 Jahren neben meiner Arbeit als Religionslehrer und dann als hauptamtlicher Mitarbeiter bei der Gemeinschaft Christlichen Lebens gab (GCL), kam es mir nicht nur darauf an, den Teilnehmern Geschmack an der Bibel, am Gebet und am Suchen des eigenen Lebensweges nach dem Willen Gottes zu vermitteln. Es ging immer auch um die Begegnung mit dem eigenen Sosein und Gewordensein, sowohl bei denen, die ich in Exerzitien begleitete, als auch bei mir selber. Ich entdeckte das Enneagramm als eine Möglichkeit, wirksamer und gezielter auf den Gesprächspartner einzugehen und auch besser zu spüren, was bei mir Hindernis oder auch Chance war, beim anderen „anzukommen" beziehungsweise beizutragen, daß das Wort der Schrift ankommen konnte.

Eigentlich lief die Beschäftigung mit dem Enneagramm nebenher; ich lernte es zuerst kennen durch Mitarbeiter der GCL, die jeweils neun Monate am ISL (Institute for Spiritual Leadership in Chicago/USA) das Enneagramm studiert und ausgezeichnete ausführliche schriftliche Unterlagen (unveröffentlicht) mitgebracht hatten; später las ich das Buch von Beesing/ Nogosek/O'Leary „THE ENNEAGRAM – a journey to self discovery" (Dimension Books, Inc. Denville, New Jersey 07834, 1984, ISBN 0-87193-214-8), das die bereits gewonnenen Erkenntnisse vertiefte. Eine echte Weiterführung war dann das Buch „THE ENNEAGRAM AND PRAYER – Discovering Our True Selves Before God" von Barbara Metz und John

Burchill (Dimension Books, Inc. Denville, New Jersey 07834, 1987, ISBN 0-87193-259-8), in dem die je verschiedenen Zugänge zum Gebet aufgezeigt wurden.

Als ich durch diese Hilfen einmal die Grundperspektive des Enneagramms im Kopf hatte, begannen die Entdeckungen, die mich immer mehr von der Richtigkeit dieser differenzierten Sicht der Persönlichkeit des Menschen überzeugten. Ich fand Stellen in der Bibel, die zu den einzelnen Gestalten des Enneagramms paßten, vor allem beeindruckte mich die Entdeckung der drei Zentren (Leibmitte [Bauch] – Kopf – Herz) in den drei biblischen Personen, deren Begegnung mit dem auferstandenen Herrn im Johannes-Evangelium gleichsam in Großaufnahme dargestellt ist: Petrus – Thomas – Magdalena. Das eine oder andere Buch, zum Beispiel von Richard Riso und Eli Jaxon-Bear, las ich mit Interesse, doch wurde mir bewußt, daß jeder Autor seine eigene Sicht einbrachte und es darauf ankommt, von der eigenen Erfahrung her mit dem Enneagramm umzugehen. Gerade die Beschäftigung mit den einzelnen Gestalten machte mir deutlich, wie sehr jeder den Zugang zum Enneagramm nur von seiner *eigenen* Struktur her findet und es deshalb niemand erspart bleibt, als der, der er ist, sich einzufühlen und zu verstehen zu suchen, was das Wissen um die neun verschiedenen und sich gegenseitig beleuchtenden und relativierenden Weisen des Zugangs zu sich selbst, zu den anderen und zu Gott für ihn bedeuten kann. Das Verständnis für meine eigenen Verhaltensweisen und die der anderen wuchs, und ich wurde mir bewußt, wie das Anliegen des Evangeliums, *Versöhnung* in die Welt zu bringen, Versöhnung mit sich selbst, mit den anderen und mit Gott, durch den Umgang mit dem Enneagramm zum Zuge kam.

Es brauchte einige Zeit, bis mir klar wurde, daß ich mich in der NEUNer-Gestalt am ehesten wiederfand. So wird auch das, was ich hier zur Arbeit mit dem Enneagramm beitragen möchte, von der Sicht und dem Erleben der NEUN geprägt sein. Für mich ist das Leben mit der Bibel verbunden mit dem lebendigen Umgang mit dem Enneagramm. Dabei mache ich immer wieder die „Runde“ von 1 bis 9 mit diesen verschiedenen Weisen, die Wirklichkeit anzugehen, und spüre, wie ich auf einmal viele Verhaltensweisen der Menschen, die mir eher fremd sind, verstehen und annehmen kann, ohne mir selbst untreu zu werden. Ich merke, daß sich mir Zusammenhänge und das Verständnis von Schriftstellen immer mehr erschließen, wenn ich sie im Spiegel oder mit der „Sehhilfe“ des Enneagramms betrachte. So hilft mir das Enneagramm auch zum besseren Beten.

Weil mir sein Wert für mein Selbstverständnis und den Umgang mit den Menschen aus dem christlichen Glauben heraus aufging und ich immer wieder feststelle, wie es dazu dienen kann, miteinander auf tieferer Ebene ins Gespräch zu kommen, gerade auch da, wo es um die eigenen Grenzen und Schwächen geht, ist es für mich unwichtig geworden, den genauen Ursprüngen des Enneagramms nachzugehen. Ich glaube, daß wir durch das Wissen um diese neun Weisen, Menschsein zu leben, also zu reagieren und zu antworten, mehr und tiefer an die eigene Wahrheit herankommen, die uns durch das Wort Gottes in der Bibel erschlossen wird.

Der Grundansatz für die Beziehung zwischen Enneagramm und Bibel

Einen Gedanken, den ich vor Jahren hatte, fand ich in einem unlängst erschienenen Buch von Mary Helen Kelley („SKIN DEEP – Designer Clothes by God“, Monastery of St. Clare 1310 Dellwood Avenue Memphis, TN 38127, 1990) ausgeführt. In der biblischen Erzählung vom Sündenfall heißt es: „Gott, der Herr, machte Adam und seiner Frau Röcke aus Fellen und bekleidete sie damit“ (Gen 3,21). Die Vertreibung aus dem Garten von Eden findet statt, aber Gott selbst schützt den Menschen vor dem völligen Nacktsein, das heißt dem totalen Ausgeliefertsein und der Schutzlosigkeit. ER macht die Felle. Wenn es in Gen 1,31 heißt: „Gott sah alles an, was er gemacht hatte: Es war sehr gut“, dann gilt das auch für dieses „schöpferische“ Tun am gefallenen Menschen (aus der Psychologie wissen wir, daß jeder Mensch im frühkindlichen Alter durch ein „maßgeschneidertes“ Abwehrsystem gegen die Übermacht von Angst seine Persönlichkeitsprägung findet).

Wir dürfen in diesen Fellen (Abwehrmechanismen) Gottes Sorge für den Menschen sehen, der überleben soll, auch wenn er die Fülle des Lebens verloren hat: einen göttlichen Schutz vor dem Vernichtetwerden. Helen Kelley nennt diese „Röcke aus Tierfellen“ maßgeschneiderte Kleider, die von Gott gleichsam dem einzelnen Menschen angepaßt wurden und die deshalb einen Glanz und eine Eleganz haben, die man sogar bewundern kann. Einerseits sind sie bloße Schutzanzüge, anderseits haben sie göttlichen Zuschnitt und erfüllen deshalb auch diese Schutzfunktion ausgezeichnet. Daß es neun verschiedene Röcke sind, ist im Schrifttext nicht angedeutet, aber wenn wir das Enneagramm mit dieser Aussage der Bibel verbinden, fällt ganz neues Licht auf einen solchen Satz. Helen Kelley ist sich bewußt, daß diese Sicht des Schriftwortes eine Deutung ist, für die es keinen

„Beweis“ gibt. Sie geht die einzelnen „Kleider“ durch anhand von Tiergestalten und verzichtet darauf, die üblichen Zahlen des Enneagramms zu verwenden. Wenn wir davon ausgehen, daß jeder Mensch ein solches Kleid trägt, damit es ihn überleben läßt, aber eben sein eigenes, dann verwundert es nicht, daß sich jeder in seinen Überlebensreaktionen auf seine ganz typische Weise verhält.

Wenn diese Deutung gültig ist, dann bedeutet es, daß hinter jeder dieser neun Gestalten der Schöpfer selbst steht, daß keines dieser „Kleider“ besser oder schlechter (höchstens „glänzender“ [2–3–4], „einfacher“ [5–6–7] oder „rauher“ [8–9–1]), sondern für den jeweiligen „Träger“ „sehr gut“ ist, soweit es dieser Funktion der Überlebenshilfe dient. Da wir ohne „Kleid“ schutzlos sind und der „passende“ Schutz nötig ist, kann keiner „aus seiner Haut fahren“, auch wenn wir es manchmal nur zu gern täten. Da es aber *nur* „Kleider“ sind, sind sie nicht identisch mit unserer Person, sondern haben etwas von dem an sich, was Helen Kelley „hauttief“ (skin deep) nennt: Ohne Haut können wir nicht überleben, aber sie macht nicht den ganzen Menschen aus. Dieselbe Perspektive kommt in dem Zeichen zum Ausdruck, das Gott dem Kain macht (Gen 4,15): Die Trennung von Gott ist verbunden mit dem Schutz, den er dem Menschen zum Überleben gewährt. „Darauf machte der Herr dem Kain ein Zeichen, damit ihn keiner erschlage, der ihn finde. Dann ging Kain vom Herrn weg . . . und ließ sich östlich von Eden nieder“ (Gen 4,15–16): Überleben, aber fern von Gott.

Die drei Zentren

Bevor ich in der Bibel den einzelnen Enneagrammgestalten mehr nachspürte, war für mich die Entdeckung der drei verschiedenen Grundzugänge zur Wirklichkeit des Lebens wichtig. Immer wieder stieß ich auf die Dreiheit, die in der Literatur über das Enneagramm als Leibmitte (Bauch) – Kopf – Herz bezeichnet wird. Im Magnificat Marias kommen die Stolzen (Herz) – Mächtigen (Leibmitte) – Reichen (Kopf) vor (Lk 1,51–53), in 2 Tim 1,7 ist die Rede vom Geist der Kraft (Leibmitte), der Liebe (Herz) und der Besonnenheit (Kopf), in 1 Kor 1,27–28 spricht Paulus von dem Törichten (Kopf), Schwachen (Leibmitte) und Verachteten (Herz), das Gott auserwählt hat im Gegensatz zu dem, was – in den Augen der Menschen – weise, stark und geachtet ist. Ich kann auch im Gleichnis vom Sämann (Mt 13,1–9/Mk 4,1–9/Lk 8,4–8) diese drei Ansätze wiederfinden: Der Same, der auf den Weg (Kopf), auf den Felsen (Leibmitte), in die Dornen

(Herz) fällt; oder in den Versuchungen Jesu (Mt 4,1–11/Lk 4,1–13), die sich – in der Wüste – abseits der Menschen (Kopf) – in der Stadt – inmitten der Menschen (Herz) und – auf einem „sehr hohen Berg" – über den Menschen (Leibmitte) abspielen, an jenen für die drei Zentren typischen Ausgangspositionen. Interessant ist auch, daß bei der Frage des Schriftgelehrten nach dem größten Gebot es in Mk 12,33 heißt: „. . . ihn mit ganzem Herzen, ganzem Verstand und ganzer Kraft zu lieben und den Nächsten zu lieben wie sich selbst . . .". Wenn in Offb 5,12 steht: „Würdig ist das Lamm, das geschlachtet wurde, Macht zu empfangen, Reichtum und Weisheit, Kraft und Ehre, Herrlichkeit und Lob", erinnere ich mich ebenfalls an die drei Zentren. Am deutlichsten erscheint diese Dreiheit in den schon erwähnten drei biblischen Gestalten Petrus – Thomas – Magdalena, die in der Begegnung mit dem auferstandenen Herrn mit der für sie typischen Weise des Reagierens und Antwortens bekanntgemacht werden: übereilt tätig werden/sich der entscheidenden Frage stellen (Petrus – Joh 21,15–18: „Liebst du mich?") – davonlaufen/der Einladung folgen (Thomas – Joh 20,24–29: „Berühre!") – andere festhalten/anderen sich befreiend zuwenden (Magdalena – Joh 20,17: „Halte mich nicht fest, sondern geh und verkünde!")

Leibmitte (Bauch): ACHT – NEUN – EINS

Die für dieses Zentrum kennzeichnende Schutz-Haltung (im Sinne des erwähnten „Kleides") ist die Abwehr, die sich in Respektlosigkeit (vor den anderen [ACHT], vor sich selbst [NEUN], vor Gott [EINS]) äußern kann; sie hat die Tendenz des Sich-Verschließens. Diese Schutzhaltung gilt für den Bereich des Überlebens und zeigt da voll ihre Wirksamkeit. Wenn es aber zur Begegnung mit dem erlösenden Gott kommt, der Leben in Fülle (Joh 10,10) anbietet, zeigt sich diese eigenwillige Haltung als „harter Widerstand". Alle Streitgespräche Jesu mit seinen Gegnern spiegeln diesen „Kampf" wider, in dem die Personmitte des Menschen, der „harten" Widerstand leistet, aufgebrochen, der „Panzer" gesprengt werden soll, damit Ehrfurcht möglich wird. Diesen „Kampf" führt Jesus aber nicht auf der Ebene seiner Widersacher mit dem Schwert, wie es Petrus tut bei der Gefangennahme Jesu (Joh 18,10) oder wie es die tun, die ihn „töten" wollen (Joh 8,37), sondern mit dem Wort, das freilich die Wirkung des Schwertes hat (vgl. Joh 12,48/Hebr 4,12–13). In der Begegnung mit Simon Petrus (Joh 21,15–23) zeigt Jesus, wie diese Abwehr überwunden, dieser harte Widerstand gebrochen und die Energie, die in dieser Schutzhaltung gespeichert ist, freigesetzt wird: Es ist die Frage nach der Beziehung. „Liebst du mich (mehr)?“ So wird bloße Reaktion, die „tötet“ oder „zerstört“, also Kommunikation und Beziehung schwächt oder abbricht, aufgebrochen und Antwort ermöglicht, die auf den anderen, auf sich selbst und auf Gott eingeht und so Beziehung und Kommunikation (neu) schafft.

Kopf: FÜNF – SECHS – SIEBEN

Die typische Schutz-Haltung dieses Zentrums ist die Flucht, die sich in Kontaktlosigkeit (zu den anderen [FÜNF], zu sich selbst [SECHS], zu Gott [SIEBEN]) auswirken kann; sie hat die Tendenz des Sich-Entziehens. Auch solche Überlebens-Haltung wird da überflüssig und schädlich, wo die Leben-in-Fülle-Ebene in der Begegnung mit Jesus erreicht wird. Die Abwehr, die auch im Kopfzentrum auftritt, läßt sich vielleicht als „kühler“ Widerstand bezeichnen, der sich in der Haltung des Rückzugs, des Zweifels und der Oberflächlichkeit zeigt. Auch solche Menschen begegnen Jesus und machen ihre guten Erfahrungen, wenn sie sich ihm stellen, statt sich zu entziehen und zu fliehen. Jene Frau, die sein Gewand berührt (Mt 9, 20–22/Mk 5,25–34/Lk 8,43–48), erfährt sofort ihre Heilung. Für Jesus geht es bei dieser zögernden Haltung des Menschen darum, ihn zu ermutigen durch eine dringende Einladung zur Berührung und zum Bekenntnis der eigenen Erfahrung. Es geht nicht darum, daß ER berührt, sondern den Menschen ermutigt, von sich aus die Berührung zu wagen. Bei der Begegnung mit Thomas (Joh 20,24–29) zeigt Jesus, wie die Reaktion der Flucht, des kühlen Widerstands überwunden und die Energie, die in dieser Schutzhaltung des Sich-Sicherns enthalten ist, freigesetzt wird: durch die Annahme der Einladung, sich durch Kontakt die gesuchte Sicherheit zu holen. Sich überzeugen durch Berühren. So sieht die Antwort aus, die wirkliche Beziehung und Kommunikation möglich macht.

Herz: ZWEI – DREI – VIER

Die Schutz-Haltung des Herz-Zentrums sehe ich in der Sucht, die sich in der Distanzlosigkeit (zu den anderen [ZWEI], zu sich selbst [DREI], zu Gott [VIER]) zeigen kann; sie hat die Tendenz des Sich-Verlierens. Wo die Ebene des Lebens-in-Fülle ins Spiel kommt, hat die Überlebensebene des zwanghaft Vor-den-anderen-glänzen-Wollens durch die gegebene Hilfe (ZWEI), die vorgezeigte Leistung (DREI) oder die zur Schau getragene Einzigartigkeit (VIER) keinen Sinn und keine Berechtigung mehr. Auch hier ist wieder Abwehr wirksam, die ich „weichen“ Widerstand nennen möchte. Wir finden in der Umgebung Jesu Menschen, die ihn vereinnahmen möchten.

In Joh 6,15 wird davon geredet, daß man ihn „mit Gewalt“ zum König machen will, so daß sich Jesus entziehen muß. Durch diese Haltung, die anderen auf seine Seite zu ziehen, ihnen zu nahe zu kommen, sie zwanghaft von sich abhängig zu machen oder sich von ihnen, ist die Freiheit der anderen gefährdet oder die eigene preisgegeben. Die Begegnung Magdalenas mit dem Auferstandenen stellt heraus, wie die Reaktion der Sucht, des weichen Widerstandes überwunden und die Energie, die in dieser Schutz-

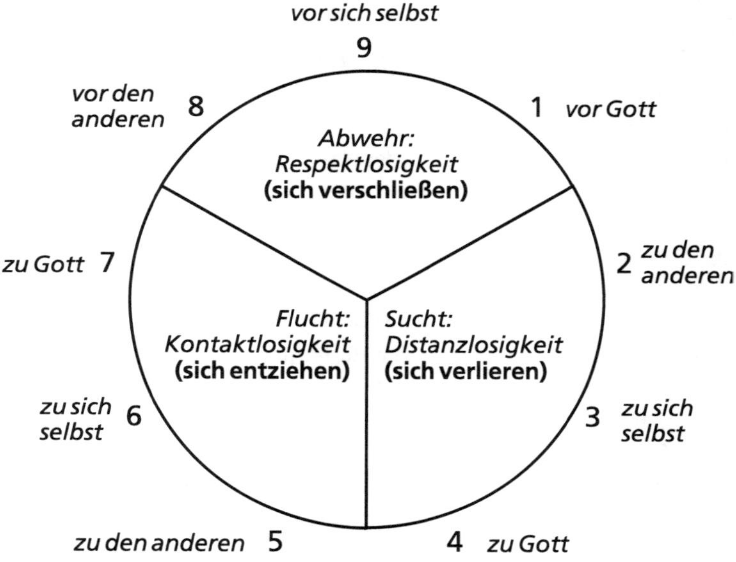

Schutzhaltung und **Tendenz**
in den drei Zentren

haltung der zwanghaften Ausrichtung auf die anderen verborgen ist, freigesetzt werden kann: Es ist die Übernahme der Sendung zu den anderen und das Zeugnis der eigenen Erfahrung, wodurch die notwendige und heilsame Distanz und Zuwendung zum anderen und damit echte Kommunikation und Beziehung ermöglicht wird.

Die neun Enneagrammgestalten

Nicht nur die drei Zentren sind deutlich in der Heiligen Schrift zu finden, wie wir oben gesehen haben, sondern auch die je drei den einzelnen Zentren entsprechenden Gestalten, die herkömmlich mit Zahlen bezeichnet werden. Von den verschiedenen Autoren werden je nach Geschmack auch markante Bezeichnungen verwendet, die das Charakteristische der entsprechenden Gestalt herausstellen. Helen Kelley trägt dem Unbehagen Rechnung, das viele empfinden, wenn sie sich durch eine Zahl eingestuft fühlen: Sie beschreibt die neun Gestalten anhand von Tieren, deren Lebensweise erstaunlich an das Verhalten von Menschen erinnert. Die Zuordnung von Tieren oder Symbolen zu den einzelnen Enneagrammgestalten ist ja naheliegend. Auch die Bibel verwendet immer wieder Vergleiche, Gleichnisse und Symbole. Ich werde mich hier an die üblichen Zahlen halten und versuchen, von der Schrift her Zusammenhänge aufzuzeigen. Es geht nicht darum, diese Zusammenhänge zu konstruieren und etwa Schriftstellen passend zu machen (ich führe nur einzelne an, die ich gefunden habe und die mir zutreffend erscheinen; jeder mag andere, vielleicht passendere entdecken), sondern auch wieder darum, vielleicht staunend festzustellen, wie treffend die neun einzelnen Gestalten in Schriftstellen charakterisiert sind und vom Wort Gottes her Weisung erfahren für ihre gesamtmenschliche Entfaltung und Erlösung durch Jesus Christus.

Was alle Gestalten von Grund auf kennzeichnet, ist die Tatsache, die die Bibel mit „Geschöpf“ und „Geschaffensein“ bezeichnet. Das hat eine doppelte Bedeutung: Zum einen spiegelt der Mensch als Ab-Bild Gottes (Gen 1,27: „Gott schuf den Menschen als sein Abbild“) in seinem ganzen Wesen die Macht (Leibmitte), den Reichtum (Kopf) und den Glanz (Herz) Gottes wider, zum anderen ist er als Ab-Bild nicht selbst Gott, also begrenzt und abhängig. So läßt sich in den unterschiedlichen Gestalten des Enneagramms auch jeweils beides feststellen: in ihrer Gottebenbildlichkeit spiegelt jede einzelne Gestalt eine Kraft, eine Fülle und einen Glanz wider, die ihr eingestiftet sind und die sie dankbar und voll Freude aus der Hand ihres Schöpfers annehmen darf; in seiner Begrenztheit und Abhängigkeit muß sich aber jeder bewußt werden und sein, daß er Grenzen hat, die er aus eigener Kraft nicht überschreiten oder überwinden kann. Eine Hilfe für diesen Umgang mit den eigenen Grenzen war für mich der Gedanke, daß mir das Wort Profil für dieselbe Tatsache das Begrenztsein sogar schmackhaft machen kann. So hat jede Gestalt ihr besonderes Profil gerade durch ihr Anderssein als die anderen. Aus dieser doppelten Sicht heraus ist die Einseitigkeit der einzelnen Gestalt zugleich ein Hinweis auf den Schöpfer, dessen Herrlichkeit er auf eine besondere Weise aufleuchten läßt, und ein Hinweis auf die Abhängigkeit von anderen Weisen, den Schöpfer sichtbar werden zu lassen. Wo das schwierig ist, gilt das Pauluswort: „Ertragt euch gegenseitig“ (Kol 3,13).

Die EINS

Wenn wir nach biblischen Ausdrücken für diese Gestalt suchen, dann mag die EINS immer da angesprochen sein, wo von der Welt- und Schöpfungs-Ordnung, von Ziel, Erfüllung und Vollkommenheit die Rede ist. Das Wort Eifer ist die Dynamik, die ihn beherrscht, Wachsen und Wachsen-lassen die Problematik, mit der er zu ringen hat. Wenn wir in der Person des Apostels Paulus einen typischen Vertreter der EINS sehen, dann kann uns an seinem Erleben, Denken und Wünschen aufgehen, wie die innere Welt, Licht und Schatten, Glanz und Elend der EINSer-Gestalt aussehen beziehungsweise wie vom christlichen Glauben her hier Offenbarung Gottes und Sünde und Schuld deutlich werden. Der Philipperbrief drückt sehr gut diese Erlebensweise aus, wie sie unter dem Einfluß der Botschaft und Gnade Jesu gelebt wird. In Phil 3,6 spricht Paulus vom Eifer für das Gesetz, in Phil 3,8 davon, daß er alles aufgegeben hat, „um Christus zu gewinnen“, in Phil 3,14, wie er „das Ziel vor Augen“ dem Siegespreis nachjagt. In Phil 3,12–13 wird deutlich, wie er seine unbedingte Ausrichtung auf das Ziel mit dem Weg dorthin verbindet und sich klar ist, daß es ein Noch-Nicht gibt, dessen Anerkennung das Ziel erst erreichbar macht. Gerade in diesem Bewußtsein, daß es ein Wachsen auf das noch nicht erreichte, aber mit ganzer Kraft anzustrebende Ziel hin gibt, fühlt er sich als Vorbild für die anderen (Phil 3,17). Für die EINS ist die Annahme der Einladung zu Geduld (Eph 4,2) und zum Wachsen und Reifen zum „vollkommenen Menschen“ hin (Eph 4,13.15) wichtig. Der Zorn, der emotionale Ausdruck des Eifers, ist nur dann ein „heiliger“ Zorn, wenn er nicht zur Sünde führt, also sich nicht verfestigt zum Groll, diesem Dauerärger, der nie ganz herauskommt: „Die Sonne soll über eurem Zorn nicht untergehen“ (Eph 4,26). Im Evangelium sind die Gleichnisse, wo vom Wachsen und von der sich entfaltenden Dynamik des Gottesreiches die Rede ist, die Stellen, die den menschlich-geistlichen Weg der EINS begleiten müssen: Mt 13,30 („Laßt beides – Unkraut und Weizen – wachsen bis zur Ernte“); Mt 13,32/Mk 4,32/Lk 13,19 („. . . wuchs und wurde zu einem Baum“); Mt 13,33/Lk 13,21 („bis das Ganze durchsäuert war“). In Mk 4,27–28 wird dieses Wachstum in seinem verborgenen und „automatischen“ Geschehen besonders betont, was den eigenmächtigen Eifer der EINS bremsen müßte. Eine weitere Reihe von Schriftworten ist besonders für die EINS geschrieben: Mt 7,1–2 („Richtet nicht!“) oder Röm 2,1–6 („. . . unentschuldbar, wenn du richtest“). Wenn in Mt 23,3 von der Spannung zwischen Reden und Tun gesprochen wird, dann mag auch diese Mahnung Jesu eine Anfrage gerade an die EINS sein.

Die ZWEI

Für die ZWEI gelten die Worte der Schrift, in denen die Rede ist vom Dienen, Sorgen, Geben. In der Gestalt des guten Hirten begegnet die ZWEI ihrem biblischen Leitbild, also einem Verhalten, das sie als natürlichen Antrieb in sich vorfindet und als Talent leben darf. In Joh 10,1–18 ist diese Fürsorge in ihrer tiefsten Dimension dargestellt: Jesu völlige Hingabe an die, die ihm anvertraut sind, deren Bedürfnisse er kennt und denen er Leben in Fülle schenken kann und will. Bei der Fußwaschung (Joh 13,1–17) wird der demütige Dienst als Ideal für die Jünger dargestellt: „Ich habe euch ein Beispiel gegeben, damit auch ihr so handelt . . . Selig seid ihr, wenn ihr das wißt und danach handelt“ (Joh 13,15.17). Das Geben spielt in der Botschaft Jesu eine zentrale Rolle: Seine Lebenshingabe für alle Menschen als seine Freunde ist der Inhalt seiner Sendung. So ist auch für den Menschen in Jesu Nachfolge das Geben und die Hingabe ein Grundelement seines Lebens. „Gott liebt einen fröhlichen Geber“, heißt es in 2 Kor 9,7. Freilich kann der Mensch nicht aus sich selbst heraus geben, sondern nur von dem Reichtum, der ihm geschenkt ist. Nur wer die eigenen Bedürfnisse anerkennt und dann austeilt, was er selbst empfangen hat, kann wirklich ein Geber und Helfer und Diener sein: „Umsonst habt ihr empfangen, umsonst sollt ihr geben“ (Mt 10,7). Nur wer sich die Füße waschen läßt, kann sie andern waschen, das heißt ihnen dienen, wie Jesus es beispielhaft getan hat. Er hat eigene Bedürfnisse geäußert: „Gib mir zu trinken!“ (Joh 4,7) – „Mich dürstet“ (Joh 19,28). Die eigene Hilflosigkeit anzunehmen, ist für die ZWEI wichtig, also zuzugeben, daß auch sie selber erlöst, befreit werden muß: „Alle haben gesündigt . . .“ (Röm, 3,23). Aber Gott drängt dem Menschen seine Gaben nicht auf, und so darf auch der, der Gottes Gaben weitergibt, sie niemandem aufdrängen: „Wenn man euch . . . nicht aufnimmt und eure Worte nicht hören will, dann . . . schüttelt den Staub von euren Füßen“ (Mt 10,14). Aber auch nicht sich selbst aufdrängen: „Jesus tat, als wolle er weitergehen“, heißt es in Lk 24,28. Den blinden Bartimäus fragt Jesus eigens: „Was soll ich dir tun?“ (Mk 10,51) Der andere muß entscheiden können, welche Hilfe er annehmen will. Als die spezifische Wurzelsünde der ZWEI gilt der Stolz, in dem der Mensch die Überzeugung ausdrückt, daß er etwas ist, hat oder kann, was der andere nicht ist, hat oder kann.

Dagegen steht das „Einander“, die Gegenseitigkeit, wie sie im Evangelium und in den anderen Schriften des Neuen Testaments betont wird als Haltung unter Geschwistern. „Die Stolzen zerstreut er“ (Lk 1,51); „Gott tritt den Stolzen entgegen . . .“ (Jak 4,6; 1. Petr 5,5) sind klare Weisungen der Schrift an die Menschen, die sich durch die Haltung des Stolzes göttliche Machtfülle anmaßen.

Die DREI

Das Grundanliegen dieser Enneagrammgestalt ist der Erfolg. Wachstum, das für die EINS ein Problem ist, ist bei der DREI ein Erfolgsprinzip, das bestens funktioniert. Damit Erfolg möglich wird, ist der Einsatz dafür durch harte Arbeit und Dranbleiben an der Entwicklung unabdingbar. Es sind vielerlei Bemühungen vieler nötig, damit etwas Vorzeigbares herauskommt. Erfolg ist von seinem Wesen her darauf ausgerichtet, daß er „sichtbar“ wird und seinen Glanz auf den wirft, der ihn hervorgebracht hat. Er ist eine Selbstbestätigung, aber auch ein Nutzen für die anderen: Er kommt allen zugute. Erfolg ist ein durch und durch positiv klingender und positiv erlebter Sachverhalt, und deshalb ist Erfolglosigkeit oder Mißerfolg ein zutiefst negativ erlebtes Geschehen. In der Bibel ist dieser Begriff in der Gestalt des Fruchtbringens überall gegenwärtig. Schon beim Auftrag an den Menschen am Schöpfungsmorgen klingt er an: „Seid fruchtbar“ (Gen 1,28). Fruchtbarkeit des Bodens, aber vor allem Fruchtbarkeit des Menschen ist ein Ideal, das Gott als Verheißung vor den Menschen hinstellt, um ihn zum Aufbrechen und Handeln zu bewegen: „Ich werde dich zu einem großen Volk machen, . . . deinen Namen groß machen. Ein Segen sollst du sein“ (Gen 12,2), spricht Gott zu Abraham. So ist klar, daß das nicht erreichte Ideal, die Unfruchtbarkeit und Erfolglosigkeit, unsägliches Leiden hervorbringt. Die Kinderlose erlebt sich vor Gott und den Menschen als wertlos: „Ich bin eine unglückliche Frau . . . aus großem Kummer und aus Traurigkeit habe ich so lange geredet“ (1 Sam 1,15.16), gibt Hanna dem Eli zur Antwort. Dieses Thema durchzieht die ganze Bibel, findet aber hier eine Antwort, die für den DREIer die Erlösung bringt; die Unfruchtbarkeit und Erfolglosigkeit wird zum Fruchtbringen und zum Erfolg, wenn sie aus der Hand Gottes angenommen und ihm hingehalten wird: „Vergeblich habe ich mich bemüht, habe meine Kraft umsonst und nutzlos vertan. Aber mein Recht liegt beim Herrn und mein Lohn bei meinem Gott“ (Jes 49,4); „Seht, mein Knecht hat Erfolg, er wird groß sein und hoch erhaben“ (Jes 52,13). Hier ist das wahre „Geheimnis des Erfolgs“ ausgedrückt, das Jesus in der

Bildrede vom Weinstock (Joh 15,1–17) deutlich macht. Das Fruchtbringen ist garantiert für den, der „in ihm" bleibt, aber verunmöglicht für den, der es „getrennt von ihm" tun will (Joh 15,59). Das eigenmächtige Erfolghabenwollen und selbstherrlich damit vor den andern glänzen wollen, ist die Wurzelsünde der DREI: die Lüge, der Betrug, die Eitelkeit. Als biblisches Beispiel kann gut die Jakobsgeschichte (Gen 25–49) dienen, wo dieses Fehlverhalten in die Heilsgeschichte eingeordnet wird.

Die VIER

Auch diese Gestalt hat eine besondere Botschaft an alle einzubringen. Die VIER erlebt sich als besonders, als einmalig, einzigartig, unverwechselbar und hat von diesem Persönlichkeitsansatz her „Glanz und Elend" ihres Menschseins zu leben. Der Glanz und das Elend wird bei ihr dramatisch erfahren und ausdrucksstark der Umwelt vermittelt. Von der Schrift her ist diese Enneagrammgestalt eingefangen in den Stellen, wo die unverwechselbare Einmaligkeit des von Gott geliebten und umsorgten Geschöpfes ausgesagt wird. Das biblische Motiv des „Beim-Namen-gerufen-Seins" (Jes 43,1: „. . . ich habe dich beim Namen gerufen, du gehörst mir"; Jes 45,3: „. . . der Herr, der dich bei deinem Namen ruft"; Jes 45,4: „. . . habe ich dich bei deinem Namen gerufen; . . . dir einen Ehrennamen gegeben") wird hier vorbildhaft, aber auch zwanghaft gelebt und „erlitten". In der Offenbarung des Johannes ist dieses Geschenk an den Menschen, das die VIER auslebt, mit der Beziehung zu Jesus verbunden: „Wer siegt, dem werde ich . . . einen weißen Stein geben, und auf dem Stein steht ein neuer Name, den nur der kennt, der ihn empfängt" (Offb 2,17). Bei Magdalena, einer VIER, spielt der Name, das Symbol für das ganz persönliche Ansprechbar-und-Angesprochensein, die erlösende Rolle: Sie erkennt bei der Nennung ihres Namens den Auferstandenen und wird fähig, die Weisung Jesu aufzunehmen und zu erfüllen in der Sendung zu den „Brüdern (und Schwestern)", denen sie die ganz persönliche eigene Erfahrung mitteilt. Womit die VIER zu ringen hat, ist die Tatsache, daß auch die anderen diese Einmaligkeit auf ihre Weise besitzen und sie deshalb auch ihnen zugestanden werden muß. In diesem Sinne „gewöhnlich" sein, „wie die anderen", ist schwer, aber „mit ihnen" die eigene Einmaligkeit ernstzunehmen, ihnen die eigene Einzigartigkeit zu bezeugen, statt sich von ihnen abzusetzen, um aufzufallen, ist der Weg der Erlösung. Jesus hat seine Einmaligkeit nicht „festgehalten", sondern wurde „den Menschen gleich" (Phil 2,6.7); er hat gewünscht, „wie alle anderen" von Johannes getauft zu werden (Mt 14,15).

Auch in Lk 2,22–24 geschieht an diesem einmaligen Kind Jesus, was vom „Gesetz“ (das für alle gilt) vorgesehen war. Was die ZWEI leugnet oder verdrängt, betont die VIER im Übermaß: das je Eigene, auch und gerade in der Bedürftigkeit, Hilflosigkeit, Verlassenheit, die Trauer auslösen. Doch dazu ein volles Ja zu sagen, lädt Jesus ein: „Es ist gut für euch, daß ich fortgehe (was bei euch Trauer als gesunde Reaktion auf Abschied und Verlust auslösen muß). Denn wenn ich nicht fortgehe, wird der Beistand nicht zu euch kommen; gehe ich aber, so werde ich ihn zu euch senden“ (Joh 16,7).

Die FÜNF

Da die FÜNFer-Gestalt im Kopf-Zentrum angesiedelt ist, sind in besonderer Weise die Schriftstellen hilfreich, die sich auf die Erlebensweise dieses Zentrums beziehen. Bei der FÜNF spielt eine überragende Rolle das Besitzen in der Form des Wissens, der Erkenntnis, des Entdeckens, des Beobachtens. Es gibt Bücher der Bibel, die als Ganze diesem Bedürfnis, das als Überlebens-Haltung für die FÜNF notwendig ist, entgegenkommen: das Buch der Sprichwörter, das Buch Kohelet, das Buch der Weisheit, das Buch Jesus Sirach. Damit bestätigt die Heilige Schrift selbst diese Weise des Lebens und Erlebens und Reagierens. Aber Leben-in-Fülle, wie es uns durch das Evangelium angeboten wird, ist nur möglich, wenn das zwanghafte Vermeiden der Leere, des Nicht-Wissens, des Nicht-Überblickens des Ganzen überwunden wird. Im Neuen Testament gibt es einige Hinweise auf den Weg, wie die FÜNF ihr Profil ins Ganze einbringen kann, entsprechend dem Wort des Paulus: „Jedem wird die Offenbarung des Geistes geschenkt, damit sie anderen nützt“ (1. Kor 12,7). Die Erkenntnis der eigenen Gabe wird dem Wirken des Gottesgeistes zugeschrieben: „Wir haben . . . den Geist empfangen, der aus Gott stammt, damit wir erkennen, was uns von Gott geschenkt worden ist“ (1. Kor 2,12). Es kommt also nicht darauf an, sich zwanghaft Erkenntnis und Wissen zu erwerben, sondern es sich schenken zu lassen und es (um es) weiterzuschenken. Auch hier ist Jesus wieder als Vorbild dargestellt: „Denn ihr wißt, was Jesus Christus, unser Herr, in seiner Liebe getan hat: Er, der reich war, wurde euretwegen arm, um euch durch seine Armut reich zu machen“ (2. Kor 8,9). Dieser Reichtum, diese Fülle ist zu sehen als Fülle des Lebens (Joh 10,10), und „ewiges Leben“ wird in Joh 17,3 mit Erkenntnis in Beziehung gebracht: „Das ist das ewige Leben: dich, den einzigen wahren Gott, zu erkennen und Jesus Christus, den du gesandt hast“. Jesus kann es zulassen, daß er etwas nicht weiß:

„Jenen Tag und jene Stunde, kennt niemand, ... nicht einmal der Sohn, sondern nur der Vater" (Mt 24,36). Die Allwissenheit ist nicht Sache des Menschen. Aber das Wissen und Verstehen, nach dem sich der Mensch von Natur aus sehnt, wird immer wieder als Geschenk verheißen: „Was ich tue, verstehst du jetzt noch nicht, doch später wirst du es begreifen", lautet Jesu Antwort an Petrus bei der Fußwaschung (Joh 13,7). Daß Gott Weisheit gibt, wird in Jak 1,5 ausgesagt: „Fehlt es einem von euch an Weisheit, dann soll er sie von Gott erbitten; Gott wird sie ihm geben, denn er gibt allen gern". In Jak 1,25 heißt es: „Wer danach handelt (nach dem vollkommenen Gesetz der Freiheit), wird durch sein Tun selig sein". Für die FÜNF ist dieses „Tun" das Geben, das heißt das Mitteilen des Wissens. Deshalb gilt gerade für diese Enneagrammgestalt, was im Buch Jesus Sirach steht: „Sie (die Weisheit) öffnet ihm den Mund in der Versammlung" (Sir 15,5) und „Im Mund des Weisen erklinge das Gotteslob, und wer dazu Vollmacht hat, unterrichte darin" (Sir 15,10).

Die SECHS

Das Bedürfnis nach Sicherheit ist in der SECHS stark ausgeprägt. So holt sie sich diese Sicherheit in der Ausrichtung auf Autorität, die sich ihr in Gesetzen und Anordnungen, Weisungen von außen anbieten. Die Treue zu dieser Autorität ist für sie oberster Grundsatz. Furcht/Angst ist nicht nur ihre Grundschwäche, sondern geradezu ihre Wurzelsünde. Da es in der Bibel immer wieder um diese Begriffe geht, wird sich die SECHS gerade unter der Autorität und den Weisungen der Heiligen Schrift „am sichersten" fühlen und ihre Furcht mit Gottesfurcht verwechseln. Sie wird besonders gern mit ihr „arbeiten" und argumentieren, sich selbst und andere damit behelligen und belasten. So kann gerade ihr die Heilige Schrift zur Falle werden, wenn sie nicht deren wahre Autorität erfaßt und annimmt. Das Psalmwort „Deinen Willen zu tun, mein Gott, macht mir Freude, deine Weisung trag' ich im Herzen" (Ps 40,9) sagt sehr deutlich etwas über die Zusammenhänge aus, die die SECHS nicht klar hat. Es gehört zum Menschen, daß er als Geschöpf Gesetzlichkeit und Autorität anerkennt, daß er sich bewußt ist, in einem Zusammenhang und Gefüge zu stehen, worüber er nicht verfügen kann. Aber er hat auch einen Selbstand, eine Einmaligkeit und „Unverfügbarkeit" in sich, die er nicht nach außen an eine Autorität abgeben kann und darf. Der ganze Psalm 119 ist diesem Thema gewidmet, das die erwähnte Stelle *Ps 40,9* prägnant zusammenfaßt. In Jes 51,4 heißt es: „... von mir (Gott) kommt die Weisung", aber es ist eine Weisung an ein „Volk, das mein Gesetz im Herzen trägt“ (Jes 51,7). Gott, der für den Menschen als sein Geschöpf *die* Autorität ist, gibt die Verheißung und erfüllt sie in Christus: „Ich lege mein Gesetz in sie hinein und schreibe es auf ihr Herz“ (Jer 31,33). Dasselbe spricht Ezechiel aus: „Ich schenke euch ein neues Herz und lege einen neuen Geist in euch . . ., ich gebe euch ein Herz aus Fleisch. Ich lege meinen Geist in euch und bewirke, daß ihr meinen Gesetzen folgt und auf meine Gebote achtet und sie erfüllt“ (Ez 36,26–27). In Ps 37,31 wird vom „Gerechten“ gesagt: „Er hat die Weisung seines Gottes im Herzen, seine Schritte wanken nicht.“ Die Sicherheit, die er sucht und braucht, kommt von innen, aus seinem von Gott durchdrungenen Herz. Die innere Autorität, die der Mensch als Geschenk Gottes besitzt, macht ihn frei von der Hörigkeit gegenüber der äußeren Autorität und dem äußeren Gesetz. Die SECHS ist aber versucht, auf diese ihr geschenkte innere Autorität zu verzichten, sie zu verdrängen und sich „gedankenlos“ der äußeren Autorität auszuliefern, um dort eine Sicherheit zu finden, die diese niemals zu geben vermag. Dagegen steht das Beispiel Marias, die zunächst „erschrickt“ über die Anrede des Erzengels Gabriel, aber dann nachdenkt/überlegt, „was dieser Gruß zu bedeuten habe“. Das Nachdenken führt sie weiter zum Nachfragen („Wie soll das geschehen?“). Dann erst fällt ihre freie Entscheidung (Lk 1,29.34.38). Die Furcht, die die SECHS in sich trägt, ist nur dann Gottesfurcht, wenn sie wie bei Maria gleichsam zum Ganzwachwerden dient, um die Weisung vernünftig aufzunehmen und so zu einer freien Entscheidung zu gelangen. Was den mangelnden Mut angeht, sind für die SECHS Worte Jesu wie: „Habt Mut, ich habe die Welt besiegt“ (Joh 16,33) oder: „Sei ohne Furcht, glaube nur!“ (Mk 5,36) lebenswichtig.

Die SIEBEN

Da Fröhlichkeit und Zuversicht, Heiterkeit und Lebensfreude das Profil der SIEBEN prägen, wird sie sich an sehr vielen Stellen in der Bibel wieder- und bestätigt finden. Ps 37,4–5 mag ein leuchtendes Beispiel sein: „Freu dich innig am Herrn! Dann gibt er dir, was dein Herz begehrt. Befiehl dem Herrn deinen Weg und vertrau ihm; er wird es fügen.“ Aber hier wird schon deutlich, daß die Freude, von der die Bibel spricht, in Beziehung zu Gott zu sehen ist. Es ist die Freude an Gott selbst, die alles durchdringen muß; wenn sie hängen bleibt an den Geschöpfen, an den Dingen und Menschen oder an der eigenen Person, dann fehlt ihr der tragende Grund. Die Versuchung der SIEBEN ist es, gerade diese Loslösung vom tragenden göttlichen

Grund zu leben; so gleitet sie ab in die Oberflächlichkeit, Leichtfertigkeit unter Verlust des Realitätssinnes, der auch die andere Seite des Lebens, den Schmerz und das Leiden, wahr- und ernstnimmt. Dieser Zusammenhang wird deutlich in Hebr 12,2: „auf Jesus . . . blicken . . .; er hat angesichts der vor ihm liegenden Freude das Kreuz auf sich genommen, ohne auf die Schande zu achten." Jesus gibt uns seine Freude, die unsere Freude vollkommen macht: „Dies habe ich euch gesagt, damit meine Freude in euch ist und damit eure Freude vollkommen wird" (Joh 15,11). So wird auch die der (unerlösten) SIEBEN von Gott als Überlebenshilfe gegebene Freude „vollkommen" durch die von Jesus als Leben-in-Fülle (Joh 10,10) geschenkte Freude. Zu dieser Freude, die Gott durch Jesus gibt, gehört auch, was Joh 16,20–22 heraushebt: „Ihr werdet weinen und klagen, aber die Welt wird sich freuen; ihr werdet bekümmert sein, aber euer Kummer wird sich in Freude verwandeln. Wenn die Frau gebären soll, ist sie bekümmert, weil ihre Stunde da ist; aber wenn sie das Kind geboren hat, denkt sie nicht mehr an ihre Not über der Freude, da ein Mensch zur Welt gekommen ist. So seid auch ihr jetzt bekümmert, aber ich werde euch wiedersehen; dann wird euer Herz sich freuen, und niemand nimmt euch eure Freude." In Gal 5,22 wird die Freude als Frucht des Geistes aufgezählt: „Die Frucht des Geistes aber ist Liebe, Freude, Friede . . .". Der Geist Jesu wird aber nur „fruchtbar" im Menschen, wenn dieser die ganze Wahrheit zuläßt. In den Seligpreisungen der Bergpredigt (Mt 5,3–12) beziehungsweise der Feldrede (Lk 6,20–26) wird diese ganze Wahrheit deutlich, wo sich Freude und Leid während der Zeit unseres irdischen Lebens gleichsam gegenseitig durchdringen. Daß die Freude mit dem Leiden zusammengesehen werden muß, bringt auch Jak 1,2–4 zum Ausdruck: „Seid voll Freude, wenn ihr in mancherlei Versuchungen geratet. Ihr wißt, daß die Prüfung eures Glaubens Ausdauer bewirkt. Die Ausdauer soll aber zu einem vollendeten Werk führen." So wird die zwanghafte Vermeidung von Un-Glück bei der SIEBEN überwunden in der erlösenden Annahme auch des Schmerzes und der leidvollen Realität.

Die ACHT

Kraft, Macht, Stärke, Gewalt sind Begriffe, die sich mit der Gestalt der ACHT verbinden. Aus diesem Grundansatz sind viele ihrer Verhaltensweisen zu erklären und zu verstehen. Daß diese Begriffe die ganze Bibel durchziehen, weiß jeder, der die Heilige Schrift kennt. So läßt sich auch diese Enneagrammgestalt gut in der Bibel wiederfinden. Manche wollen die ACHT in konkreten biblischen Personen erkennen; das herauszufinden, bleibt dem einzelnen überlassen. Hier geht es wieder darum, die ACHT in ihrem „Glanz und Elend“ von der Schrift her ins Ganze der „Neun Gesichter der Seele“ einzuordnen. In ihrer Gottebenbildlichkeit stellt die ACHT die Schöpfer- und Herrschermacht Gottes dar. Gott erscheint als Herr des Kosmos und des Menschen an vielen Stellen. Ps 24 spricht vom „König der Herrlichkeit“, dem „Herrn der Heerscharen“, „stark und gewaltig, mächtig im Kampf“ (Ps 24,7–10), dem „die Erde gehört und was sie erfüllt, der Erdkreis und seine Bewohner“ (Ps 24,1). In Ps 8 wird der Mensch in die Nähe dieses göttlichen Herrschers gerückt. Gott, dessen „Name auf der ganzen Erde gewaltig“ ist, der „seine Hoheit über den Himmel ausbreitet“ (Ps 8,2), dessen „Feinde und Widersacher verstummen müssen“ (Ps 8,3), hat „den Menschen mit Herrlichkeit und Ehre gekrönt“ (Ps 8,6) und „ihn als Herrscher eingesetzt über das Werk seiner Hände“ und „ihm alles zu Füßen gelegt“ (Ps 8,7). So ist also Stark-sein – die Sehnsucht der ACHT – Teilhabe an der Herrschergewalt des Schöpfers selber. Die Gefahr für jedes Geschöpf aber ist die Versuchung, die „Teilhabe“ zum Alleinbesitz zu erklären, sich Göttlichkeit anzumaßen. Gerade diese „Arroganz“ ist ein Merkmal des ACHTer-Verhaltens. Gott läßt sich seine Herrschaft nicht aus der Hand nehmen: „Ich bin der Herr und sonst niemand. Ich erschaffe das Licht und mache das Dunkel, ich bewirke das Heil und erschaffe das Unheil. Ich bin der Herr, der das alles vollbringt“ (Jes 45,6–7). Der Alleinbesitz der Macht wirkt sich bei der ACHT aus in ihrem Streben nach Gerechtigkeit beziehungsweise beim Einsatz im Kampf gegen Ungerechtigkeit. Auch hier behält sich Gott das Urteil vor: „*Mein* ist die Rache und die Vergeltung“ (Dtn 32,35). Daß ER für die Gerechtigkeit sorgt und Unrecht bestraft, beschreibt Ps 37: „Errege dich nicht über die Bösen, wegen der Übeltäter ereifere dich nicht!“ (Ps 37,1). „Steh ab vom Zorn und laß den Grimm; erhitze dich nicht, es führt nur zu Bösem“ (Ps 37,8). „Befiehl dem Herrn deinen Weg und vertrau ihm; ER wird es fügen. ER bringt deine Gerechtigkeit heraus wie das Licht und dein Recht so hell wie den Mittag“ (Ps 37,5–6). Diese Vergeltung, die allein Gott zusteht, wird an uns in Christus als Vergebung, die er allein schenken kann, wirksam, wenn wir diesen Schritt (von der Vergeltung zur Vergebung), den Gott in Christus tut, mitmachen. Er geschieht da, wo wie bei Petrus die Erstreaktion der ACHT, das „Nein“, zur Antwort des Ja wird: „Niemals sollst du mir die Füße waschen! – Dann nicht nur meine Füße, sondern auch die Hände und das Haupt“ (Joh 13,8–9). Ausdrücklich ist dieses reagierend-antwortende Nein-Ja in Mt 21,30 beschrieben, wo der eine Sohn dem Vater auf seine Bitte hin erklärt: „Ich will nicht." „Später aber reute es ihn, und er ging doch." Das „Auge für Auge" und „Zahn für Zahn", das die Reaktionsweise der ACHT gut charakterisiert, führt Jesus weiter zu der Antwort des Nicht-Widerstandes, der mit dem Hinhalten „der anderen Wange" den Weg zur Vergebung des (ungerechten) Schlags „auf die rechte Wange" eröffnet. Die Sicht des Zueinander von Kraft und Schwäche in 2 Kor 12,9–10 („Meine Gnade genügt dir; denn sie erweist ihre Kraft in der Schwachheit" – „wenn ich schwach bin, dann bin ich stark") kann der ACHT helfen, ihre Abwehr gegen das Schwache in Erbarmen zu verwandeln, also die befreiende Bewegung zur ZWEI hin zu vollziehen. In Jesus ist dieses Zueinander beziehungsweise Ineinander von Stärke und Schwäche verwirklicht. In Offb 5 wird Jesus als „Löwe von Juda" und als „Lamm" bezeichnet: das Lamm empfängt Macht, Reichtum und Weisheit, Kraft und Ehre, Herrlichkeit und Lob (Offb 5,12). Hier ist auch ausgesagt, daß die Offenbarung der Macht Gottes, die die ACHT leben darf, ihren Höhepunkt erreichte im auferstandenen Herrn, der „Macht über alle Menschen" empfing, „damit er allen, die du ihm gegeben hast, ewiges Leben schenkt" (Joh 17,2). Wie Jesus seine Macht nicht zum Beherrschen empfing, sondern zum Leben schenken, so ist auch der ACHT ihre Macht zum Schenken von Erbarmen gegeben. Ihre Reaktionshaltung des Beherrschens und Kontrollierens, die das Überleben garantiert, muß zur Antworthaltung des kraftvollen Vermittelns von Leben werden, wie sie der Ebene des „Lebens-in-Fülle" entspricht, auf der der Christ leben darf.

Die NEUN

Frieden, Zufriedenheit, Ruhe sind kennzeichnende Anliegen der NEUN; in ihrer negativen Ausprägung kennen wir sie als Untätigkeit, Bequemlichkeit, Trägheit, Faulheit. Auch diese Enneagrammgestalt hat ihre biblische Verankerung. Friede ist ein biblisches Grundwort. Es durchzieht – ähnlich wie das „Fürchte dich nicht" – das Alte wie das Neue Testament. So lassen sich viele Stellen in der Schrift entdecken, die der NEUN Ermutigung, Bestätigung, Anregung, Mahnung und Warnung sein können. Das biblische Shalom, der Gruß schlechthin, ist wohl eines der faszinierendsten Wörter, in dessen Strahlungsbereich sich die NEUN sehen darf. Die Gottebenbildlichkeit, die bei ihr aufleuchtet, ist Gott als Friede. Jesus wird im Epheserbrief „unser Friede" genannt, der „die trennende Wand der Feindschaft" niederriß (Eph 2,14). „Er stiftete Frieden . . . Er hat in seiner Person die Feindschaft getötet" (Eph 2,15.16). Vielleicht ist dieser „Zuspruch" für die

NEUN eine echte Ermutigung, das Geschenk auch sein zu wollen, das sie für die anderen ist, auch wenn sie das nicht merkt und wahrhaben will. Da ich mich als NEUN entdeckt habe – auch das Wort entdecken hat mit dieser Enneagrammgestalt zu tun –, kann ich hier persönliche Erfahrungen einfließen lassen. Ich werde zum Beispiel nie vergessen, was mir einmal jemand sagte: „Du verteilst Perlen im Vorübergehen" (es war eine FÜNF!). „Du bist ein Geschenk für mich", nicht nur einmal (ziemlich ungläubig) vernommen, ist ein Ausspruch, der wohl immer wieder fällt, wenn Menschen sich begegnen, aber für die NEUN ist es wichtig, ihn ernst zu nehmen, weil sie sich gerade mit solchen „Zusagen" schwer tut. Der Ausdruck „verborgene Schätze" (Jes 45,3) gilt der NEUN besonders, weil sie die zwanghafte Neigung zum Verbergen beziehungsweise Nicht-wahrnehmen hat. Im Gleichnis vom anvertrauten Geld (Mt 25,14–30/Lk 19,11–27) wird die NEUN, wenn sie ehrlich ist, sich sofort in dem entdecken, der das eine Talent erhalten hat: „Er ging und grub ein Loch in die Erde und versteckte das Geld seines Herrn" (Mt 25,18). Daß ihm das Geld anvertraut war, hat er nicht wahrgenommen (in Lk 19,13 sagt der Herr: „Macht Geschäfte damit, bis ich wiederkomme"). Seine Reaktion bei der Rechenschaftsablegung zählt nicht: „Herr, ich wußte, daß du ein strenger Mann bist; du erntest, wo du nicht gesät hast, und sammelst, wo du nicht ausgestreut hast; weil ich Angst hatte, habe ich dein Geld in der Erde versteckt. Hier hast du es wieder" (in Lk 19,20: „Hier hast du dein Geld zurück. Ich habe es in ein Tuch eingebunden und aufbewahrt, denn ich hatte Angst"). Die Antwort seines Herrn ist bezeichnend: „Du schlechter und fauler Diener!" (Lk 19,22: „Du bist ein schlechter Diener") „Du hast doch gewußt, daß ich ernte, wo ich nicht gesät habe, und sammle, wo ich nicht ausgestreut habe. Hättest du mein Geld wenigstens auf die Bank gebracht . . ." (Mt 25,26.27). Hier ist klar die Verbindung von Faulheit (Trägheit) beziehungsweise Verantwortungslosigkeit (Nicht-wahrnehmen des Auftrags) und Angst (Furcht) ausgedrückt, die die NEUN in der ihre Zwanghaftigkeit verstärkenden Tendenz zu ihrem Streßpunkt SECHS (Wurzelsünde: Furcht/Angst) hin kennzeichnet. Eine weitere typische Schriftstelle für die NEUN ist Joh 5,5–14: der Kranke am Betesdateich. Er muß gefragt werden, ob er überhaupt gesund werden will, da er nichts tut, sondern auf andere wartet. Wenn Jesus ihn nach dem Willen zum Gesundwerden fragt, bedeutet das, daß hier eigentlich seine Krankheit liegt, denn als er auf das Wort Jesu hin selber etwas tut („er nahm seine Bahre und ging"), ist er gesund nach so langen Jahren der „Krankheit" (des Daliegens und Wartens auf andere).

„Jetzt bist du gesund; sündige nicht mehr, damit dir nicht noch Schlimmeres zustößt", ist Jesu letztes Wort an ihn. Die Faulheit als Wurzelsünde der NEUN scheint mir hier angedeutet, denn die Eigenbewegung als gespürte Verantwortung bedeutet seine Heilung. Damit ist die befreiende Bewegung zur DREI hin („Macht was draus!" [Lk 19,13]) ebenfalls deutlich gemacht.

Zum Umgang mit Schrift und Enneagramm

● *als Hilfe zur Selbsterkenntnis*

Aus dem bisher Gesagten wurde deutlich, daß das Enneagramm und die Bibel sich gegenseitig beleuchten und so ein vertieftes Verständnis sowohl der biblischen Botschaft wie des Enneagramms als Ganzes und seiner einzelnen Gestalten ermöglichen. Ebenso mag bewußt geworden sein, wie verschieden der Blick sein kann, mit dem die Dinge angeschaut werden können. Mit meinen Ausführungen sind sicherlich manche Leser nicht einverstanden, auch wenn ich meine, etwas für mich Wichtiges und Gültiges herausgefunden, entdeckt zu haben, das sich für mein persönliches menschliches und geistliches Wachstum als hilfreich erwiesen hat und erweist. Die Begegnung mit der Heiligen Schrift ist nach Jak 1,23 ein Blick in den Spiegel, in dem ich mich selbst sehe. Wenn ich mich durch die Begegnung mit dem Enneagramm ebenfalls „geortet" habe, wenigstens in deutlichen Umrissen mit den verbleibenden Unschärfen, dann kann ich mich im Spiegel des Wortes Gottes noch besser sehen, meine Stärken und Schwächen, meine Tugenden und Laster. Aber auch umgekehrt wird das Profil der einzelnen Enneagrammgestalt in seiner positiven wie negativen Ausprägung von den Worten und Bildern der Bibel her deutlicher herauskommen.

● *als Hilfe zum Beten*

Der Blick in den Spiegel erweist sich für die wirkliche Selbsterkenntnis als fruchtbar nur, wenn es ein verweilender Blick ist, der zur Veränderung anregt, oder wenn das Hören des Wortes zur Tat führt: „Wer das Wort nur hört, aber nicht danach handelt, ist wie ein Mensch, der sein eigenes Gesicht im Spiegel betrachtet und dann weggeht und vergißt, wie er ausgesehen hat" (Jak 1,23–24). Wenn man mit der Selbsterkenntnis, die wenigstens umrißhaft aus der Beschäftigung mit dem Enneagramm erwächst, die Heilige Schrift meditiert, wird sich Jak 1,25 als wahr erweisen: „Wer sich aber in das vollkommene Gesetz der Freiheit vertieft und an ihm festhält, wer es nicht nur hört, um es wieder zu vergessen, sondern danach handelt, der wird durch sein Tun selig sein." Hier wird auch deutlich, daß die bloße Kenntnis der Enneagrammgestalt wenig bewirkt, wenn man sich nicht aus dieser Kenntnis heraus um die „Tat" bemüht, das heißt um die Erlösung und Befreiung durch Jesus Christus, sich also „vertieft" in „das vollkommene Gesetz der Freiheit". Die Entdeckung der eigenen Gestalt, das heißt der Weise, wie dem einzelnen das Menschsein geschenkt und aufgegeben ist, und damit des Wegs zur Entfaltung der eigenen Persönlichkeit, ist ein Schritt auf die Freiheit zu, die jeder von uns ersehnt und die ihm in Christus angeboten ist. Das Wissen um die eigene unerlöste zwanghafte Gestalt erfährt kraftvolle Hilfe für die Arbeit an sich selbst, und damit für die Verwandlung in die erlöste Gestalt, aus der Ermutigung, der Hoffnung und der Vergebung, die die betende Begegnung mit dem Wort Gottes schenkt. Beim Suchen nach dem für den einzelnen geeignetsten Zugang zum Gebet (wie also der Gebetsprozeß beginnen kann) hat die Erfahrung in der Exerzitienbegleitung erwiesen, daß die Kenntnis der drei Zentren von großer Bedeutung ist, wie sie in dem oben genannten Buch von Metz-Burchill THE ENNEAGRAM AND PRAYER ausgeführt ist. Ausführlich darauf einzugehen, würde den Rahmen dieses Beitrags sprengen, doch möchte ich hier kurz darstellen, wie jedes der Zentren (Leibmitte – Kopf – Herz) seine spezifische Weise des Zugangs zum Gebet hat:

- Die Leibmitte-Persönlichkeitsgestalten (Petrus), ACHT-NEUN-EINS, die Außen- und Innenwelt gleich stark erleben und sich instinktiv in beiden Welten bewegen, aber oft unverbunden, erfahren Gott im Gebet innen und außen: Ihr bester Zugang zum Beten ist das Gebet der Stille, bei dem man den Verstand zum Schweigen bringt, sich von Gedanken und Gefühlen entfernt, in einem Zustand der reinen Aufmerksamkeit, Leere, Entäußerung und Empfangsbereitschaft verweilt.
- Die Kopf-Gestalten (Thomas), FÜNF-SECHS-SIEBEN, haben eine große Innenwelt und eine begrenzte Außenwelt. Sie haben es schwer, ganz in der Welt zu sein. Ihre Eigenwelt der Gedanken, Pläne, Träume, aber auch der Furcht oder Angst, und ihre an sich starken Gefühle bleiben oft drinnen. Sie suchen und begegnen Gott im Draußen. Daher ist der ihnen am meisten entsprechende Zugang zum Beten die Wort-Bild-zentrierte Meditation, bei der man sich von außen ergreifen läßt, von außen inspiriert die innere Einheit findet, die Gedanken und Gefühle beherrscht und die Aufmerksamkeit auf ein bestimmtes Objekt oder ein Bild richtet.

– Bei den Herz-Gestalten (Magdalena), ZWEI-DREI-VIER, ist es umgekehrt: sie erfahren eine große Außenwelt und eine kleine eigene Innenwelt. Sie sind ständig von außen herausgefordert, aus sich herausgerissen, und fühlen sich eingeladen, sich für andere zu engagieren. Sie leben unter den Blicken der anderen, deren Anerkennung sie sehr brauchen. Sie sind oft nicht ganz bei sich, und so wirken ihre Gefühlsausdrücke manchmal nicht ganz echt. Ihnen begegnet Gott im Innern als Herr ihrer Sehnsucht, ihrer Gefühle, ihrer ängstlichen Besorgtheit. So ist ihr Gebetszugang das ausdrucksstarke Gebet, bei dem sie Freiheit und Durchsichtigkeit erleben, indem sie sich dem eigenen wahren Selbst überlassen und sich dem Strom der Energie anvertrauen, die unter Rollen, Programmierung, bewußter Intention und eigener Kontrolle fließt.

● *als Hilfe für (Exerzitien-)Begleiter*

Seit ich mein Wissen um das Enneagramm in die Begegnung mit den Menschen einbeziehe, die ich begleiten darf, spüre ich, daß das Echo des Gegenübers zuweilen Staunen ist darüber, daß ich genau die Stelle angerührt habe, wo die Schwäche sitzt, beziehungsweise wo eben eine Veränderung anzusetzen hat. Wenn es angebracht ist, das heißt wenn ich den Eindruck habe, daß es gut ankommt, nenne ich das Stichwort Enneagramm so, daß es Interesse weckt und zur weiteren Beschäftigung damit anregt. Wichtig aber ist, daß der Betreffende selbst spürt, daß er so mehr an sich herankommt, auch wenn es schmerzhaft ist. Dabei ist es eine echte Hilfe zu wissen, daß jede Gestalt im Sinne der begrenzten Gottebenbildlichkeit eine ganz bestimmte Botschaft an die anderen leben und bezeugen und auch die Botschaften der anderen zur Korrektur der eigenen Einseitigkeit empfangen darf, ohne sich selbst aufgeben oder verleugnen zu müssen. Ich darf so sein, wie ich bin, aber der andere darf auch so sein, wie er ist. Wo einer bereits seine Enneagrammgestalt kennt, ist natürlich das „Arbeiten" damit eine große Hilfe, die persönliche biblische Botschaft zu hören, das heißt die unverwechselbar einmalige Freundschaft mit Jesus als persönliche Berufung und Sendung zu entdecken und in der Begegnung mit den anderen wirksam werden zu lassen. „Entdecken" und „begegnen" sind Worte, die einen Weg oder Prozeß andeuten: In der Entfaltung des Exerzitienprozesses geht der Christ Schritt für Schritt seinen Weg von der Begeisterung über die Gabe, die ihm von Gott geschenkt ist, und der Befreiung von Zwanghaftigkeit und Schuld durch den Tod Jesu hin zum Erkennen des eigenen Anrufs durch Jesus Christus und zum Finden der spezifischen persönlichen Sendung. Für jede dieser Phasen erweist sich das Enneagramm als eine treffsichere Schule des Betens, als Hilfe auf dem Exerzitienweg. Es würde sich lohnen, diese Zusammenhänge noch mehr zu studieren.

● *als Lebens-Hilfe: Leben mit dem Enneagramm und der Bibel*

Wer das „Wort des Lebens", das die Heilige Schrift sein will, für sich entdeckt hat, wer aus der eigenen alltäglichen Lebenserfahrung heraus gespürt hat, daß es stimmt, was Jes 40,6.8 sagt („Alles Sterbliche ist wie das Gras, und all seine Schönheit ist wie die Blume auf dem Feld. Das Gras verdorrt, die Blume verwelkt, doch das Wort unseres Gottes bleibt in Ewigkeit") und 1 Petr 1,25 auf die Botschaft Jesu bezieht („Dieses ‚Wort' ist das Evangelium, das euch verkündet wurde"), der geht ständig mit diesem Wort um, läßt es immer wieder in seinen Alltag, in all seine Lebenssituationen hereinleuchten als Deutung für die eigene Erfahrung, die er oft nicht versteht. Ähnlich geht es mir mit dem Enneagramm: Es wirft viel Licht auf die Erfahrungen mit mir selbst und anderen, denen ich begegne, so daß ich Reaktionen verstehen und annehmen kann, die ich bei mir und anderen feststelle. So beeinflußt dieses Wissen mein Leben und hilft wirksam zur Versöhnung mit mir und anderen, zur Selbstannahme und zur Bereitschaft, das „Eigene" in die Gemeinschaft einzubringen, so daß die „besondere Gabe" (meiner Enneagrammgestalt), die „Offenbarung des Geistes", „den anderen nützt" (1 Kor 12,11.7). Die konkreten Bereiche, wo das Wissen um die eigene Gestalt in ihren typischen (Überlebens-)Reaktionen beziehungsweise die Richtung der (Leben-in-Fülle-)Antwort gelebt werden kann, wird jeder selbst entdecken. Da man sich überallhin „mitnimmt", ist es überall hilfreich, die Reaktionen (die eigenen und die der anderen) wahrzunehmen, zu verstehen und anzunehmen und die richtige Antwort zu geben. So wie es ein Bibel-Teilen gibt, wo man in Gemeinschaft miteinander teilt und einander mitteilt, was man erkennen durfte beim persönlichen Meditieren von Worten der Heiligen Schrift, so ist auch das Miteinander-austauschen der Erfahrungen mit sich selbst aufgrund der Kenntnis seiner Enneagrammgestalt in einer Gruppe spannend und fruchtbar für den eigenen Weg.

So wie es einen persönlichen Umgang mit der Bibel gibt, wie jemand in ignatianischen Exerzitien seine persönliche Berufung, den Willen Gottes für sich selbst sucht, so scheint mir auch der Umgang mit dem Enneagramm eine ganz persönliche Note zu haben, die der eigenen Gestalt entspricht. Von daher empfinde ich es als notwendig, daß jeder, der anderen vom

Enneagramm spricht, sich seiner eigenen Gestalt bewußt ist und sie auch „bekennt“. Man kann dem anderen die Entdeckung „schmackhaft“ machen oder auch „verleiden“, je nachdem wie man seine eigene „entdeckte“ Gestalt mit einbringt oder verleugnet.

Ich möchte meine Ausführungen abschließen mit einem Gedanken, der meine Einstellung zum Enneagramm prägt. So wie ich die Bibel sehe als ein Geschenk an die Menschheit, so sind für mich die Exerzitien des Ignatius von Loyola ein Geschenk an die Christen und das Enneagramm ein Geschenk an den Exerzitanten und (Exerzitien-)Begleiter.

PERSÖNLICHE ERFAHRUNGEN

MARION KÜSTENMACHER

EINS-Sein mit allen

Eine Reise durch das Enneagramm

Ankunft

Ist der Weg zur Erleuchtung schwierig oder leicht?
Weder noch.
Warum nicht?
Weil sie dort nicht ist.
Wie reist man also zu dem Ziel?
Man reist nicht. Es ist eine Reise ohne Entfernung.
Hört auf zu reisen, und ihr seid da.
(Anthony de Mello, Eine Minute Weisheit, Freiburg 1986, S. 33)

Reisen bildet, sagt man. Die Menschen und Orte, die wir besuchen, lassen Eindrücke in uns zurück, Bilder. Vorher halten wir uns an verheißungsvolle Prospekte, die sowieso viel schöner sind als die Realität, hinterher an die Urlaubsfotos. Wir haben gelernt, uns unsere Eindrücke als Bilder zu sichern. Wir sind bilder-süchtig und bilder-gläubig geworden, weil wir ein Gebot vergessen haben, das so wichtig ist, daß es in der Bibel vor allen anderen genannt wird: *Du sollst dir kein Bildnis noch irgendein Gleichnis machen, weder von dem, was oben im Himmel ist, noch von dem, was unten auf Erden, noch von dem, was im Wasser unter der Erde ist. Bete sie nicht an und diene ihnen nicht! (2. Mose 20,4)* Ein geradezu kosmologisches Gebot, All-*umfassend*, nichts ausgrenzend. Nicht das Transzendente (Himmel/Gott), nicht das Immanente (Erde/Mensch), noch das, „was im Wasser unter der Erde ist", das Unbewußte, darf dazu mißbraucht werden, daß wir es erst mit unseren Bildern *be*setzen und dann durch unsere Bilder *er*setzen.

Wer das Enneagramm kennt, hat die Möglichkeit, neun Landschaften der Seele zu besuchen. Wenn man oder frau sich auf den Weg macht, sollte das erste Gebot im Rucksack/Hinterkopf dabei sein. Es ist eine Art Reisepaß, um in alle neun Länder eingelassen zu werden. Wer „an der Grenze" nur

„Prospekte“ vorzeigen kann, Ein-Bildungen, Vor-Urteile, von Eltern übernommene Wertungen und dergleichen, dem bleibt so manches Land verschlossen – oft sogar das eigene. Von diesem Land besitzen wir am meisten Prospekte. Weil wir sie dauernd an andere „verschicken“, die uns besuchen kommen sollen, haben wir meistens vergessen, daß unser eigenes Land viel größer, weiträumiger, schöner ist als unser bescheidener, perfekter oder gestylter Prospekt. Diese Prospekte fliegen überall herum, sie zeigen unsere vermeintlichen Sehenswürdigkeiten, die in der Regel so überlaufen und ungenießbar sind wie Neuschwanstein im Sommer. Wir kennen sie alle: Vollkommenheit, Helfen, Effizienz, Authentizität, Wissen, Sicherheit, Idealismus, Gerechtigkeit, Zufriedenheit.

Wer im Enneagramm reisen und Besucher empfangen will, muß diese Bilder und Prospekte loslassen. Alle, besonders die eigenen. Einen nach dem anderen. Als ich das Enneagramm 1988 kennenlernte, hatte ich gerade den DREIer-Prospekt zum Verteilen in der Hand: eine berufstätige Mutter, immer gut organisiert, effizient, erfolgreich. Also stellte ich mich auf Punkt DREI und schaute mich von dort aus im Enneagramm um. Da ich so schöne Einbildungen hatte von früheren „Bildungsreisen“, entdeckte ich schnell auf jedem Punkt die Typen vom Prospekt: Da war dieser ACHTer, der als Gewerkschafter im Betrieb für Gerechtigkeit kämpfte und daheim seine Stieftochter schlug. Da war diese nette, aber langweilige NEUN, die auch nicht durch himmelschreiendes Unrecht aus der Ruhe zu bringen war und ihr ganzes Leben buchstäblich verpennte. Ich traf eine starke EINS, deren Moralisieren und Perfektionismus jede Lebensfreude erstickte. Ich sah eine liebenswürdige ZWEI, die andere mit Geschenken überhäufte und sie wie eine Spinne damit umgarnte. Daneben der attraktive DREIer, der sich und uns vorlog, sein teuer erkauftes Markenbewußtsein wäre sein Charakter. Ich erkannte eine extravagante, aber immer unsichere VIER, die ständig anderen in die Augen sah, um sich selbst darin zu spiegeln. Da war dieser distanzierte FÜNFer, der sich mit seinem Fachwissen hinter dem Schreibtisch verschanzte und von der Freigebigkeit anderer lebte. Ich sah eine mal bescheiden, mal waghalsig auftretende SECHS, der die Angst und das Mißtrauen ins Gesicht geschrieben stand. Ich traf eine witzige, genießerische SIEBEN, die durchs Leben wirbelte, um sich auf keine tiefe Beziehung einlassen zu müssen.

Ich sah die vielgepriesenen Sehenswürdigkeiten aus den Prospekten. Manche mochte ich, andere waren mir völlig fremd. Und ich sah viele potemkinsche Dörfer. Das erste war mein eigenes. Nach einer Weile merkte ich nämlich, daß ich noch gar nicht wirklich auf der Reise war, sondern gewissermaßen nur mit dem Finger auf einer selbstgebastelten Bilderkarte herumgefahren war. Das Abenteuer begann, als ich alles losließ: meine Selbsteinschätzung, meine Bilder von anderen Typen. An Punkt DREI war mit mir nicht viel passiert. War das Blindheit für das eigene Thema oder eine Fehleinschätzung? Manches deutete bei mir auch auf Typ EINS, was ich immer heftig bestritten hatte. Ich beschloß, das erste Gebot ernst zu nehmen und bilder-los, vor-urteils-los eine zweite Reise zu beginnen.

Zuerst ging ich zu Punkt ACHT, ganz einfach, weil ich diese aggressiven, lauten Angreifer am wenigsten leiden konnte. Ich bohrte hartnäckig nach, *warum* das so war. Und siehe da: Von der ACHT bekam ich meinen Reisepaß für den eigenen Typ! Die aggressive Energie der ACHT war einfach die offene, ehrliche Variante der bei der EINS unterdrückten, zornigen Bauchenergie. Die widerspenstige Katharina, die bei Shakespeare mit konsequenter Liebe gezähmt wird, mochte ich schon immer. Das war meine eigene Energie! Im Land der ACHT kann man sich Konfliktbereitschaft und Unbestechlichkeit zeigen lassen, und die schmelzende Hingabe des Starken an das Zarte und Schwache.

Punkt NEUN war also nicht mein Streßpunkt (von der DREI gesehen), sondern mein Flügel! Allerdings ein sehr lahmer, eigentlich gebrochener: Als arbeitssüchtige EINS kannte ich nur die negative Variante, das erschöpfte Zusammenklappen und das Mir-ist-jetzt-alles-egal-Gefühl. Von meinem neuen Flügel lerne ich jetzt das Atemholen, das Ausruhen, das Sabbathalten. Die Freunde im Land der NEUN erwarten uns mit ihrer Gelassenheit, Friedfertigkeit, Sanftmut und der aktiven Kraft, Versöhnung zu stiften.

Von der NEUN reiste ich weiter zur ZWEI, dem Flügel, den ich schon vorher mit der falschen DREIer-Einschätzung erkannt hatte. Dieser Flügel war auch schon etwas besser entfaltet. Als Mutter ist mir hier manches vertraut. Im Land der ZWEI kann man sich an Fürsorglichkeit und Barmherzigkeit wärmen. Von der ZWEI kann ich lernen, mit meiner Familie und Freunden solidarisch zu sein und alle Fremden in diesen vertrauten Kreis einzuladen.

Im Land der DREI bin ich nun ein Gast. Ich freue mich über die Energie an diesem Punkt, die in unserer Kirche so oft fehlt. Ich spüre, wie gut der EINSer-Wunsch nach Wachstum und die Tatkraft und Effizienz der DREI zusammenarbeiten können. Dem Segen nachjagen wie Jakob, von Engeln träumen und mit ihnen ringen. Was für ein Punkt! Im Land der DREI lernst du, was eine Vision ist.

Am Punkt VIER wurde ich traurig. Mein Streßpunkt. Die EINSer-Empfindlichkeit bricht hier durch. Die Selbstzweifel und Melancholie. Das Problem, meinen EINSer-Perfektionismus durch Ästhetik zu realisieren. Die Abneigung gegen alles Banale. Neid. Aber an diesem Punkt sind wunderbare Freunde zu Hause, deren Sensibilität mich tröstet, deren Kreativität mich herausfordert und belebt. Punkt VIER wartet mit dem Geschenk der Echtheit auf uns: Dieses eine Leben so authentisch zu leben wie irgend möglich.

Die Reise zu Punkt FÜNF schien mir besonders weit. Dabei habe ich meine Studienzeit in der FÜNFer-Welt Uni, wo man nach Kopfeslust dem Denken frönen kann, in bester Erinnerung. Was kann ein eifernder EINSer bei der FÜNF lernen? Nüchternheit und Abstand! Im Land der FÜNF hat man Zeit, sich alles noch einmal durch den Kopf gehen zu lassen, sich von seinen Idealvorstellungen zu distanzieren, die Dinge objektiver zu sehen. Im Land der FÜNF wohnt die Weisheit, die auf intellektuelle Arroganz verzichtet hat.

Im Land der SECHS machte ich die überraschendsten Entdeckungen. Kein Land ist bunter bevölkert, hat mehr Varianten als dieses. Hier gibt es die an*mutig*sten Frauen! Von den SECHSern lernen wir, einer Sache treu zu dienen, ohne sich in den Vordergrund zu spielen oder in schwierigen Augenblicken alles hinschmeißen und flüchten zu wollen. An diesem Punkt wartet die gesunde SECHSer-Energie des Vertrauens und mündigen Gehorsams.

Der letzte Punkt meiner Reise ist Punkt SIEBEN, der Trostpunkt der EINS. Wunderbar, ich bin mit einer SIEBEN verheiratet! Aber die Freude einfach nur an den Partner delegieren, das wäre der falsche Weg. So kann die ernste, verspannte EINS von der heiteren SIEBEN lernen, *bei sich selbst* mehr Festlichkeit und Lebensfreude zuzulassen. Tanzen, Feiern, Blödeln, Genießen – was für Aussichten für steife EINSer! Im Land der SIEBEN blüht die Freude aller, die ihren Schmerz umarmt und angenommen haben.

Für manche EINSer öffnen sich die Schlagbäume nicht. Sie stehen davor, mit ihrem *perfekten* EINSer-Prospekt und *arbeiten hart an sich*, um den Trostpunkt zu integrieren, den Streßpunkt zu vermeiden, das Verständnis für die anderen acht Typen zu *verbessern* und so *vollkommener* zu werden. Und ihre Zornesfalten, ihre verspannten Rücken und ihre Bauchschmerzen von all der ungelebten Wut gehen nicht weg. Der alte EINSer-Trip einfach, auf den ich auch immer wieder reinfalle. Eine heilsame, aber für uns EINSer nicht gerade einfache kontemplative Übung ist es dann, die Worte aus der

Schöpfungsgeschichte (1. Mose 1) zu meditieren: *Und Gott sah, daß es gut war.* Ich wenigstens habe an diesen Worten gemerkt, wie schwer es mir fällt, dieses reine Wohlgefallen bei mir zuzulassen. Dem Wachsen in der Natur zuschauen. Nicht eingreifen, nur staunen. Etwas einfach gut sein lassen, nichts ändern, umbauen, verbessern müssen . . .

Die Reise geht natürlich nie zu Ende. Es ist ein spiritueller Weg: Wenn du einen Punkt verlassen hast, bist du unterwegs zum nächsten. Jede Begegnung ist eine Möglichkeit zu wachsen. Natürlich kannst du auch ohne Enneagramm unterwegs sein. Ich bin dankbar, daß ich es kenne. Es lehrt mich diese besondere Art von Aufmerksamkeit für mich und andere, die T. S. Eliot „Konzentration, die nichts ausgrenzt" nennt. Konzentration, höchste Aufmerksamkeit, und Staunen, weiteste Offenheit, laufen im Enneagramm zusammen. Die unendliche Vielfalt wird deutlich und unsere ursprüngliche Gemeinschaft. Das Enneagramm ist kein Psychospiel mit Nummern, keine Schubladensteckerei, kein Prospekteverteilen. Es ist eine Einladung zu einer spirituellen Reise und es schenkt uns das, was alle Reisenden brauchen, um sehen zu können: *Den liebevollen Blick auf das, was wirklich ist.* Mehr braucht man nicht für diese furchtbar weite Reise ohne Entfernungen.

Ist der Weg zur Erleuchtung schwierig oder leicht? Weder noch. Hört auf zu reisen, und ihr seid da.

• zum Schmunzeln & Nachahmen •
DAS ENNEAGRAMM-BUFFET
Bon appétit – neuf fois!
(hat's wirklich so gegeben – zu Ehren von Richard Rohr, als er am 9. März 1990 in München war)
TYP SIEBEN
IRLAND
(die Glückspilze)
Irish Stew
(Unmengen von einem Essen, das happy macht – was für Siebener ohnehin klar ist)
TYP ACHT
SPANIEN
(die Stierkämpfer)
Paella
(Eine heiße und scharfe Sache für Hitzköpfe, die sich stärken wollen)
TYP SECHS
DEUTSCHLAND
(die Pflichtbewußten)
Forellenplatte
Schwarzwälder Geräuchertes
Diplomatensalat
(mit Sicherheit wird hier die Anwesenheitspflicht zum Vergnügen)
TYP FÜNF
GROSSBRITANNIEN
(die Beobachter am Rande)
Roastbeef mit Sauce Cumberland
(bitte ohne die gewohnte Zurückhaltung: sparsame Seelen kommen auf ihre Kosten!)

TYP EINS
RUSSLAND
(die Weltverbesserer)
Moskauer Salat Tolstoi
(ein vollkommener Geschmack von Perestroika, Genuß selbst für Perfektionisten)
TYP NEUN
MEXIKO
(die Müden)
Jambalaya
Mexikanischer Bohnensalat
(wem die Auswahl zu mühsam erscheint oder wer sichs bequem machen will, wird mit diesem Hähnchengericht zufrieden sein)
TYP ZWEI
ITALIEN
(die Kuscheltiere)
Minestrone
(vom Koch mit Liebe zubereitet und mit warmen Worten gereicht)
TYP VIER
FRANKREICH
(die Paradiesvögel)
Petit fours (Dessert)
Meeresfrüchtesalat
(für alle, die das Besondere lieben und auch beim Essen exklusiven Geschmack demonstrieren wollen)
TYP DREI
USA
(die Macher)
Cold Turkey
Waldorf Salad
Scampi mit Kresse
(Aller guten Dinge sind drei – eine erfolgversprechende Trendsetter-Mischung)

HANS NEIDHARDT

Selbst-Gespräche

Ein Essay über den Versuch, das Enneagramm nicht wichtiger zu nehmen, als es ist

Vorbemerkung

Die Idee für diesen Text stammt aus einem Vortrag über „Charakter und Spiritualität", den ich im Februar 1990 beim „Geistigen Forum Bayreuth" gehalten habe. Ich begann damals gerade zu entdecken, daß das Enneagramm auch ein guter „Spiegel" für die typischen Einseitigkeiten, Absonderlichkeiten und Fallen sein könnte, mit denen Menschen bei ihrer (psychologischen und/oder spirituellen) Suche nach „wahrer" Selbstverwirklichung zu tun bekommen.

Ich wählte damals als Leitfaden für den Vortrag eine Passage aus Michael Endes „Unendlicher Geschichte", und zwar den Abschnitt, wo Atreju versuchen muß, ins „Land der Stille" vorzudringen. Denn dort, so ist ihm verheißen, würde er eine Antwort auf die Frage finden, wie denn das Land „Phantasien" vor der drohenden Vernichtung zu retten wäre. Auf dem Weg dorthin muß er drei Tore passieren. Er trifft vorher mit einem Gnom zusammen, dessen Lebenszweck es ist, das Geheimnis dieser drei Tore wissenschaftlich zu erforschen, was ihm aber nicht gelingt. So muß sich Atreju ohne den kundigen Rat einer wissenschaftlichen Fachautorität auf die drei Prüfungen an den Toren einlassen. Die Tore sind: Die Sphinxen. Das Tor der Spiegel. Das Ohne-Schlüssel-Tor.

Die „Sphinxen" sind absolut willkürlich. Wenn sie ihre Augen öffnen, dann tötet ihr Blick den Wanderer, und es gibt kein Kriterium, anhand dessen auszurechnen wäre, ob sie das gerade tun werden oder nicht.

Das „Tor der Spiegel" ist das Tor der schonungslosen Selbstkonfrontation. Denn an diesem Tor werden die verborgensten Winkel der Seele ausgeleuchtet, und der Wanderer sieht sich so wie er ist: Stärken, Schwächen, heimliche Motive, Schattenseiten – alles.

Das „Ohne-Schlüssel-Tor" ist durch nichts (!) zu öffnen, danach betritt der Pilger das „Land der Stille".

Der Weg des Wanderers durch diese drei Tore scheint mir eine gute und brauchbare Metapher für den Lebens- und Glaubensweg des Menschen zu sein. Vom ursprünglichen Vortragstext habe ich die Leitidee beibehalten und mich ansonsten zu einer poetisch-träumerischen Allegorie inspirieren lassen, die über weite Strecken die Form eines „Selbst-Gesprächs" hat (Gespräch mit dem „Selbst" – im Text: der „Bruder").

Am ersten Tor

Du bist etwas müde, Bruder, ich seh's dir an. So viele Heldentaten, so viele Abenteuer schon bestanden, und immer noch kein Ende in Sicht. Ich weiß: Du zögerst. Und ich weiß: Auch wenn du den Weg durch diese drei Tore schaffst – für diesmal kann auch das Land der Stille nicht dein letztes Ziel sein. Nur eine wichtige Etappe auf deiner jetzigen Reise.

Staubig hier. Und heiß. Unbarmherzige Sonnenglut in diesem Wüstenstück. Unbarmherzig wie die Augen der steinernen Sphinxen da vorn. Wenn du Glück hast, lassen sie dich durch, wenn du Pech hast, dann öffnen sich ihre Augen und töten dich. Und keiner weiß, warum sie manche Wanderer durchlassen und andere nicht. Pure Willkür, die Chancen stehen fifty-fifty. Den einen trifft's, den anderen nicht. Und niemand weiß warum. Es gibt eben Glückspilze und Pechvögel. Punkt.

Weißt du, Bruder, vielleicht ist das ein bißchen so wie im wirklichen Leben: Ein Auto-Unfall, ein leukämiekrankes Kind, eine Sturmflut mit einer Viertelmillion Toten, ein Lottogewinn, eine Liebe auf den ersten Blick . . . Warum? Warum ich? Warum ich nicht?

„Hat er gesündigt oder seine Vorfahren?" Das haben die Leute vor langer Zeit mal einen gefragt, der's hätte wissen müssen ihrer Meinung nach. Denn er hatte einem blind Geborenen zum Sehen verholfen. An dem Ereignis und der Antwort hatten die Leute ziemlich zu kauen (Joh. 9). Sie haben's nicht recht verstanden, glaub ich. Und wir? Kauen wir nicht bis heute an der Frage und an der Antwort?

Ja – wenn man das irgendwie herausfinden könnte, wie das ist mit dem unsichtbaren Belohnungs- und Bestrafungssystem, nach dem alles hier zu funktionieren scheint! Man könnte das sogenannte „Glück"/„Pech"-Spiel ein wenig beeinflussen. Und der Willkür der Sphinxen ein Schnippchen schlagen.

Aber . . . wenn an diesem Gedanken irgend etwas grundlegend falsch ist? Wenn das Lohn-Strafe-System nicht so funktioniert, wie wir das denken?

Wenn das so, wie wir uns das ausdenken, in Wahrheit gar nicht existieren würde?

Was ist denn wirklich sicher in diesem Leben? Der große Gleichmacher, der Tod, der ist wirklich sicher. Der keinen Unterschied macht zwischen arm und reich, gesund und krank, gläubig und ungläubig. Vielleicht sollen wir das lernen von diesen grausamen Sphinxen da vorn: Daß der Tod auf jeden Fall sicher ist und alle Glückspilze und Pechvögel zu seiner Zeit trifft und gleich macht. Schöner Trost, das.

Und das eigene Stückchen Leben leben und nach Auschwitz, Hiroshima, Tschernobyl, Golfkrieg und Bangladesh gegen alle Angst immer wieder zum Ursprung allen Vertrauens zurückfinden?

Eine wirklich schwere Prüfung, Bruder, dieses erste Tor. Wir kauen an großen Rätseln. Wir kauen an den Sätzen des jüdischen Rabbis von damals, an seinen Taten, an seinem Leben vor und nach seinem Tod.

Apropos kauen: Siehst du diese wunderschöne Tonschale dort drüben? Komisch – vorhin war sie doch noch nicht da. Oder waren wir zu beschäftigt mit all unseren Grübeleien?

Siehst du die bunten Früchte? Schaut irgendwie verheißungsvoll aus, finde ich. Gerade bei der Hitze und dem vielen Staub hier könnten wir sowas vielleicht gut brauchen. Laß uns mal hingehen und kosten.

Hm – jede Frucht ein bißchen anders in Farbe, Form und Geschmack. „Heitere Gelassenheit" – „Demut" – „Wahrhaftigkeit" – „Ausgeglichenheit" – „Nicht-Anhaften" – „Mut" – „Nüchternheit" – „Unschuld" – „Tat" . . . Wer hätte das gedacht, daß wir eine Schale mit so köstlichen Früchten finden könnten, hier, mitten in dieser absurden Wüste vor dem ersten Tor.

Eigenartiger Geschmack. Wie eine Art Vor-Geschmack auf das, was sich noch ändern könnte? Egal. Wegzehrung werden wir brauchen können.

Ah – und du bist auch nicht mehr müde? Gut, dann laß uns diesen willkürlichen mörderischen Sphinxen entgegengehen . . .

Das zweite Tor

Mein Bruder, das wäre geschafft. Ich weiß nicht so recht, ob ich sagen soll: Das hast du gut gemacht! Eigentlich hast du gar nichts gemacht, außer zu gehen. Hab deine Furcht gespürt und deinen Mut. Die eine Frucht – hat die nicht „Mut" geheißen? Vielleicht lag's ja doch an diesen Früchten, wer weiß? Vielleicht ist es sogar ganz gut, das nicht genau wissen zu wollen, denke ich gerade. Lieber mit solchen Geschenken nicht spekulieren und planen . . . Richtig: „Demut“ hat die andere Frucht geheißen! Komisch, wie das alles plötzlich zusammenzupassen scheint. Man müßte einfach . . . Halt, nein! Wir vergessen glatt deinen Auftrag, wenn wir uns zu lang mit Spekulationen aufhalten.

Auf zur Tat! Da vorn ist schon das zweite Tor. „Tat“ . . . war das nicht auch eine Frucht?

Jetzt ist aber Schluß! Das Tor der Spiegel wartet auf uns, Bruder.

Erinnerst du dich, was uns von diesem Tor berichtet wurde? Von Wanderern, die an diesem Tor kehrtgemacht haben, weil sie den Blick in den Spiegel nicht ertragen konnten? Anscheinend ist dieser besondere Spiegel außerordentlich objektiv, macht die tiefsten Geheimnisse der Seele öffentlich. Durchschaut. Demaskiert. Konfrontiert. Du siehst dich, wie du bist, wie du lebst. Alle Masken ab. Der Lack ab.

Also – wenn das wirklich so ist, Bruder, verstehe ich sofort, daß viele Wanderer davonrennen, auch wenn sie bei den Sphinxen Glück hatten. Und erschrocken durch die Wüste irren und sich nur langsam von dem Schock erholen.

Aber schau, Bruder, da vorne: Andere scheinen vor diesem Tor verendet zu sein. Ihre Mumien sehen fast lebendig und auch irgendwie andächtig aus, findest du nicht? Ob das Wanderer waren, wie wir auf dem Weg ins Land der Stille? Und fasziniert hängengeblieben sind am Spiegel? Gebannt von der Illusion, endlich am Ziel zu sein? Laß uns die neun Figuren etwas näher betrachten.

Schau – da drüben der im Lotussitz! Wie viele Jahre mag er eifrig geübt haben, um einen so perfekten Lotussitz hinzukriegen? Sein Gesicht schaut zornig aus. Vielleicht zürnt er, daß die viele Mühe nicht belohnt wird und die Erleuchtung einfach nicht kommt?

Und die da, die mit einer weit ausholenden Geste ihre Bedürftigkeit zeigt, denn das hat sie gelernt. Und die heimlich stolz ist, anderen noch besser helfen zu können, seit sie ihre eigene Bedürftigkeit offen zugibt.

Und dieser schick Gekleidete mit dem schwarzen Lederkoffer mit der Aufschrift: „Ich akzeptiere mein Versagen.“ Er scheint entdeckt zu haben, daß das Eingeständnis eigenen Scheiterns effizienter ist als das einseitige Erfolgs-Rollenspiel. Offenheit als Manipulationstechnik zum Zweck der Effizienz-Maximierung – sowas scheint diese Figur da zu sagen.

Ja, schau, wie süße Melancholie von der da drüben Besitz ergriffen hat. Wie kokett sie zu sagen scheint: Seht her, wie gewöhnlich ich bin – ist das nicht etwas ganz Besonderes?

Und der Bärtige dort, mit der Hornbrille und dem Notizblock? Laß uns sehen, was er notiert hat. „Geheimes Wissen über meinen eigenen Charakter und die Charaktere aller anderen Personen" – komisch: Es sieht so aus, als sei er mitten im Sammeln eingeschlafen.

Noch einer mit einem Buch in der Hand! Ah, er hat versucht, ein Gesetzbuch zu verfassen: „Letztgültiges Regelwerk, wie der Mensch sein soll". Neun Paragraphen mit unzähligen Abschnitten . . . und mitten bei der angestrengten Arbeit ist er anscheinend eingeschlafen.

Und die Fröhliche dort? Sie scheint dankbar darüber zu sein, wie positiv es doch ist, auch das Leid und das Dunkle erleben zu dürfen. Merkwürdigerweise scheint sie diese Entdeckung um so fröhlicher zu machen, vielleicht weil sie meint, die dunklen Seiten des Lebens hätten vor allem die Funktion, die hellen Seiten noch deutlicher hervortreten zu lassen? Merkwürdige Krankheit, an der diese Figur gelitten hat, bevor sie hier am Tor der Spiegel zur Mumie wurde.

Und der dort? Aufrecht steht er vor dem Spiegel, und alles in seiner Haltung scheint zu sagen: Jetzt erst recht!

Und dort hinten, ganz am Rand – da ist noch eine Figur mit breitem Rücken. Sie scheint beschlossen zu haben, ihre Selbsterkenntnis am Tor der Spiegel „auszusitzen". Aber sie ist wohl eingeschlafen und mumifizierte sich, als sie beschloß, ihre Trägheit „Geduld und Gelassenheit" zu nennen.

Bruder, es scheint so zu sein, daß man hier vor diesem Tor entweder entsetzlich erschrickt vor dem, was man sieht und meint, fliehen zu müssen, weil man's nicht ertragen kann. Oder man gerät in Versuchung, dieses Tor zum Wichtigsten überhaupt zu machen und immer noch mehr und noch mehr sehen zu wollen. Und dann öffnet sich das Tor auch nicht. Das zumindest scheinen die mumifizierten Überreste dieser Wanderer hier uns sagen zu wollen.

Zorn, Stolz, Lüge, Neid, Geiz, Zweifel, Gier, Lust, Trägheit . . . alles da. Viel zu sehen. Die heimlichen Spielregeln aufgedeckt. Und gut zu verstehen, daß viele Wanderer meinen, sie seien nun am Ziel. Und daß andere den Blick in den Spiegel scheuen, weil sie instinktiv ahnen: Danach kannst du niemandem mehr die Schuld geben dafür, daß du so bist, wie du bist – den Eltern nicht, den Partnern nicht, der Kirche nicht . . . radikale Selbstverantwortung ist schwer zu ertragen. Sich erkennen. Selbst verantwortlich sein für alles. Und . . . sich nicht verurteilen.

Wieder fällt mir jener jüdische Rabbi ein. „. . . so verurteile ich dich auch nicht", hat er zu dieser Frau gesagt, die von einer selbstgerechten Meute mit

Steinen getötet werden sollte. Ist das ein Weg? Sich im Tor der Spiegel sehen, ohne wenn und aber – in dem Bewußtsein: Dieser Rabbi sitzt währenddessen in der Nähe, malt Figuren in den Sand hier und erkundigt sich beiläufig nach den Stimmen der Verurteilung, Verneinung, Steinigung. Und sagt dann: „. . . so verurteile ich dich auch nicht. Geh. Sündige nicht mehr." (Joh. 8,11) Eine Ermahnung, den Blick in den Spiegel und die Nicht-Verurteilung gleichermaßen in Erinnerung zu behalten?

Er hat wohl kaum gewollt, daß die Selbstgerechten späterer Zeiten seine allerletzte Bemerkung dazu benutzen, um neue Steine aufzusammeln . . .

Komisch, was einem so alles einfällt, am Tor der Spiegel hier, Bruder. Aber ich weiß – es ist Zeit zu gehen. Und ich weiß: Das allerletzte Wegstück wirst du allein gehen müssen.

Bist nicht davongerannt vor dem Spiegel, bist nicht andächtig-fasziniert stehengeblieben, bist auch nicht versunken in Selbstanklage und Selbstkritik, was ja letztlich nichts anderes wäre als die masochistische Variante egozentrischer Selbstverliebtheit.

Hast einfach gesehen.

Das Tor öffnet sich, du mußt jetzt gehen. Über das dritte Tor kann ich dir nichts sagen. Ich weiß nur, es ist das Ohne-Schlüssel-Tor, das durch nichts zu öffnen ist. Durch NICHTS. Es ist paradox und nicht zu verstehen.

Also geh, jetzt, Bruder.

A Dieu.

Das dritte Tor

. . . . . .

Und am Ende dieser Reise ins Land der Stille finden wir uns wieder in der Wüste vor dem ersten Tor. Die Sphinxen warten. Die Wanderung beginnt von neuem, Bruder. Denn dies alles ist . . . eine unendliche Geschichte.

LIESEL SCHEICH

Von der Last und der Chance, eine SECHS zu sein

Wenn du eine SECHS bist, dann produzierst du am laufenden Band irgendwelche Ängste. Dauernd ist dir irgend etwas gegenwärtig, was passieren könnte: Daß das Auto gerade dann versagt, wenn du es ganz notwendig brauchst, daß die Straße gerade dann blockiert ist, wenn du zu einem wichtigen Termin mußt, daß du gerade dann krank wirst, wenn ein besonders wichtiges Vorhaben ansteht oder du dich auf etwas ganz besonders Schönes freust . . .

Du hast Angst, daß du jemandem lästig fällst, daß du dich im Grunde genommen niemandem zumuten kannst, daß dich jemand nur aus „pädagogischen" Gründen lobt, daß dich jemand nur gern hat aus Pflichtgefühl, aus „christlicher Nächstenliebe" oder weil du dich besonders angestrengt hast . . .

Du hast Angst zu versagen, Angst, dich zu blamieren, Angst vor deiner eigenen Angst, kurz es gibt nichts, vor dem du keine Angst haben könntest.

Wenn all das Befürchtete nicht eintrifft, erliegst du leicht der Gefahr, in magisches Denken zu geraten: Das Schlimme, das du befürchtet hast, ist nicht eingetreten, weil du es in tausend Ängsten schon vorweggenommen hast. In deiner Angst hast du alles Schlimme schon erlitten, so daß du es in Wirklichkeit nicht mehr durchleiden mußt. Und umgekehrt: Hättest du keine Angst gehabt, dann wäre all das Schlimme wirklich eingetroffen. Du vergißt dabei, daß es größtenteils von deinem Kopf produzierte Ängste sind, die mit der Realität nur wenig zu tun haben.

Ein solches Leben in Furcht ist nur schwer zu ertragen. Furcht und Angst lasten wie ein ständiger Druck auf dir. Wenn der Druck zu stark wird, versuchst du ihn loszuwerden, und dann tust du oft Dinge, die Gefahren geradezu herausfordern, denen man als besonnener Mensch besser ausweichen sollte. Du stürzt dich in Abenteuer jeglicher Art mit ungewissem Ausgang, ob das nun mehr oder weniger „lebensgefährliche" Unternehmen sind oder ob du nur Leute provozierst, die dir auf irgendeine Art Angst machen. Oder du übernimmst Aufgaben, denen du im Grunde genommen nicht gewachsen bist.

Viele Menschen halten dich dann für mutig.

Diese Flucht in riskante Abenteuer nimmt kurzfristig den Druck weg, nutzt aber im Grunde genommen nichts, weil sich an deiner Grundbefindlichkeit nichts geändert hat; du hast dich nur Gefahren ausgesetzt, die du vernünftigerweise besser vermieden hättest.

Es kann nun natürlich sein, daß du dich in eine ausweglose Lage hineinmanövriert hast. Panik überfällt dich, du bist deiner Angst nun wirklich ausgeliefert – ohne irgendwelche Fluchtmöglichkeiten. (Daß du selbst daran schuld bist, macht die Sache nicht besser!)

Wenn du dieser Angst nun nicht mehr ausweichst, die eigene Ohnmacht annimmst, hast du die Chance, am Grund deiner Angst, der tiefsten Ausweglosigkeit zu einem Vertrauen zu finden, das größer ist als die Angst, ein Vertrauen, das jenseits der eigenen Ohnmacht beginnt, ein Vertrauen, das den Ausgang der „Geschichte" relativiert.

Möglich, daß dir Hilfe von außen zuteil wird, möglich, daß dir durch dieses Vertrauen neue Kräfte zuwachsen und du dadurch „gerettet" wirst. Möglich aber auch, daß dich dieses neu gewonnene Vertrauen durch ein Scheitern hindurchträgt. (Das Gesagte gilt natürlich für alle ausweglosen Situationen, nicht nur für die selbstverschuldeten.)

Diese kostbare Erfahrung, daß Vertrauen die Angst beruhigt, hinterläßt in dir Spuren – zunächst kaum wahrnehmbar. Und wenn dich die Angst bei nächster Gelegenheit wieder überwältigt, ist da doch die ferne Erinnerung, und vielleicht gelingt es dir ganz zaghaft, Vertrauen gegen Angst zu setzen, Vertrauen immer wieder „einzuüben" gegen jede Angst, gegen jedes Mißtrauen.

Irgendwann kannst du dann vielleicht einmal ganz verwundert feststellen, daß du eine Zeitlang wie selbstverständlich gelebt hast, voller Vertrauen, einfach den Anforderungen des Augenblicks hingegeben. Das ist dann wie ein Geschenk, nichts, über das du verfügen kannst, eine Befindlichkeit, aus der du immer wieder herausfallen wirst, und doch hat sich Grundlegendes in deinem Leben verändert.

Immer wieder aus der Angst ins Vertrauen zu finden, das ist immer wieder Erfahrung von Erlösung. Dauernd im Angesicht der Angst zu leben, sich ihrer bewußt zu sein, ihr nicht ausweichen zu können, das ist die große Last der SECHS und doch auch ihre große Chance. Die Angst ist greifbar, faßbar, allgegenwärtig. Aber da du sie nicht verdrängen kannst, kann sie auch nicht im Unbewußten ihr Unwesen treiben. So liegt hier die Chance, daß „alles, was aufgedeckt ist, vom Licht erleuchtet wird" (Eph. 5,13).

Wenn du eine SECHS bist, dann wirst du dich immer wieder fragen: Wer bin ich wirklich? Du wirst die gegensätzlichsten Eigenschaften in dir spüren. Du wirst manchmal das Gefühl haben, selbst zum Gegensatz zu werden. Du wirst dich zerrissen und gespalten fühlen, und du glaubst dann, diese innere Spannung nicht mehr aushalten zu können, wie ein Bogen, der überspannt ist und zu zerbrechen droht. Die Frage „Wer bin ich?" wird dir unerträglich werden.

Aber mitten in dieser äußersten Zerrissenheit kann es geschehen, daß die Gegensätze ineinanderfallen, daß auf einmal ein unendlich großer Friede herrscht, daß aus der äußersten Zerrissenheit eine Ganzheit wird, daß alle Fragen, alle Zweifel ein Ende haben, daß alles richtig ist, daß du Gottes geliebtes Kind bist, ein ganzer Mensch, teilhabend an der Fülle des Lebens.

Aus diesen Augenblicken heraus – wenn Himmel und Erde zusammenfallen – kannst du leben, und die Erinnerung an diese Ganzheit und Sehnsucht danach wird dich nie mehr verlassen.

Wenn du eine SECHS bist, dann sehnst du dich danach, mit anderen übereinzustimmen, zu einer Gruppe dazuzugehören. Insgeheim erhoffst du dir Klarheit, weil du selbst nur schwer zu deiner inneren Klarheit findest. Du möchtest Entscheidungshilfe, weil deine eigenen inneren Stimmen im Widerstreit zueinander bleiben und du dich nur schwer entscheiden kannst. Du wünschst dir Geborgenheit, weil du dich von unzähligen Ängsten bedroht siehst. Du sehnst dich nach Gewißheit über den Weg, den du gehen sollst, weil in dir selbst alles ungewiß ist, alles richtungslos erscheint . . .

Aber tief in deinem Inneren mißtraust du jeder äußeren Ordnung. Weil du dir der eigenen Zwiespältigkeit immer bewußt bist, bleiben dir auch die Schwachstellen jeder äußeren Autorität nicht lange verborgen. So beginnst du, dich gegen die Gruppe, die Institution aufzulehnen. Je größer deine Sehnsucht war, endlich „Heimat" zu finden, um so enttäuschter wirst du diesem „Zufluchtshafen" den Rücken kehren; und je höher die Erwartungen waren, um so unerbittlicher wirst du gegen alles ankämpfen, was deinen Erwartungen nicht entspricht.

So gelingt es dir aus vielerlei Gründen nicht, Christus nachzufolgen, nach den Weisungen der Bergpredigt zu leben, und du richtest all deine Hoffnungen und Erwartungen auf die „Kirche", das heißt auf die Menschen, die sie „repräsentieren". Du bist dann enttäuscht, wenn „Kirche" ihren eigenen hohen Ansprüchen – nämlich sich auf Jesus Christus zu gründen und zu berufen – nicht entsprechend handelt und deinen Maßstäben nicht genügt. Vielleicht wirst du irgendwann merken, daß du dich wie ein unmündiges Kind verhältst, das auf die Weisungen der Eltern wartet, oder wie ein pubertierender Jugendlicher, der gegen alle Anweisungen rebelliert.

Vielleicht wirst du irgendwann merken, daß du gar nicht mehr dieses schwache Kind bist, das Schutz und Weisung von irgendwelchen Autoritäten braucht. Du wirst deine eigene Stärke entdecken, deine eigene Kraft spüren, und vielleicht nimmst du auf einmal so etwas wie eine innere Erlaubnis wahr, diese Kraft auch zu leben: „Du darfst stark sein". Wenn du zu diesem Vertrauen in die eigene Stärke gefunden hast, dann brauchst du dich nicht mehr dauernd abzugrenzen. Du kannst dich auf andere Menschen einlassen, ohne mißtrauisch auf der Hut zu sein, daß du vereinnahmt wirst. Du kannst ja und nein sagen. Du kannst dich anderen anpassen, du kannst mit anderen gemeinsam ein Ziel verfolgen, aber du kannst auch nein sagen, ohne gleich in Panik zu geraten, was werden die anderen sagen? Und ohne gleich Angst zu haben, nicht mehr dazuzugehören.

Obwohl du dich weiterhin gern für Menschen, die zu dir gehören, einsetzt und du gern in Übereinstimmung mit ihnen leben möchtest, wirst du um deiner eigenen Wahrheit willen auch Abstand und Trennung in Kauf nehmen können. Vielleicht wirst du auch irgendwann etwas verwundert feststellen, daß du anderen etwas zu sagen hast, daß andere auf deine Meinung hören, dich um Rat fragen.

Am deutlichsten wird deine Ambivalenz in der Beziehung zu anderen Menschen. Hier spielen wohl Unsicherheit und reale oder irreale Ängste – überwiegend wohl letztere – die größte Rolle. Du sehnst dich nach Nähe, und gleichzeitig erschreckt sie dich.

Du möchtest vertrauen, und gleichzeitig mißtraust du. Du hinterfragst jedes Entgegenkommen, jede Form der Zuneigung nach den Motiven. Du möchtest so geliebt und akzeptiert werden, wie du bist, aber da du dich selbst im Grunde nicht akzeptieren kannst, traust du auch anderen nicht. Im Hintergrund steht immer das Bewußtsein: Ich kann mich anderen nicht zumuten, und ehe ich mich der Gefahr aussetze, zurückgewiesen zu werden, ziehe ich mich selbst zurück.

Da du selbst oft nicht eindeutig bist und große Probleme mit dem offenen Neinsagen hast (versteckt tust du es auf irgendeine Art doch), unterstellst du unbewußt diese deine eigene Ambivalenz auch anderen Menschen . . . Du wappnest dich innerlich gegen ein Nein, eine Ablehnung, die du irgendwo im Hintergrund vermutest. Diesem „vermuteten" Nein kommst du dann durch Rückzug zuvor.

Du wünschst dir im Grunde nichts sehnlicher, als angenommen, als geliebt zu sein. Aber wenn du das Entgegenkommen eines anderen Menschen spürst, seine Wertschätzung, sein Interesse an dir, dann stellst du fast unweigerlich alles in Frage. Meint dieser Mensch mich wirklich? Würde er mich auch lieben, wenn er mich wirklich kennt?

Unwillkürlich fängst du dann an, den anderen, an dem dir wirklich viel liegt, sozusagen auf die Probe zu stellen, in gewisser Weise zu provozieren. Du tust es mit einer großen Angst im Herzen, der Angst, diesen Menschen durch dein Verhalten zu verlieren, aber irgend etwas zwingt dich dazu, gegen die im anderen vermutete Ambivalenz anzukämpfen. Du setzt aufs Spiel, was dir lieb und wertvoll ist.

Wenn du eine SECHS bist, dann brauchst du in ganz besonderem Maße irgendwann einmal die Erfahrung, bedingungslos angenommen zu sein. Du brauchst Menschen, die dich spüren lassen: Ich mag dich, so wie du bist. Du brauchst letztendlich die Erfahrung, den Glauben – unverdientes Geschenk – Gott liebt dich, weil die Angst sich nur im Angesicht eines unendlichen Du in Vertrauen wandelt.

Zum Vertrauen zu finden, ist die einzige Möglichkeit, deine Ambivalenz zu überwinden. Aus diesem gewonnenen Vertrauen heraus leben, das verändert grundlegend alles, es ist fast wie ein Neuerschaffenwerden.

Du warst immer schon jemand, auf den man sich verlassen konnte, wenn es darauf ankam. Du warst ein loyaler Freund, eine loyale Freundin, aber auch das war oft von ambivalenten Gefühlen begleitet. Wenn du nun zum Vertrauen gefunden hast, bekommen all deine Beziehungen eine neue Qualität, es entsteht eine andere Atmosphäre. Du erwartest nicht mehr Freundschaft, Zuneigung, Liebe auf Grund deines loyalen Verhaltens – du nimmst sie als Geschenk an. Und auf der anderen Seite schenkst du mit fragloser Selbstverständlichkeit, fast aus einer inneren Notwendigkeit heraus deine Freundschaft, deine Liebe, ohne zu fragen, was daraus wird – einfach so.

Erfahrungsberichte, Briefe und Selbstzeugnisse zu den neun Typen

Ausgewählt und zusammengestellt von
Marion Küstenmacher

Über tausend Briefe wurden seit dem Erscheinen unseres ersten Enneagrammbuches geschrieben, durchschnittlich zehn (!) pro Woche. Das in den ersten Auflagen enthaltene Angebot zur Briefseelsorge entsprach offensichtlich einem so großen Bedürfnis der Leserinnen und Leser, daß das kleine Team von SeelsorgerInnen mit Enneagrammkenntnissen sehr rasch überlastet war. Wie kein zweites Typenmodell erweckt das Enneagramm bei den meisten das Bedürfnis, das Gelesene im persönlichen Austausch zu verifizieren und zu vertiefen.

Die folgenden Auszüge aus Leserbriefen sollen die große Offenheit und persönliche Betroffenheit vieler EnneagrammleserInnen illustrieren. Andreas Ebert hat diese Briefe unter sorgfältiger Wahrung des Beichtgeheimnisses ausgewählt und als Teilkopien an mich weitergegeben. Alters- und Berufsangaben, Geschlecht, Anzahl der Kinder – kurz: persönliche Daten wurden von mir überall da weggelassen oder geändert, wo Rückschlüsse auf die Person zu befürchten wären.

Die neun Typen waren unter den BriefschreiberInnen ganz unterschiedlich vertreten. Am meisten schrieben NEUNer, ZWEIer und EINSer, wobei hier natürlich auch mit mancher Fehleinschätzung zu rechnen ist, bzw. manche bei der Selbsteinschätzung noch zwischen zwei Typen (etwa NEUN und FÜNF) schwankten. Nur einige SIEBENer, ACHTer und FÜNFer schrieben, letztere wollten meist nur Exerzitienangebote oder Literaturhinweise und gaben nichts über sich preis. Auch einige FÜNFer, die wir um Beiträge für dieses Buch gebeten hatten, machten ihre Zusage wieder rückgängig. Keine einzige DREI nahm das Angebot der Briefseelsorge wahr; die unten aufgeführten Berichte haben wir von DREIern erbeten und prompt erhalten. Die Briefauszüge zu NEUN-DREI-SECHS genau zu lesen, lohnt sich für alle, die mehr über die Zentrumsenergien wissen wollen.

Alle neun Typen laden uns mit ihren Gaben ein, ihren Punkt zu besuchen und mit ihnen in Dialog zu treten. Zwei Briefschreiber haben das besonders schön ausgedrückt, darum zitiere ich sie hier zu Beginn:

Ich schreibe Ihnen, weil ich mich tief innen über die Weite und Tiefe der dargestellten Wahrheiten gefreut habe. Noch nie habe ich eine derartige Typologie gelesen, die in mir den Eindruck erweckt hat, den Menschen in seiner Vielfalt zu betrachten – und ihn als Wachsenden zu sehen. In vielen anderen Typologien schien mir die Komplexität des Menschen auf einige wenige Typen künstlich reduziert zu sein. Bei mir ist eine Menge aufgebrochen und ich bin fröhlich bereit zu weiteren Ent-deckungen. Es ist ein Buch zum Leben, nicht zum Lesen, denke ich.

Ich bin Ihnen sehr dankbar für dieses Buch. Lange habe ich nicht mehr so *dialogisch* gelesen, das heißt in konkretem Gespräch mit dem Buch bzw. seinen Autoren. Inzwischen sind alle meine Freunde mit dem Enneagramm *beglückt* worden, im wahrsten Sinn des Wortes.

Typ EINS

Interessanterweise wußte ich schon immer, daß ich einen Hang zur Rechthaberei habe, nur war ich manchmal verwundert, daß ich ein derart gutes Gefühl „in my guts" hatte, wenn sich herausstellte, daß ich recht hatte! Rußland war schon immer mein Lieblingsland. In meinem Büro hängt das Bild eines betenden Russen. Ich liebe auch den russischen Ehering (drei Ringe in einem, gelbgold, weißgold und rotgold) – ich mußte da an meine Flügel und ihre Farben denken!

Erst nach einiger Zeit habe ich mich in Typ EINS wiedererkannt. Bis dahin war ich mir nicht bewußt, daß ich von Aggressionen „regiert" wurde. Aber Wut, Zorn, Ärger ist *die* Energiequelle in meinem Leben gewesen, ohne daß es mir bewußt gewesen wäre. Seit gut einem Jahr begleitet mich das Enneagramm und ich hatte oft das Gefühl, ganz zu zerbrechen. Bis dahin war ich im großen und ganzen zufrieden als gläubige Christin mit Hauskreis, täglich stiller Zeit, Mitarbeit in der Gemeinde, Gottesdienstbesuch, dazu meine Kinder und mein Beruf!

Es fiel mir unglaublich schwer, mein Selbstbild loszulassen, denn plötzlich war da nichts mehr. Ich fühlte mich manchmal sogar von Gott verlassen. Und doch hat er mich in dieser schwierigen Zeit nicht verlassen, sondern mir wirklich die Gnade geschenkt, Buße zu tun über mich als Person. Die

Worte aus Eurem Buch „alles oder nichts" als Maxime für die EINS gingen mir nicht mehr aus dem Kopf. Ich hätte sogar meine Ehe riskiert, als ich erkannte, wie unvollkommen sie ist. Da wäre mir „nichts" lieber gewesen, als Kompromisse zu schließen! Gott sei Dank ist mein Mann auf den Vorschlag der Trennung nicht eingegangen. Dieses „alles oder nichts" durchzieht mein Leben. Manches ist wirklich recht gut geworden, einiges habe ich aber überhaupt nicht in Angriff genommen, als ich merkte, daß es keine hundertprozentige Sache ist. So hilft mir als EINS immer wieder, wenn ich Gott als meinen Vater anschaue, der mich bedingungslos liebt, der an meiner *Person* interessiert ist und nicht an meinen *Werken*. Der in allem, was und wie er es tut, schon vollkommen ist. Es sind für mich ganz kostbare Momente, wenn ich mich in Gott verlieren kann. Da habe ich dann ein Gefühl von grenzenloser Freiheit – Freiheit von mir selbst. Ich bin und bleibe eine EINS, aber ich hoffe, daß ich mich wirklich auf den Weg gemacht habe und auf diesem inneren Weg bleibe und daß mir Gelassenheit und Geduld geschenkt wird.

Die Beschreibung der EINS war für mich sehr tröstlich, da ich mich seit Jahren in der Seelsorge mit der Versuchung: *Vollkommenheitsanspruch* und den daraus entstandenen Problemen herumschlage. Ich bin wohl im Lauf der Jahre schon viel gelassener geworden und kann zumindest Fehler *anderer* akzeptieren, stoße aber immer auf die gleichen Probleme mit meinen KollegInnen: Obwohl ich mich bemühe, meine Fehler zuzugeben, Schwächen zu zeigen und darum bitte, mich zu kritisieren, erlebe ich immer wieder, daß sich die „Schwächeren" von mir überfahren fühlen, mich für rechthaberisch halten und sich zurückziehen. Stoße ich mehrmals auf Ablehnung, führt das bei mir sehr schnell zu schwermütig-depressiven Stimmungen (VIERer-Streßpunkt). Meine MitarbeiterInnen können sich das aber bei einem so „starken" Menschen wie mir einfach nicht vorstellen und sind fassungslos, wenn ich einmal zusammenbreche.

Mit einem leichten Schock habe ich sofort festgestellt, daß ich zu den EINSern gehöre. Ich habe meine Kindheitserinnerungen aufgeschrieben, um meinen Lebensstil, meine Fallen, unbewußten Ziele usw. herauszufinden. Immer, wenn ich mir etwas gegönnt habe, übermütig war, Spaß hatte und mich wohlfühlte, nicht das tat, was andere wollten, habe ich dafür Schläge bekommen, keine sanften. Heute gebe ich mir diese Schläge selber, wenn ich nicht tue, was andere von mir wollen. Wenn ich merke, daß jemand Probleme mit mir bekommt, bestrafe ich mich selbst, richte meine Wut gegen mich, suche alle Fehler bei mir und tue „nichts“ mehr. Neulich ging ich zur Seelsorge, weil ich sehr verzweifelt war. Hinterher sagte mir mein Gegenüber, daß er dabei Minderwertigkeitsgefühle gehabt hätte! So ein Mist! Warum ist das so, daß andere sich mir unterlegen fühlen? Ich kann nichts, was andere nicht auch oder sogar besser können – im Gegenteil, ich kann viel weniger. Aber immer bekomme ich zu hören: Du bist stark, du hast immer recht.

Was mir gut tut ist Tanzen gehen, joggen, wandern, klettern, mit Freunden feiern und Blödsinn machen. Das alles gönne ich mir, wenn ich fertig bin, das heißt Haus und Garten ordentlich sind und ich nicht an ungelösten Konflikten nage und grüble.

Typ ZWEI

Mein Leben hat typische ZWEIer-Stationen: Sozialarbeit, Supervisorin, dann Ausbildung in Massage/Körperarbeit und die Arbeit in einem Altersheim, wo ich es fertigbrachte, mit meinem Einsatz bis an die Grenzen meiner Kräfte zu kommen . . . Ein totaler Zusammenbruch legte mich ein halbes Jahr lang völlig lahm. Gottlob begegnete mir da ein guter Arzt, der mir sagte: Ihr Körper spricht eine klare Sprache – nicht geben, sondern nur nehmen zu dürfen! . . . Meine Träume, die für mich die Sprache meiner Seele sind, haben mir das ZWEIer-Thema längst präsentiert. Durch das Enneagramm kam nun eine neue Verständnistiefe hinzu. Danke für das Buch, ich werde es weiterschenken (!).

Daß mich das Buch voll erwischt hat, wundert mich nicht. Ich bin eine ZWEI und es war gar nicht schwer, das herauszufinden. Schließlich waren einige Beschreibungen so eindeutig, daß ich zeitweilig dachte, Richard Rohr müßte mir schon mal begegnet sein . . . Viele Aspekte der ZWEI kenne ich wie eine zweite Haut. Zum Beispiel lebe ich davon, wie meine Umwelt über mich denkt. Ich bin ständig aus auf Feedbacks, kann gar nicht genug bekommen von Fremdeinschätzungen (natürlich nur, solange sie positiv sind). Es fällt mir schwer, mich auf mein eigenes Urteil zu verlassen. Manchmal glaube ich, ich habe gar keine eigene Meinung über mich (zumindest keine positive). Allerdings bin ich soweit ‚fortgeschritten‘, eine Supervisorin damit zu ‚beschäftigen‘, sich alle vier Wochen 60 Minuten lang anzuhören, was mich betrifft. Nach sechs Sitzungen ist es mir endlich gelungen, nur mich selbst zu sehen und nicht noch nebenher zu überlegen, was sie wohl denken könne bei meinen Erzählungen. Zusammen ist uns klargeworden, daß es für mich etwas Selbstverständliches ist, in vielen Situationen – so auch in der Supervision – die Verantwortung zu übernehmen.

Eigentlich lebe ich schon lange in einer Überforderung (Sozialberuf, Kinder, Engagement in einer Arbeitsloseninitiative) und habe große Schwierigkeiten mit dem Alleinsein und der Ruhe. Als Kind mußte ich oft hören: Wenn du so frech bist, stirbt Mutter (sie hatte mit dem Herzen Schwierigkeiten). Mein Vater liebte uns, konnte das aber nicht so zeigen, wie ich es gewünscht hätte ... Mit dem Beginn der Pubertät begannen meine Kopfschmerzen. Diese brachten mir eine Menge Zuwendung ein. Wenn der Vater nach Hause kam, durfte er nicht mit mir schimpfen, weil ich entweder Mutter tüchtig geholfen hatte oder mit Kopfschmerzen im Bett lag. Als mein Mann und ich nach langer Verlobungszeit endlich heirateten und miteinander schlafen durften, schützte ich mich mit schrecklichen Blasenbeschwerden davor ...

(Fünf Monate später): Ich glaube, ich lerne inzwischen, nicht immer die Starke sein zu müssen, und meine Hilfsbedürftigkeit nicht mehr zu verstecken. Es war eine sehr gute Zeit und eine brutal schlimme Zeit. Nach einer Migräneattacke versuchte ich statt mit Medikamenten (mit denen ich immer meine körperlichen Grenzsituationen in Schach halten wollte) nun mit autogenem Training zur Ruhe zu kommen. Dabei hatte ich eine aufregende Körpererfahrung. Wir sollten uns auf den Bauch konzentrieren und dort die Wärme empfinden und ich merkte plötzlich, wie ich mein Kopfweh bekam. Am Nachmittag ging ich alleine spazieren, um diese Spur zu verfolgen. Irgendwie wußte ich ja, daß meine Migräne etwas mit „Bauch" zu tun hatte. Plötzlich wurde ich wie vom Blitz getroffen – ich war einer Ohnmacht nahe. So etwas habe ich noch nie erlebt! Was war in meiner Kindheit passiert, an die ich mich nur so bruchstückhaft erinnere? Mich überfiel eine unbändige Angst vor Unfaßbarem, auf der anderen Seite ahnte ich, hier gibt es einen Ausweg aus meinem Dilemma. Ich wurde nur so überfallen von Erinnerungen – nicht an Tatsachen, sondern an Ängste. Meine Befürchtung wuchs immer mehr, daß mich mein Vater auf irgendeine Weise sexuell mißbraucht haben könnte. Dieser liebende Vater und vor allem, dieser fromme Mann! Die nächsten zehn Tage waren Wahnsinn. Ich malte, träumte, alles verdichtete sich, daß in meiner Kindheit etwas Schreckliches passiert war ... Ich habe meinen Mann in dieser Zeit unwahrscheinlich toll erlebt. Er war ständig für mich da – und er hat mir geglaubt.

(3 Wochen später): Inzwischen habe ich den Eindruck, ich kann wieder leben, obwohl noch vieles ungelöst ist. Mein Zusammenbruch birgt auch viele Chancen. Nicht nur für mich, auch für meinen Mann ist es wohltuend, daß ich nicht mehr die Starke spiele, die ich eigentlich auch nie war. Ich freue mich, daß ich merke, wie sich echte Stärke entwickeln kann und ich auch meine Schwächen leichter akzeptiere. Ich habe viele meiner Schwachpunkte meinem Mann ‚übergestülpt' und erlebe ihn jetzt ganz anders ... Ich bin unwahrscheinlich dankbar, daß meine Trugbilder zusammengebrochen sind, obwohl es manchmal schwierig ist, nicht zu wissen, was alles noch wird.

Typ DREI

Von Roland Gehm: Als ich bei der DREI ankam, knackte es. Bereits das erste Bild und die ersten Zeilen genügten und mir war klar: Ich bin ein DREIer. Jede weitere Zeile bestätigte diese Vermutung, und ich merkte, wie klar und deutlich ich von mir und über mich las. Was ich erfuhr, war nicht unangenehm. Ich kannte diese Eigenschaften und fand sie bislang recht nützlich – vor allem, weil manch anderer mich sogar um einen Teil davon beneidet (ein NEUNer-Freund beispielsweise um das Sich-verkaufen-Können). Unangenehm waren jedoch die klaren Worte, mit denen diese Eigenschaften beschrieben wurden. Nicht, daß ich sie als belehrend empfand, eher als liebevoll, aber sie korrigierten meine eigenen Definitionen: Die Lüge, das Mehr-Scheinen-als-Sein, die Glitzerwelt und die Chamäleon-Eigenschaften empfand ich eindeutig negativ und nicht mehr, wie vorher, positiv – da waren es ja „zweckoptimierte und situationsadäquate Ausdrucksformen meiner Person" oder etwas in der Art.

Ich weiß nun, daß ich die negativen Punkte der DREI „harmonisch" vereint besitze und versuche, entsprechend daran zu arbeiten. Genau darin liegt aber das Hauptproblem. Denn die meisten Dinge laufen so verdammt automatisch ab, daß man es erst merkt, wenn es zu spät ist: Hier eine kleine Geschichte mit gestylter Wahrheit, da ein unauffällig geschicktes Produzieren und dort eine nicht immer ganz dezente Super-Verkaufe – alles Dinge, die problemlos aus dem Handgelenk laufen. Somit habe ich trotz Enneagramm noch nicht zur Wahrhaftigkeit gefunden – und bis dahin wird es auch noch eine ganze Weile dauern. Es hilft mir jedoch, daß ich mich nicht mehr vor mir selbst verstecken kann und immer wieder bewußt erlebe, wenn ich in die DREIer- Falle tappe. Daraus resultiert dann eine Nacktheit, und es gibt keine Ausrede mehr. Denn für das, was ich in vollem Bewußtsein tue, habe ich auch die volle Verantwortung: Das Gewissen meldet sich. In manchen Situationen bin ich freilich mit alten, unguten Mustern dermaßen verklebt und darin gefangen, daß ich es mir regelrecht nicht verkneifen kann, entsprechend zu agieren.

Ein weiteres Problem für mich sind Situationen, in denen ich meine Motivation nicht kenne bzw. keinen Zugang zu einer eindeutig ehrlichen Antwort für mich selbst finde. Aktuelles Beispiel: diese Zeilen. Schreibe ich sie, weil ich meine Schwächen wirklich erkannt habe, mich klar dazu bekennen kann und so in einer Öffnung einen ersten wichtigen Schritt sehe, oder schreibe ich sie, weil ich sie als eine Art Pseudoöffnung und -bekenntnis geschickt taktierend einsetze, um in einer gewissen Gruppe wieder einmal ganz toll dazustehen? Ich weiß es nicht!

Das Enneagramm ist für mich jedenfalls zu einer Herausforderung geworden, nicht nur, weil ich mich dabei besser erkenne, sondern auch, weil ich etwas über andere dabei lerne. Jeder hat ein anderes Selbstverständnis, von dem er ausgeht. Bisher konnte ich viele Standpunkte und Blickwinkel nur als „relativ so richtig wie meine" akzeptieren, aber nicht immer verstehen. Das Enneagramm schenkt mir eine neue Qualität der Begegnung und Kommunikation.

Andreas Ebert berichtet: In der Mittagspause eines Workshops kam kürzlich eine etwa 60jährige Dame zu mir. Sie sagte: „Ich bin eine DREI. Ich wollte immer Schauspielerin werden, und in gewisser Weise bin ich Schauspielerin geworden. Ich habe in meinem Leben alle Masken getragen und alle Rollen ausprobiert. Bis vor drei Jahren. Innerhalb von einem Jahr habe ich damals meinen Mann und meine Eltern verloren und bin selber schwer krank geworden. Alles brach zusammen. Ich erlebte mit, wie mir eine Maske nach der anderen genommen wurde. Ich erlebte die eigene Feindseligkeit gegen Gott und die Welt. Ein paarmal stand ich auf dem Balkon und wollte hinunterspringen, weil alles so sinnlos schien. Aber eine kleine Stimme in mir hielt mich zurück. Ich hatte so unendliche Angst vor der Leere. Ich hatte Angst, wenn ich meine Masken verliere, ist am Ende nichts mehr da. Bis ich eines Tages ganz erschöpft war und ganz leer. In diesem Augenblick begann etwas Neues. Ich merkte plötzlich, da ist doch etwas. Da sind Gefühle. Da ist Leben. Da ist Hoffnung. Aber das alles produziere ich nicht selbst. Es ist einfach da." Am Ende sagte sie: „Ich bin durch die Hölle gegangen. Aber ich möchte nie wieder dort sein, wo ich früher war. Jetzt erst lebe ich. Und noch etwas ist mir passiert: Wenn ich jetzt anderen Menschen begegne, sehe ich sofort, ob sie ehrlich sind oder ob sie etwas verstecken. Mir kann man nichts mehr vormachen, denn ich kenne alle Masken selber. Gott hat mir zum Glück gleichzeitig mit dieser Gabe eine neue Liebe und Barmherzigkeit geschenkt. Ich glaube, ich kann Menschen so ansprechen, daß es ihnen hilft und heilsam ist."

Typ VIER

Das Enneagramm ist zur Zeit mein „täglich Brot". Ich finde mich eindeutig in der flammenden VIER wieder. Viele EINSER haben bisher meinen Weg gekreuzt – von ihnen hole ich mir wohl die nötige Balance . . . Ich bin Witwe und mein Trauerweg war auffallend. Der „Kirche" wollte ich zeigen, daß „sie" nicht trauern kann, aber *ich* – und meine Trauerbegleitung nahm ich mir einfach. Bei mir bricht aber immer das Schillernde durch und weil ich mich dafür schäme, ziehe ich mich oft in mich zurück. Irgendwann gewinnt dann das Pfauenrad wieder die Oberhand. Es ist schon oft gestutzt worden, aber manchmal treibt es Ableger und blüht so weiter.

Ich bin eine VIER und es stimmt, daß VIERer Stimmungen und Gefühle von Menschen genau erfassen, ebenso die Atmosphäre bestimmter Orte. Für mich ist es furchtbar wichtig, etwas „Besonderes" zu sein, nicht übersehen zu werden und schon gar nicht bald in Vergessenheit zu geraten. Ich bilde mir sehr viel darauf ein, noch nach -zig Jahren wiedererkannt zu werden. Die Bestätigung schmeichelt mir ungemein und ich fühle mich dabei großartig. Als Kind fühlte ich mich jahrelang unerwünscht und benachteiligt. Ich habe nicht die Liebe bekommen, die ich gebraucht hätte, und deshalb mußte ich mir mit meiner Phantasie eigene Quellen schaffen. Seit zwei Jahren trauere ich um meine große Liebe und hoffe insgeheim darauf, daß er zurückkehrt. Kein anderer kann bei mir die tiefen Gefühle auslösen, jeden Mann vergleiche ich mit ihm. Ich hatte auch fast ausnahmslos Beziehungen zu Männern, die weit entfernt wohnten, so daß eine Liebe im Alltag gar nicht möglich war. Als ich mit meinem jetzigen Freund (er wohnt 750 km weit weg) im Urlaub war, ging er mir von Tag zu Tag mehr auf die Nerven. Ich langweilte mich und hatte ständig das Gefühl, gegen eine Mauer aus Beton zu rennen. Dabei war für mich diese ausgefallene Wochenendbeziehung bis vor kurzem noch etwas so Besonderes!

Ich schreibe Ihnen, obwohl ich Angst habe, daß mit meinen sehr persönlichen Problemen nicht richtig umgegangen wird. Ich habe auch Angst, daß ich von einer inkompetenten Person unpassende Ratschläge erteilt bekomme, weil ich von ihr gar nicht richtig verstanden werde (typisch, ich weiß). Und drittens habe ich Angst vor unbequemer Veränderung.

Ich stecke mitten in einer schweren Ehekrise, die ich mit einem Seitensprung ausgelöst habe. Ich liebe meine Frau nicht mehr. Schon seit Jahren fühle und denke ich nicht mehr monogam. Ich versuchte, mich und meine Gefühle zu verstecken. Im Nachhinein sehe ich diese Jahre als Vergewaltigung, Unterjochung und Versklavung meiner selbst an. Die Sehnsucht nach anderen Frauen konnte realer sein als die Gegenwart meiner Frau. Der Ehebruch war für mich eine Befreiung aus der Sklaverei, meine Frau unbedingt lieben zu müssen, sie allein und nur sie. Einerseits weiß ich, daß ich meine subjektiven Gefühle zu ernst nehme. Andererseits kann und will ich sie nicht übergehen, es würde im Chaos enden, das würde ich kein zweites Mal aushalten. Ich habe meine Gefühle lange mit meinem starken Willen bekämpft, aber jetzt sind nur noch Anti-Gefühle, Aggression und Haß übrig. Ich hänge noch immer stark an meiner Frau, aber im denkbar negativsten Sinne.

Typ FÜNF

Das Enneagramm hat mir geradezu „eine Tür“ geöffnet. Eine ganz große Hilfe war es mir, dort mich in Typ FÜNF wiederzuerkennen. Ich hatte immer gedacht, ich wäre irgendwie „unnormal“.

Mein Mann ist ein recht eindeutiger FÜNFer, der eigentlich immer viel arbeitet und außerdem, wie er es ausdrückt, unsere beiden Kinder als *Personen* sehr liebt, als *Funktion* aber ganz und gar nicht. Das heißt, daß sie ihn auch oft stören. Das kommt mich schon hart an, weil ich ihn dann gar nicht mit Kinderbetreuung belasten mag und mich selbst immer zuständig fühle, was mich dann unter Druck setzt.

Typ SECHS

Ich glaube, mich als kontraphobische SECHS wiedererkannt zu haben. Dies ist mir sehr schwer gefallen, da ich nicht bereit war, zu meiner mehr unbewußten Lebensangst zu stehen. Bei mir stimmt genau, daß SECHSer kein Urvertrauen entwickeln konnten, weil sie gefühlskalte Eltern hatten. In meiner Familie war kein Platz für Gefühle – sie wurden als störend empfunden. Nicht einmal ein schlichtes In-den-Arm-Nehmen habe ich als Kind erlebt – dafür aber ungerechte Bestrafung durch meinen Vater. Auf die unfehlbaren Antworten der Bibel bin ich sehr angewiesen. Sollten Sie mir auf diesen Brief hin bescheinigen, daß die Bibel keine absolute Autorität genießt, wird mein Schwarz-Weiß-Weltbild (Sünder und Gerechte) beträchtlich ins Wanken geraten. Aber wie Sie sehen, schreibe ich Ihnen trotzdem und gehe dieses Risiko bewußt ein. Obwohl ich „wiedergeborener Christ“ bin, fehlt mir die Gewißheit, daß ich mit meinem christlichen Weltbild richtig liege. Ich bin auch notorisch mißtrauisch gegenüber Vorgesetzten und Kollegen. Gesetzlichkeit ist mir furchtbar wichtig, ich kann mich lang und breit über die Qualität von Gesetz und Evangelium auslassen und sehe in den Geboten Gottes Schutzmaßnahmen.

Aus dem Antwortbrief von Andreas Ebert: Sie suchen in der Bibel und christlichen Lehre ein System und Weltbild zum Festhalten. Glaube ist aber kein Festhalten an einem Gedankengebäude oder System, sondern eine herzliche, vertrauensvolle Liebesbeziehung zu Jesus Christus. SECHSer stehen in der großen Gefahr, beides miteinander zu verwechseln. Die Autorität der Bibel, die ich nicht bestreite, besteht gerade nicht darin, daß sie unfehlbare Antworten auf alle Fragen enthält. Ihre Autorität besteht in dem lebendigen Zeugnis lebendiger Menschen, die ihre gewaltigen Erfahrungen mit Gott weitergeben mußten. Die Bibel erreicht ihr Ziel dann, wenn sie uns motiviert, uns auf dieselbe Erfahrung einzulassen: auf das Wagnis des Glaubens, das eher ein Loslassen ist als ein Festhalten. Glaube bietet keine Sicherheit, sondern die Freiheit, inmitten der Angst und Ungesichertheit geborgen und gehalten zu sein. Die gute Nachricht für Sie besteht darin, daß Gott anders ist als Ihr Vater. Nicht seine „Autorität", sondern seine Liebe rettet Sie. Die Verunsicherung im Blick auf Ihr christliches Weltbild ist ein Indiz dafür, daß Sie auf dem Weg zu einem tieferen und persönlicheren Glaubensverständnis sind.

Mein Gottesbild ist sicher ein zentraler Punkt. Es ist wohl gespalten: Da ist der sehr liebe Vater (Abba), dessen Zärtlichkeit ich sogar einige seltene Male fast körperlich spüren durfte, und ebenso der brüderliche Jesus. Aber im Hintergrund lauert ein Schatten, ein schadenfroher Jemand, der mir nicht wohl will, mir zahllose große und kleine Probleme schafft (Wenn Gott lenkt, dann kommt ja auch das alles von ihm). Wenn es mir schlecht geht, dann wagt sich diese Götzenfratze hervor. Mein Mangel an Urvertrauen hat wohl mit meiner Kindheit zu tun: Verlust der Heimat und des Vaters mit knapp vier Jahren (ich sah, wie er von amerikanischen Soldaten verhaftet wurde), monatelange Klinikaufenthalte, wo Schwestern und Ärzte als einzige Bezugspersonen kaum Zeit hatten und obendrein immer Schmerz verursachten ... Dieses buchstäblich zwiespältige Gottesbild müßte wohl dringend geheilt werden, was dann wohl auch mich von so manch eigener Zwiespältigkeit befreien könnte. So vieles wird mir erst jetzt im Niederschreiben klarer und dafür bin ich Ihnen zutiefst dankbar.

Durch Traditionen meiner Herkunftsfamilie bin ich zum Gehorsam, zur Anpassung und *äußeren* Bescheidenheit (mit *inneren* hohen Ansprüchen) erzogen worden. Furcht, Autoritätsgläubigkeit und das Streben nach Sicherheiten waren Grundzüge meiner Erziehung. Im Enneagramm habe ich mich als SECHSer erkannt, der immer meint, eine DREI sein zu müssen (und dabei scheitert), dessen Wunsch es aber ist, der NEUN näherzukommen. Dem christlichen Glauben stehe ich bisher ängstlich gegenüber. Ich fühle meinen inneren Glauben (oft eine Sehnsucht nach tiefer Geborgenheit) – habe aber nicht den Mut, bin unentschlossen, den ersten Schritt zu tun.

Typ SIEBEN

Ich wollte nie ein SIEBENer werden – ein heiteres Intermezzo über die Kunst des Vermeidens. Von Johannes Minkus

Fast zehn Monate brauchte ich zu der Einsicht, daß ich eine SIEBEN bin. Zuerst wollte ich eigentlich eine NEUN sein. Gleich nach dem ersten Lesen der neun Enneagramm-Typen gefiel mir der Typ NEUN am besten. „Das bin ich", dachte ich und konnte mir gut vorstellen, mit einer Dose Bier in der Hängematte zu liegen und mir die Sonne auf den Bauch scheinen zu lassen. Mir gefiel auch die Vorstellung, als NEUN könnte ich die Welt retten, wenn ich nur nicht so faul wäre.

Seit ungefähr zehn Jahren beneide ich Leute, die keine Mühe haben, ihre Gefühle zu äußern. Gut, ich hatte noch nie Probleme damit gehabt, Freude und Begeisterung zu zeigen, nur traute ich mich nicht so richtig wütend oder aggressiv zu sein. Darum war ich sehr glücklich zu lesen, daß NEUNer „aus dem Bauch heraus" handeln. Endlich konnte ich meine Zweifel in den Mülleimer werfen: Ich bin eine NEUN und kann darum alle meine Gefühle problemlos abstrahlen.

Der Zusammenbruch kam an einem Freitag, kurz nach dem Abendessen. Meine Frau hatte von einer typischen SIEBEN erzählt, und ich hatte danach das Enneagrammbuch unter dem Bett hervorgefischt, wo es seit Monaten einstaubte. Ich habe die SIEBENer-Typen noch nie gemocht, und wollte den Abschnitt eigentlich mit genüßlicher Abscheu lesen. Doch während des

Lesens traf es mich: Ich *bin* eine SIEBEN! Ich bin einer dieser oberflächlichen Kopftypen!

Ich blätterte im Abschnitt über die SIEBEN hin und her, um Eigenschaften zu finden, die schlagend bewiesen, daß ich doch keine SIEBEN wäre – umsonst.

Während des ganzen Wochenendes litt ich an einer Depression. Meine Frau versuchte mich zu trösten: „Das ist doch bloß so ein Buch.“ Das hätte ich gerne geglaubt, das Problem war nur, daß ich zwischen Samstagmorgen und Sonntagnacht lauter typische SIEBENer-Eigenschaften an mir entdeckte:

Zu Weihnachten hatte meine Frau mir einen Walkman geschenkt. Ich empfand ein tiefes Gefühl der Befriedigung, wenn ich den Walkman mit frischen Batterien vor mich auf den Tisch legte, daneben meine fünf Lieblingskassetten. Es war ein wunderbares Gefühl: Wenn ich wollte, könnte ich jede Kassette hören. Aber ich mochte mich nicht entscheiden. Ich nahm die Fernbedienung und schaltete den Fernseher ein. SIEBENer lieben viele Optionen.

Ich erinnere mich auch an einen Satz, den ich gerne am Ende von Taufgesprächen gebrauche. Wenn alles besprochen war, sagte ich häufig: „So, ich bin glücklich, ich weiß alles, was ich wissen muß. Gibt es noch etwas, worüber wir sprechen sollten?!“ SIEBENer lieben das Selbstbild: Ich bin glücklich!

Bei Krankenbesuchen kostete es mich viel Energie, um – korrekt seelsorgerlich – das Leid der Patienten zur Sprache kommen zu lassen. Viel lieber hätte ich ihnen auf die Schulter geklopft: „Das wird schon wieder! Heute ist so ein wunderbarer Tag . . .“ Dem Leid nahe zu kommen, fällt einer SIEBEN sehr schwer.

Ähnliche Schwierigkeiten hatte ich in meiner Supervisionsgruppe. An sich ist Supervision etwas Wunderbares: Wohlmeinende Gruppenmitglieder helfen einem, seine Probleme in anderer Perspektive zu sehen. Das Unangenehme daran war, daß ich über meine eigenen Probleme und Schwächen reden sollte. Ich versuchte mich zu drücken; doch manchmal mußte es sein. Glücklicherweise fallen mir in solchen brenzlichen Situationen fast immer gute Witze ein – das löst die Spannung. Die Supervisorin redete von „Fluchtreaktion“ oder „Vermeidung“ – aber wahrscheinlich mochte sie einfach keine Witze!

Doch genug von diesen depressiven Geschichten! Zum Schluß noch ein Geheimrezept für gute Laune. Mir hilft es garantiert: Einen Nachmittag zusammen mit einer anderen SIEBEN die unbegrenzten (Spiel-)Möglichkeiten eines Computers zu genießen. That's good vibrations!

Bin ich viel zu gerne glücklich? Erfahrungen einer SIEBEN. Von Werner Küstenmacher

Als ich das erste Mal vom Enneagramm erfuhr, bekam ich den Typ SIEBEN sofort auf den Kopf zugesagt. Ich bin sonst sehr skeptisch mit Persönlichkeitsmodellen und anderen Welterklärungsversuchen. Aber das Enneagramm hat bei mir „gesessen".

Wir sind Sünder – diese Wahrheit ist zu einer Binsenweisheit verkommen, die kaum noch jemand wirklich berührt. Mit dem Enneagramm bekomme ich gezeigt, daß ich eine Lieblingssünde habe, eine Falle, in die ich immer wieder tappe. Das war für mich eine verblüffend hautnahe Erfahrung. Vor allem, wenn man sich am Anfang auf diese eine Lieblingssünde konzentriert und sich noch nicht ablenken läßt von allzuviel Spekulationen über Flügel, Trost- und Streßpunkte.

Eine weitere eigenartige Erfahrung: Die ersten Wochen nach der Begegnung mit der eigenen Falle waren bestimmt von einer fast zwanghaften Lust, diese Falle noch einmal richtig auszukosten. Ich habe unmäßig gegessen, Sachen gekauft, bin unangenehmen Dingen weiträumig aus dem Weg gegangen und habe das Lebenssystem der kleinen Belohnungen noch weiter ausgebaut. Um das Böse zu erkennen, muß man ihm anscheinend noch einmal besonders nahekommen. Auf der anderen Seite hat solches Ausleben wohl damit zu tun, daß man sich bald von der Lieblingsfalle verabschieden muß.

Die Beschreibung der neun Wurzelsünden bei Rohr/Ebert hat mich fasziniert. Um den Begriff „Sünde" habe ich – wie viele Christen – einen Bogen gemacht. Muß das denn sein, daß man gleich mit etwas so Unangenehmem konfrontiert wird? Kann man das nicht ein bißchen netter sagen? Auch mit der Aufteilung menschlicher Untugenden in Todsünden hatte ich immer Probleme. Sie kamen mir nie vollständig vor. Angst und Lüge – genau, das waren die beiden, die gefehlt haben! Einige der klassischen Sünden empfand ich als zu schmal gefaßt. Bei näherer Betrachtung aber entdecke ich mich in allen wieder.

Zorn – ist das überhaupt eine Sünde? Ich hielt es eher für eine vorübergehende Gemütsregung. Aber ich lerne jetzt, wie selbstzerstörerisch es ist, Fehler und Unvollkommenheiten anderer sogleich auf sich zu beziehen. Empfindlichkeit ist eine entsetzliche Falle: Mit dem Drang nach technischer und sozialer Perfektion kann ich andere quälen und besiegen: Du siehst den Fehler nicht, du taube Nuß, aber ich, ich beharre auf den Details. Ich weiß, in welche Sackgassen ich mich verrennen kann, nur um recht zu haben und Fehler nicht zugeben zu müssen.

Stolz verstehe ich erst, seit ich ihn für mich mit „Egoismus“ übersetze. Verkleidet als Nächstenliebe ist er eine furchtbare Waffe. Wie oft tue ich Gutes aus Berechnung!

Die *Lüge* rückt mir auf den Pelz, wenn ich das Wort „Selbstbetrug“ dafür einsetze. Ich erinnere mich an Situationen, in denen ich so gelogen habe, bis ich es selbst geglaubt habe. Und das war wohl auch der Hauptzweck.

Neid hatte ich eingestuft als eine untergeordnete Motivation für bestimmte Handlungen: Der hat eine größere Stereoanlage, also muß ich mir eine noch größere kaufen. Schlimm aber wird der Neid gerade bei den Dingen, die sich selbst mit viel Geld nicht verändern lassen. „Ich schaffe es nicht“ – da bleibt nur der Weg in die Verzweiflung und Depression. Aber Neid liegt mir eigentlich ziemlich fern.

Geiz habe ich immer mit Sparsamkeit verwechselt. Aber geizige Menschen scheinen überhaupt nicht nachzurechnen, ob ihr Nicht-Abgeben ihrem finanziellen oder geistigen Kontostand nützt. Geiz ist zu einem Prinzip geworden, bei dem sich die Frage nach dem effektiven Nutzen sogar verbietet. SIEBEN und FÜNF können recht konträr sein: Ich liebe es, vorzurechnen, daß ein Luxusauto sinnvoller sein kann als ein Kleinwagen (wegen des Lustgewinns, der verbesserten Motivation, der höheren Sicherheit, des guten Wiederverkaufswerts). Die FÜNF sagt: Selbst wenn das stimmt (tut es natürlich meistens nicht), ist es immer noch Verschwendung.

Angst hielt ich immer für etwas, das einem widerfährt. Im Enneagramm lerne ich, daß sie ebenso wie die Freude ein Produkt unseres Kopfes ist. Angst ist etwas sehr Berechnendes, fast das Gegenteil von Glaube und Vertrauen. Seinen eigenen Gefühlen und tiefstem Innersten nicht trauen, Gott wegschieben und die unberechenbaren Menschen. Oh, das kenne ich, dieses überkontrollierte Leben!

Ich kenne keinen Menschen, der *wollüstig* wäre im Sinne der einschlägigen Sittengeschichte. Wohl aber kenne ich schamlose Menschen. Sie empfinden etwas wie Wollust dabei, wenn sie die feine unsichtbare Schamgrenze durchbrechen, die uns umgibt und schützt. Wir fallen immer wieder darauf herein, den Aggressor für stark zu halten, nur weil er die Grenzüberschreitung wagt.

Daß die *Faulheit* eine Sünde ist, das war mir allerdings schon immer klar. Ich habe sie mit allen Mitteln vermieden – und dabei verdrängt, welcher Segen gerade auf der Muße und der Nichteinmischung liegt.

Bei Völlerei denke ich an mittelalterliche Eßgelage und finde, daß das mit mir nicht das geringste zu tun hat. Das Wort *Unmäßigkeit* aber schon! „Mehr ist besser" ist dafür eine brillante Definition. Es ist das Motto der Wohlstandsgesellschaft. Ich war übrigens immer froh und dankbar, daß ich ihr angehöre. Andere Gesellschaftsformen waren mir suspekt. Insgeheim empfinde ich eine kleine Genugtuung, daß die sozialistischen Mangelgesellschaften offenbar nicht überlebensfähig sind. Ich idealisiere gern die kopfgesteuerte Vernunft: Vollkommene Freude kann nur gedeihen in einer Gesellschaft, in der man sich gegenseitig mag und in Harmonie mit der Natur lebt. So müßte doch eigentlich eine SIEBENer-Gesellschaft auch auf Frieden, Gerechtigkeit und Bewahrung der Schöpfung hinarbeiten. Immerhin sind es ja die Wohlstandsgesellschaften, die all dies als Staatsziel entdeckt haben, und mit viel Geld und Phantasie daran gehen, die Sünden der Vergangenheit zu beheben.

Wenn alle Menschen SIEBENer wären, dann wäre diese Welt doch wunderbar. Daß ich so einen Satz – zumindest heimlich – formuliere, ist wohl ein sicheres Zeichen, daß ich noch tief drinstecke in meiner Falle. Ehrlich: Ich fühle mich ziemlich wohl in meiner SIEBENer-Haut. Ich habe das Bedürfnis, glücklich zu sein, jawoll, und jetzt bin ich glücklich, basta!

Obwohl ich mich selten direkt wie Glückspilz Gustav Gans gefühlt habe, ist es mir immer bestens ergangen. Eigentlich war ich mir auch stets sicher, eine gute Wohnung, den richtigen Beruf und die ideale Ehefrau zu finden. Ist das nun wirklich so oder ist es nur meine Sichtweise, typisch SIEBEN? Hatte ich immer genug Geld oder habe ich meine Ansprüche immer so zurückgehalten, daß mir meine paar Kröten als Reichtum erschienen? Ich kann mir vorstellen, daß ein anderer Mensch in meiner Haut sich sehr unglücklich hätte fühlen können.

SIEBENer vermeiden den Schmerz. Das hat mir sehr eingeleuchtet und ich habe das auch sogleich an mir entdeckt. Aber hat nicht jeder Angst vor dem Zahnarzt oder Sorge, eines Tages hilflos und vor Schmerz gekrümmt auf dem Sterbebett zu liegen? Nein, die Schmerzvermeidung der SIEBEN setzt viel früher an. Sie plant, auch die kleinsten Unannehmlichkeiten zu vermeiden. Sie flieht, sie denkt nicht hin. Ich kann das tatsächlich: Bei einem Film über das Unglück in einem armen Land denke ich mir, daß der Regisseur vielleicht eine VIER ist und mir wieder nur das Schrecklichste und Schlimmste präsentiert. Vom stillen Glück oder der Lebensfreude der Menschen in diesem armen Land zeigt er mir nichts.

Aber halt, haben denn wirklich nur die anderen recht? Ich war in Brasilien und habe Familien in einer Favela von Novo Hamburgo besucht. Es waren Menschen von einer enormen Lebensfreude und voller Hoffnung auf bessere Zeiten. Zwischen den Bewohnern der Hütten herrschte eine Solidarität, von der man bei uns nur träumen kann. Ich bin seitdem skeptisch bei Gefühlen aus zweiter Hand wie etwa Mitleid aufgrund von Zeitungsfotos.

Sehr reizvoll finde ich es, die eigenen Vorbilder und Idole anhand des Enneagramms zu überprüfen. Ob sie mich so fasziniert haben, weil sie der gleiche Typ sind wie ich selber?

Andy Warhol hat mich schon in frühen Jahren sehr beeindruckt. Er hat den Typ SIEBEN genial künstlerisch verarbeitet – wobei offen bleiben kann, ob er wirklich auch selber eine SIEBEN war. Andrew Warhola, Kind kleinbürgerlicher polnischer Aussiedler aus Pittsburgh, ging in die größte und unmäßigste Stadt, New York. Die Werke, mit denen er berühmt wurde, sind eine einzige riesige Gestaltwerdung des „mehr ist immer besser". Eine Dose ist nichts, aber sechs sind gut. Zwölf sind besser, 50 noch besser. Die Multiplikation des Gleichen hat er in seinen Bildern bis ins Absurde getrieben. Es gibt mehrere Meter hohe Monumentalschinken von ihm mit Hunderten reproduzierter Dollarnoten, Elvis-Porträts, Colaflaschen und was noch alles zum Oberflächlichsten der US-Kultur gehört. Und – es hat funktioniert. Mehr war wirklich mehr. Die absurd hohen Preise, die bald für Warhols Siebdrucke bezahlt wurden, passen ins Konzept. Er wurde gefeiert wie ein Narr, und alles war von ihm gewollt. Seine ganze Energie setzte er daran, um immer im Gespräch zu bleiben und berühmt zu werden – weit über die Künstlerszene hinaus. Mehr, mehr, mehr.

Sein Privatleben dagegen hielt er vollkommen geheim. Daß er homosexuell war, wußten zwar alle, aber nie ließ er sich mit einem Freund fotografieren, viel lieber mit möglichst prominenten Frauen. In seiner Privatwohnung fand man nach seinem Tod Unmengen religiöser Kunstwerke. Warhol, praktizierender Katholik, hat auch das Religiöse vervielfacht: Zwei riesige rosafarbene Reproduktionen der sixtinischen Madonna von Raffael schmückten seine Wohnung.

Warhol hatte krankhafte Angst vor Arzt und Krankenhaus. Er wußte seit längerem, daß er sich einer Gallenoperation unterziehen muß, aber das Wort „Operation" war bei ihm verboten. Er sprach nur von „es" und schob sie immer wieder vor sich her. Als er endlich mit großen Schmerzen ins

Krankenhaus eingeliefert wurde, war es bereits zu spät. Die Schwester von der Notaufnahme berichtet, Herr Warhol sei der erste Patient in ihrer langen Berufspraxis gewesen, der bei der Einlieferung seine Kranken- und Sozialversicherungsnummern auswendig gewußt hätte.

Das Enneagramm entwickelt seine Kraft aus der Konzentration auf die eine, eigene Falle. Wer sich damit beschäftigt, findet ja am gleichen Punkt zugleich seine beste Gabe. Allmählich habe ich aber auch die Pfeile des Enneagramms schätzen gelernt. Ich weiß, daß mich die emotionsarmen, zurückgezogenen FÜNFer immer am meisten getröstet haben. Meine intensivsten Zeiten hatte ich in Phasen der absoluten Konzentration: Bei der Vorbreitung auf das Examen oder bei einer Schweigeretraite in Taizé. Für Gurdjieff, einen der wichtigsten Übermittler des Enneagramms, war die Dynamik des NEUNer-Kreises wichtig: Daß sich alles fortentwickelt, von EINS zu ZWEI, von ZWEI zu DREI. Muß ich vielleicht doch durch den ganzen Kreis, so wie Jesus es offenbar vorgelebt hat? Ist das Enneagramm dynamischer als wir denken?

Inzwischen ist das Enneagramm an sich für mich in den Hintergrund getreten. Ich empfinde es als eine Botschaft Gottes, die mich ihm näherbringen soll. Sie enthält den Auftrag, daß ich mich zu ihm auf den Weg machen soll. Nun habe ich die Botschaft gelesen, sie liegengelassen und bin fröhlich losgegangen. Denn sie enthielt auch die Nachricht, daß ich es ohne ihn niemals schaffen werde. Er ging schon die ganze Zeit an meiner Seite.

Beim Erkennen meines Typs hatte ich den Eindruck, als würde mir der Boden unter den Füßen weggezogen. Erkannte ich doch, daß das, was ich für meine Stärken hielt, nichts anderes als Schutzvorkehrungen waren ... Eine wichtige Erkenntnis hatte ich vor ein paar Tagen: Ich war reizbar, unzufrieden und intolerant, ohne zu wissen warum. Mehrere Wochen schon ging ich meiner Umwelt und mir selbst auf die Nerven, da stieß ich mit Hilfe der Bach-Blütentherapie auf all die Merkmale, die zu meinem Streßpunkt EINS paßten. Ich hatte mich vorher nie mit meinem Streßpunkt beschäftigt, mir wurde aber schlagartig klar, daß ein durch oft hausgemachten Streß hervorgerufener Zustand durch Abbau der Streßfaktoren beseitigt werden kann. Allein diese Erkenntnis reichte aus, in kürzester Zeit mein seelisches Gleichgewicht wieder herzustellen.

Seit Jahren kämpfe ich mit der Falle der SIEBEN: der Planung. In meinem Beruf artet das oft aus in ein richtiges Organisiergehabe mit viel Wirbel, begleitet von einem geschwätzigen Redestil. Das wirkt sich negativ aus auf mein geistliches Leben. Ich plane restlos alles, auch mein Gebetsleben ist durchgeplant – und dabei möchte ich doch offen sein für die Impulse Seines Geistes. Die Schmerzvermeidung entspricht genau Ihrer Beschreibung, auch eine gewisse Oberflächlichkeit kennzeichnet mein ganzes Leben. Ich war in meiner Falle so festgefahren, daß ich vor vier Jahren geradezu einen physischen Zusammenbruch erlebte, einen Wirbel(!)schaden bekam und monatelang krank war. Kapiert habe ich nichts, erst als ich mit einer Seelsorgerin sprach, die meine Blockierung entdeckte und mir zu einer neuen Lebensübergabe an Gott verhalf. Es war der Anfang eines neuen Weges.

Typ ACHT

Meine tiefsten Gedanken sind, glaube ich, die einer ACHT. Wollte mich vor der Welt als stark und gut zeigen. Ich konfrontiere mich im Moment mit meiner *Schwachheit*. Es tut sehr weh. Was ich dringend bräuchte, wäre eine seelsorgerliche Begleitung. Im Moment habe ich das Gefühl, nicht mehr aufstehen zu können. Ich habe meine leitende Position in der Firma gekündigt, weil ich nicht mehr mit ansehen konnte, wie die Leute dort vor Streß umkamen. Habe jedoch teilweise selbst Druck ausgeübt! Bin nun in einem ruhigen Job, dachte mir vorher, das wäre die Erlösung. Bin jedoch unzufriedener als vorher. In der Abteilung, die ich übernahm, herrschte Chaos, ich schaffte Ordnung. Verteidigte die Leute, wo es nur ging. Jetzt arbeite ich allein. Ich weiß nicht, ob ich die Kraft habe, nochmals neu anfangen zu können.

Was mich drängt zu schreiben, ist mein gestriges Aha-Erlebnis. Es fiel wir wie Schuppen von den Augen, nachdem ich lange Zeit auf einer falschen Fährte war. Ich bin eine ACHT. Mir wurden alle Erlebnisse aus meiner Kindheit und Jugendzeit klar. Als Kind Anführer einer Meute, meine Aggressionen, das Bedürfnis, den Schwachen zu schützen, der ausgeprägte Gerechtigkeitssinn. Auch meine Sinnlichkeit kann ich jetzt in diesem Zusammenhang sehen und die Probleme, die ich hatte, diese Bedürfnisse mit meinem Christsein unter einen Hut zu bringen.

Mir ist jetzt auch klar, warum ich mit Ängsten zu kämpfen habe, seit ich mit meinem Mann zusammen bin. Er ist eine NEUN und hat mir meine Liebe, Wärme und Güte gezeigt. Er hat mich enttarnt, denn damit habe ich mein aufgebautes Selbstbild von der starken Frau verloren und bin völlig aus dem Lot gekommen. Regelrechte Panik-Attacken waren die Folge. Ich dachte an eine Psychotherapie, aber sich von wildfremden Menschen bis aufs Hemd ausziehen lassen, das ist noch nie meine Sache gewesen. Jetzt habe ich mit dem Enneagramm endlich einen Ansatzpunkt gefunden, von dem ich ausgehen kann. Ich habe mich verloren und wiedergefunden und bin bereit, mit dem Chaos, das in mir herrscht, aufzuräumen.

Was mich beim Enneagramm auch verblüfft hat, ist die Tatsache, daß ich bei all meinem Suchen sehr oft das Richtige getan habe, um mich positiv zu verändern. Zum Beispiel versuche ich, andere Menschen mehr anzunehmen, wie sie sind, und meine Selbstgerechtigkeit vor der Tür zu lassen. Mühsam lerne ich auch, andere Meinungen stehen zu lassen, ohne dem anderen dann böse zu sein, oder ihn für doof zu erklären.

Typ NEUN

Bei einem Gespräch über Ziele ging es darum, daß eine DREI, die ich als normal bis erlöst erlebe, mir sagte, ohne ein Ziel sei es unmöglich, einen Weg zu gehen, gebe es nur Stagnation. Man müsse Entscheidungen treffen, und das hätte ich ja getan, sonst hätte ich keine Kinder. Sie konnte es nicht fassen, als ich antwortete, ich hätte mich nicht *entschieden*, ich hätte mich *eingelassen.*

Das könnte ihr nie passieren! Ich habe mich ganz elend gefühlt, weil mir mein Eingeständnis als Ausdruck all meiner vermeidenden Trägheit erschien. Dieser starken Persönlichkeit gegenüber konnte ich mich nur noch als wandelndes Defizit erleben:

Ich kann kein Ziel formulieren, nicht zielstrebig leben. Was ich bisher als Offenheit, Verständigungsbereitschaft definiert habe, kann sehr wohl ein Ausdruck dafür sein, daß ich es vermeiden will, einen eigenen Standpunkt einzunehmen. Dieser Reichtum der NEUN, die scheinbar unterschiedlichsten Positionen als wertvoll ansehen zu können, wird ihr zum eigentlichen Dilemma.

In solchen Momenten will mir jede Sicherheit recht sein, um aus meiner Unsicherheit herauszukommen. Der Streßpunkt SECHS stimmt! Aber tief in mir weiß ich, daß ich mich damit verkürze, daß nur in einer Annahme der Offenheit und Unsicherheit die Wahrheit für mich liegt.

Also weiterhin die Fragen von DREIern, ob das nun nicht Haltung, sondern eher Trägheit ist, an mich heranlassen und ehrlich beantworten. Die DREI ist mein Stachel im Fleisch, damit ich mich als NEUN nicht in eine Pseudo-Sicherheit (SECHS) verkürze.

Mit dem Enneagramm kann ich meine Geschichte gut ausdrücken: In der SECHS gefangen, war ich vom Leben abgeschnitten, konnte ich nicht mehr atmen. Bei der NEUN zu bleiben, mich hier häuslich einzurichten, bedeutet auf Dauer gesehen Stillstand. Das ist dann wirklich so wie in dem Gleichnis von den vergrabenen Talenten. Um nicht am Leben vorbeizugehen, um es nicht zu verspielen, besser gesagt: zu verschlafen, kann es also nur heißen, zur DREI aufzubrechen. Zum Vertrauen zurückfinden, ohne den konkreten Ausgang zu wissen, war und ist der Weg der Integration.

Mein Vater hat häufig seine Sorgen in Alkohol ertränkt. Meine Mutter lag mit ihm oft im Streit und ich stand zwischen den Fronten. Ich habe große Angst vor Strafen. Da greife ich dann zur Betäubung (Fernseher – was ich immer als „Entspannung“ angesehen habe) oder zum Essen als Liebesersatz, darum habe ich immer Gewichtsprobleme. Ich komme schwer in Gang, kann mich nicht entscheiden, bin schnell erschöpft. Aber die *Tat* an sich ist für mich die Erlösung. Eigentlich steckt in mir viel Energie, ich habe allerdings Probleme, sie loszuwerden, genauso wie meine Aggressionen, die ich aus Angst nicht ausleben kann. Bei mir kommt das dann alles über die Haut raus (Ekzeme und Hektikflecken). Für mich ist es wichtig, mich an der DREI zu orientieren, denn ich brauche klare Ziele, um nicht desorientiert zu werden.

Etwas fiel mir auf: Als ich Ihr Buch gekauft hatte, kam ich abends nach Hause und legte mich ins Bett (typisch NEUN: warum sitzen, wenn man liegen kann?). Ich las und las. Nach 24 Uhr wollte ich einschlafen, was mir sonst immer auf Anhieb gelingt, aber es ging nicht. Ich nahm an, daß mich das, was ich gelesen hatte, wohl aufgeregt hatte: Ich hatte plötzlich viel zu viel Energie! Das wiederholt sich jetzt immer. Egal zu welcher Tages- oder Nachtzeit ich das Buch in die Hand nehme, sofort werde ich mit Energie geladen. So wirkt das Buch als solches schon als Energiespender.

Seit ich mich als NEUN erkannt habe, ist Un-Ruhe in mein Leben gekommen, aber auch Mut und Bereitschaft zur Selbsterkenntnis und Selbstannahme. Durch die Bücher von Richard Rohr erkenne ich immer mehr die Notwendigkeit einer vertieften Selbsterkenntnis als Grundlage einer lebendigen Religiosität. Ich muß gestehen: genau das fällt mir schwer – noch nie war ich mir meiner blinden Flecken so schmerzhaft bewußt! Ich hielt mich wirklich für einen friedvollen Menschen, aber das Gefühl war trügerisch – da Frieden schaffen (mit so viel verborgenem Zorn und Zynismus im Bauch) durch Unaufrichtigkeit (fehlende Demut) immer wieder vereitelt wird. Wie mit diesem Zorn und Zynismus umgehen? Wie oft bin ich nur in lähmender Passivität verstrickt, wo ich diese Ruhe mir sogar als Tugend anrechne? Wie viele Projekte sind gescheitert durch Antriebsschwäche? Bei außergewöhnlichen Situationen fliehe ich in Planungen, endlose Reflexion, Unentschlossenheit oder Betäubung. Vor meiner Begegnung mit dem Enneagramm fand ich das ganz in Ordnung. Jetzt reibt alles. Lebenslügen kommen ans Licht: unerreichte Ziele (was bestens entschuldigt war) – es war ein Scheitern aus Bequemlichkeit. Wie schmerzhaft, mir das einzugestehen!

Wenn ich einen freien Tag habe, passiert es mir, daß ich mich mit Filmen, Musik oder Lektüre betäube. Und alles ist unbefriedigend. Acedia: stundenlanges Verharren im Gefühl: Es ist doch alles nichts. An diesen Tagen reiben mich auch die Kinder nervlich auf. Dann bin ich sogar froh, wenn mich der Alltag mit seiner Routine von der Lähmung befreit.

Natürlich gibt es auch Gutes. Ich werde von vielen Ratsuchenden aufgesucht, die gern bei mir „zur Ruhe kommen". Viele Menschen schätzen das Gespräch mit mir. Es gelingt mir, wenn ich ganz besonders wach bin, tatsächlich Brücken (über tiefe Gräben) zu bauen, auch im Dienst. Nun hoffe ich sehr mit Ihrer Hilfe zu neuen Formen tatkräftiger Liebe zu finden.

Lange war ich vor Phänomenen meines Verhaltens gestanden, ohne damit zurechtzukommen. Das Enneagramm hat bei mir wirklich aufgedeckt, was verborgen war – zumindest meinem Bewußtsein. In der Schule war ich nicht besonders gut, vor allem weil ich mich oft *unterfordert* fühlte. Aber das konnte man den Lehrern ja schlecht sagen, sonst hätten sie ja noch mehr verlangt, das wollte ich auch nicht. Warum sollte ich mich für etwas abrackern, wenn ich es auch *einfacher* haben konnte?

Ein weiteres Schlüsselerlebnis war die Erkenntnis, daß ich nicht lieben kann. Über drei Jahre lang hatte ich es nicht gewagt, einer Frau, die ich wöchentlich traf, meine inneren Gefühle in irgendeiner Weise auszudrükken. Heute kenne ich meine unbewußte NEUNer-Logik: Was soll ich mich anstrengen, um eine Frau zu werben, wo doch die Möglichkeit besteht, daß alles umsonst ist?

Ein weiteres Problem ist unsere spezialisierte Umwelt. Ich hatte eine tiefe Identitätskrise, weil mir bewußt wurde, daß ich auf keinem Gebiet ein Spezialist bin. Ich kann auf vielen Gebieten etwas, aber ich bin auf keinem wirklich gut oder kompetent. So bin ich im Konflikt mit mir selbst, weil ich vieles interessant finde und tun *will,* aber nicht *kann.* Da steckt so tief die

Faulheit dahinter, daß ich gar nicht weiß, wie ich der zu Leibe rücken soll. Komischerweise tritt sie nur bei Dingen auf, die gerade aktuell dran sind und nicht bei den Sachen, die man aufschieben kann . . . Andererseits fühle ich mich *gar nicht* faul, wenn ich betrachte, wieviel Energie ich aufwenden kann, um gerade dieser aktuellen Aufgabe aus dem Wege zu gehen (zum Beispiel diesen Brief schreiben)!

Das Enneagramm war wie ein *Spiegel*. Ich arbeite nun damit und bete täglich um die drei Chancen der NEUN. Seither hat Gott mich auf viele Dinge aufmerksam gemacht und ich beginne zu lernen, bevor ich in die Falle tappe, meine Chance zu ergreifen und die Falle zu überwinden. Meistens klappt das aber nicht. So führt er mich behutsam und langsam an die Liebe heran, an den Mut und an die Tat, was ja alles zusammenhängt.

Zweierbeziehungen und das Enneagramm

Es war für uns beide, besonders aber für meinen Mann, *das* große Aha-Erlebnis, ja eigentlich eine Identitätsfindung . . . Noch nie in unserer fast dreißigjährigen Ehe mit immer wieder erneuerter Liebe und kompromißloser Treue haben wir so viel über uns selbst gelacht und so viel über uns selbst gesprochen. In unserer Beziehung sind uns neue Türen aufgegangen und durch besseres gegenseitiges Verständnis lernen wir eine neue Freiheit kennen. Wir sind dankbar, daß dieses Buch geschrieben worden ist.

EINS(m) und NEUN(w): Viele qualvolle Ehejahre, die beinahe in einer Scheidung geendet hätten, erstanden vor meinem Auge. Bis vor kurzem glaubte ich nur immer, ich sei ihr Retter. Aber seit einiger Zeit weiß ich – und Ihr Buch hat es mir bestätigt – daß mein *hart*näckiger Idealismus und mein Vollkommenheitsstreben vermutlich nur an einer weichen, oft plan- und ziellosen Bequemlichkeit wirksam aufgelöst werden konnte.

EINS(w) und NEUN(m): Erst habe ich meinen Typ nicht gefunden, bis ich auf die NEUN stieß – da trifft jeder einzelne Satz zu. Meine Frau habe ich eingeschätzt. Vollkommen falsch. Sie hat sich beim Lesen sofort als EINS erkannt. Seitdem verstehe ich mich und unsere Beziehung viel besser und bin dazu befreit, meine Lebensprobleme als typisch und nicht als alleinige Schwächen zu erkennen. Als Flügeltypen passen wir sehr gut zusammen. Wir sind ganz verschieden, haben aber unsere gemeinsamen Berührungspunkte, die Flügel. Das ist auch für die Ehe sehr gut, wir verstehen nun den Grund der Reibungsflächen.

Und noch etwas: Von meinen Vorgesetzten meinte ich früher, sie seien beide „aus dem gleichen Holz geschnitzt“. Dank Enneagramm weiß ich jetzt, daß zwei Menschen mit dem gleichen Auftreten ganz verschieden sein können: Der eine eine reine ACHT, der andere ein ZWEIer auf dem Streßpunkt ACHT!

EINS(w) und EINS(m): Es war seltsam. Nach dem ersten oberflächlichen Lesen hielt ich mich für eine ZWEI. Als ich gründlicher las, entdeckte ich rasch, daß mein Mann eine sehr typische EINS ist. Das hat mich so mit Aufregung und auch Zorn erfüllt, daß ich plötzlich merkte, daß ich selbst auch eine typische EINS bin, die immer recht haben muß. Ich war ganz schön beschämt. Schon vor der Lektüre wußte ich, daß wir *dieselben* Schwächen haben, besonders unsere Empfindlichkeit. Und es ist schwierig, genau wie Sie sagen, mit dieser gleichen und potenzierenden Energie zu leben. Aber Sie können sich vielleicht auch vorstellen, daß mich das Enneagramm gerade in dieser Hinsicht *entspannen* konnte. Jetzt habe ich die Möglichkeit, großzügiger seinen Zorn zulassen zu können, und sehe deutlicher, daß ich daran gar nichts ändern kann.

SECHS(m) und VIER(w): Als wir uns kennenlernten, verstand sich meine Frau als „wiedergeborene Christin", ich hatte damals Drogenkontakte. Nach zwei Jahren gegenseitigen Prüfens haben wir geheiratet. Inzwischen lehnt sie meine Frömmigkeit ab und meint, ich habe mich vom underdog zum religiösen Spinner entwickelt. Ihr Glaube ist für mich nur noch ansatzweise vorhanden, sie sagt heute, sie habe jahrelang geschauspielert und sich selbst belogen! Wie Sie richtig schreiben, stelle ich überzogene Hypothesen über die angeblichen Motive meines Partners auf. Weil ich mißtrauisch gegen mich selbst bin, bin ich es auch bei anderen. Da ich mich schon immer für fähig hielt, Ehebruch zu begehen, habe ich dies auch meiner Frau unterstellt. Und siehe da: Es ist tatsächlich dazu gekommen! Da sie diese andere Beziehung nicht aufgeben will, stehe ich heute vor einem großen Scherbenhaufen. Ich glaube aber, wenn ich mich ändere, daß weitere Änderungen folgen können . . .

SECHS(m) und SIEBEN(w): Ihr Buch schien mir wie von Gott selbst in die Hand gelegt. Vergeblich habe ich aber eine Beziehung zwischen der ZWEI und der SECHS (mein Mann) gesucht. Wir lieben uns sehr. Aber sein Pflichtbewußtsein ist mir oft schwer verständlich. Ich meinerseits habe nicht den Mut, mich meinem Mann so zuzumuten, wie ich wirklich bin. Ich zeige mich immer geduldig, freundlich, verständnisvoll, fürsorglich. Ich streite mich nie. Und ich fange an zu zweifeln, ob das richtig ist und ehrlich. Und ein Hindernis für mehr Nähe und Herzlichkeit. Seit einigen Jahren leide ich an Rheuma. Ich habe gelesen, daß Rheuma durch unterdrückte Aggressionen entsteht, die sich dann gegen den eigenen Körper richten. Ich kann das für mich gut nachvollziehen. Ich habe aggressive Phantasien, die mir unverständlich sind und derer ich mich schäme. Aber ich bin unfähig, meine Aggressionen zu verbalisieren, mit ihnen umzugehen. Ich bin einfach blockiert.

Was sagt mir Gott, wie ich mit meinen Aggressionen umgehen soll? Im Alten Testament und in den Rachepsalmen finde ich Texte dazu. Aber Jesus? Er steht vor meiner Seele als der geduldige, der alles erträgt, der uns ermutigt, unsere Feinde zu lieben. Bis jetzt hatte ich gedacht, je selbstloser ich bin, um so näher komme ich dem Auftrag Christi. Und Selbstverwirklichung war für mich kein Weg, eher eine Gefahr, die wahre Nächstenliebe zu vernachlässigen. Wird Jesus mich ermutigen, ehrlich aggressiv zu sein?

Bis vor kurzem wußte ich nicht, was ich überhaupt beichten, welche Fehler ich bekennen sollte. Im Gottesdienst hörte ich die Predigt immer im Blick auf andere, von denen ich glaubte, ihre Probleme seien jetzt angesprochen. Immer war ich damit beschäftigt, für andere verantwortlich zu sein. Ich fing an zu rechnen, was ich alles für Gott tat, und erwartete, daß er es auch anerkennt und daß es möglichst auch die Leute in der Gemeinde bei Gelegenheit erfahren würden. Seit einiger Zeit versuche ich, meine eigenen Bedürfnisse wahrnehmen zu lernen. Es fiel mir anfangs außerordentlich schwer. Aber jetzt habe ich entdeckt, daß ich mich sehr nach Stille sehne, nach Zeit, um zu lesen, nachzudenken und auch um zu träumen.

Dieser Brief mit der Selbsteinschätzung ZWEI deutet eher auf Typ SIEBEN hin (vgl. die Untertypen sozial und selbsterhaltend bei der SIEBEN). Viele Formulierungen des hier nur gekürzt wiedergegebenen Briefes sprechen für die Zugehörigkeit zum Zentrum der Kopftypen (Grundthema: Angst). Die unterdrückten Aggressionen könnten ein Hinweis für den in der Gemeinde und der Ehe mit der SECHS nicht gelebten ACHTer-Flügel sein, die am Ende des Briefes genannten Bedürfnisse nach Stille und innerer Ruhe würden für den Trostpunkt FÜNF sprechen. In der Seelsorge ginge es hier erst einmal darum, Zugang zur eigenen Zentrumsenergie zu finden (Kopf oder Herz?), um von da aus den eigenen Typ zu bestimmen.

NEUN(w) und ACHT(m): Ich als NEUN war jahrelang mit einer ACHT zusammen, die selbst dann noch zugeschlagen hat, als ich längst am Boden lag. Mit Rückenstärkung von Freunden konnte ich die Beziehung vor einem Jahr beenden, aber ich habe mich bis heute nicht davon erholt. Ich stelle mich oft in Situationen immer noch tot, wahrscheinlich, um Konflikten und Schlägen aus dem Weg zu gehen. Gegen eine ACHT hatte ich mit meinen Möglichkeiten keine Chance und habe mich als Schwächling erlebt. Ich habe gelernt, an meine Schwäche und Energielosigkeit zu glauben. Ihr Buch hat mir Mut gemacht, auch hilft es mir zu verstehen, was da eigentlich passiert war. Schon beim Lesen der ersten Zeilen war mir klar, daß ich endlich gefunden hatte, wonach ich intuitiv schon lange gesucht hatte.

Enneagramm und Gottesbeziehung/religiöse Selbstfindung

Mit Ihrem Buch gaben Sie mir ein Stück Selbsterkenntnis und das war für mich auch ein religiöses Erleben, denn ich möchte wieder religiös sein, kontemplativ, auf der Suche, nach Gott schauend.

Deine Art, Wissen und Hoffnung zu vermitteln, hat mich wieder ein bißchen, nein, sogar sehr gut seelisch aufgerichtet . . . Unser Gottesdienst wurde wirklich zur Feier! Da ich bisher mehr am Rande der Kirche stand, mußte ich erst einmal tief durchatmen und schlucken . . . Schön, daß Jesus mir aus meinem Lebensschlamassel helfen will. Um aber diese neue, frohe Botschaft aufnehmen zu können, muß doch wohl erst mal mit den alten Denkweisen aufgeräumt werden . . . Wo lasse ich den Zorn auf die Kirche, auf die Pastoren, die ihren Job genauso theologisch-wissenschaftlich noch von der Kanzel herab predigen? . . . Ja, ich jage und hetze und finde ihn nicht. Ach ja, der Kreis schließt sich: *Du kommst zu mir*? (Mt 3,14f) Ich kann das Jagen aufgeben . . . Gut, ich bin für Neuerungen immer offen. Aber wer nimmt mir die Angst vor diesem Schritt . . . So geht es nicht weiter, und wie auf einem richtigen Karussell wird mir langsam kotzübel. Und wenn ich abspringe? Wer fängt mich auf? . . . Ernsthaft: Bitte hilf mir, wenn du kannst, bete für mich. Und wenn du mir sagen solltest, daß ich von außen und den Menschen keine Hilfe erwarten soll, weil alle Hilfe in mir selbst ist, weil Gott und Christus in mir sind, dann weine ich, denn ich habe zu diesem Tun den Schlüssel verloren. Ich habe durch das Schlüsselloch geschaut, weiß, daß es so ist, aber ich kann die Tür nicht öffnen. Bitte hilf mir!

Dinge, die ich wohl wußte, aber mir nie richtig eingestanden hatte, standen hier geschrieben und wurden mir so ins Bewußtsein gehoben. Das erste Mal nach fünf Jahren ging ich wieder zur Beichte. Ich glaube, es war die erste richtige Beichte meines Erwachsenenlebens und sie brachte mir ungeheure Erleichterung ... Ich sprach mit Freunden über das Buch und wir (vier Personen zwischen 40 und 60 Jahren) haben uns entschlossen, gemeinsam mit Hilfe des Enneagramms an uns zu arbeiten.

Wer nicht gegen mich ist, der ist für mich – eben das ist meine Suche: Alles, was gegen Jesus sein kann, in mir abzubauen. Alle Blockaden, Niedrigkeiten, Unvollkommenheiten ... Ich versuche bei Jesus, der *Mensch* geworden ist, zu lernen. Die Psychotherapie, die ich seit einem Jahr mache, zeigt mir, daß ich (wie ein alter östlicher Meister von seinem Schüler forderte) meine Tasse leere. Doch wer wird meine Tasse *füllen?* Das kann nur der Glaube. Bei all meinen bisherigen Etappen hatte ich immer so ein Gefühl von einem Schleier, hinter dem sich mein Urgrund versteckt. Als ich das Enneagramm las, da sah ich plötzlich einen Lichtstrahl durch den Vorhang hervorbrechen. Nun fühle ich mich, als könnte ich Stück für Stück den Vorhang beiseiteschieben und irgendwie weiß ich, daß dahinter ein großes Licht ist ...

Das Enneagramm hat meinen starken, idealistischen, moralischen und auch zynischen EINSer-Panzer gesprengt und den Zorn freigelegt, der mich treibt. Was für ein erbärmliches Spiel! Letztlich: Respektlosigkeit vor Gott und den Menschen, alles Widerstand und Kampf, um nicht verletzt zu werden. Ich weinte und lachte über mich. Es war ein Schock und eine Befreiung: Damaskus. Und nun stehe ich da vor Gott, nackt und bloß, aus dem falschen Paradies vertrieben, ein empfindsames, verwundbares Kind, das sich nur noch an Jesus Christus festhält und seine ersten Gehversuche in der Freiheit wagt. Mein ganzer Körper wandelt sich, ich werde freier, weicher, wärmer (buchstäblich: besser durchblutet!). Ich bin voller Dankbarkeit für das Geschenk der Gemeinschaft mit den anderen Typen und ich erkenne darin den Leib Christi, zu dem ich gehören darf. Ehrfurcht angesichts der wunderbaren Werke Gottes ist vielleicht das beste Wort für meinen neuen Zustand.

Als NEUN hatte ich in meinem bisherigen Leben sehr wenig Gefühlsregungen und nur selten „Lust" zum wahren Freuen und Weinen. Beim herrlichen Gottesdienst unseres Enneagramm-Wochenendes spürte ich eine Heiligkeit in mir, daß ich, als ich meinen Text abgeben wollte, nicht sprechen konnte, sondern weinen mußte. Ich weinte vor Freude, und ich bin glücklich, daß ich weinen konnte. Ich war so bewegt von dieser Begegnung in mir, daß ich bei jedem, der mich ansprach, zu weinen begann. Ich hätte den ganzen Tag weinen mögen und wäre glücklich gewesen. Einige TeilnehmerInnen haben mir gezeigt, daß sie sich mit mir freuten, daß sie mich bewunderten, daß ich – erstmalig vor mehreren Menschen – weinen konnte. Mir ist jetzt bewußt, daß ich mit Jesus Christus, den ich jetzt an und in mich gelassen habe, auf meine Erlösung zugehen kann und daß es meine Aufgabe ist, zusammen mit meiner Frau zum Entstehen einer Gemeinde beizutragen. Ich glaube, ich wurde gestern zum Christen.

Ich wurde durch das Studium des Enneagramms barmherziger mit mir selbst und auch denen gegenüber, die mir durch „ihre Art" auf die Nerven gehen . . . Ich denke, wenn wir nicht weiter an uns arbeiten, im Alltag das umzusetzen, was uns aufgegangen ist, dann wird es wie eines der vielen geistlichen Bücher oder bei geistlichen Tagen, wo ich mich in Emotionen und Aha-Erlebnissen erbaue – und im konkreten Alltag verläuft's dann wieder im Sand . . .

Das Enneagramm ist auch ein möglicher Weg, all die Verletzungen und Barrieren, die in bezug auf Gott und Kirche da sind, Stück um Stück abzubauen, die Liebe Gottes neu aufzunehmen und in die Gemeinschaft der Kirche zurückzukehren. Ein langer Weg . . . Bitten wir Gott darum, daß wir immer wieder sorgsam und klug damit umgehen können.

Enneagramm-Typen-Test

Die Aussagen auf den folgenden Seiten beschreiben Verhaltensweisen, Einstellungen, Gefühle oder allgemeine Beobachtungen. Sie können auf einer Skala von 0 bis 6 ausdrücken, wie sehr eine Aussage auf Sie zutrifft, also „typisch“ für Sie ist (0 = völlige Ablehnung, 6 = völlige Zustimmung, 1 bis 5 = die Abstufungen zwischen den Extremen). Prüfen Sie dabei die durchgängigen, „übergreifenden“ Muster Ihres Lebens. Paßt diese Aussage zu mir, oder paßt sie nicht?
Überlegen Sie ruhig einen Moment, aber grübeln Sie nicht lange darüber nach, ob Sie einen Punkt mehr oder weniger geben. Es geht um die spontane Reaktion, ob die Aussage „typisch“ für Sie und Ihr Leben ist. Dabei gibt es keine „richtigen“ oder „falschen“ Antworten. Bitte beantworten Sie alle Fragen! Auch wenn eine Fragestellung nicht ganz auf Sie zutrifft, kreuzen Sie in der Skala bitte trotzdem den Wert an, der Ihnen noch am passendsten erscheint.

Haben Sie alle Fragen beantwortet,
blättern Sie bitte weiter bis zur
TESTAUSWERTUNG Seite 347
und lesen Sie die Anweisungen zur
Auswertung.

Bitte erst alle 115 Fragen beantworten, dann Streifen rechts nach hinten falten und Auswertung vornehmen.

		stimmt nicht ← → stimmt
1.	Das Leben gelingt besser, wenn man das Positive sieht, anstatt sich am Negativen aufzuhalten	0 1 2 3 4 5 6
2.	Ich kann auch emotional sehr angespannte Situationen nüchtern und mit Abstand betrachten	0 1 2 3 4 5 6
3.	Ich arbeite gerne innerhalb einer Institution	0 1 2 3 4 5 6
4.	Wichtig an einem Menschen ist, daß er etwas „darstellt"	0 1 2 3 4 5 6
5.	Ich möchte unabhängig sein	0 1 2 3 4 5 6
6.	Am wichtigsten ist mir, daß sich die Menschen bei mir wohlfühlen	0 1 2 3 4 5 6
7.	Für mich ist es wichtig die Zukunft zu planen, damit ich weiß, was auf mich zukommt	0 1 2 3 4 5 6
8.	Wenn jemand meine Hilfe braucht, bin ich bereit, meine ganze Kraft für ihn einzusetzen	0 1 2 3 4 5 6
9.	Ich möchte leidenschaftlich, emotional und mit allen Sinnen leben – auch wenn es schmerzt	0 1 2 3 4 5 6
10.	Eigene oder fremde Unvollkommenheiten kann ich nur schwer ertragen	0 1 2 3 4 5 6
11.	Erfolg und Status (Orden, Ämter, Titel) spielen für mich eine große Rolle	0 1 2 3 4 5 6
12.	In der Liebe sind vor allem Anstand und Benehmen wichtig	0 1 2 3 4 5 6
13.	Ich kann mich gut auf die Erfordernisse einer neuen Situation einstellen	0 1 2 3 4 5 6
14.	Ich engagiere mich für Randgruppen, Benachteiligte und Rechtlose (Asylsuchende, Kinder in der 3. Welt, Ausländer etc.)	0 1 2 3 4 5 6
15.	Das Leben ist wie ein Theaterstück, bei dem ich gleichzeitig Zuschauer und Schauspieler bin	0 1 2 3 4 5 6
16.	Für mein berufliches Fortkommen bin ich bereit, Ehe, Familie oder Freunde hintenanzustellen	0 1 2 3 4 5 6
17.	Mich plagt oft ein schlechtes Gewissen	0 1 2 3 4 5 6
18.	Ich habe den Eindruck, daß sogenannte „Autoritäten" oft inkompetent sind, aber ich zögere meist, gegen sie vorzugehen	0 1 2 3 4 5 6
19.	Ich lasse die Dinge gerne auf mich zukommen – vieles regelt sich dann schon ganz von alleine	0 1 2 3 4 5 6
20.	Ich muß wissen, wohin ich gehöre	0 1 2 3 4 5 6
21.	Ich genieße es, die Aufmerksamkeit anderer zu erregen und im Mittelpunkt zu stehen	0 1 2 3 4 5 6
22.	Ich halte meinen Ärger oft zurück	0 1 2 3 4 5 6
23.	Ich habe das Gefühl, nie „ganz erfüllt" sein zu können	0 1 2 3 4 5 6
24.	Oft erahne ich, was in anderen vorgeht, bevor sie es aussprechen	0 1 2 3 4 5 6

Nach Beantwortung aller Fragen
HIER NACH HINTEN UMFALTEN
und Auswertung vornehmen ▷

Tragen Sie hier bitte Ihre Werte ein

Frage Nr.	Eins	Zwei	Drei	Vier	Fünf	Sechs	Sieben	Acht	Neun
1									
2									
3									
4									
5									
6									
7									
8									
9									
10									
11									
12									
13									
14									
15									
16									
17									
18									
19									
20									
21									
22									
23									
24									
Übertrag									
Typ	Eins	Zwei	Drei	Vier	Fünf	Sechs	Sieben	Acht	Neun

Bitte erst alle 115 Fragen beantworten, dann Streifen rechts nach hinten falten und Auswertung vornehmen.

		stimmt nicht ← → stimmt
25.	Wenn ich etwa tue, dann meist mit Begeisterung	0 1 2 3 4 5 6
26.	Ich muß jemanden schon sehr gut kennen, bevor ich ihn an meinem Privatleben teilnehmen lasse	0 1 2 3 4 5 6
27.	Für mich ist es wichtig, daß immer „etwas los" ist	0 1 2 3 4 5 6
28.	Es fällt mir leicht zu teilen	0 1 2 3 4 5 6
29.	Ich schätze es, komplexe Zusammenhänge in einfachen Bildern auszudrücken	0 1 2 3 4 5 6
30.	Manchmal überschwemmt mich eine ungewisse Angst	0 1 2 3 4 5 6
31.	Wenn mir Projekte oder Beziehungen zu langweilig sind oder „nichts mehr bringen", gebe ich sie auf	0 1 2 3 4 5 6
32.	Auch beim Spiel ist es mir am wichtigsten zu „gewinnen"	0 1 2 3 4 5 6
33.	Für neue Ideen und ungewöhnliche Gedanken kann ich mich begeistern	0 1 2 3 4 5 6
34.	Viele Menschen schütten bei mir ihr Herz aus	0 1 2 3 4 5 6
35.	Ich vermeide auffälliges, abweichendes Verhalten	0 1 2 3 4 5 6
36.	Ich bin besonders sensibel	0 1 2 3 4 5 6
37.	Bei sich widersprechenden Sachverhalten erscheinen mir oft beide Seiten gleich einleuchtend	0 1 2 3 4 5 6
38.	Ich habe das Gefühl, etwas an mir zu haben, was mich von anderen Menschen absondert	0 1 2 3 4 5 6
39.	„Wenn das Leben mir saure Zitronen liefert, mache ich eben Limonade daraus"	0 1 2 3 4 5 6
40.	Ich bringe meine guten Ideen oft nicht zu Papier, und Projekte, die ich im Kopf habe, bleiben in der Planung stecken	0 1 2 3 4 5 6
41.	Ich setze mich eher herab, als daß ich meine Fähigkeiten irgendwie zeige	0 1 2 3 4 5 6
42.	Viele Menschen oder Nähe empfinde ich (auch wenn es schön ist) als anstrengend: Ich brauche danach einige Zeit des Alleinseins zum „auftanken"	0 1 2 3 4 5 6
43.	Wenn einer meiner Freunde ein Problem hat, spreche ich ihn darauf an	0 1 2 3 4 5 6
44.	Man wirft mir vor, in persönlichen Beziehungen besonders dramatisch zu sein	0 1 2 3 4 5 6
45.	Es ist wichtig, sich gut zu „verkaufen"	0 1 2 3 4 5 6
46.	Ich glaube, daß andere Menschen meine tiefen Gefühle mißverstehen	0 1 2 3 4 5 6
47.	Ich drücke meinen Ärger spontan aus und dann ist die Sache für mich auch erledigt	0 1 2 3 4 5 6

Nach Beantwortung aller Fragen
HIER NACH HINTEN UMFALTEN
und Auswertung vornehmen

Tragen Sie hier bitte Ihre Werte ein

Frage Nr.	Eins	Zwei	Drei	Vier	Fünf	Sechs	Sieben	Acht	Neun
Übertrag									
25									
26									
27									
28									
29									
30									
31									
32									
33									
34									
35									
36									
37									
38									
39									
40									
41									
42									
43									
44									
45									
46									
47									
Übertrag									
Typ	Eins	Zwei	Drei	Vier	Fünf	Sechs	Sieben	Acht	Neun

Bitte erst alle 115 Fragen beantworten, dann Streifen rechts nach hinten falten und Auswertung vornehmen.

		stimmt nicht ← → stimmt
48.	Ich fühle mich eigentlich nie wirklich ganz „zu Hause“	0 1 2 3 4 5 6
49.	Das Leben ist ein Konkurrenzkampf	0 1 2 3 4 5 6
50.	Ich unternehme keine Schritte, bevor ich nicht alle Eventualitäten durchdacht habe	0 1 2 3 4 5 6
51.	Ich möchte bestimmen, „wo es langgeht“	0 1 2 3 4 5 6
52.	Ich habe den Hang, mich mit Vorwürfen und niederdrückenden Gedanken selbst „fertigzumachen“	0 1 2 3 4 5 6
53.	Andere sagen manchmal, es sei schwer mit mir zu leben, weil ich so „stark“ bin	0 1 2 3 4 5 6
54.	Mich erfaßt manchmal das Gefühl des Staunens und der Dankbarkeit für das Wunder des Lebens	0 1 2 3 4 5 6
55.	Ich beschäftige mich viel mit Gesundheit, Erziehung und Wohlergehen meiner Freunde	0 1 2 3 4 5 6
56.	Ich kann Spannungen nicht gut aushalten	0 1 2 3 4 5 6
57.	Ich stehe manchmal gleichsam „neben mir“ und beurteile mich	0 1 2 3 4 5 6
58.	Ich fühle mich wohl, wenn ich in einer Gemeinschaft einfach „mitschwimmen“ kann	0 1 2 3 4 5 6
59.	Ich kann gut „Nein“ sagen	0 1 2 3 4 5 6
60.	Ich telefoniere gerne und viel	0 1 2 3 4 5 6
61.	Es macht mir nichts aus, wenn die Mehrheit anderer Meinung ist als ich	0 1 2 3 4 5 6
62.	Wenn ich ein Gesetz unsinnig finde, habe ich keine Skrupel, es zu brechen	0 1 2 3 4 5 6
63.	Andere sagen, ich rede schnell	0 1 2 3 4 5 6
64.	Verhandeln und „Geschäftemachen“ liegt mir	0 1 2 3 4 5 6
65.	Ich versuche Menschen für eine Sache zu begeistern und zu motivieren	0 1 2 3 4 5 6
66.	Mir ist wichtig, meine Fähigkeiten zu vervollkommnen (akademisch, physisch, kulturell, beruflich)	0 1 2 3 4 5 6
67.	Für meine persönlichen Maßstäbe bin ich bereit, auch Nachteile in Kauf zu nehmen	0 1 2 3 4 5 6
68.	Andere Menschen sind gerne in meiner Gesellschaft	0 1 2 3 4 5 6
69.	Ich verliere mich manchmal in Details (z.B. beim Aufräumen), und merke dann plötzlich, daß schon Stunden vergangen sind	0 1 2 3 4 5 6
70.	Wenn jemand falsche Stärke demonstriert, hole ich ihn erst einmal von seinem „hohen Roß“	0 1 2 3 4 5 6

Nach Beantwortung aller Fragen
HIER NACH HINTEN UMFALTEN
und Auswertung vornehmen ▷

Tragen Sie hier bitte Ihre Werte ein

Frage Nr.	Eins	Zwei	Drei	Vier	Fünf	Sechs	Sieben	Acht	Neun
Übertrag									
48									
49									
50									
51									
52									
53									
54									
55									
56									
57									
58									
59									
60									
61									
62									
63									
64									
65									
66									
67									
68									
69									
70									
Übertrag									
Typ	Eins	Zwei	Drei	Vier	Fünf	Sechs	Sieben	Acht	Neun

Bitte erst alle 115 Fragen beantworten, dann Streifen rechts nach hinten falten und Auswertung vornehmen.

		stimmt nicht ← → stimmt
71.	Mein Erscheinungsbild soll natürlich, zugleich aber chic und stilvoll sein	0 1 2 3 4 5 6
72.	In meinen Gesprächen geht es oft um die Arbeit	0 1 2 3 4 5 6
73.	Ich mag es, mir mit anderen witzige und schlagfertige „Wortgefechte" zu liefern	0 1 2 3 4 5 6
74.	Ich bin ein Organisationstalent	0 1 2 3 4 5 6
75.	„Gerechtigkeit" war mir schon immer ein besonderes Anliegen	0 1 2 3 4 5 6
76.	In meiner Wohnung muß alles „seinen Platz" haben	0 1 2 3 4 5 6
77.	Meine Gefühle sind im Augenblick eines Ereignisses oft wie blockiert, so daß sie dem Geschehen sozusagen „hinterherhinken"	0 1 2 3 4 5 6
78.	In Gedanken kritisiere ich mich oft selbst	0 1 2 3 4 5 6
79.	Ich mache Entscheidungen oft kurz darauf wieder rückgängig, weil ich merke, daß ich doch etwas anderes will	0 1 2 3 4 5 6
80.	Ich habe oft eine verspannte Muskulatur (besonders Nacken, Schultern, Kiefer)	0 1 2 3 4 5 6
81.	Ich stöbere gern in Buchläden und Bibliotheken	0 1 2 3 4 5 6
82.	In meiner Phantasie spielen sich oft Szenen ab, wie etwas Schlimmes passiert	0 1 2 3 4 5 6
83.	Wenn Freunde in Not sind, wachse ich über mich selbst hinaus und wage Dinge, die ich mich sonst nicht getraue	0 1 2 3 4 5 6
84.	Ich brauche mein eigenes Arbeitszimmer oder wenigstens „meine Ecke", wohin ich mich zurückziehen kann, wenn mir alles zuviel wird	0 1 2 3 4 5 6
85.	Andere halten mich für sportlich und attraktiv	0 1 2 3 4 5 6
86.	Ich habe einen Blick für die Gestaltung von Räumen	0 1 2 3 4 5 6
87.	Im Beruf lege ich wert auf eine gute Atmosphäre	0 1 2 3 4 5 6
88.	Ich sorge mich viel um die persönlichen Bedürfnisse und Probleme anderer	0 1 2 3 4 5 6
89.	Ich habe immer davon geträumt, Maler, Dichter, Sänger oder ähnliches zu werden	0 1 2 3 4 5 6
90.	Mir ist es wichtig, die Dinge möglichst objektiv zu sehen	0 1 2 3 4 5 6
91.	Ich reise gerne	0 1 2 3 4 5 6
92.	Manche Leute halten mich für „arbeitssüchtig"	0 1 2 3 4 5 6
93.	„Hilfsbereitschaft" ist für mich eine Selbstverständlichkeit	0 1 2 3 4 5 6

Nach Beantwortung aller Fragen
HIER NACH HINTEN UMFALTEN
und Auswertung vornehmen ▷

Tragen Sie hier bitte Ihre Werte ein

Frage Nr.	Eins	Zwei	Drei	Vier	Fünf	Sechs	Sieben	Acht	Neun
Übertrag									
71									
72									
73									
74									
75									
76									
77									
78									
79									
80									
81									
82									
83									
84									
85									
86									
87									
88									
89									
90									
91									
92									
93									
Übertrag									
Typ	Eins	Zwei	Drei	Vier	Fünf	Sechs	Sieben	Acht	Neun

Bitte erst alle 115 Fragen beantworten, dann Streifen rechts nach hinten falten und Auswertung vornehmen.

		stimmt nicht ← → stimmt
94.	Ich habe einen großen Freundeskreis	0 1 2 3 4 5 6
95.	Ich habe viele verschiedene Interessengebiete	0 1 2 3 4 5 6
96.	Andere fühlen sich von mir oft kritisiert	0 1 2 3 4 5 6
97.	Mir ist es wichtig, das große Ganze zu sehen und darin die Muster und Strukturen zu erkennen	0 1 2 3 4 5 6
98.	Bevor sich ein Streit nicht beilegen läßt, stecke ich lieber zurück	0 1 2 3 4 5 6
99.	Eine unfreundliche Bemerkung sitzt bei mir oft „wie ein Pfeil" und kann mich noch tagelang quälen	0 1 2 3 4 5 6
100.	Ich schmiede oft Zukunftspläne, um möglichst nichts von den vielen Möglichkeiten zu verpassen	0 1 2 3 4 5 6
101.	Ich bin gerne allein	0 1 2 3 4 5 6
102.	Ich ergreife selten die Initiative	0 1 2 3 4 5 6
103.	Ich kämpfe oder streite oft, einfach um für Klarheit zu sorgen	0 1 2 3 4 5 6
104.	Ich leiste mir öfter Dinge, die eigentlich zu teuer für mich sind	0 1 2 3 4 5 6
105.	Mir fällt es schwer abzuschalten, zu entspannen und einfach nur zu genießen	0 1 2 3 4 5 6
106.	Ich werde oft von Selbstzweifeln befallen	0 1 2 3 4 5 6
107.	Wenn ich eine Aufgabe zu erledigen habe, müssen die Gefühle warten	0 1 2 3 4 5 6
108.	Ich lebe ganz für meinen Partner, meine Familie, meine Freunde	0 1 2 3 4 5 6
109.	Leerlauf und Faulenzen kann ich in meinem Tagesablauf nicht gebrauchen	0 1 2 3 4 5 6
110.	Konflikte versuche ich unbedingt zu vermeiden	0 1 2 3 4 5 6
111.	In meinen Beziehungen bin ich eher der „Hammer" als der „Amboß"	0 1 2 3 4 5 6
112.	Ich bin mir oft nicht sicher, ob die Zuneigung anderer Menschen echt ist, oder ob sie mich nur mögen, weil ich nett zu ihnen bin	0 1 2 3 4 5 6
113.	Wenn ich mich nicht ab und zu zurückziehen würde, hätte ich Angst, „mich zu verlieren"	0 1 2 3 4 5 6
114.	Ich drücke meine Empfindungen gerne künstlerisch aus (Musik, Malerei, Schauspiel, Literatur)	0 1 2 3 4 5 6
115.	Ich stehe oft unter Zeitdruck	0 1 2 3 4 5 6

Prüfen Sie bitte noch einmal nach, ob Sie alle Fragen beantwortet haben.
Und nun die Auswertung!

Nach Beantwortung aller Fragen
HIER NACH HINTEN UMFALTEN
und Auswertung vornehmen ▷

Tragen Sie hier bitte Ihre Werte ein									
Frage Nr.	Eins	Zwei	Drei	Vier	Fünf	Sechs	Sieben	Acht	Neun
Übertrag									
94									
95									
96									
97									
98									
99									
100									
101									
102									
103									
104									
105									
106									
107									
108									
109									
110									
111									
112									
113									
114									
115									
Zwischen-Summe									
	Eins	Zwei	Drei	Vier	Fünf	Sechs	Sieben	Acht	Neun

Testauswertung

Nun gilt es, den Enneagramm-Typen-Test auszuwerten. Dazu sind vier Schritte notwendig.

1. Falten Sie die Streifen mit Ihren Antworten von 0 bis 6 an der gestrichelten Linie nach hinten, so daß sie neben das Kästchenraster zu liegen kommen. Jede Frage ist einem bzw. mehreren Typen zugeordnet. Die entsprechenden Kästchen dafür sind weiß. Tragen Sie die angekreuzte Punktzahl als Wert für den entsprechenden Typ in die jeweiligen Kästchen ein. Beispiel: Frage 1 gilt für Typ SIEBEN. Haben Sie hier 3 Punkte angekreuzt, tragen Sie 3 Punkte in das weiße Kästchen ein. ACHTUNG! Falls Sie in einer Reihe auf ein **eingerahmtes** Kästchen stoßen, müssen Sie den Wert nach folgender Umdrehskala zählen:

↓	0	1	2	3	4	5	6	↑
	6	**5**	**4**	**3**	**2**	**1**	**0**	

   Haben Sie also 0 Punkte angekreuzt, schreiben Sie in das eingerahmte Kästchen den Umkehrwert 6; wenn Sie 6 Punkte angekreuzt haben, tragen Sie entsprechend 0 Punkte ein. Beispiel: Bei Frage 11 steht ein weißes Kästchen für Typ DREI und ein eingerahmtes Kästchen für Typ NEUN. Haben Sie hier 2 Punkte angekreuzt, dann tragen Sie 2 Punkte in das Kästchen der DREI und 4 Punkte (Umkehrwert!) in das eingerahmte Kästchen unter NEUN ein.

2. Addieren Sie die Werte für jeden Typ zur **Zwischensumme.**

3. Jetzt haben Sie das meiste schon geschafft. Schauen Sie nun in der **Normentabelle** nach, wie viele **Standard-Werte** (ST-WERTE) von 0 bis 9 Sie bei den einzelnen Typen für die erzielte Zwischensumme bekommen. Beispiel: Wenn Sie bei Typ DREI in der Zwischensumme 45 Punkte haben, schauen Sie in der Normentabelle entsprechend bei DREI nach, welcher Standardwert dem entspricht. 45 Punkte liegen hier zwischen 42 und 47, das ergibt somit den Standardwert 5.

4. Tragen Sie abschließend diese Standardwerte in Ihr **„Enneagramm-Profil“** ein.

Normentabelle

ST-Wert	Eins	Zwei	Drei	Vier	Fünf	Sechs	Sieben	Acht	Neun
0	0-25	0-32	0-20	0-18	0-35	0-17	0-31	0-21	0-30
1	26-31	33-37	21-26	19-25	36-41	18-24	32-36	22-27	31-36
2	32-37	38-43	27-31	26-31	42-46	25-30	37-41	28-33	37-41
3	38-42	44-48	32-36	32-38	47-51	31-37	42-46	34-39	42-47
4	43-48	49-53	37-41	39-44	52-56	38-43	47-50	40-45	48-52
5	49-54	54-59	42-47	45-51	57-62	44-50	51-56	46-52	53-58
6	55-60	60-65	48-52	52-58	63-67	51-57	57-61	53-58	59-63
7	61-66	66-71	53-58	59-64	68-72	58-64	62-66	59-64	64-68
8	67-72	72-76	59-63	65-71	73-77	65-70	67-71	65-71	69-74
9	73-90	77-90	64-90	72-90	78-90	71-90	72-90	72-90	75-90

Enneagramm-Profil

St-Wert									
9	·	·	·	·	·	·	·	·	·
8	·	·	·	·	·	·	·	·	·
7	·	·	·	·	·	·	·	·	·
6	·	·	·	·	·	·	·	·	·
5	·	·	·	·	·	·	·	·	·
4	·	·	·	·	·	·	·	·	·
3	·	·	·	·	·	·	·	·	·
2	·	·	·	·	·	·	·	·	·
1	·	·	·	·	·	·	·	·	·
0	·	·	·	·	·	·	·	·	·
Typ	Eins	Zwei	Drei	Vier	Fünf	Sechs	Sieben	Acht	Neun

Zur Bedeutung Ihres Ergebnisses

Zum Enneagramm-Profil: Manche erreichen bei fast allen Typen unterdurchschnittliche Werte, weil sie sich grundsätzlich nicht leicht mit bestimmten Aussagen und Verhaltensweisen identifizieren. Wieder andere erzielen dagegen fast bei jedem Typ überdurchschnittliche Werte.

Es kommt also auf den Vergleich an. Bei welchem Typ habe ich deutlich mehr Anteile als bei anderen? Oder ebenso interessant: Bei welchem Typ habe ich sehr wenig Punkte? Liegen dort vielleicht Eigenschaften, die mir fehlen und die wichtig für mich sein könnten?

Der „Standardwert" 5 gibt den Wert an, der *durchschnittlich* erzielt wird. Als Orientierung kann man sagen, daß ungefähr 50 % aller Personen mit ihren Werten im Bereich der Standardwerte 4, 5 und 6 liegen. Standardwerte über 6 oder unter 4 sind entsprechend seltener.

Sind Sie von Ihrem Testergebnis überrascht, enttäuscht oder hat es Ihre Selbsteinschätzung bestätigt?

Wichtig erscheint, daß ein Test sinnvollerweise immer nur ein Schritt ist, sich besser kennenzulernen, indem man – wie in einem Spiegel – sich selbst neu oder anders entdeckt. In diesem Sinne ist das „Enneagramm-Profil" kein abschließendes „Ergebnis", sondern eine Momentaufnahme, die ein Licht auf das wirft, wie ich mich selbst zur Zeit einschätze.

Apropos „Selbsteinschätzung": Es könnte sehr aufschlußreich sein, den Ehepartner, Freund oder eine/n gute/n Bekannte/n zu bitten, den Enneagramm-Typen-Test auszufüllen unter der Frage, wie er/sie *mich* sieht, was nach seiner/ihrer Meinung „typisch" für mich ist oder „zu mir paßt". Oft haben *andere* einen klareren Blick für das „Typische" an mir, als ich selbst.

Die Selbst- und Fremdeinschätzung zu vergleichen, könnte reichen und wertvollen Gesprächsstoff liefern!

Keiner von uns ist nur *ein* Typ. Wir haben Anteile von jedem in uns, auch wenn es Menschen gibt, deren Verhaltensweisen und Einstellungen fast ganz mit einem vom Enneagramm beschriebenen Typ übereinstimmen. Entscheidend ist, *daß* ich das für mich „Typische" entdecke, meine Stärken und Schwächen sehen lerne und dadurch besser mit mir und der Welt umgehen kann.

Der Enneagramm-Typen-Test soll dazu eine Hilfe sein – vor allem aber eine Ermutigung, sich weiter auf den Prozeß der Selbsterkenntnis, Veränderung und Reifung einzulassen.

Allgemeine Bemerkungen zum Testergebnis

Etwas Erläuterndes zu Ihrem Test-Ergebnis zu schreiben, ist nicht ganz einfach. Ein Test – zumal ein nach wissenschaftlichen und testtheoretischen Kriterien konstruierter Fragebogen wie der Enneagramm-Typen-Test – erfaßt und bewertet das Individuelle einer Person auf dem Hintergrund quantitativer, statistischer Größen. Deshalb gibt es Durchschnittswerte, Standardwerte etc.

Gerade deshalb braucht aber das „objektive" Testergebnis ein Gegengewicht, nämlich das ganz „subjektive" Verstehen und Einordnen. Entscheidend ist es für die Interpretation und das Verständnis des Tests, ihn mit dem Menschen, mit dem unverwechselbaren Individuum, mit seiner Geschichte und seiner augenblicklichen Lebenssituation in Beziehung zu setzen.

Ich möchte das am Vorgehen in der klinisch-psychologischen Praxis verdeutlichen. „Persönlichkeits-Tests" werden hier in aller Regel nur in Verbindung mit Gesprächen und unter Hinzuziehung anderer Informationen (zum Beispiel Verhalten auf der Station) verwendet. Gerade wer Erfahrung im Umgang mit Tests hat, weiß nämlich, daß ein Test *allein* nur einen unzureichenden Eindruck von den Problemen, Möglichkeiten und Eigenarten einer Person vermitteln kann. Aber in Verbindung mit diesen anderen Blickrichtungen kann ein Testergebnis erhellend und hilfreich sein, weil es Zusammenhänge – wie auf einem Photo – für einen Moment festhält, die sonst immer in Veränderung, in Bewegung und daher sehr verwirrend sind.

Auf der einen Seite möchte ich Sie also ermutigen, den Test nicht überzubewerten. Er ist eine *Momentaufnahme*, die Sie nicht festlegt, sondern ein Licht wirft auf die momentane Situation und wie Sie sich selbst (!) darin darstellen. Sie halten ein „Photo" von sich in der Hand – ein „Selbst-Portrait" – und wissen aus eigener Erfahrung, daß Bilder verschwommen oder „geschönt" sein können, daß wir uns auf manchen Bildern gefallen, auf anderen nicht . . .

Auf der anderen Seite will ich Sie ermutigen, nicht zu schnell mit dem

Ergebnis „fertig“ zu sein. Gerade wenn der Test anders ausfällt als Sie vielleicht erwartet haben, könnte darin ein Hinweis liegen, daß noch ganz andere Seiten in Ihnen lebendig sind als die, die Sie bisher selbst an sich wahrgenommen haben. Es ist vielleicht ein Anstoß, andere zu fragen, wie *sie* mich erleben. Erst im Zusammenhang mit anderen Informationen gewinnt der Test Be-deutung . . .
Einige Beobachtungen, die ich bei der Auswertung von Persönlichkeitstests immer wieder gemacht habe, können vielleicht dem einen oder anderen helfen, sein Testergebnis besser zu verstehen:
Es gibt Menschen, die fast bei jeder Frage die *„Mitte“*, beim Enneagramm-Typen-Test also die „3“, ankreuzen. Das kann ganz verschiedene Gründe haben.
Oft sind das Menschen, die versuchen sehr gründlich zu sein, die alles genau abwägen und möglichst keinen „Fehler“ machen wollen. Auch auf sich selbst bezogen, auf ihr Bild, wie sie sich darstellen, wollen sie alles „richtig“ machen. Sie können sich schlecht entscheiden zwischen „einerseits“ und „andererseits“. Wenn sie einer Aussage zustimmen wollen, fällt ihnen gleich noch eine Situation ein, in der sie auch ganz anders reagieren könnten . . .
Oder es sind Menschen, denen die Meinung ihrer Umgebung sehr wichtig ist. Sie überlegen bei jeder Frage, was wohl die *anderen* darüber denken, weil aber der eine so und der andere wieder anders antworten würde, kreuzen sie „diplomatisch“ die Mitte an.
Es gibt sicher noch ganz andere Möglichkeiten der Deutung. Entscheidend ist aber, daß – egal wie wir ankreuzen – die Art und Weise, wie wir antworten, auch ein Teil unserer Persönlichkeit ist, der fest zu uns gehört und zu tun hat mit unseren Wünschen und Ängsten. Vielleicht sogar mit unserer Angst, auf einen Typ festgelegt zu werden oder irgendwie „durchschaut“ zu sein.
Für das Test-Ergebnis ist die Folge meist, daß bei keinem Typ besonders viele Punkte zusammenkommen, aber auch selten ein „Standardwert“ unter „2“.
Der Test sagt nie „nichts“, sondern spiegelt selbst durch die Art und Weise wie wir ihn ausfüllen die Eigenarten unserer Person.
Auch durchgehende *Extremankreuzungen* sind in der Testpraxis immer wieder zu beobachten.
Auf der einen Seite gibt es Menschen, die fast jeder Frage zunächst einmal zustimmen. Sie identifizieren sich leicht mit allen möglichen, zum Teil auch gegensätzlichen Aussagen, sei es aus Unsicherheit oder weil sie ihre eigene Person nicht so klar abgegrenzt erleben wie

andere. Sie können schlecht sagen: „Das bin ich – und das bin ich nicht."
Auf der anderen Seite gibt es aber auch Personen, die mit der Vergabe ihrer Test-Punkte „knausern". Sie schaffen selten einmal den Sprung über die Mittellinie der Punkte-Skala.
Die Folge ist, daß sie bei *allen* Typen niedrige Standardwerte erzielen und Unterschiede folglich gar nicht deutlich werden *können*!
Was hier beschrieben ist, ist natürlich sehr plakativ und allgemein. Es sollen damit auch nur grundsätzliche Tendenzen, die beim Ausfüllen eines Fragebogens auch einen Einfluß haben, deutlich gemacht werden.
Nun aber mehr zu den Enneagramm-spezifischen Aspekten:
Der Enneagramm-Typen-Test erfaßt bestimmte *Eigenschaften*, die den Typen vom Enneagramm zugeschrieben werden.
Die „Typen" selbst setzen sich aus der *Kombination* dieser Eigenschaften zusammen, so daß es nicht verwunderlich ist, wenn beispielsweise ein SECHSer auch viele Punkte bei Typ ZWEI hat. Beide Typen sind sich nämlich insofern ähnlich, als sie in einem besonderen Maße „sozial" eingestellt sind – wenn auch aus unterschiedlichen Motiven!
So kann es sein, daß der Test bei Ihnen gleichermaßen hohe Werte bei Typen aufweist, die laut Enneagramm-Theorie eigentlich nichts miteinander zu tun haben, also weder „Flügel" noch „Streß-/Trost-Punkte" sind.
Wenn sie also bei einem Typ viele Punkte haben, können Sie sicher sein, daß Sie viel mit den Eigenschaften und Überzeugungen dieses Typs verbindet, ob Sie allerdings dieser Typ *sind* – das kann Ihnen kein Test der Welt verraten, sondern nur Ihre tiefe Überzeugung und Einsicht, wenn Sie sich da oder dort „wiedergefunden" haben.
Die Untersuchungen des Enneagramms – und die psychologische Forschung bestätigt das im allgemeinen – zeigen, daß sich nur etwa die Hälfte der Menschen klar einem „Typ" zuordnen läßt.
Es gibt einfach Personen, für die dieses System „paßt" und andere, die einfach immer „dazwischen" liegen. Sie fühlen sich beispielsweise bei Typ ZWEI, VIER und SECHS zu Hause, je nachdem in welcher Lebensphase sie sich befinden oder mit welchen Menschen sie zusammen leben.
Wichtig ist auch hier, *daß* Sie weiterfragen – nicht, um endlich Ihren Typ zu wissen und die Fragerei ein für allemal erledigt zu haben, sondern um zu verstehen, was für Eigenschaften und Eigenarten zu

Ihnen gehören. Erst das schafft die Möglichkeit, die ureigensten Begabungen zu entdecken und die „Fallen“, in die man gewohnheitsmäßig tappt, wenigstens ab und zu auszulassen . . .
Nicht die *formale* Zuordnung zu einem Typ ist wichtig, sondern die *inhaltliche*!
Jemand kann, um ein anderes Beispiel zu nennen, hohe Werte bei Typ DREI *und* Typ ACHT haben. Das liegt möglicherweise daran, daß diese Person sich mit solchen Eigenschaften identifiziert, die mit „Durchsetzungsvermögen“, „Realitätssinn“ und „Konkurrenz-Denken“ umschrieben werden. Das sind Eigenschaften, die beide der genannten Typen auszeichnen.
Das Ergebnis heißt also soviel wie: Offensichtlich identifiziere ich mich zur Zeit mit Eigenschaften, die sich verstärkt bei Typ DREI und ACHT wiederfinden.
Jetzt wäre es angebracht, noch einmal die entsprechenden Typen-Beschreibungen – sie sind meines Erachtens das „Herzstück“ aller Enneagramm-Bücher – nachzulesen und herauszuspüren, ob ich mich dort tatsächlich „zu Hause“ fühle.
Es könnte nämlich auch sein, daß ich eigentlich ein Typ EINS oder SECHS bin, aber meine *Lebenssituation* von mir gerade vornehmlich „Durchsetzungskraft“ und „Konkurrenzfähigkeit“ verlangt . . .
Oder ist es eher mein *Wunsch*, der in diesen hohen Werten zum Ausdruck kommt? Unsere Identifikation mit einem Typ hängt oftmals mehr mit unseren inneren und äußeren „Leitbildern“ zusammen, als wir es uns eingestehen wollen. (Die am Anfang dieses Buches gemachten Beobachtungen über die „Verteilung“ der Typen bestätigen diese Vermutung.)
Ein weiterer Hinweis für das Verständnis des eigenen „Enneagramm-Profils“ ist, einmal zu schauen, wo ich *keine* oder nur *wenige* Punkte habe. Oft prägen die „Lücken“ das eigene Verhalten mehr, als die stark entwickelten Seiten. Möglicherweise liegt gerade hier mein Streß- oder Trostpunkt, also etwas, was für die eigene *Entwicklung* von besonderer Bedeutung ist.

Selbstbild und Fremdeinschätzung

Unsere „Selbsteinschätzung“ ist immer bestimmten Einflüssen unterworfen. Die meisten Menschen haben die Tendenz, sich in einem möglichst guten Licht darzustellen – übrigens auch, und vor allem, vor sich selbst!
Außerdem geben wir eine einmal gefaßte Meinung nicht so gerne

auf, und so wird beispielsweise ein NEUNer versuchen, sich auch im Test-Ergebnis als NEUNer zu präsentieren.
Unsere Ängste und Wünsche haben also einen großen Einfluß auf unsere Wahrnehmung, gerade wenn es um uns selber geht!
So wie das menschliche Auge seinen „blinden Fleck" in der Mitte der Netzhaut hat, so können auch wir oft die zentralen Eigenarten unserer Person selbst nicht richtig wahrnehmen.
Darum ist eine *Fremdeinschätzung* unter Umständen aufschlußreich. Andere können uns meist „objektiver", zumindest aber mit mehr „Distanz" sehen, gerade was das „Typische" an einem Menschen ausmacht, fällt ja *anderen* oft viel schneller und deutlicher ins Auge als der betreffenden Person selbst.
Das liegt in der Natur der Sache. Jede „Typisierung" bedarf einer gewissen Distanz – dieser Sachverhalt ist ausführlich in dem Kapitel über die „Typologien" dargestellt.
Wenn ich mir also über meinen „Typ" im unklaren bin, kann die Einschätzung eines anderen Menschen, der mich gut kennt, eine große Hilfe sein.
Gerade der *Vergleich* zwischen Selbst- und Fremdeinschätzung kann viel nachdenkenswerten „Stoff" liefern.
Natürlich ist die Wahrnehmung der unterschiedlichen Menschen auch wieder verschieden, und es geht auch gar nicht darum, wer denn „recht" hat oder den Typ des anderen besser erkennt.
Wichtig ist, die Erfahrungen und Wahrnehmungen zusammenzutragen, damit ein volles Bild entsteht, zu dem nun einmal auch meine „Schatten" gehören.
Es wird dann nämlich oft deutlich, daß man sich, ohne es zu wollen, nach außen hin ganz anders darstellt als man sich innerlich fühlt. FÜNFer beispielsweise haben die Gabe, äußerlich selbst dann noch „cool" zu wirken, wenn sie innerlich vor Aufregung schier platzen. Das tun sie gar nicht bewußt und sind deshalb unter Umständen völlig überrascht, daß ihre Umgebung nichts von ihren Gefühlen merkt, wo sie sich selbst doch in ihrem Innersten aufgewühlt und durcheinander fühlen.
Ich möchte Sie ermutigen, die Chance einer „Rückmeldung" von außen zu nutzen, auch weil es anregt, über das Enneagramm und was es in mir anstößt im Gespräch zu bleiben.

Wenn Sie weiter mit dem Enneagramm-Typen-Test arbeiten wollen, können Sie die Fragebögen auch einzeln beim Verlag bestellen.

Anmerkungen

GRUNDLAGEN

Richard Rohr, Das Enneagramm – Gemeinschaft der Verwundbarkeit

1 Vgl. dazu in diesem Buch den Beitrag von *Andreas Ebert* „Enneagramm und Kirche“, vor allem die Seiten 217ff

Richard Rohr, Kurze Zusammenfassung der neun Typen

1 Vortrag am 24. März 1990 auf der Enneagramm-Tagung der Evangelischen Akademie Tutzing im Rudolf-Alexander-Schröder-Haus in Würzburg.

Markus Becker, Empirische Untersuchungen zum Enneagramm – Grundlagen und Vergleiche

1 Riso, R., Die neun Typen der Persönlichkeit, München 1989, S. 27
2 Riso, R., Die neun Typen der Persönlichkeit, München 1989, S. 30
3 Ch. Tart, Transpersonale Psychologie, Olten 1978, S. 397
4 Ch. Tart, Transpersonale Psychologie, Olten 1978, S. 408/409
5 Ouspensky, Auf der Suche nach dem Wunderbaren, Innsbruck ca. 1950, S. 78
6 Ouspensky, Auf der Suche nach dem Wunderbaren, Innsbruck ca. 1950, S. 152
7 Enneagram Educator I, 1988, S. 4 „and there met a man whose identity he promised to keep secret.“
8 Enneagram Educator I, 1988, S. 4
9 John G. Bennett, Enneagram Studies, York Beach 1983
10 Riso, R., Die neun Typen der Persönlichkeit, München 1989, S. 35
11 Riso, R., Die neun Typen der Persönlichkeit, München 1989, S. 45
12 Riso, R., Die neun Typen der Persönlichkeit, München 1989, S. 47
13 Jaxon-Bear, E., Die neun Zahlen des Lebens, München 1989, S. 40
14 Rohr, R. & Ebert, A., Das Enneagramm, München 1989, S. 200
15 Riso, R., Die neun Typen der Persönlichkeit, München 1989, S. 320
16 Jaxon-Bear, E., Die neun Zahlen des Lebens, München 1989, S. 52
17 Jaxon-Bear, E., Die neun Zahlen des Lebens, München 1989, S. 96
18 Rohr, R. & Ebert, A., Das Enneagramm, München 1989, S. 40
19 Riso, R., Die neun Typen der Persönlichkeit, München 1989, S. 53
20 Jaxon-Bear, E., Die neun Zahlen des Lebens, München 1989, S. 111
21 = Arbeitssüchtige
22 Jaxon-Bear, E., Die neun Zahlen des Lebens, München 1989, S. 133
23 Rohr, R. & Ebert, A., Das Enneagramm, München 1989, S. 42
24 Jaxon-Bear, E., Die neun Zahlen des Lebens, München 1989, S. 167
25 Riso, R., Die neun Typen der Persönlichkeit, München 1989, S. 239
26 Jaxon-Bear, E., Die neun Zahlen des Lebens, München 1989, S. 167
27 Jaxon-Bear, E., Die neun Zahlen des Lebens, München 1989, S. 192
28 Rohr, R. & Ebert, A., Das Enneagramm, München 1989, S. 43
29 Es fragt sich, ob nicht Verwirrung ein Teil der Wirkung dieses Modells ist. Durch sie können alte Denkmuster aufgebrochen werden und neue Möglichkeiten sich selbst zu sehen, eröffnet werden. Vergleichbar evtl. mit hypnotischen Behandlungsverfahren, mit denen

man versucht, durch einen veränderten Bewußtseinszustand, eingefahrene Denk- und Erfahrungsmuster zu umgehen, um neue kongnitive Lösungsstrategien zu finden.

30 Jaxon-Bear, E., Die neun Zahlen des Lebens, München 1989, S. 111

31 Galen (ca. 130–200 v. Chr.), der letzte große Arzt der klassischen Antike nahm die Lehre von den „Körpersäften" auf und baute sie weiter aus.

32 Nach Revenstorf, Persönlichkeit, München 1982, S. 137

33 Amelang/Bartussek, Differentielle Psychologie und Persönlichkeitsforschung, Stuttgart 1990, S. 270

34 Amelang/Bartussek, a.a.O. S. 270

35 Die Bibel, Psalm 1,6. Gerade die sehr formelhafte Sprache der alttestamentlichen Psalmen greift mit Vorliebe auf diese Stereotypen in immer neuen Variationen zurück.

36 Revenstorf, Persönlichkeit, München 1982, S. 136

37 Dorsch, Psychologisches Wörterbuch, Bern 1982, S. 704

38 Amelang/Bartussek, a.a.O. S. 274

39 Revenstorf, Persönlichkeit, München 1982, S. 33

40 Dorsch, Psychologisches Wörterbuch, Bern 1982, S. 704

41 Revenstorf, Persönlichkeit, München 1982, S. 71

42 Enneagram Educator I, 1989, S. 5

43 Amelang/Bartussek, a.a.O. S. 257

44 Riso, R., Die neun Typen der Persönlichkeit, München 1989, S. 465–493

45 Nach Riso, R., Die neun Typen der Persönlichkeit, München 1989, S. 473

46 Nach Riso, R., Die neun Typen der Persönlichkeit, München 1989, S. 476

47 Riso, R., Die neun Typen der Persönlichkeit, München 1989, S. 479

48 J. P. Wagner, A Descriptive Reliability and Validity Study of the Enneagram Typology, Chicago 1981, S. 168

49 J. P. Wagner, a.a.O. S. 192

50 Nach Riso, R., Die neun Typen der Persönlichkeit, München 1989, S. 467

51 Riso, R., Die neun Typen der Persönlichkeit, München 1989, S. 481

52 Riso, R., Die neun Typen der Persönlichkeit, München 1989, S. 470

53 Riso, R., Die neun Typen der Persönlichkeit, München 1989, S. 478/479

54 Riso, R., Die neun Typen der Persönlichkeit, München 1989, S. 480

55 Rohr, R. & Ebert, A., Das Enneagramm, München 1989, S. 214

56 Rohr, R. & Ebert, A., Das Enneagramm, München 1989, S. 109

57 Rohr, R. & Ebert, A., Das Enneagramm, München 1989, S. 109

PSYCHOLOGISCHE ASPEKTE

Hans Neidhardt, Enneagramm und Focusing – Eine „Landkarte" und ein „Weg" für persönliche Veränderung

1 Köhne, F. und Wiltschko, J.: Focusing – des Körpers eigene Psychotherapie. Begleitheft zum Video (mediateam, Talackerstr. 20, 8100 Garmisch-Partenkirchen).

2 Wiltschko, J., in Köhne & Wiltschko, a.a.O, S. 8

3 Deutsches Ausbildungsinstitut für Focusing-Therapie (DAF), Marktstr. 8, 8000 München 40: Infomappe

4 Wulf, Ch.: Das Enneagramm – eine dynamische Landkarte der Seele. Geist und Leben 64/91

5 Jaxon-Bear, E.: Die neun Zahlen des Lebens. Knaur 1989, S. 65f.

6 Wiltschko, J.: Strukturgebundene Prozesse. Ausbildungsmaterialien des DAF (unveröffentlicht).
7 Frings Keyes, Margret: Emotions and the Enneagram – Working Through Your Shadow Life Script. Molysdatur Publ., Muir Beach, Calif. 1990
8 siehe dazu zum Beispiel: Goulding M. u. R.: Neuentscheidung – ein Modell der Psychotherapie. Klett-Cotta 1986
9 Gegen den entwicklungshemmenden „Etikettenschwindel" habe ich in einem früheren Aufsatz ziemlich polemisch vom Leder gezogen (H. Neidhardt: Wege und Holzwege in der Arbeit mit dem Enneagramm. Rundbrief des ÖAE 1/91).
10 Jaxon-Bear, a.a.O., S. 32
11 Siems, M.: Dein Körper weiß die Antwort – Focusing als Methode der Selbsterfahrung. Rowohlt 1986, S. 53
12 Kurtz, R.: Körperzentrierte Psychotherapie – Hakomi. Synthesis 1986, S. 230 f.
„Hakomi" ist ein Wort aus der Sprache der Hopi-Indianer. Es bedeutet so viel wie „Wer bist du?", „Was ist deine Welt?" bzw. „Wer bist du in Beziehung zu diesen vielen Welten?"
13 Moeller, L. M.: Die Wahrheit beginnt zu zweit. Rowohlt 1987, S. 166. Eine auch für den Nicht-Fachmann gut verständliche und vor allem praxisnahe Darstellung von Übertragungs- und Gegenübertragungsphänomenen in Paarbeziehungen (aus psychoanalytischer Sicht).
14 Jaxon-Bear, a.a.O., S. 33
15 Kiehn, A. u. a.: Bibliodrama. Kreuz-Verlag 1987
Das hier für die Arbeit mit den „Tugenden" oder „Geistesfrüchten" verwendete Modell bibliodramatischer Text-Arbeit wurde meines Wissens von Gerhard Marcel Martin entwickelt, der z. B. in diesem Buch seine Arbeit mit dem 139. Psalm auf diese Weise beschreibt.
16 Rohr, R. und Ebert, A.: Das Enneagramm. Claudius 1989, S. 211

Klaus Renn, Der biospirituelle und entwicklungsorientierte Umgang mit dem Enneagramm

1 Meister Eckhart: Deutsche Predigten und Traktate. München 1963, S. 59
2 Bislang verwende ich die Begriffe wie Typus, „ich", „Psychischer Apparat", „Nummer", Fixierung, Oberflächenidentität . . . scheinbar synonym. Ich hoffe, damit dem LeserIn mehr Raum für seine eigenen Vorstellungen und Konzeptbildungen zu lassen. Ein wissenschaftliches „richtig" gibt es hier nicht. Und doch müßten wir uns bei näherem Arbeiten auf eine gemeinsame Sprache einigen.
3 Alan Watts, Dies ist es, Sphinx 1960, S. 18
4 Piero Ferrucci, „Werde was du bist", 1986 (rororo 7980), S. 80
5 Welwood, Das holographische Weltbild und die Struktur der Erfahrungen. In: Das holographische Weltbild, Scherz Verlag, München 1986
6 Ausführlich dazu: Peter Campbell und Edwin McMahon, Biospiritualität, Claudius Verlag, München 1992
7 Welwood, a.a.O., S. 138
8 siehe auch Eugene Gendlin: Dein Körper – Dein Traumdeuter. Otto Müller Verlag, Salzburg 1987
9 Siehe auch Peter D. Ouspensky: Die Psychologie der möglichen Evolution des Menschen, Plejaden Verlag, Boltersen 1988
10 Humberto Maturana/Francisco Varela: Der Baum der Erkenntnis. Die biologischen Wurzeln des menschlichen Erkennens, Goldmann 1990

11 Ken Wilber, Jack Engler, Daniel Brown, Psychologie der Befreiung, Scherz Verlag, München 1990

EIN ZWISCHENRUF

James R. Folliard, Psychologischer und sprituleller Ansatz beim Enneagramm – vermischen wir Methoden und Ziele?

1 Richard Riso, Die neun Typen der Persönlichkeit und das Enneagramm, München 1989

SPIRITUELLE UND KIRCHLICHE PERSPEKTIVEN

Christian Wulf, Das Enneagramm. Zur Arbeit mit einer spirituellen Persönlichkeitstypologie.

1 Literatur: Beesing, M./Nogosek, R./O'Leary, P., The Enneagramm. A Journey of Self Discovery, Denville 1984; Bennet, J. G., Enneagramm Studies. England 1974; Ichazo, O., „Wir haben nicht den geringsten Wunsch, das Ego zu bestärken oder es glücklich zu machen." Ein Gespräch mit Oscar Ichazo, Nachdruck aus Psychology today (1973), in: Keen, S., Stimmen und Visionen, Frankfurt 1976; Nogosek, R., Nine Portraits of Jesus: Discovering Jesus through the Enneagramm. Denville 1987; Palmer, H., Das Enneagramm – sich selbst und andere verstehen lernen, München 1991; Schneider, Michael, Das neue Leben. Geistliche Erfahrungen und Wegweisungen. Freiburg 1987.

Dietrich Koller, Die neun Gesichter der Seele Christi. Ein Beitrag Enneagramm der Kirche – Präludium und Fuge

1 Hanna Wolf, Jesus der Mann, Stuttgart 1977, S. 80ff: „Jesus, der nicht-animose Mann"
2 Die Bekenntnisschriften der evangelisch-lutherischen Kirche, Göttingen 1976, S. 1039, Konkordienformel, Solida Declaratio VIII. De persona Christi 66
3 a.a.O., S. 1046, De persona Christi 87
4 ebenda

Dirk Meine, Das Enneagramm. Möglichkeiten und Gefahren für die kirchliche Seelsorge

1 Häfner, Heinz, Schulderleben und Gewissen, Stuttgart 1956, 56, der diesen Vorgang als „subjektiven Wertentwurf" bezeichnet.
2 Richard Rohr/Andreas Ebert, Das Enneagramm. Die neun Gesichter der Seele, München 1991[10], 19. Alle weiteren Zitate (= Enneagramm) beziehen sich auf dieses Buch.
3 Beispiel: Ein Mensch mit Helfersyndrom (eine ZWEI) bekommt Schuldgefühle, wenn er andere los- und freiläßt und nicht hilft.
4 C. G. Jung verwendet für diesen Sachverhalt den Begriff „Persona": Die Maske, mit der wir uns dem elterlichen oder gesellschaftlichen Rollendruck anpassen und das Unentwickelte, Minderwertige, Böse und Zerstörerische in uns ins Unbewußte verdrängen. Harsch, Helmut, Das Schuldproblem in Theologie und Tiefenpsychologie, Heidelberg 1965.
5 Häfner, Heinz, Schulderleben und Gewissen, Stuttgart 1956.
6 Christian Wulf.
7 Enneagramm 45 passim.
8 Enneagramm 62; A. Ebert spricht dabei von einem „Rumpelstilzcheneffekt" und verdeutlicht damit den zugrundeliegenden psychologischen Sachverhalt auf märchenhafte Weise;

vergleiche ebenso Goethes Faust 131ff: „Bei euch, ihr Herren, kann man das Wesen gewöhnlich aus dem Namen lesen, wo es sich allzu deutlich zeigt, wenn man euch Fliegengott, Verderber, Lügner heißt... Nun kenn ich deine würd'gen Pflichten! Du kannst im Großen nichts vernichten."

9 vergleiche den Beitrag von Dietrich Koller in diesem Band.

10 vergleiche Joh. 20,17 und 27; Matth. 19,21 und Luk. 19,8f

11 Enneagramm 25.

12 Pannenberg, Wolfhart, Christliche Spiritualität, Göttingen 1986, 7.

13 Enneagramm 14; ähnlich Riso, Richard, Die neun Typen der Persönlichkeit, München 1989^{2}, 504f: Das Enneagramm vermittelt keine letzten Antworten, sondern nur begrenzte Wahrheiten und Teilaspekte der menschlichen Natur. Es kann uns nicht retten. Anders Jaxon-Bear, Eli, Die neun Zahlen des Lebens, München 1989, 248f: Er versteht das Enneagramm als ein alle Antworten bewußtmachendes Handbuch mit Regeln, das uns an die Tore der Unsterblichkeit führt.

14 Enneagramm 29ff.

15 Enneagramm 20–23.213; vergleiche Riso 18.38–40, der diesen Umstand kritisch beurteilt: Es hat viele subjektive und verzerrende Zuwächse in diesem Zeitraum gegeben; aber diese waren auch bereichernd durch die verschiedenartigen Erfahrungen, und es hat gezeigt, daß das Enneagramm „stimmt": denn es hat überlebt.

16 Rohr, Das Enneagramm-Video, Claudius Verlag München 1990, Best.-Nr. 62 150.

17 Enneagramm 38.

18 Bonhoeffer, Dietrich, Gemeinsames Leben, München 1976^{15}, 101.

19 a.a.O.

20 Rohr, Video.

21 Der Begriff „Spiritualität" ist nicht zuletzt durch seinen inflationären Gebrauch unscharf geworden. Er umschreibt die innerliche Erfahrbarkeit und Durchdringung der persönlichen Lebensvollzüge und weiß sich in Beziehung stehend zu oder abhängig von transzendenten/externen geistigen Kräften – theologisch gesprochen: von Gott.

22 Rohr, Video.

23 Enneagramm 30.

24 Seminarteilnehmer in Wallerfangen.

25 Enneagramm 45; Rohr (Video) räumt allerdings ein, daß er persönliche Aversionen besitzt gegenüber Typ DREI und SECHS (und FÜNF). Dieses hat sich leider auch bei der Typenbeschreibung im Buch negativ niedergeschlagen.

26 Enneagramm 10.

27 Enneagramm 211–226; und weil „Erlösung" ausschließlich in den göttlichen Bereich fällt, ergänzt das Enneagramm die psychologische Kategorie „unreif – durchschnittlich – gereift".

28 vergleiche das Umgehen der Psychoanalyse lediglich mit Schuld-Gefühlen, die auf Kindheitstraumata zurückgeführt werden, für die Eltern, Lehrer etc. „schuld" sind. Aber auch deren Verantwortung wird übertragen an ihr Gewordensein durch ihre Eltern, Lehrer etc.

29 Rohr, Video.

30 Enneagramm 28, aber dies gelte für den Anfang. Wie viele aber werden ohne Begleitung nicht über den Anfang hinauskommen?

31 Enneagramm 140; wobei ja schon wiederum der Sammelbegriff „Rheinländer" nur die Fiktion einer Einheitlichkeit bietet.

32 Enneagramm 251, Reue-Meditation von Dietrich Koller.

33 a.a.O.

34 Enneagramm 252.

35 Wilhelm Knackstedt, Weltanschauungsbeauftragter der Landeskirche Hannover, führte mit seiner Schulklasse ein Experiment durch: Jedem Schüler wurde sein angeblich persönliches Horoskop zur Überprüfung vorgelegt; tatsächlich handelte es sich bei allen um dieselbe Version. Dennoch entdeckte sich fast jeder Schüler persönlich darin wieder.

36 Enneagramm 149.160: die internationale Güterverteilung als strukturelle Sünde.

37 vergleiche den Beitrag von Andreas Ebert in diesem Buch.

38 Bernd Moeller, Geschichte des Christentums in Grundzügen, UTB 905, Göttingen 1983, 89f, schildert diesen verantworteten und gefährlichen Prozeß zur Zeit der Konstantinischen Wende.

39 Riso 68: „Wir können lernen, gesund zu sein.“ Vergleiche auch Werbebeipack zum Video: „Dieses Buch kann ihr Schlüssel zur Freiheit sein . . . Wenn wir uns durch unsere ‚Falle‘ hindurchfressen, . . . finden wir eine gereinigte Leidenschaft, eine geläuterte Kraft, unser bestes und wahres Selbst.“ – Das Enneagramm ist auch ein Marktartikel und will verkauft werden.

40 Markus Becker, der einen Fragebogen mit 180 Fragen ausgearbeitet und sie für eine psychologische Diplomarbeit an mehreren hundert Personen getestet hat. Vergleiche seinen Beitrag in diesem Buch.

41 Ich denke da besonders an das Dogma „Jeder ist genau ein Typ“, mit dem das System meines Erachtens nicht steht oder fällt, auch wenn es ihm besonderes Gewicht verleiht. Wesentlich schwieriger ist die Beurteilung des (häretischen) Gedankens, ob letztlich auch die Neunzahl zur Disposition stehen könnte. Dies ist allerdings rein hypothetisch, denn es gibt dazu keine praktische Alternative.

42 Enneagramm 210; Tillich, Paul, Systematische Theologie (= ST), Band 3, Berlin/New York 1987^{4}, 57: Verborgene Motive können selbst ein anscheinend heroisches Opfer fragwürdig machen.

43 Enneagramm 34: Unsere Gaben können zum Fluch werden.

44 Rudolf Bultmann, Theologie des Neuen Testaments, Tübingen 1984^{9}, 217–221.

45 Tillich, Paul, ST, Band 1, 312, Band 2, 2, 14f.

46 Enneagramm 11.

47 Enneagramm 198.

48 Davor warnt zu Recht Dietrich Koller; Enneagramm 257f: „steckengebliebene Reue“.

49 Enneagramm 12.

50 Seitz, Manfred, Praxis des Glaubens, Göttingen 1985^{3}, 72, wobei mit „Glauben“ nicht eine dogmatische Rechtgläubigkeit gemeint ist, sondern die je angefochtene Gottesbeziehung.

51 Der besondere Bereich von Behindertenseelsorge, Ergotherapie mit Kindern und Alten etc. gebraucht natürlich andere „sprachliche“ Mittel.

52 Hans-Joachim Thilo, Beratende Seelsorge, Göttingen 1986^{3}, 7f.

53 Scharfenberg, Joachim, Seelsorge als Gespräch, Göttingen 1980^{3}, 73f; ebenso Wulf/Geist und Leben 73; vergleiche Enneagramm 150f.155, wo vermutete Schranken einer SIEBEN in der Seelsorge beschrieben werden.

54 Das schuldige Ich kann ja nicht glauben, daß es auch mit seinen Schattenseiten Liebe findet, daß es „trotzdem“ die Rchtfertigung gibt. Heinz Häfner, Schulderleben und Gewissen, Stuttgart 1956, 60.

55 Enneagramm 112.

56 Enneagramm 161.

57 Rolf Dieter Seemann, evang. Pastor und Leiter von Enneagrammgruppen.

58 Häfner, a.a.O., 62f, wobei „Gesundheit“ relativ und nicht bindend definierbar ist.

James L. Empereur, Ein Werkzeug der Barmherzigkeit. Zur geistlichen Begleitung mit dem Enneagramm.

1 Geistliche Begleitung verstehe ich als einen Prozeß von Mensch zu Mensch, bei dem eine Person, deren Spiritualität eine gewisse Reife erlangt hat, eine andere Person bei ihrem persönlichen Klärungsprozeß unterstützt, bei dem es um die Vertiefung und Bereicherung des Gebetslebens des Begleiteten, seiner Gottesbeziehung und seiner zwischenmenschlichen Beziehungen geht.

2 Myers-Briggs-Type-Indikator, auf C. G. Jungs „Funktionstypen" basierender bekanntester Persönlichkeitstest in den USA, auf deutsch: Richard Bents und Reiner Blank, Der Myers-Briggs-Typen-Indikator, Test und Handbuch, Beltz Verlag, Weinheim 1991.

3 Anmerkung der Herausgeber: Im Amerikanischen spricht man von directee (Begleitete/r). In der deutschen Seelsorgeliteratur wird zumeist das unschöne Wort „Klient/in" verwendet. Wir schlagen in Anlehnung an norwegischen Sprachgebrauch vor, den Begriff Konfident/in einzuführen. Die lateinische Grundbedeutung von confidens ist zuversichtlich, (selbst)vertrauend, mutig, verwegen. Wer den Schritt in die Begleitung wagt, beweist Mut und Vertrauen. Wir meinen, daß dieser Begriff sehr schön und treffend die innere Haltung und Freiheit ausdrückt, die Menschen auszeichnet, die Begleitung suchen.

Frank Puckelwald, Exerzitien mit dem Enneagramm. Ein Reisebericht

1 Anthony de Mello, Eine Minute Weisheit, Herder Verlag Freiburg 1989[3], S. 77 „Widerspruch".

Andreas Ebert, Enneagramm und Kirche – Anstöße zum Gemeindeaufbau

1 Die Illustrierte *stern* veröffentlichte in ihrer Ausgabe vom 20. Juni 1991 unter dem Titel „So sind die neuen Deutschen" Ergebnisse einer Untersuchung, die das Heidelberger Meinungsforschungsinstitut *Sinus* zusammen mit der Frankfurter Werbeagentur *Michael Conrad & Leo Burnett* durchgeführt hat. Bei dieser „Rasterfahndung" kristallisierten sich zwölf unterscheidbare „Life-Style-Typen" heraus. Als „Mega-Trend" der 90er Jahre machten die Forscher „Individualismus" und „Konsumsucht" aus. Ein massiver Wertewandel im Vergleich zu den 50er, 60er und 70er Jahren ist unverkennbar. Radikale politische Optionen sind ebenso verpönt wie muffiger Konservativismus. Gemäßigtes ökologisches Bewußtsein und Toleranz sind angesagt: „Sportvereine, Parteien, Bürgergruppen? Nicht für die Trendsetter . . . Globales, internationales Denken, New Age, Selbstverwirklichung, Freiheit: Das ist der Trend." Neben den „Aufstiegsorientierten" und den „neuen Individualisten", die den Trend am reinsten wiederspiegeln, fällt auch noch der Typ ins Gewicht, der „die neue Familie" repräsentiert: Partnerschaft, Kinder, soziales und ökologisches Engagement bestimmen diese Gruppe, die sich unter anderem aus „Alt-Müslis" und Friedensbewegten der 80er Jahre rekrutiert. „Out" sind „der Bodenständige" und „die bescheidene Pflichtbewußte", die zusammen 27% der Bevölkerung ausmachen. Der Untertan hat laut *stern* als Leitbild ausgedient, auch wenn er möglicherweise zunächst einmal Verstärkung aus der demoskopisch noch nicht erfaßten ehemaligen DDR bekommt.

2 Allein die Verwundbarkeit, mit der sich Mitglieder einer Gruppe der „Anonymen Alkoholiker" voreinander zu ihrer Sucht bekennen, könnte die meisten Gemeinden beschämen. Die „AA-Leute" leben das, was die Kirche oft nur predigt. Vgl. den Beitrag *Andreas Ebert/Karl-Gotthelf Pfannschmidt:* Initiativgruppe, Basisgemeinde, Parochie – konziliare Aspekte des Gemeindeaufbaus, in: Unterwegserfahrungen – Gemeinde entwickeln in Ost und West, Gütersloh 1991, S.165ff.

3 Ich selbst bin beispielsweise *einerseits* vernetzt in einen über den halben Globus verstreuten Freundeskreis von Christinnen und Christen, die unterschiedlichen Konfessionen angehören (von baptistisch bis römisch-katholisch), aber ein gemeinsames Bewußtsein und gemeinsame Werte und Visionen miteinander teilen. Zur Verständigung braucht es keinen großen Anlauf. *Andererseits* ist es mir wichtig, in die traditionell gewachsenen Strukturen und Ordnungen meiner lutherischen Kirche eingebunden zu bleiben, die ebenfalls eine „Realität" darstellen. Hier allerdings empfinde ich die Kommunikation – trotz des gemeinsamen konfessionellen Hintergrundes – oft als wesentlich mühsamer. Die postmodernen geistlichen Vernetzungen sind auch post-konfessionalistisch!

4 Wenn nicht alles täuscht, dringt der beschriebene Wertewandel selbst in diese Kreise ein. Pastorin *Susanne Schmauks*, meine Kollegin im Celler Gemeindekolleg, berichtete kürzlich von einer Tagung über die „Erneuerte Agende" (Gottesdienst-Liturgie), ein Thema, das sicher in erster Linie „Insider" anspricht. Als am Ende des Wochenendes gemeinsam ein Gottesdienst gestaltet werden sollte, kam es zum Streit über die Frage, ob die Pastorin dabei einen Talar tragen soll oder nicht. Eine Teilnehmerin meinte: „Wenn Sie jetzt einen Talar anziehen, würde das für mich das ganze Wochenende zerstören. Wir haben alles gemeinsam gemacht. Da würde es nicht passen, wenn Sie sich plötzlich so abheben." Ein anderer Teilnehmer, der sich selbst als „Traditionalist" bezeichnete, hätte den Talar gern gesehen. Schließlich willigte er ein, daß die Pfarrerin „Zivil" trägt. Nach dem Gottesdienst sagte er zu ihr: „Jetzt habe ich selber gefühlt, daß das nicht gepaßt hätte!" Solch eine Auseinandersetzung über die „Amtstracht" wäre noch vor kurzer Zeit undenkbar gewesen.

5 Offener Brief an Wolfram Kopfermann, in: „Kirche in Bewegung", Informationsorgan des Gemeindekollegs der VELKD Celle, Jahrg. 1, Nr. 1, Sommer/Herbst 1991, 7.

6 „Bibelteilen" ist eine Methode, die in Südafrika entwickelt wurde, um es angesichts von Apartheid und scheinbar unüberbrückbaren Rassen- und Klassengegensätzen theologisch wenig vorgebildeten Christinnen und Christen zu ermöglichen, gemeinsam ohne weitere theologische Anleitung so in der Heiligen Schrift zu lesen, daß dabei die Vielgestaltigkeit und Gegensätzlichkeit ihrer Lebenserfahrungen zur Sprache kommen und sich ergänzen und bereichern kann.

7 Beispiel sind einige der Stellungnahmen von kirchlichen Pressesprechern (für solche Jobs sucht sich wahrscheinlich auch die Kirche DREIer) auf die kritischen Anfragen des „Volkes", die ihnen anläßlich der erwähnten HÖRZU-Umfrage vorgelegt wurden. Der Sprecher der Evangelischen Kirche etwa behauptete, die Macht „basiert in unserer Kirche einzig auf dem Wort, dem Gespräch, nicht auf Geld . . ." oder: „In der Kirche wird wirklich am wenigsten Geld verschwendet". Auch der Sprecher der katholischen Deutschen Bischofskonferenz betonte: „Wir gehen sehr verantwortlich mit dem Geld um." Und an anderer Stelle: „Was die Menschenwürde betrifft, war die Frau immer gleichberechtigt." Es ließen sich Dutzende von Beweisen dafür anführen, daß diese Aussagen zumindest *geschönte* Wahrheiten sind. Dieses Schönreden der Wahrheit gehört zum typischen Verhaltensmuster der DREI.

8 Es würde sich lohnen, Gestalt und Gehalt von Gottesdiensten enneagrammatisch zu durchleuchten. Diesbezügliche Fragen können hier nur angedeutet werden: Wo ist in unseren Gottesdiensten Raum für den Ruf zur Umkehr und die Ansage der bedingungslosen Liebe Gottes (EINS)? Wie steht es mit dem Bedürfnis nach Nähe, Kommunikation und Begegnung (ZWEI)? Ist die Gestalt unserer Gottesdienste auch für Außenstehende werbend und anziehend (DREI)? Welchen Platz haben Musik, Spontaneität, Kreativität, Dramatik und Symbole (VIER)? Welchen Stellenwert haben nüchterne Informationen? Werden Distanzbedürfnisse respektiert (FÜNF)? Pflegen wir Traditionen und achten wir auf

Wiedererkennbarkeit von Formen und Inhalten (SECHS)? Machen unsere Gottesdienste uns und anderen Freude; sind sie kinder- und familienfreundlich (SIEBEN)? Gibt es in den Predigten Klarheit, Konfrontation und Herausforderung (ACHT)? Halten wir längere Zeiten der Ruhe und Stille aus, in denen Menschen zu sich selbst kommen können (NEUN)? Solche und ähnliche Erwägungen könnten entscheidend zur Neugestaltung christlicher Gottesdienste beitragen.

9 Initiationsgruppen sind Gruppen, in denen Menschen in das Leben der Gemeinde eingeführt (initiiert) werden. Das können zum Beispiel Glaubenskurse sein, in denen Glaubensinformationen weitergegeben werden. Wichtiger noch ist aber die Einführung in die *Erfahrung* des Christseins und das Erleben von Gemeinschaft. Am Ende eines Glaubenskurses sollte nicht nur Glaubenswissen vorhanden sein, sondern eine Erfahrung, die den Teilnehmenden ermöglicht, eine bewußte Entscheidung für oder gegen das aktive Gemeindeleben zu fällen. Angesichts des erwähnten Traditionsabbruchs in den Volkskirchen sind meines Erachtens Glaubenskurse für erwachsene Freiwillige eine der zukunftsträchtigsten Arbeitsformen der Kirche. Wichtiger Teil solcher Kurse ist auch das Aufarbeiten von negativen und enttäuschenden Kirchenerfahrungen (Kirche als Nicht-Gemeinschaft oder als Zwang) und von intellektuellen Glaubenszweifeln. Vgl. dazu *Andreas Ebert*, „Auf Schatzsuche – 12 Expeditionen ins Innere des Christentums", Claudius Verlag 1990. Dieses Buch ist aus Glaubenskursen erwachsen, die „Fernstehenden" neuen Zugang zur christlichen Botschaft vermitteln wollten.

10 Wachstumsgruppen können zum Beispiel Bibel- oder Hauskreise sein, in denen Menschen unterschiedlicher Herkunft regelmäßig zusammenkommen, um dreierlei zu tun: Anteil zu nehmen am Leben der anderen (Austausch), gemeinsame Auseinandersetzung mit der Bibel, Meditation und/oder Gebet. In der Wachstumsgruppe wird Verbindlichkeit und Veranwortlichkeit für andere eingeübt. Im Lauf der Zeit können Vertrauen wachsen, Verwundbarkeit und Ehrlichkeit möglich werden. Beim Bibelgespräch werden eigene Glaubensvorstellungen von anderen gehört und bereichert durch die Beiträge anderer. Durch das gemeinsame Gebet füreinander und für Anliegen, die größer sind als die Gruppe (Familien, Gemeinde, politische Situation) wächst das Bewußtsein für globale Vernetzung und Verantwortung und für die Gegenwart Gottes bei allen und in allem.

11 Nachfolgegruppen hören den „Ruf", sich einem ganz bestimmten Anliegen aktiv und tatkräftig zu widmen. Das kann ein missionarisches, diakonisches oder gesellschaftspolitisches Anliegen sein und von der Hausaufgabenbetreuung für ausländische Kinder bis zur Beteiligung an einer Bürgerinitiative für Umweltschutz reichen. In diesen Gruppen geht es weniger um Selbstvergewisserung des Glaubens als um Konsequenzen des Glaubens.

12 So das – nicht ganz glücklich gewählte – Grundbegriffspaar der „Missionarischen Doppelstrategie", die 1984 vom Gemeindeausschuß der Vereinigten Evangelisch-Lutherischen Kirche Deutschlands (VELKD) formuliert wurde. *Christian Möller* hat diese Terminologie aus dem Bereich der Technik mit Recht kritisiert und statt dessen das biologisch-organische Bild von der „diastolischen" und „systolischen" Herzbewegung vorgeschlagen, das zudem die *Gleichzeitigkeit* beider Bewegungen beschreibt.

13 Vgl. Ernesto Cardenal, „Das Evangelium der Bauern von Soletiname", Wuppertal 1981.

14 Non gaff ghen caelum, hie unden hastus, Postmoderne Religion und ein Buch von Hermann Timm. In: lutherische monatshefte, 30. Jahrg. Nr. 6, Juni 1991, S. 256.

Literatur zum Enneagramm

Maria Beesing / Robert J. Nogosek / Patrick O'Leary, The Enneagram: A Journey of Self Discovery, Dimension Books, Denville / New Jersey 1984.

Andreas Ebert / Marion Küstenmacher (Hrsg), Erfahrungen mit dem Enneagramm – Sich selbst und Gott begegnen, Claudius Verlag, München 1991.

Eli Jaxon-Bear, Die neun Zahlen des Lebens. Das Enneagramm – Charakterfixierung und spirituelles Wachstum, Droemer Knaur, München 1989.

Margaret Frings Keyes, Emotions and the Enneagram. Working Through Your Shadow Life Script, Molysdatur Publications, Muir Beach / California 1990.

Barbara Metz / John Burchill, The Enneagram and Prayer. Discovering Our True Selves Before God, Dimension Books, Denville / New Jersey 1987.

Robert Nogosek, Nine Portraits of Jesus, Discovering Jesus through the Enneagram, Dimension Books, Denville / New Jersey 1987.

Helen Palmer, Das Enneagramm – sich selbst und andere verstehen lernen, Knaur, München 1991.

Don Richard Riso, Die neun Typen der Persönlichkeit und das Enneagramm, Knaur, München 1989.

Richard Rohr / Andreas Ebert, Das Enneagramm – Die 9 Gesichter der Seele, Claudius Verlag, 12. Aufl., München 1991.

Richard Rohr / Andreas Ebert, Discovering the Enneagram. An Ancient Tool for a New Spiritual Journey, Crossroad, New York 1990. (Amerikanische Ausgabe)

Richard Rohr, Das Enneagramm-Video. Eine Einführung in die Grundzüge des Enneagramms. Drehbuch: Werner Küstenmacher, Regie: Joachim Puls. Video-Kassette VHS, 35 Min., Claudius Verlag, München 1990.

Verzeichnis der Autorinnen und Autoren

MARKUS BECKER
geb. 1958 in Hannover, Studium der evangelischen Theologie (1987 Fakultätsexamen) und Psychologie (1991 Examen) in Tübingen. Dipl.-Psychologe in einer psychosomatischen Klinik bei Frankfurt. Tagungsarbeit im Bereich Erweiterung der Selbsterfahrung und Gotteserfahrung; u. a. Praxis für Lebensberatung in Schöntal.

ANDREAS EBERT
geb. 1952 in Berlin, Studium der evangelischen Theologie in Neuendettelsau, Tübingen, Würzburg und Heidelberg. Mitbegründer und Pfarrer der Basisgemeinde Lorenzer Laden in Nürnberg, Stellvertretender Leiter am Gemeindekolleg der VELKD in Celle. Übersetzer (u .a. Der wilde Mann, Tagebuch eines frommen Chaoten) und Autor (Auf Schatzsuche, Das Enneagramm). Vorsitzender des Ökumenischen Arbeitskreises Enneagramm e.V. in Deutschland.

JAMES L. EMPEREUR SJ
geb. 1933, 1972 Promotion in Philosophie an der Graduate Theological Union, Berkeley. Lehrbeauftragter an der Jesuit School of Theology, Berkeley/Kalifornien, für Enneagramm, persönliches Wachstum und spirituelle Begleitung sowie für die Fächer Kunst, Gottesdienst und Verkündigung. Gründer des Instituts für Spiritualität und Gottesdienst, Berkeley.

JAMES R. FOLLIARD
geb. 1943, Bakkaleaurus der Philosophie 1965 am Providence College, Providence/Rhode Island, Magister 1966; 1968 Magister University of Notre Dame, South Bend/Indiana. Arbeitet seit 6 Jahren mit dem Enneagramm. Exerzitien, Workshops und spirituelle Begleitung am Nazareth

Center, Newport/Rhode Island. Mehrere Veröffentlichungen zum Thema Spiritualität.

MÁIRE HICKEY OSB

geb. 1938 in Dublin/Irland, Studium der alten Sprachen in England (Manchester, Cambridge, wissenschaftliche Tätigkeit mit Promotion in Oxford). Ausstieg aus der wissenschaftlichen Laufbahn, um sich für einige Jahre in der Sozialarbeit mit den Realitäten des Lebens konfrontieren zu lassen. 1974 Eintritt in das Benediktinerinnenkloster Burg Dinklage in Südoldenburg. Seit 1983 Leitung der Gemeinschaft. Verschiedene Fortbildungskurse in Spiritualität bei IMS und GIS (Ausbildung für geistliche Begleitung und Exerzitienbegleitung bei der GIS 1987–89). Haupttätigkeit: geistliche Begleitung und Leitung der Gemeinschaft; Nebentätigkeit: geistliche Begleitung, Exerzitienbegleitung im Gästehaus des Klosters.

DIETRICH KOLLER

geb. 1931 in Neuendettelsau, Studium der evangelischen Theologie in Neuendettelsau, Tübingen, Heidelberg, Erlangen. Gemeindepfarrer. Von 1970–1974 hauptamtlicher (seit 1979 nebenamtlicher) Mitarbeiter im Ökumenischen Lebenszentrum Schloß Craheim, seit 1979 Pfarrer in Wetzhausen. Buch- und Theaterstückautor. Ausbildung in Gestaltseelsorge am Institut für integrative Gestalttherapie in Würzburg (IGW), Pastoralpsychologie, Exerzitienbegleiter (Einzelseelsorge und Gruppen), Mitglied im Ökumenischen Arbeitskreis Enneagramm.

MARION KÜSTENMACHER

geb. 1956 in Würzburg, stark geprägt durch die Mitarbeit in der Würzburger Basisgemeinde „Teestube“, Studium der Germanistik und Evangelischen Theologie in München und Tübingen, Staatsexamen 1982, seit 1983 Verlagslektorin, Mitglied im Ökumenischen Arbeitskreis Enneagramm, Einführungsseminare und Workshops zum Enneagramm.

DIRK MEINE

geb. 1960, Studium der evangelischen Theologie in Göttingen und Tübingen, 1991 zweites theologisches Examen, Vikar der Hannoverschen Landeskirche in Göttingen. Sein Beitrag ist eine gekürzte Zusammenfassung seiner wissenschaftlichen theologischen Hausarbeit zum zweiten kirchlichen Examen.

WOLFGANG MÜLLER SJ

geb. 1936 in Freiburg, Studium der katholischen Theologie und Philosophie in Freiburg, München, Pullach und Frankfurt. Eintritt in den Jesuitenorden 1958. Religionslehrer in Ravensburg und St. Blasien/Schweiz von 1969–1974. 1974–1985 Mitarbeiter der Gemeinschaft Christlichen Lebens (GCL) in Augsburg mit Schwerpunkt Exerzitien. 1985–1990 ordensinterne Arbeit in München und Rom. 1990/91 Studienaufenthalt in Simbabwe. Seit 1990 wieder Exerzitien und Kursarbeit bei der GCL.

HANS NEIDHARDT

geb. 1952 in Bayreuth, Studium der Psychologie in Würzburg. In dieser Zeit Mitarbeit im Leitungsteam der Würzburger „Teestubengemeinde". Dipl.-Psych., Klinischer Psychologe BDP, personenzentrierter Psychotherapeut (GwG), Focusing-Trainer, Lehrtherapeut und Supervisor (DAF). Bis 1987 Leitung der Würzburger Telephonseelsorge, dann Gründung des „Zentrums für psychologische Beratung und Therapie" in Bayreuth (Psychotherapeutische Praxis und Gruppen, u. a. Enneagrammkurse, Focusing und Bibliodrama). Beratendes Mitglied im Vorstand des Ökumenischen Arbeitskreises Enneagramm.

FRANK PUCKELWALD

geb.1957 in Lübeck, Studium der evangelischen Theologie in Kiel und Hamburg, Pastor z. A., zur besonderen Verfügung im Kirchenkreis Ratzeburg.

KLAUS RENN

geb. 1953, Dipl.-Sozialpädagoge, Focusingtherapieausbilder und Lehrtherapeut im Deutschen Ausbildungsinstitut für Focusingtherapie. Koordinator im Focusinginstitut Chicago. Arbeitet in eigener Praxis: Focusingzentrum Würzburg, Frankfurter Str. 10, 8700 Würzburg, Tel. 09 31/41 13 08. Beratung, Supervision, Fort- und Ausbildung, vielfältige Erfahrungen in geistlich-spiritueller Begleitung. Verheiratet, zwei Kinder.

RICHARD ROHR OFM

geb. 1943 in Topeka/Kansas, USA. Seminar und Theologiestudium bei den Franziskanern, 1970 Priesterweihe. Gründer der christlichen Laien-Kommunität „New Jerusalem" in Cincinnati/Ohio (1971). Seit 1986 Aufbau des „Zentrums für Aktion und Kontemplation" in Albuquerque/New

Mexico. International bekannter Redner, Exerzitienmeister und Bestsellerautor (Der wilde Mann, Der nackte Gott, Das entfesselte Buch, Das Enneagramm).

LIESEL SCHEICH

geb. 1933, Studium der Pädagogik in Jugendheim an der Bergstraße, Grundschullehrerin im Rheingau, 14 Jahre Familienfrau, seit 1973 Schuldienst in Höchst/Odenwald, Mitglied im Katholikenrat der Diözese Mainz.

CHRISTIAN WULF

geb. 1954, Studium der Erziehungswissenschaften in Hamburg und Mainz, Dipl.-Pädagoge, Promotion 1986. Referent für Intensivseelsorge im Exerzitienhaus Dieburg, Exerzitien- und Meditationsleiter, Gesprächspsychotherapeut in der GWG. Enneagramm-Seminare, Gründungs- und Vorstandsmitglied beim Ökumenischen Arbeitskreis zum Enneagramm.